현대 고려인 인물 연구 4

새로운 삶을 찾아서 : 남부 러시아

지은이 **김 이고르**

러시아 과학아카데미 산하 슬라브-발칸연구소 역사학 박사
볼고그라드 국립 사회-사범대학 세계사학과 교수
러시아 남부 지역 고려인을 연구 중이다.

지은이 **김 일기자**

러시아 사라토프 국립대학교 사회학 박사
자유 연구가로 러시아 남부 지역 고려인을 연구 중이다.

옮긴이 **강성희**

러시아 모스크바국립대학교 문학박사
현재 여러 대학에서 러시아어를 강의하며 러시아 관련 문헌을 번역하고 있다.

현대 고려인 인물 연구 4

새로운 삶을 찾아서 : 남부 러시아

초판 1쇄 인쇄 2022년 2월 18일
초판 1쇄 발행 2022년 2월 25일

지은이	김 이고르, 김 일기자
옮긴이	강성희
펴낸이	윤관백
펴낸곳	도서출판 **선인**
등 록	제5-77호(1998.11.4)
주 소	서울시 양천구 남부순환로48길 1(신월동163-1) 1층
전 화	02)718-6252/6257
팩 스	02)718-6253
E-mail	sunin72@chol.com

정가 36,000원
ISBN 979-11-6068-680-7 94900
ISBN 979-11-6068-676-0 (세트)

이 저서는 2016년도 대한민국 교육부와 한국학중앙연구원(한국학진흥사업단)의
해외한인연구사업의 지원을 받아 수행된 연구임(AKS-2016-SRK-1230003)

동국대학교 대외교류연구원 연구총서 11
동국대학교 인간과미래연구소 연구총서 9

현대 고려인 인물 연구 4

새로운 삶을 찾아서 : 남부 러시아

김 이고르, 김 일기자 지음 | 강성희 옮김

도서출판 선인

간행사

'현대 고려인 인물 연구'는 2016년 한국학중앙연구원의 '한국학 특정 분야 기획연구 해외한인연구' 과제로 선정되어 3년 동안 러시아와 중앙 아시아 각국의 한인들이 "현재 어디에서 어떻게 살고 있는가"를 종합적 으로 살펴본 결과물이다.

160여 년 전 궁핍과 지방 관료의 탐학을 피해 두만강 너머 러시아 연 해주로 이주한 한인들의 후손인 고려인들은 지금 4, 5세대를 넘어 6, 7세 대까지 이어지고 있다. 첫 이주 당시 13가구 40여 명으로 출발했던 고려 인 디아스포라는 현재 50만여 명을 헤아리고 있다.

구소련 시기 소비에트 공민으로 독자적 정체성을 형성해 왔던 고려 인 사회는 1991년 소련의 해체로 인해 대격변을 맞이했다. 소련은 해체 되어 15개의 공화국으로 분리되었고 예전의 소련 공민들은 러시아 국민 으로, 카자흐스탄 국민으로, 우즈베키스탄 국민 등으로 나뉘어졌다. 사 회주의 사회에서 자본주의 사회로 변화하는 과정에서 이전의 생활환경 이 송두리째 변화했다. 고려인들은 독립된 국가와 새로운 사회에 적응해 야만 했다. 급격한 이주가 뒤따라왔다. 이전까지 자신들의 터전이라고 생각해왔던 집단농장과 도시의 직장을 뒤로 한 채 새로운 삶의 터전을 찾아 떠나기 시작했다.

모두가 고통스러운 시기였다. 구소련의 맏형이었던 러시아는 곧 모라토리움을 선언하고 기나긴 경제 침체로 접어들었고, 독립한 중앙아시아 국가들에서는 민족주의가 기승을 부리기 시작했다. 원래 그 땅의 주인이 아니었던 고려인들에게는 더욱더 고통스러운 시기였다. 냉전은 끝났지만 냉전의 그늘이 아직 드리워져 있어 역사적 고국으로부터의 충분한 도움도 기대하기 힘들었다.

하지만 변화와 고통은 누군가에게는 기회이기도 했다. 더구나 고려인들은 강제이주라는 극한의 고통을 슬기롭게 극복해낸 경험이 있었다. 시간이 흐르면서 러시아와 중앙아시아 각국의 고려인들은 서서히 자리를 잡아가며 그 국가와 사회의 각 분야에서 두각을 나타내기 시작했다. 정계에 입문하거나 관계에 자리를 잡기도 하고, 자본주의 사회에 적응하며 뛰어난 수완으로 괄목할 만한 경제적 성과를 이룩하기도 했다. 문화, 예술 분야에서 두드러진 성과를 내기도 하고, 올림픽과 세계선수권대회에서 메달을 획득하기도 했다. 구소련 시기에 이어 학계에서도 존경받는 학자들이 배출되었다. 이들은 각지에서 고려인협회 또는 고려인민족문화자치회 등을 조직하여 러시아와 중앙아시아 각국의 소수민족으로서 정체성을 확립해가고 있다.

이 학술총서는 오늘날 러시아와 중앙아시아 각국에서 두각을 나타내고 있고, 소수민족으로서 고려인 사회를 이끌어가고 있는 이들이 누구이며, 어디에서 어떻게 활동하고 있고, 그들의 미래는 어떠할 지를 연구한 결과물이다.

고려인들의 현재 모습을 종합적으로 연구하기 위해 지역적 특성과 세대적 특성으로 구분하는 연구방법을 동원했다.

지역은 다음과 같이 크게 8개로 나누었다.

① 러시아의 중심 - 모스크바와 유럽 러시아, ② 고려인의 고향 -
러시아 극동 연해주, ③ 중앙아시아로부터의 탈출구 - 시베리아
일대, ④ 새로운 삶을 찾아서 - 남부 러시아, ⑤ 강제동원의 땅 -
사할린, ⑥ 강제이주 된 터전에서 1 - 카자흐스탄, ⑦ 강제이주
된 터전에서 2 - 우즈베키스탄, ⑧ 재이산 - 대한민국과 유럽, 미
주의 고려인.

세대는 다음과 같이 3세대로 나누었다.
① 은퇴한 원로들 - 선배세대, ② 왕성한 활동 - 기성세대, ③ 고
려인의 미래 - 신진세대.

위와 같은 연구방법을 통해 3년 동안 연구한 결과물을 지역별로 1권
씩 총 8권의 학술총서를 저술했다. 러시아로 작성된 총 7권의 학술총서
는 고려인 디아스포라에 관심이 있는 연구자, 일반대중, 관련 기관들이
그 내용을 쉽게 이해할 수 있도록 한글로 번역했다.

총 8권의 학술총서는 동일한 연구방법과 서술체계를 갖추고자 했지
만 지역적 특성의 차이, 고려인들의 지역별 분포의 차이, 공동연구원들
의 서술 경향 등에 따라 각각 공통된 형식과 내용을 가지면서도 차별성
도 가지고 있다.

본 사업단은 학술총서를 통해 고려인들의 정체성에 대한 이해를 높
이고, 한국인과 고려인들의 상호관계를 정립하는데 기여하고, 더 나아가
한국과 러시아 및 중앙아시아 각국 관계의 미래에 기여하고자 했다. 그
래서 본 사업단은 고려인과 관련하여 보다 많은 내용들을 조사하고 정리
하여 서술하고자 했다.

그러나 러시아와 중앙아시아에 널리 분포되어 있으며, 끊임없이 유동
하는 고려인 인물들을 객관적이면서 종합적으로 조사하고, 이를 총서로

작성하기에는 많은 한계가 있었다.

나름의 성과와 기여에도 불구하고 내용의 부족, 자료의 부정확, 번역의 오류 등 학술총서의 문제점은 본 사업단, 특히 연구책임자의 책임이다. 이에 대한 질정은 앞으로 고려인 연구에 더 매진하라는 애정 어린 채찍질로 여기고 겸허히 받아들이고 한다.

2022년 2월
연구책임자

목차

| 제3부 |

러시아 남부 고려인 청년층의 정체성

1부

러시아 남부의 소련 사람

서론

　연구의 총체적인 목적: 각 국가에 거주하는 고려인을 연구하고 인지학적 측면에서 고려인들의 탁월한 역량을 소개하는 것이다. 이러한 목적에 근거하여 모국(모민족;母民族)으로부터 격리되어 살고 있는 고려인 디아스포라가 전체 연구 대상이 된다.

　필자가 담당하는 연구 부분에서의 목적은 러시아 연방 남쪽 지역에 거주하는 고려인의 사회적 성격과 그들의 정신을 전체 디아스포라 고려인 사회의 일부로서 규명하는 것이다. 상기 목적의 구현을 위해 반드시 필요한 조건은 지역적 원칙과 연대기적 원칙을 고수하는 것이다. 고려인 민족이 갖는 러시아적 성격은 150년이 넘는 시간 동안 완전히 서로 다른 지리적 조건에서 형성되었기 때문이다.

　연구대상: 역사적 전개와 사회화 과정을 배경으로 변화되는 러시아 남부지역 고려인의 사회적 성격과 정신이 연구의 대상이 된다. 역사와 사회적 전개 과정 속에서 고려인들의 전통적 적응 전략이 드러나고 고려 사람(корё сарам)이라는 새로운 정체성이 형성되었다.

　기본적인 연구방법: 인구조사통계자료를 역사-연대기적으로 분석하고, 사회전개 과정과 일대기를 사회학적으로 분석한다.

러시아의 역사는 여러 세대의 러시아 고려인들의 현재를 형성하는 배경이 되었다: a) 선배 세대 소비에트 고려인(소련 사람), 이들의 고향은 주로 소비에트의 극동지방이다; b) 선배 세대 고려인들의 자식과 손주들은 강제이주 후 소비에트 연방의 다양한 지역에서 태어났고, 이들의 일차적 사회화는 소비에트 연방이 존재하던 마지막 10년간에 이루어졌다; c) 소비에트 연방 붕괴 후 또는 포스트소비에트 시기에 성장한 젊은이들은 러시아 연방의 여러 지역과 여러 국가에서 거주할 수 있었다. 공통적인 민족심리를 공유하는 각각의 세대별 고려인 집단은 그들에게 장착된 고유한 정신으로 구분된다.

본 책에서는 소비에트 시기 고려인들 또는 '소련 사람'이 참여했던 역사 및 사회 전개과정을 고찰한다. 우리의 과제는 고려인들이 이민족과 이질문화 환경에서 존재하고 성장할 수 있었던 적응 행동 전략을 소비에트 시기 고려인들의 전통적인 유교정신, 이데올로기와 결합하여 살펴보는 것이다.

수십 년 동안의 소비에트 시절과 소비에트 연방의 붕괴 후에도 러시아연방 남부지역에 고려인 민족사회 공동체가 조직되었는데, 이 공동체는 지역적 혈연적 유대로 통합되고 민족을 초월한 모든 공동체와 굳건히 연결되었다. 러시아 남부지역은 고려인들의 전통적인 농경생활이 충분히 가능한 곳이기에 고려인들의 관심을 끌었다. 고려인들은 이곳에 거주하면서 전쟁 발발 전부터 카스피해 어업을 발전시켰고, 지역 사람들에게는 본질적으로 새로운 농업형태인 벼농사 분야를 건설하였다. 전후시기와 '발전된 사회주의' 시기에 러시아 남부지역 거주 고려인들은 산업을 복구하고 새로운 시설을 구축하는 데 조력하였고, 지역의 고등교육기관 및 중등전문학교에서 고등교육을 받으려고 노력하였다.

소비에트 연방의 붕괴 후 남부지역은 중앙아시아 공화국 출신 고려인들에게 매력적인 지역이 되었는데, 고향인 극동보다 오히려 더 고려인들의 마음을 사로잡은 이유는 중앙아시아의 무더운 기후와 유사한 날씨, 그리고 농지가 있었기 때문이다.

고려인 인구가 거주하는 러시아 남부지대는 주로 남부 연방관구(ЮФО)와 북캅카스 군사관구(СКВО)였는데 이 둘은 2010년까지 남구 연방관구(ЮФО)로 통합되었다. 본 연구에서는 두 관구를 하나의 지역공동체로 살펴볼 것이다. 이 지역공동체에는 아디게야 공화국(Республика Адыгея), 다게스탄 공화국(Республика Дагестан), 인구시 공화국(Республика Ингушетия), 카바르디노발카르 공화국(Кабардино-Балкарская Республика), 칼미크 공화국(Республика Калмыкия), 카라차예보체르케스카야 공화국(Карачаево-Черкесская Республика), 북오세티야공화국(Республика Северная Осетия — Алания), 체첸 공화국(Чеченская Республика), 크라스노다르 변경주(Краснодарский край), 스타브로폴 변경주(Ставропольский край), 아스트라한주(Астраханская область), 볼고그라드주(Волгоградская область), 로스토프주(Ростовская область), 또 크림 공화국과 세바스토폴(Севастополь)시가 포함된다.

남부지역들은 압하지야와 그루지야, 남오세티야, 아제르바이잔과 육지로 국경을 마주했고, 카자흐스탄과 해안 경계로 동쪽의 카스피해와 서쪽의 흑해, 남쪽의 캅카스 주능선 경계가 있다. 지역들의 많은 부분이 북캅카스 경제구역으로 들어가는데, 이곳은 러시아 연방에서 가장 다양한 이민족들이 사는 곳이다. 포볼스키 경제구역에는 볼고그라드주와 칼미크 공화국이 포함된다.

고려인 인구비율로 보면 남부지역은 러시아에서 선두적인 위치를 확보하고 있다. 또한 남부지역은 러시아에서 가장 중요한 농산물 공급

지이다. 곡물을 비롯해 사탕무, 과일, 채소, 포도, 멜론을 재배하고, 가축 사육과 물고기 어획이 이루어진다. 가장 큰 도시로는 로스토프나도누(Ростов-на-Дону), 볼고그라드, 크라스노다르, 아스트라한, 스타브로폴, 소치(Сочи), 마하치칼라(Махачкала), 블라디캅카스(Владикавказ)가 있다. 기본적인 산업 잠재력은 로스토프와 볼고그라드주, 크라스노다르스키 지역에 집중되어 있다.

남부 연방관구와 북캅카스 연방관구 지도

로스토프주는 흑금속공업(금속파우더, 쇠파이프) 및 천연광물, 기계(곡물수확기, 전기기관차, 증기보일러, 원자력발전소용 장비, 단조기계), 탄광업 등과 같은 중공업이 특화되었다. 또한 식품산업(육가공업, 유지방, 제과, 담배, 과채 통조림 산업)도 큰 역할을 하고 있다. 볼고그라드주에는 전력, 흑금속(강철, 강재, 쇠파이프), 공작기계 산업이 발전되어 있고, 여기에는 선박축조와 화학산업 및 석유화학산업이 포함된다. 크라스노다르스키 지역의 주요 산업은 식품업(포도주 산업, 과채산업, 유가공산업, 육가공산업), 기계(장비제조, 공작기계제작, 농업기계), 석유가공 및 경공업이다.

가장 많은 수의 고려인이 집중하여 거주하는 곳은 로스토프주와 볼고그라드주, 크라스노다르 변경주와 스타브로폴 변경주이다. 러시아 남쪽 영토에 고려인이 거주하기까지는 그들만의 고유한 역사가 있다.

저자는 자문해주신 분들과 한국어 러시아어 번역에 도움을 주신 분, 또 일대기 자료와 사진을 제공해주고 벗으로서 지지해 준 여러분께 감사 인사를 드린다. 그분들의 이름은 다음과 같다: 라리사 미하일로브나, 이형근 목사, 그의 조력자 송치훈 선생, 우리 딸 김 아델 이고리예브나, 김 겐나디 페트로비치, 그의 누이 갈리나 페트로브나, 볼고그라드 국립 기술대학교 역사 학술 박물관 관장 미샤 스베틀라나 교수, 칼미크에서 온 백 유리 세르게예비치, 남루예바 류드밀라 바실리예브나.

러시아 남부지역의 역사 전개 과정에서 나타나는 고려인들의 모습 고려인 인구조사 통계자료

1. 혁명전 시기에 러시아 남부로 이주한 고려인

러시아 남부와 니즈네포볼지예 지역의 고려인 거주 역사는 100년 전에 시작되었다. 몇몇 자료에 따르면, 고려인들은 이미 19세기 말에 북캅카스에 나타났다. 1904년-1905년에 있었던 러-일 전쟁은 러시아에 거주하고 있던 고려인들의 삶에 직접적인 영향을 미쳤다. 유명한 한국학 학자 부가이 교수(Н. Ф. Бугай)는 러시아 남부의 일본인과 고려인을 감시하는 것에 관한 기록문서를 발간하였다. 일본공민 감시를 위한 특별정책 규정에 의거하여 쿠반 경찰부에서 다음과 같이 발표하였다. "… 일본에 매수된 고려인들과 고려인의 의복을 입은 일본인들이 제국 내에서 첩보활동을 하고, 또한 우리 군대가 배치된 극동의 지역에서도 첩보활동을 하고 있다", 이와 관련하여 다음과 같이 요구하였다.

"… 위임된 영역 내에 있는 모든 고려인들의 활동과 관련하여 그들의 생활 양상에 대한 정보를 수집하고 지속적으로 경찰부에 통지한다."[1] 그러나 위임된 영토에서 고려인을 찾을 수 없었다.

제1차 세계대전 시기에 1915년 러시아제국 장관회의는 '볼가강에서 동쪽으로' 위치한 기업들에 고려인 노동력을 이용할 것을 결의하였다. 이후 1916년 3월에 바이칼과 볼가강 우측강변 사이에 생겨나는 사업에 고려인 노동자와 중국인 노동자들의 노동력을 이용하는 것이 결의되었다(시베리아 철도와 트로이츠크 철도 양쪽을 따라 25베르스타 길이는 제외). 마침내 1916년 8월 짜르 정부는 '황색 노동'을 바이칼에서 서쪽까지 이미 모든 지역에 허용할 것을 결정하였다(전투가 벌어지고 있는 지역 제외).[2]

2. 1920년대 러시아 연방공화국 남부지역의 고려인 인구

러시아 연구가 박(Б.Д. Пак)의 주장에 따르면, 러시아의 시민전쟁과 열국간섭 시기에 러시아 영토의 유럽 쪽 지역에 거주하고 있던 고려인은 7천 명에 달했고, 고려인 노동자가 노동력을 제공했던 이 지역 18개 도시 중에는 러시아 남부 아스트라한, 차리친(Царицын), 에카테리노다르(Екатеринодар, 크라스노다르), 타간로크(Таганрог), 로스토

---

1) Бугай Н.Ф. Кавказ в судьбах российских корейцев: контакты, трансформации, перспектива. Корейцы Юга России и Нижнего Поволжья. Волгоград. 2011. С. 7-10.

2) Пак Б.Д., Бугай Н.Ф. 140 лет в России. Очерк истории российских корейцев. М., 2004. С. 83.

프나도누, 노보체르카스크(Новочеркасск), 퍄티고르스크(Пятигорск), 아르마비르(Армавир), 사라토프(Саратов)가 있었다.[3] '1920년 자료에 따른 쿠반-체르노모르스크주에 대한 전체 주(州)총서'는 앞서 언급한 영토에 2,193,040명의 러시아인과 311,500명의 우크라이나인, 109,035명의 대러시아인, 913명의 백러시아인이 거주했던 것을 증명해 주었고, '기타 민족' 부문에 열거된 거주민들 중에 고려인은 1명이 언급된 것[4]으로 확인되는데 이것은 위에 인용한 자료와 크게 차이가 난다.

소비에트 시기에 러시아 남부지역에 고려인이 거주했던 사실은 1926년 인구조사 자료[5]에 기록되어 있다. 북캅카스 지역에 18명의 고려인이 거주했고(남성 17명, 여성 1명), 주로 도시에 거주하였다(16명): 마이코프시와 노보로시스크에 남자 2명씩, 크라스노다르시와 그로즈니시에 남자 1명씩. (표 1 참조)

크림 자치공화국에 13명의 고려인(남성 9명과 여성 4명)이 거주했다. 그들 중 심페로폴시에 8명(남성 5명, 여성 3명), 세바스토폴시에 남성 1명, 아스트라한군에 14명의 고려인 민족이 거주하였다.

---

3) Пак Б. Д., Бугай Н. Ф. 140 лет в России. Очерк истории российских корейцев. С. 131.

4) На правах рукописи. Попова Ю.Н. Корейская диаспора Краснодарского края: Историко-культурные аспекты (XX в. - начало XXI в.). Диссертация на соискание ученой степени кандидата исторических наук. Краснодар. 2004. С. 57.

5) http://demoscope.ru/weekly/ssp/census.php?cy=1

3. 1937년 강제이주부터 2차 세계대전 전까지 러시아 남부지역으로 이주한 고려인

1) 1939년 조사통계자료

1939년 인구조사자료[6]에 따르면, 1937년 강제이주 후 러시아연방 공화국에 정착한 고려인 집단 중 가장 큰 집단이 스탈린그라드주와 아조보체르노모르스키 지역에 정착했다. 전체 3,521명(30.7%)이었는데 그들 중 남성이 1,925명(54.7%), 여성 1,596명(45.3%)이었다. (표 2 참조) 도시에서 등록된 사람은 467명(13%)이고, 이들 중 남성이 279명 (59.7%), 여성이 188명(40.3%)이었다. 농어촌 지역에는 3,054명 (87%)이 거주했는데, 이들 중 남성은 1,646명(53.9%), 여성은 1,408명 (46.1%)이었다.

가장 규모가 큰 고려인 집단은 현재 볼고그라드와 아스트라한주를 구성하는 스탈린그라드주에 주거등록 되었다. 이곳에서 2,790명 중 압도적 다수가 농어촌 지역에 등록되었다(2,596명). 남성(52.8%)과 여성 (47.2%)의 비율은 1939년 소연방에 고려인 주민 대상 비율(53.2%와 46.8%)의 평균값에 해당한다.

남부 연방관구 전체 영토에 주거등록 된 남녀의 성비(性比)는 고려인 전체인구 성비(남성 55%와 여성 45%)와 근사하다. 이와 같은 성비는 주로 고려인들이 가족 단위로 이주하여 정착한 곳이거나 또는 그들을 퇴거시키지 않았던 곳의 특징이 된다.

고려인의 일부는 극동지역에서 강제이주되었는데, 예를 들면 1937

---

6) http://demoscope.ru/weekly/ssp/census.php?cy=2

년 이곳에 배치된 아스트라한 어업 콜호즈의 구성원 고려인 500가구가 있다.[7] 소련 사람의 또 다른 집단은 북캅카스 벼농사협동조합과 함께 아조보체르노모르스키 지역의 벼농사 조직에 참여하기 위해 더 이전에 이곳에 나타났는데, 이런 사실은 송잔나의 연구[8]에서 자세히 고찰되고 있다.

2) 1930년대 '북부 벼농사' 발전에 참여한 고려인

1930년대 러시아 남부 고려인들의 농업 활동은 국가 정책에 따라 '북쪽의 벼농사'에 대규모로 참여하는 방법으로 이루어졌다. 소비에트 쿠반 벼농사의 역사는 1930년대에 시작되었다. 첫 번째 벼농사를 위한 땅은 1929년-1930년에 토대를 닦고 이용하기 시작했다.[9] 1930년대 초 러시아 남부의 아조보체르노모르스키 지역, 북캅카스 지역에서 고려인 벼농사 콜호즈가 조직되어 성공적으로 기능하였고[10], 이러한 성공은 고려인들의 지역 이동성을 촉발하였다.

초기에는 고려인들의 직업적인 전문성에 대한 좋은 평판에도 불구

7) Бугай Н.Ф. Корейцы в Союзе ССР – России: XX-й век. История в документах. М., 2004. С. 91 и далее.

8) Сон Ж.Г. Российские корейцы: всесилие власти и бесправие этнической общности. 1920-1930. М., 2013. С. 324-339.

9) Полутина Т.Н. Место кубанского рисоводства в производстве риса в России // Вестник Курской государственной сельскохозяйственной академии. 2014. No.5. С. 44-47. [Электронный ресурс] Режим доступа: http://cyberleninka.ru/article/n/mesto-kubanskogo-risovodstva-v-proizvodstve-risa-v-rossii. Дата обращения: 05.11.2016.

10) Сон Ж.Г. Первые корейцы на Северном Кавказе в 1920-1930 гг. как трудовой ресурс // Материалы межрегиональной научно-практической конференции 'Гармонизация межнациональных отношений в Южном федеральном округе. Российские корейцы в диалоге народов и культур Дона'. М. - Ростов-на-Дону, 2011. С. 138-139.

하고 지역 주민과 지역 당국은 그들의 생계와 고용을 매우 힘들게 만들었다. 때때로 지역 주민들이 고려인 벼농사 공동체(코뮨) 활동에 이의를 제기하기도 했다는 것은 잘 알려져 있다. 타간로크 지역의 시냐프역에서 '고려인-코뮨 구성원, 특히 그들의 아내를 조롱하는, 예를 들면 공동주거 지역 옆에 있는 우물과 고려인들의 집으로 썩은 고양이나 개등의 여러 가지 사체를 집어던지는' 것과 같은 구체적인 형태의 도발행위가 발생했다. 지역 당국 또한 필요한 거주지 건설과 고려인 코뮨 <돈-리스> 구성원에 대한 인신공격을 중단시키지 않고 오히려 고려인들의 활동을 방해하였다.

상황을 바로잡기 위해서는 당기관 및 사법기관이 관여해야 했다.[11]

송잔나 교수가 발견한 문서보관소 자료 덕분에 학술문헌과 간행물을 통해 그 시기의 북캅카스 고려인 벼농사 농민들의 이름이 알려지고, 또 그들의 경제 및 근로 업적이 밝혀졌다. 첫 번째 고려인 이주민은 1932년 벼농사 분야에서 일할 목적으로 아조보체르노모르스키 지역에 정착하였다. 디미트로프 조합을 공산당원인 성치준(Сен Чи-Дюн) 조합장이 지휘하였다. 과거의 경험과 전문적인 지식, 근면함은 이반노프 기계 트랙터 배급소(MTC) 디미트로프 콜호즈 고려인들이 벼농사 분야를 발전시키고 쌀 수확율을 높이는 데 도움이 되었다. 1933년 봄 아조보체르노모르스키 지역의 슬바뱐스크에 있는 마을에 100가구의 고려인으로 구성된 벼농사를 위한 농촌 공동체(코뮨)가 조직되었다.[12] 쌀은

---

11) Макаров Ф. Борьба с великодержавным шовинизмом на Северном Кавказе. Советская юстиция. Орган НКЮ РСФСР. 1931, No.19, с. 16-19. Цит. по: Корейцы в СССР. Материалы советской печати. 1918-1937 гг. М., 2004. С. 273-276.

12) Сон Ж.Г. Российские корейцы: всесилие власти… С. 326. Сон Ж.Г. Российские корейцы… С. 336-338.

크라스노다르 지역과 아스트라한 및 로스토프주에서, 체첸과 다게스탄에서 재배되었다. 그러나 애국이란 감정과 노동에 대한 확신에도 불구하고 1937년-1938년에 고려인 벼농사 농민들은 억압을 당하게 되었다. 디미트로프 콜호즈 고려인들은 체포되었고 죄 없이 유죄판결을 받은 사람이 99명이었다. 아조보체르노모르스키 전 지역에서 '간첩 및 파괴활동'으로 유죄판결을 받은 고려인 출신 남성 콜호즈원은 모두 합쳐 137명이었다.[13]

3) 1930년 말 아스트라한에서 어업활동을 한 고려인들

1939년 전연방 인구조사를 보면 스탈린그라드주 전체 영토에 거주하는 고려인은 2,790명이었다.[14] 1939년 이전 니즈네파볼지예의 고려인 인구는 그리 많지 않았다. 1926년 인구조사 자료에 의하면 스탈린그라드 현에 1명, 아스트라한에 14명이 살았던 것으로 확인된다.[15]

이들 자료는 볼고그라드주 국립문서보관소(ГАВО) 문서철에 있는 자료로 재확인된다. 필자 중 한 명이 볼고그라드주 국립문서보관소에서 이 주제와 관련하여 자료를 검색하였다. 그러나 아직까지 볼고그라드주 국립문서보관소 정부기관 문서철에서 차리친스크(스탈린그라드)현(1920년-1928년), 남부-볼가 지역(1928년-1934년), 스탈린그라드 지역(1934년부터) 영토에 고려인이 거주했다는 사실을 증명해 줄 문서를 찾지 못했다. 예를 들어 1926년 인구조사의 경우 스탈린그라드 주민의

---

13) Сон Ж.Г. Российские корейцы… С. 336-338.
14) http//www.demoskop.ru
15) Данные переписи населения СССР 1926 года см.: demoskop.ru

민족구성에 대한 자료에 '고려인' 항목이 아예 없었다.[16] 스탈린그라드주 집행위원회 민족분과 작업보고서에는 주 영토에 '약 30여 개의 민족'이 거주한다고 되어있지만 고려인들이 개별 항목으로 언급되지는 않았다.[17] 유일하게 언급된 내용은 강제이주 전 볼고그라드주 현재 영토 범위 밖의 고려인들에 관한 것이었는데, 1936년-37년 동안 스탈린그라드 지역 기술전문학교와 대학교에 학기 중에 등록된 사람들의 민족구성 정보에서 겨우 찾아낼 수 있었다. 공과대학의 주간부 학생 기록에서 두 명의 고려인을 찾을 수 있었고, 의과대학 학생들 중에서 또 한 명을 찾을 수 있었다.[18] 안타깝게도 전쟁 전에 있던 공과대학 문서보관소의 많은 부분이 스탈린그라드 전투 당시 폭격으로 소실되어서 이들 학생의 운명에 대해서는 전혀 알려진 바가 없다.

카스피 연근해 어업활동의 발전은 강제이주 이후에 니즈네파볼지예에 고려인 출현의 새로운 단계의 단초를 제공하였다. 1937년 하반기에 수백의 고려인 가구가 당시 스탈린그라드주에 속했던 아스트라한 관구 영토에 모습을 보였다. 부가이 박사 지적했던 것처럼 "강제당한 소비에트 고려인 이주의 역사에서 이 부분에 대한 연구는 사실 이루어지지 않았다."[19] 부가이 박사는 최근에 지역 문서보관소와 러시아 연방 국립문서보관소에서 찾은 중앙부처 및 기관의 고문서 몇 가지를 출간하였다. 아스트라한 관구 고려인 정주 초기단계에 대해서는 박(Б. Д. Пак)과 부가이가 자신의 연구물에서 언급하였다. 강제이주되어 그곳으로 가야

---

16) Ким И.К. Корейцы в Нижнем Поволжье в конце 1930-х годов. – Корейцы Юга России и Нижнего Поволжья. Волгоград, 2011. С. 25.
17) 상동
18) 상동
19) 1937 год. Российские корейцы: Приморье – Центральная Азия – Сталинград (Депортация). М., 2004. С. 20.

했던 고려인 이주민들의 거주 조건 및 주정부와 사업 지도자들의 활동에 관한 미발간 문서들이 드디어 볼고그라드주 국립문서보관소에서 몇 가지 발견되었다.

강제이주계획을 집행하던 시기에 내무부 인민위원회 차관 체르니쇼프(В. В. Чернышёв)는 소비에트 연방 인민위원회 의회 부의장 추바리(В. Я. Чубарь)의 이름으로 보낸 1937년 11월 5일자 비밀서한에서 다음과 같은 사실을 전달하였다. "500가구로 구성된 고려인 이주민 어부들이 스탈린그라드주 아스트라한 지역에 배치되었다." 이들 2,871명의 고려인은 카자흐스탄에 이주한 고려인으로 간주되었다. 이주자를 위한 자금이 카자흐스탄과 우즈베키스탄으로 넘어갔기 때문에 체르니쇼프는 추바리에게 "500가구의 대출자금 100,000루블을 아스트라한으로 넘겨줄 것"을 농촌경제은행 카자흐스탄 사무소에 지시하라고 요청했다. 아스트라한 지역에 도착한 고려인 이주민을 위한 자금은 추바리가 내린 두 가지 지시에 맞춰 분배되어야 했다. 소비에트 연방 인민위원회 의회에서 대출금 및 보조금으로 발급한 자금을 고려하여 11월 19일 농촌경제은행에 100,000루블을 전달하라는 명령이 하달되었고, 11월 23일 새로운 서신에서 "고려인 이주민을 위해 100,000루블을 추가로 아스트라한으로 전달할 것을 농촌경제은행 카자흐스탄 사무소에 지시하였다."[20]

카자흐스탄 구리예프주(뎅긴스크[21] 지방 호로홀[22] 마을)의 고려인

---

20) Бугай Н. Ф. Корейцы в Союзе ССР – России: XX век (История в документах). М., 2004. С. 91.
21) 현재 지명 –카라콜 Караколь (캅카스어 Каракөл), 카자흐스탄 아트라우스크주 쿠르만가진스크 지방의 마을
22) 이칭 – 뎅긴스크 Денгизский, 뎅긴좁스크 Денгизовский

이주민 회장 박예지(Пак Ежи)[23]는 1938년 1월 29일 소비에트 연방 인민위원회 의회 몰로토프 의장에게 고려인들을 '어업에 종사할 수 있는 아조프 해(海) 또는 아스트라한주의 갈로자트 지방'[24] 또는 벼농사를 지을 수 있는 곳으로 이주시켜줄 것과 또 거주민 사이에 굶는 사람이 있으므로 '보조금'을 내 줄 것을 요청하는 서신을 발송하였다.[25]

'스탈린시기 노동수용소(굴라크)의 역사' 문건을 수집하는 편집자들은 "소비에트 연방 인민위원회 의회 부의장 추바리가 아스트라한 관구의 주집행위원회 조직위원회의 법령과 관련하여, 아스트라한 관구에 이미 570가구의 고려인들이 정착해 있으므로 카자흐스탄 덴기조프 지방으로부터 고려인 이주는 불가능하다는 것에 관한 부정적인 대답을 2월 9일자로 전달하였다"[26]고 전하고 있다.

1938년 4월 이후 스탈린그라드주의 노동자 마을과 정착 노동자, 미인가 조합의 수에 대한 보고서에는 당시 미인가 조합의 수가 10개 이상이었다는 사실만 나와 있는데[27], 이 조합이 고려인 노동자 거주민 조합이었다고 추측할 수 있다

부가이는 아스트라한에 거주하던 이주민들의 이동에 대해 다음과 같이 설명하였다. "3개의 고려인 이주민 어업 콜흐즈의 300가구 이상의 콜흐즈 구성원들은 처음에 스탈린그라드주 아스트라한 관구 카미쟈크(Камызяк) 지역에 머물렀다. 그들의 상황은 처음부터 무척 힘들었다. 이들은 나리만놉스키(Наримановский) 지역과 볼로다르스키

---

23) 이름은 인용된 문서에 쓰인 대로 사용

24) 현재 아스트라한주의 나리만노프 지방

25) История сталинского Гулага. Конец 1920-х – первая половина 1950-х годов. Т. 5. Спецпоселенцы в СССР. М., 2004. С. 240.

26) История сталинского Гулага. Т. 5. С. 742.

27) 상동. С. 248.

(Володарский) 지역에 정착할 수 있도록 해달라고 소연방 인민위원회 회의에 요청하였다." 1938년 2월 20일자 소연방 인민위원회 회의의 결의안에 다음과 같은 내용이 포함되었다. "···13. 스탈린그라드주 집행위는 '어업 콜호즈'와 합의하여 아스트라한에 거주하는 고려인 이주민 330가구를 위한 거주지를 마련해야 하고, 이를 위해 각각의 콜호즈 가구에 3,000루블씩 계산하여 990,000루블을 스탈린그라드주 집행위에 조달해야 하며 이 중 330,000루블은 국가예산으로, 660,000루블은 대출의 순서로 집행한다··· 소연방 내무부 인민위원회가 본 결의안 수행을 체계적으로 운영해야 한다."[28]

아스탄(Астан)에 거주했던 표트르 스테파노비치 주(Петр Степанович Тю), 일리야 류보비치 양(Ильи Львович Лян), 분 센 조(Бун Сен Тё)의 회상에 따르면, 고려인들로 꽉 찬 열차가 아스트라한에 도착했고, 이렇게 도착한 고려인들은 어촌 마을로 '분산시켜 던져졌다.' 1941년 12월 중순에 모든 고려인을 카자흐스탄으로 이주시켰다.[29]

스탈린그라드주에 고려인 이주민들이 정착한 것에 관한 내용을 자세하고 폭넓게 다룬 보고문서가 볼고그라드주 국립문서보관소에서 발견되었는데 이 문서는 이미 1938년 봄의 고려인 이주민들의 상황을 다루고 있다. 아스트라한주 고려인 이주민들의 거주지와 거주환경을 증명하는 문서가 두 개 발견되었다. 스탈린그라드주 소비에트 운영위원회 의장의 봄철 조업준비에 대한 1938년 3월 13일자 보고서에 볼고-카스피 국가어업협동조합 주택에 일시적으로 머물렀던 고려인 이주민들

---

28) 1937 год. Российские корейцы: Приморье – Центральная Азия – Сталинград (Депортация). С. 20.

29) Цой С.В. Корейцы в Астраханской области ; https://etnokonf.astrobl.ru/document/2340

에 대한 언급이 있다. "토냐에 딸린 주택[30] 일부는 고려인 이주민으로 꽉 차있으므로, 고용 노동자를 위한 거주지 준비는 이주민들을 다른 지역으로 이동시킨 후 진행할 것이다."[31]

수산공장 '몰로다야 그바르디야'(Молодая Гвардия) (여기에는 주(主)공장을 제외하고도 '트루드-프론트'(Труд-Фронт)를 비롯해 세 개의 서브 공장이 포함된다) 그룹들의 봄철 조업 준비상태 점검 위원회 강령에는 고려인들의 생활 조건과 그 조건을 개선할 수 있는 가능성에 대해 더 자세히 기록되어 있다. 주 공장에 대한 서술내용을 보면 다음과 같다. '몰로다야 그바르디야'에는 2개의 토냐가 속해있고… 글루보카야 토냐에는 여름용 막사 형태로 3개의 공동주택이 있는데, 이곳에 고려인 가족들이 거주하고 있으며, 좁은 거주지역과 밀집된 환경 때문에 공동주택의 더러운 내용물이 보이고 거주지의 추위로 인해 성인과 어린이의 집단 바이러스 발병이 관찰된다. 또한 이(lice)가 관찰되는데, 토냐에는 목욕탕이 없고, 욕조도 없으며 소독실도 준비되지 않았다. 수산공장 관련 제안내용 중에 특별히 고려인들과 관련된 제안이 한 가지 있다. "'트루드-프론트'에는 특별히 고려인을 위해 준비된 가족 공동주택이 있으므로 고려인들을 글루보카야 토냐에서 그곳으로 이주시킨다. 기한 1938년 3월 23일." 서브 수산공장 '트루드-프론트'를 조사한 결과에 따라 다음과 같이 발표하였다. "고려인 가족을 위한 가족 공동주택은 회칠 수리가 진행 중이다." 수산공장 관련 제안내용에는 다음과 같은 조항도 있었다. "고려인을 위한 가족 공동주택에서 진행 중인 수리

---

30) 톤냐 – 투망으로 고기를 잡기 위해 특별히 설치된 저수지역 또는 이런 지역에 인접한 해안 일부

31) Ким И.К. Корейцы в Нижнем Поволжье в конце 1930-х годов. С. 26.

를 마치고 1938년 3월 25일 내로 그들을 이주시킨다."[32]

지역 정부기관의 고려인 이주민 관련 문서도 바로 이 시기에(1938년 3월-4월 초) 해당한다. 스탈린그라드주 집행위의 상임위원회 4월 1일자 결의안은 이주민 거주지 건설에 관한 내용이다. 위에서 언급한 1938년 2월 20일자 소연방 인민위원회 회의의 결의안은 고려인 330가구 건설에 관하여 다음과 같이 결정하였다. 아스트라한 지역집행위는 "이곳에 와있는 고려인 이주민들의 직업을 고려하여 노동 환경과 장소를 제공하고 지역별 배치작업을 당해년도 4월 10일 안으로 끝낸다. …뜰에 부속건물이 딸린 진흙벽돌 주택을… 신속히 건설하고, …콜호즈 가구 관련 유형별 계획안을 작성하고… 소연방내부인민위원회 이주분과에서 공급하고 카자흐스탄 인민위원회를 통해 전달된 건설자재를 신속하게 받아서 건설 현장에 공급하며… 건설기술자를 분류한다… 콜호즈 가구 건설을 위해 조달된 대출금을 수령할 수 있도록 농촌경제은행에서 수령 등록한다…" 또한 "당해년도 3월 21일 안으로 주집행위 상임위원회에 건설 진행 과정에 대해 보고한다." 바로 이 문서에서 주(州)계획위는 "연방 국가계획위를 통해 필요한 건설자재가 제시간에 배분될 수 있도록 한다"고 쓰고 있다. 인용된 문서는 "건설 종료기한은 당해연도 10월 1일을 넘기지 말아야 한다"[33]는 말로 끝을 맺고 있다.

아스트라한 관구 집행위 조직위원회의 3월 1일자 '고려인 이주민 경제건설' 결의안에서 "고려인 이주민 가족들이 개별적으로 수차례 지역집행위를 찾아와 식량지원에 대한 요청을 하였다"는 참조를 달아 집행위에 50톤의 식량지원을 해줄 것을 요청하는 탄원서를 쓸 것을 제안하였다. 어업에 종사하는 고려인들(파종곡물이 없는 사람들처럼)에게

---

32) Ким И.К. Корейцы в Нижнем Поволжье в конце 1930-х годов. C. 26.
33) 상동. 28쪽

는 현금으로 상환할 수 있도록 하고, 농업에 종사하는 고려인들에게는 현물로 상환할 수 있도록 허락해 줄 것도 요청하였다. 이런 탄원의 결과로 스탈린그라드주 집행위 상임위원회는 "고려인-이주 가족들에게 1938년 안으로 상환할 수 있는 기한을 주며 50톤의 식량을 지원할 것을 3월 21일자 결의안으로 상정하였다."[34]

현재 볼고그라드주 국립문서보관소에 보관된 이미 발행된 문서와 또 필자가 찾아냈지만 아직 발행되지 않은 문서들도 민감한 주제를 다 해결하기에는 역부족이다. 많은 문제들이 확실하게 밝혀지지 않고 예전과 같은 상태로 남아있다. 고려인 이주민이 스탈린그라드주 아스트라한 관구 땅으로 흘러 들어간 경로와 단계별 과정이 완전하게 밝혀지지 않았다(경로에는 몇 가지 형태가 있고, 이주과정은 한 단계로 이루어진 것이 아니라고 가정할 만한 근거가 있을 뿐이다). 이 땅에 이주해 온 고려인 가족의 규모도 분명하지 않고(문서에는 500가구, 570가구, 330가구에 대한 자료만 있다), 규모가 어떻게 변화되는지도 확실히 알려지지 않았다. 아직은 아스트라한 관구에서 이주민이 거주했던 지역과 관구 안에서 이주민들을 다시 이동시킨 모든 지역을 단호히 결정해서는 안된다. 결국은 1938년 스탈린그라드주 영내에 모습을 드러낸 고려인 가족들의 운명에 대한 정보가 없기 때문이다.

안타까운 일이지만 우리는 남부지방에 이주한 고려인 인구수 변화에 대한 수치를 명시하지 못하고 단지 간접자료에 의거하여 판단만 할 수 있다. 공식문서에 따르면 "스탈린그라드에 거주하던 많은 수의 고려인들은 전쟁 전구(Theatre of War)가 가까워지면서 자발적으로 카자흐 공화국 구리예프주와 우즈베키스탄 공화국으로 떠나갔다. 스탈린그

---

34) 상동

라드주에서 떠난 고려인 수에 대한 정확한 자료는 없고, 이후에 다시 돌아온 숫자에 대한 자료도 없다."[35] 내무인민위원회 특수이주분과 보고서에는 다음과 같이 기록되어 있다. "아스트라한으로에서 출발한 특수 이주민 러시아인들과 고려인들 1,833명이 1941년 12월 28일 카자흐스탄 악몰린스크주에 도착하였다. 쇼르탄진스키(Шортандински й) 지역과 악몰린스키(Акмолинск) 지역에 분산 배치된다."[36]

4) 소비에트 연방공화국 남부에서 1941년-1945년 대조국전쟁에 참전한 고려인들

고려인들은 대조국전쟁에 적군(赤軍)의 일원으로 참전하였다. 1941년-1945년 대조국전쟁의 전장, 캅카스 영내에서 북캅카스를 위해 싸우다 전사한 일부 고려인들의 일대기는 잘 알려져 있다.[37] 그들은 다른 징집 군인들과 마찬가지로 소비에트 연방공화국 내 주거지역에 따라 군정치원부의 소환장을 받아 전장에 나게 되었다. 그들 중 대다수가 학도지원병, 근로자, 직장인들이었다. 크라스노다르스키 지역에서 2명이 징집되었고, 아스트라한주에서 2명, 북오세티야에서 6명, 다게스탄에서 3명, 크림에서 4명의 고려인이 징집되었다.[38]

스탈린그라드 전투에 다음과 같은 고려인들이 참전하였다. 중위 -

35) Бугай Н.Ф. Корейцы в Союзе ССР - России. С. 148; Он же. 150 лет добровольному переселению корейцев в Россию: трансформации этнической общности (историография проблемы) // Историческая и социально-образовательная мысль. 2014. No. 1 (23). – С. 23-24.

36) Цит. по: Бугай Н.Ф. Корейцы в Союзе ССР - России. С. 311.

37) Мы можем дать лишь краткий обзор со ссылкой на опубликованные исследования Пак Б.Д. Бугая Н.Ф., Шина Д.В.

38) Шин Д.В., Пак Б.Д., Цой В.В. Советские корейцы на фронтах Великой Отечественной войны 1941-1945 гг. М., 2011.

지 니콜라이 야코블레비치(Ти Николай Яковлевич,), 전 이반 바실리예비치(Тэн Иван Васильевич), 장 베르남(Тян Бернам), 최 표트르 나콜라예비치(Цой Пётр Николаевич), 특무상사 - 김 베니아민 아르센티예비치(Ким Вениамин Арсентьевич), 중사 - 김천건(Ким Чон Гон), 하사 - 김 블라디미르 알렉세예비치(Ким Владимир Алексеевич), 붉은군대 친위대원 - 헤 이남(Хе Инам), 붉은군대원 - 김 알레세이 드미트리예비치(Ким Алексей Дмитриевич), 김 드미트리(Ким Дмитрий), 남 알렉산드르 바실리예비치(Нам Александр Васильевич), 박 미하일-야코프 이오시포비치(Пак Михаил-Яков Иосифович), 박한운(Пак Ханун), 전 아나톨리(Тен Анатолий), 안 드미트리 알렉세예비치(Ан Дмитрий Алексеевич), 김 미하일 아니톨리예비치(Ким Михаил Анатольевич).

◎ 안 드미트리 알레세예비치(Ан Дмитрий Алексеевич)

바실렙카 마을. 스탈린그라드 전투에서 전사한 소비에트 군인들의 공동묘지. 위령탑은 1958년 세워졌다.

1908년 출생. 붉은군대원, 1942년 8월 11일 사망, 스탈린그라드주 옥탸브리스키(Октябрьский) 지역 바실옙카(Васильевка) 마을에 매장.[39] 현재 마을에는 1942년 12월의 희생자를 기리는 공동묘지가 있는데, 전사자와 여기에 매장된 사람들의 이름 목록에서 안이라는 성씨를 찾을 수 없었다. 그 이유는 사망 시기가 이미 8월이고 매장장소가 알려지지 않았기 때문이다.[40]

◎ 김 미하일 아나톨리에비치(Ким Михаил Анатольевич)

통신병 김 미하일 아나톨리에비치는 스탈린그라드 공장 '바리카다'(Баррикада)에서 1942년 11월 사망. 그의 이름은 마마예프 쿠르간(Мамаев курган)의 군사 명예의 전당에 새겨져 길이 남을 것이다. 김 미하일 아나톨리에비치, 병사, 제28구역, 95번째 줄, 2번째 칸.

◎ 한 겐나디(Хан Геннадий)

겐나디 한은 모스크바국립대학교 기계-수학 학부 졸업 후 쿠이비셰프(Куйбышев)시로 여름학교에 파견되었고 이후 실제 군대에 입대하였다. 흑해함대 공군 제10 예비연대 3중대 소속의 폭격수였다. 여러 번 출격하였다. 1943년 출격 중에 적의 항공기에 격추되어 아나파시 지역(크라스노다르스크 지역)에서 사망하였다.[41]

---

39) Список советских воинов, похороненных в Волгоградской области [данные Архива Октябрьского РВК Волгоградской области] [Электронный ресурс] / Электрон. дан. // Сводная база данных МИПЦ 'Отечество' URL: http://www.ipc.antat.ru/Ref/all.asp (дата обращения 09.05.2010).

40) http://www.pobeda1945.su/burial/1154/album/744; http://www.arirang.ru/veterans/an_da.htm

41) Московский университет в Великой Отечественной войне; Цой В.

◎ 안(노) 안나 필립포브나(Ан (Но) Анна Филипповна)

안(노) 안나 바실리예브나. http://www.arirang.ru 에서 사진 인용

    1947년 7월 오르조니키제(Орджоникидзе)시(블라디캅카스)에서
참호를 파야했을 때 안나 안(1927년 출생)의 나이는 14세였다. 1942년
그녀는 오르조니키제와 로스토프나도누, 하리코프의 최전방 병원에서
간호사로 복무하였다. '1941년-1945년 대조국전쟁에서 용맹함을 인정'
받아 메달을 수상하였다. 안나 안의 인터뷰로 북캅카스에서 5명의 고려
인이 전선으로 나갔다는 것이 알려졌다. "북캅카스 전선의 질기(Жилг
и)시에서 우리는 탱크로 벽을 세우고 참호를 팠다. 저녁마다 간호 수업
을 들었고 3개월 후 이동병원으로 파견됐다. 많은 것을 보았고 인내해
야 했다. 나는 내 어깨 위에 부상병들을 짊어졌고, 내 손안에서 군인들

Мама, я вернусь с победой // Российские корейцы. No. 4 (37). 2003,
апрель, С. 5.

이 죽어갔다. 밤낮으로 자지도 않고 먹지도 않았다. 가끔 부대장이 나에게 말하기를 '안나 안나(안이 성인지 모르고 나를 그렇게 불렀다) 뭐라도 좀 먹어야지.' 그러나 우리는 부상병들에게도 음식이 모자란다는 사실을 알고 있었다. 단지 가끔 아무도 보지 않을 때 빵조각을 조금 먹을 수 있었다. 저녁마다 나는 들판으로 나가 쉬포브닉 열매를 따다가 가져와 끓였다. 그리고 군인들에게 마시게 했다. 어떻게 조금 그들의 고통을 줄일까 하는 마음이었다. 자유시간이 조금 주어지면 나는 내가 돌보는 군인들, 때론 나와 동갑인 사람도 있고, 또는 아주 조금 연장자인 그들의 머리맡에 앉아서 노래를 부르곤 했다."[42]

◎ 강 시묜 바실리예비치(차준)(Кан Семён Васильевич)

이르쿠츠크(Иркутск)주 보다이보(Бод айбо)시에서 1941년 노농적군으로 징집되었다. 전투경력을 감안하여 프룬제 전쟁 아카데미 속성반으로 파견되었다. 1941년 11월 모스크바 붉은 광장에서 열린 열병식에 참가하였다. 1957년 체첸-인구시 트로이츠코예시로 이동했고, 이후 북오세티야 모즈도크(Моздок)시로 이동되었다. 1990년 사망하였다.[43]

http://www.arirang.ru 에서
사진 인용.

---

42) Фото Виктора Ана. http://www.arirang.ru/news/2006/06117.htm. Шин Д.В., Пак Б.Д., Цой В.В. Советские корейцы на фронтах Великой Отечественной войны 1941-1945 гг. М., 2011. С. 37-42. Ким К. Стремительный взлёт Анов // Корё ильбо. 2006. 27 окт. И др
43) http://www.arirang.ru/veterans/kang_sv.htm

◎ 남 콘스탄틴 니콜라예비치(Нам Константин Николаевич)

1928년 출생, 레닌그라드 보육원에서 자랐다. 레닌그라드 봉쇄 첫 번째 주에 조직된 빨치산 부대로 가서 숲으로 들어갔다. 부대의 저격수로 활동하였고, 폭약으로 나치의 열차를 파손시키기도 했다. 붉은별 훈장과 조국전쟁 2급 훈장, '참전 공훈을 기리는' 메달과 '1941년-1945년 대조국전쟁에서 대독일 승리를 기리는' 메달을 수상하였다. 현재 로스토프주 쿨레숍카 마을에 거주하고 있다.[44]

◎ 김 다비드와 김 디미트르(Ким Давид и Ким Димитр)

안 안나의 말에 따르면 다비드와 디미트르 김은 1941년 6월 로스토프주에서 전선으로 떠났다. 다비드 김은 1942년 7월 27일 스탈린그라드에서 전사. 매장 장소는 알려지지 않았다.

소비에트 당원인 김 디미트르는 1937년 스탈린에게 개인적으로 위임을 받아 북캅카스(오르조니키제)로 파견되어 캅카스 벼농사 재배의 창시자가 되었다. 고려인 벼농사 분대를 이끌었다. 후방에서 작업을 할 수 있는 권한이 있음에도 그것을 거절하고 6명의 고려인들과 함께 전선으로 나갔다. 27명의 다른 고려인들과 함께 1942년 7월 전사했다. 매장된 장소는 알려지지 않았다.

◎ 김 엘레나 트로피모브나(Ким Елена Трофимовна)

김 엘레나 트로피모브나는 전투 또는 노동군대에 참가하지 않았지만 그래도 다른 전선(노동전선)에 참여한 것으로 인정할 수 있다. 1924년 극동 지역에서 태어나 우즈베키스탄으로 강제이주되었다. 1941년 전

---

44) http://www.arirang.ru/veterans/no_af.htm

쟁 초기에 그녀의 나이는 겨우 17살이었다. 이 나이부터 타시켄트 레닌 콜호즈에서 목화재배를 시작했다. 그녀가 조장인 목화재배 조에는 20명 의 노동자가 함께 일했다. 조에 할당된 계획에 의하면 한 명당 100kg의 목화를 수확했어야 했다.

어린 소녀와 아녀자들은 계획을 완수하기 위해 등에 큰 짐을 지고 몸을 구부린 상태로 온종일 일해야 했다. 이런 상황은 결국 그들의 건 강에 치명적인 영향을 미쳤다고 한다. 무더운 기후로 인해 밤마다 목화 에 물을 뿌려주어야 했고 상자에 넣어 포장해야 했다. 나라에 많은 양 의 목화가 필요했고, 그 용도는 천을 만드는 것뿐만 아니었다. 타시켄 트 공장 중 한 곳에서 이 작물의 씨앗으로 화약을 만들었다. 그들은 낮 에 목화재배 농장에서 일하고 밤에는 쌀을 타작해야 했다. 여자들은 쉼 없이 일했고, 채소를 많은 양의 물에 넣고 끓인 옹색한 음식을 먹으면 서 정말로 죽도록 일했다. 젊은 신체는 항상 배고픔을 느끼며 배불리 먹고 싶다는 갈망을 가졌다. 어쩌다 장비가 망가지면 그 덕분에 약간의 휴식이 허락되었다. 남자들은 노동군대에 있으므로 여자들이 겨울에 수력발전소 건설을 위해 6m 깊이의 운하를 파야했다. 힘든 수작업의 대가로 돈을 조금 주었지만 주로 현물과 소량의 쌀로 지불하였다.

엘레나 트로피모브나 김은 사회주의건설 분야와 소비에트 연방의 전장에 특별히 기여한 공으로 1948년 노동적기(赤旗) 훈장을 수상하였 다. 노동전선의 참여자로 '1941년-1945년 대조국전쟁 승리에 기여한' 공으로 5개의 기념 메달도 수여하였다. 엘레나 트로피모브나는 칼미크 공화국 옥탸브리스키 지역에 벼농사 마을 볼쇼이 차린에서 1970년부 터 살고 있으며 같은 마을의 고려인 젊은이들은 그녀를 레나 아줌마로 친근하게 부르고 있다.[45]

---

45) Намруева Л.В. Советские корейцы на фронте и в тылу в годы

4. 전후 회복기 및 사회주의 건설 시기 러시아 연방 사회주의 공화국 남부지역의 고려인들 (1945년-1960년 초)

1) 1959년 인구조사

1959년 전후 최초로 실시한 전연방 인구조사는 러시아 연방 사회주의 공화국에 거주하는 고려인의 약 14%가 속해있는 러시아 남부지역의 한인 집단을 처음으로 합산하여 그 인구수를 알려주었다. 인구조사 자료에 따르면 고려인들은 러시아 남부와 북캅카스의 지역으로 집중적으로 이주하였고. 그 수는 1939년 3,521명에서 1959년 12,268명까지 늘어났다. (표 3 참조)

1939년 로스토프주에 거주했던 고려인은 65명이었고, 1959년에는 2,953명이었다. 다게스탄 자치공화국의 고려인 인구는 1939년 47명에서 1959년 3,590명으로 증가하였다. 북오세티야 자치공화국은 39명에서 1,551명으로 증가했고, 체첸-인구시 자치공화국은 73명에서 1,857명으로, 스타브로폴 지역에서는 108명에서 468명으로 증가하였다.

2) 로스토프주와 스타브로폴, 칼미크 지역 고려인들의 벼농사

1950년 중반부터 스탈린 사후에 고려인들은 카자흐스탄과 중앙아시아 국경을 넘어 이동할 수 있는 자유권을 얻었다. 일부 고려인들은

Великой отечественной войны // Вестник Калмыцкого института гуманитарных исследований РАН. 2010. No. 1. C. 37-40.

농사에 가장 적당한 기후를 갖춘 남쪽 지방과 크림으로 향했다. 고려인들의 이동은 이미 자유의지에 의한 것이고 목화재배로 밀려난 벼농사를 향한 아쉬움도 영향을 주었다. 이 과정을 겪은 동시대인은 다음과 같이 증언하였다.

> "'밀려드는 목화재배 노동'을 참아내지 못한 많은 수의 고려인들은 땅을 버리고, 땀에 젖은 얼굴로 주식인 쌀을 재배할 수 있는 장소를 찾아 떠났다. … 현재 대부분의 고려인들은 공화국의 여러 도시로 또 국경을 넘어 뿔뿔이 흩어져 정착해서 살고 있다. 자캅카스, 러시아 연방공화국 남쪽지역과 우크라이나 등. 고려인들은 빈번히 이동식 작업조라고 불리는 작업반에 들어가 채소와 박과작물을 재배하였다. 50년-60년대에 연해주 지역으로 돌아간 고려인은 상당히 소수이다."[46]

억압받고 이주된 상황임에도 불구하고 전문적인 농경 재배자로서 고려인들의 명성은 높아졌고 입지가 공고해져서 농업 부흥에 관심이 있는 지역 당국들은 고려인 이주를 환영하였다. 1951년부터 스타브로폴의 벼농사가 활발하게 시작되었다. 스타브로폴 공산당 지역위원회는 농촌의 생산성을 높이려는 목적으로 러시아 소비에트 연방 산하의 이주관리부에 "고려인들의 전문적인 농경기술과 현지 콜호즈 구성원들에게는 생소한 벼농사 재배 경험을 고려해서 그들에게 스타브로폴 지역에 정착하라고 제안해 줄 것"[47]을 호소하였다.

부가이 박사가 출판한 문서보관소 자료에 의하면, 1951년에 스타브로폴 변경주 네빈노미스키(Невинномысский) 지역은 중앙아시아

---

46) Ким Степан. Исповедь сорён сарам – советского человека. Журнал 'Дружба народов', 1989, No. 4. Цит. по: http://www.e-reading.club/bookreader.php/1028371/Alieva

47) Цит. по: Бугай Н.Ф. Корейцы Юга России··· С. 154.

의 여러 공화국에서 온 198명의 고려인 주민을 받아들였다. 고려인들은 농경 이주를 통해 경작 가능 농지를 증가시켜 농작물의 생산성을 높였다. 이는 농경 작업반 반원들의 수당을 높이고[48] 사회적 인프라 성장과 같은 괄목할 만한 성과를 이루어냈다.

농업에서 고본질(кобончжиль) 방식이 전파되면서 1950년대부터 매우 많은 고려인들이 러시아 남부의 주요 농업지역의 하나가 된 로스토프주로 이주하였다.[49] 로스토프주 고려인연합회 회장 송(А. Н. Сон)은 다음과 같이 서술하였다.

> "고려인이 처음으로 [비솔롭스키(Веселовский)] 지역에 모습을 보인 것은 1940년대 말(1947-1949)이었다. 새로운 농경지를 향한 고려인의 집단이주는 1951년-1953년에 시작되었다. 주(州)신문 '몰로트'(Молот)와 지역신문에 돈(Дон) 지방의 새로운 농작물인 쌀과 쌀을 경작하는 사람들에 대한 기사가 정기적으로 게재되었다. 사회적 노동영웅인 황(Хван Ч.И.)과 전(Тен С.В.), 최순희(Цой Сунн Хи), 리선춘(Ли Сен Чун), 최하구(Цой Ха Ку), 엄찬준(Ем Чан Дюн) 등이 기사화된 인물이다. 현재 연금수령자이고 베테랑이며 로스토프 벼농사 창시자였던 사람들은 비솔롭스키와 볼고돈스키 지역에 아직도 살고 있다. 벼농사일이 기계화된 후 많은 고려인들이 양파 재배를 비롯해 다른 채소를 재배하는 길로 돌아섰다."[50]

---

48) Бугай Н.Ф. Корейцы Юга России··· С. 155-156.

49) Ким Хе Чжин. Корейское общество в Ростовской области и его проблемы. – Корейцы Юга России и Нижнего Поволжья. Волгоград, 2011. С. 146.

50) Сон А.Н. Прошлое и настоящее донских корейцев. Феномен Ассоциации корейцев Ростовской области // Гармонизация межнациональных отношений в Южном Федеральном округе. Российские корейцы в диалоге народов и культур Дона. М.-Ростов-на-Дону, 2011. С.9-10.

지역 주민인 김(Е. Т. Ким)이 구술한 내용은 다음과 같다.

> "[로스토프주 아좁스키 지역의] 쿨레숍카(Кулешовка) 마을에 1954년 처음으로 고려인이 이주하였다. 이들은 오가이 드미트리(Огай Дмитрий)와 리가이 라브렌티(Лигай Лаврентий)의 가족이었다. 1956년 10가구 이상이 쿨레숍카 마을에 정착하였다. 그들은 농사일에 종사하였다. 이른 아침부터 늦은 저녁까지 들판에서 일하였고 채소를 길렀다. 몸에 밴 성실성으로 우리 민족은 지역 주민의 존경을 받고 명성을 얻었다. 아이들은 학교에서 배우고 고등교육기관에 진학했고, 새로운 직업을 구하였다."[51]

'로스토프주 비솔롭스키 지역에 정착한 고려인 출신 소련 국적인들에 대한 역사적 주해'[52]는 1953년-1954년 비솔롭스키 지역 콜호즈로 들어온 고려인 가족 명부에 포함되어있다. 소비에트연방회의 1953년 2월 19일자 No.517 결의안은 벼, 목화, 채소 작물을 재배하기로 계획된 관계 토지를 개발하기 위해 카자흐스탄과 카바르디노발카르에서 고려인이 이주하는 근거가 되었다. 성씨들 중에는 안(Ан), 강(Кан), 김(Ким), 리(Ли), 민(Мин), 문(Мун), 오가이(Огай), 박(Пак), 송(Сон), 전(Тен), 티가이(Тигай), 장(Тян), 한(Хан), 황(Хван), 헤가이(Хегай), 홍(Хон), 최(Цой), 천(Чен)이 있다. (표 4 참조)

송(Ж. Г. Со)의 연구[53]로 스탈린 사후 고려인들이 중앙아시아에서

51) Ким Е.Т. Страницы из жизни корейской диаспоры села Кулешовка. – Гармонизация межнациональных отношений в Южном Федеральном округе. С. 258-259.

52) Газета '돈 지방의 고려 사람 Коре сарам на Дону', No.5 (16), май 2013.

53) Сон Ж.Г. История социализации корейской семьи на Северном Кавказе (1933-1990). [Электронный ресурс] Режим доступа : http://koryo-saram.ru/istoriya-sotsializatsii-korejskoj-semi-na-severnom-kavkaze-1933-1990/. Обращение: 16.10.2015.

북캅카스로 활발하게 이주한 사실이 밝혀졌다. 고려인들은 체첸-인구시 자치공화국의 들판에서 일하면서 북오세티야 자치공화국 오르조니키제시에 살았다. 1950년 말까지 북오세티야 자치공화국에는 고려인 가족이 120가구 이상 거주했고, 1955년에는 고려인 콜호즈 코스트 페타구로프(Кост Хетагуров)가 조직되었다.

3) 전후 경제회복에 참여하는 고려인들 그리고 니즈네예포볼지예에서의 평화로운 삶

(1) 고등교육기관에서 일하는 고려인

볼고그라드주 고려인들과 약 20여 년을 함께 작업하고 현지 고려인들에 대한 역사자료와 문서보관소 자료를 모아온 한국학자 이형근 목사의 주장에 따르면 고려인 전문가들은 스탈린그라드의 전후 복구사업에 참여하였다. "문서로 확인된 첫 번째 고려인 정착민은 당시 사라토프 대학교에서 식물학을 연구한 김 콘스탄틴(Ким Константин)이었다. 그는 1946년 볼고그라드 사범대학교 식물원으로 파견되었다. 김씨는 1949년에 러시아 여자 이라이드 미하일로브나(Ираида Михайловна)와 결혼을 했고 '고려인을 본 적이 없었다'고 진술하였다."[54]

◎ 김 콘스탄틴 이오시포비치(Ким Константин Иосифович)

그는 1917년 극동지역 포크롭스크 지방 시넬니코보(Синельниково)

---

54) Ли Хён Кын. Современное состояние переселения корейцев Волгограда (1945-2010). – Корейцы Юга России и Нижнего Поволжья. Волгоград, 2011. С. 127.

마을의 한 농부 가정에서 태어났다. 스탈린그라드 사범대학 식물학부에서 조교로 근무하였다. 김 콘스탄틴은 대학교 공동생활에 적극적으로 참여하였다. 학과 벽신문 편집장으로서 책임을 성공적으로 수행하였고 민병대에서 근무하고, 학과 당사무국의 일원이었다. 학문적 관심 분야는 들판의 잡초 생물학이다. 1955년 4월부터 1956년 4월까지 학위논문을 쓰기 위한 1년간의 박사 준비과정이 그에게 주어졌다. 김 콘스탄틴 이오시포비치는 '밭농사에서 잡초'라는 주제로 박사학위논문을 썼으나 학위를 받지는 못했다.[55]

그가 1954년에 직접 쓰고 1960년 내용을 추가한 전기에서 다음과 같은 내용을 확인할 수 있다. "나의 부모님은 모두 돌아가셨다. 1941년에는 아버지가, 1942년에는 엄마가 돌아가셨다. 나는 8살 때부터 초등학교를 다니기 시작했고 1929년 학교를 마치고 니콜스크-우수리스크 (현재 보로실로프)시에 있는 7학년제 고려인 학교에 입학했다. 1932년 7년제 학교를 마치고 나는 미술가가 되기로 결심하고 모스크바 산업예술 단과대학의 회화과에 진학하였다. 예술대학을 1936년에 마치고 보로실로프 고려인 사범대학에서 강의를 하게 되었다. 1년이 지난 후, 즉 1937년 8월에 극동에 사는 모든 고려인이 카자흐스탄과 우즈베키스탄으로 이주되었다.

1937년 9월 나는 대학의 다른 강사들, 학생들과 함께 카잘린스크 (Казалинск)시[56]에 도착하였다. 그곳에서는 나는 부모님과 함께 살았

55) Педагогический университет в лицах. Профессорско-преподавательский состав Волгоградского государственного педагогического университета (1931-2006). Волгоград, 2006. С. 158; http://kb-vgpu.narod.ru/kim.html; https://artchive.ru/artists/34973-Konstantin_Iosifovich_Kim/biography

56) 카자흐스탄 공화국 크즐오르다주 카잘린스크 지방 카잘린스크시. 1939년 소련 인구조사 자료에 따르면 1835년 카잘린스크시에는 고려인 민족출신의 주민이

김 콘스탄틴 이오시포비치. 1950년대 볼고그 라드 국립사립대학교 식물학부 강사. 볼고그 라드시에서 찍은 사진은 김콘스탄틴의 개인 소장자료에서 인용.

김 콘스탄틴과 그의 아내 김 일리아드와 아들 이고리. 1960년. 볼고그라드시. 사진은 김 일 리아드의 개인 소장품.

다. 단과대학에서 2년 더 근무하였는데, 그곳에서는 이미 러시아어로 수업이 진행되었다. 1939년 가을 크즐오르다 카자흐스탄 사범대학교 의 자연과학부에 진학하였다. 나는 1942년에 대학을 3년만에 마치고 교육부의 여행허가증으로 루고보에 잠불스크주로 가서 그곳에서 화학 및 생물 강사로 중등학교에서 근무하였다. 1943년 7월 1일부터 1944년 7월 1일까지 연구부장으로 일하였다. 그 학교에서 2년간 근무하고 1944년 가을 나는 사라토프 대학교 생물학부 4학년에 진학해서 1946년 식물의 분류 및 형태학부 졸업했다. 대학을 졸업하고 스탈린그라드 사

1,835명 거주하였다.

범대학으로 발령을 받았다… 1954년 나는 소련 공산당 당원후보로 받아들여졌고, 1955년부터 소련공산당 당원이 되었다… 나의 형 이노켄티는 구리예프주 국영 어장의 소장으로 근무하고, 아우 베니아민은 사라토프주에서 살면서 검사로 일하고 있다. 누이는 카자흐스탄 공화국 우슈토베(Уш-Тобе)[57] 역에서 아들의 부양을 받으며 살고 있다. 1960년 11월 5일."

콘스탄틴 이오시포비치 김의 일대기 자료는 우리 연구에서 특별하고 큰 가치를 지니는데, 그 이유는 콘스탄틴이 바로 본 논문의 저자 중한 명인 이고리 콘스탄티노비치 김(Игорь Константинович Ким)의 작고하신 아버지이기 때문이다. 본문을 보면 개인적인 성격 외에도 가족의 역사를 유추할 수 있고 소련 사람인 구세대들의 전형적인 가족상을 볼 수 있다.

콘스탄틴은 1917년 12월 아이들이 많은 집안에 가운데 아들로 태어났다. 콘스탄틴의 큰형 인노켄티는 저자의 큰아버지, 마다바이(мадабай)가 된다. 아우 벤니아민은 저자의 작은 아버지, 아지바이(адибай)이다. 가족 중에는 여자 형제도 있었는데, 그들에 대해서는 안타깝게도 알려진 사실이 없고, 이름조차도 언급되지 않고 있다. 그들 모두가 극동에서 출생했다. 1937년 8월은 극동의 모든 고려인을 카자흐스탄과 우즈베키스탄으로 '이주'시킨 달로 언급되고 있다. 콘스탄틴과 그의 가족은 아마도 9월에 콘스탄틴이 강의했던 단과대학과 함께 카잘린스크시로 다 같이 왔던 것 같다. 이런 사실로 우리는 이주의 과정이 긴 여정이었거나, 혹은 정보 제공자가 일정 기간 카자흐스탄의 다른 장소에 머

---

57) 현재 우슈토베시는 알마티주 카라탈 지역의 중심이며 세미팔라틴스크 - 알마티 노선의 기차역으로 탈디코르간시에서 북서쪽으로 49km 떨어져 있다. 1939년 인구조사에 따르면 이곳에 3,382명의 고려인 거주했다.

물렀을 것으로 추측할 수 있다.

콘스탄틴은 8살부터 소비에트 고려인에게 허용되는 모든 교육단계를 통과하면서 교육을 받았다: 초등학교, 니콜-우수리스크 7년제 학교, 이후 이 청년은 '화가'가 되기로 결심하고 15세 나이에 모스크바 산업-예술대학교 회화과에 진학하기 위해 모스크바로 떠났다. 콘스탄틴은 학교에서 교사로 근무한 후 카자흐스탄에서 사범대학 생물학과 3년 과정을 통과하고, 전쟁 중이던 1944년에 사라토프 대학 4학년에 진학했다. 스탈린그라드 교육대학(현재의 볼고그라드 사회-교육대학으로, 그의 아들인 김 이고리 콘스탄티노비치가 이 대학에서에서 역사학과의 교수로 강의를 하고 있다) 강사로 근무하면서 학문에 매진하고 박사 준비과정에 들어갔다.

그의 형제 이노켄티와 베니아민 또한 그 직위를 보면 고등교육을 받았고 전문적인 면에서도 최소한 평균을 점한다. 상당히 젊은 나이에 고아가 되었던 김 씨네 형제들은 삶이 가장 힘들었던 상황에서 여러 단계의 교육을 통해 직업경력에서 상당히 높은 위치에 도달하였다 – 고등교육기관의 교사와 강사, 국영 어장의 소장, 지방 검사.

이런 전문경력은 열심히 일하고 공부해야 하는, 사회적 명성의 중요한 지표가 배움인 유교적 가치를 지향하는 정신과 연관된다. 한국사회의 전통은 법률가와 학술활동에 존경을 보내기에 가운데와 막내아들도 이런 분야에 몸을 담았다. 고려인들 사이에서 이루어지는 경제활동의 전통적인 형태로 농경을 제외하고 큰아들이 종사한 어업과 수산업이 있다. 이런 식으로 '소련 사람'은 모국과 멀리 떨어져 있어도 한국에서 수용된 유교적인 '올바른 의식 형태'와 행위에 맞는 삶을 살았다.

저명한 연구자 라리사 미하일로브나 심(Лариса Михайловна Сим)은 이런 명백한 사실에 주목하였다. "… 기억의 깊은 곳에 자리

잡고 있는 민족정신문화의 근본가치는 그 가치를 지닌 사람이 어디에 있든 그 모든 곳에서 자연스럽게 작용한다… 고려인들의 정신은 역사적 조국을 벗어난 곳에서 … 변화되지만, 그들의 근본가치는 어쨌거나 변화되지 않고 유지된다. CIS 동시대 고려인들은… 자신의 선조들의 행동양식을 여러 가지 면에서 재현한다."[58]

소비에트 시절 애국의식과 사회에 개인이 종속되는 유교의식이 공생 작용하는 것을 생각하면 매우 흥미로운데, 이런 공생 작용은 소비에트 시절과 포스트소비에트 시절 전체 고려 사람(корё сарам) 역사의 원동력이 되었다.

김 콘스탄틴 이오시포비치 쪽의 고려인 친척관계는 아쉽게도 그의 가족들 대에서 완전히 끊어졌다. 가족들이 관계를 상실한 것인지, 아니면 단순히 콘스탄틴이 자신의 아내와 아들을 자신의 형제들에게 소개하지 못했는지 알 수 없다. 어떤 경우이든 아카이브 검색을 통해 그의 후손들과의 관계를 복원하는 것은 이론적으로 가능하다고 볼 수 있다.

(2) 볼가강 수력발전소 건설에 참여한 고려인

볼가강 하류를 이용한 수력발전 계획에 따라 만들어진 설계도가 1950년 8월 6일 수용되었고, 스탈린그라드 위쪽 강가에 정상 유지 수준 30.0에 170만 kW 용량의 수력발전소를 건설하려는 8월 31일자 소련 장관회의 결의안 No.3555가 발표되었다. 1950년 8월 17일 소련 내무성 No.0558 명령에 따라 스탈린그라드 수력발전소 건설작업을 위한

---

58) Сим Л.М. К вопросу о корейском менталитете: прошлое в настоящем. http://world.lib.ru/k/kim_o_i/s6s6.shtml

아흐투블라그(Ахтублаг), 즉 아흐투빈스크 교정 노동 수용소[59]가 세워졌다. 1950년-1951년 아흐투블라그에 수용된 노동력으로 훗날 수력발전소 설비가 되는 도랑 축조가 이루어지고 볼가-아흐투빈스크 운하와 수력발전소의 민간 건설자를 위한 거주지 건설이 이루어졌다. 1956년-1957년 스탈린이 죽고 아흐투블라그가 해산된 후 수력발전소 건설 현장, 주로 쿠이비셰프 수력발전소 건설에 자발적인 민간노동자들이 나타났다.

한국의 연구자 이형근 목사는 구세대의 볼고그라드 고려인들 중 몇 분의 일대기에서 볼가강 수력발전소 건설과 연관되는 부분을 찾아냈다. "몇 년에 걸친 수력발전소 건설에 엄청난 양의 노동력이 투입되었고, 물과 에너지를 공급하기 위해 볼가강 댐을 축조하고 볼가강과 돈강을 연결하는 운하가 건설되었다. 건설에 참여하기 위해 이곳을 찾아온 사람들 중에 고려인을 발견할 수 있다. 파견되어 온 고등교육을 받은 고려인들 – 엔지니어와 대학 강사들도 많은 수는 아니지만 스탈린그라드로 들어왔다. 표트르 모이세예비치 김(1911년 출생)은 건축기사로 1949년 볼가 수력발전소로 파견되었다. … 이듬해 그의 가족도 스탈린그라드로 이주하였다. 민족 분류상 러시아인이었던 그의 아내는 … 더 이상 고려인을 보지 못했다고 진술하였다. 그의 아들 겐나디 김(Геннадий Ким, 1937년 출생, 볼고그라드 국립기술대학교 교수) 또한 8학년에 다니는 동안 고려인을 보지 못했다고 했다."

그러나 이후 볼가 화학공장 건설 현장에서 고려인들을 볼 수 있었다. 1957년 여기서 일했던 빅토르 리(Виктор Ли)는 60년대 수백 명이 넘는 고려인 기술자들 노동자들이 그의 곁에서 일하였다고 말하였다. 그들은 모두 최근에 건설된 볼가 지역과 그 근처에 위치한 스레드

---

59) 1950년 8월17일 조직되었고, 1953년 5월 30일 폐쇄되었다. http://www.memo.ru/history/NKVD/GULAG/r3/r3-17.htm.

네아흐투빈스키 지역에 거주하였다.[60] 논리적으로 생각해보면 이들 고려인들 중 일부는 이곳에서 자발적으로 민간노동자로 일했다고 추정할 수 있다. 이런 사실에 대해 정확히 밝히려면 그 시설의 문서보관소에서 작업을 해야 할 것이다.

아래에 김 표트르 모이세예비치의 일대기를 실어 놓았다. 이 일대기는 그의 아들 겐나디 표트로비치 김이 쓰고, 볼고그라드주 고려인 신문이 기사화한 것이다. 이 신문사는 일정 기간 신문을 발행한 것으로 알려졌다.[61]

◎ 김 표트르 모이세예비치(Ким Петр Моисеевич)

일대기는 아들 겐나디 김이 보관하고 있던 일기를 바탕으로 직접 작성하였다.

"표트르 모이세예비치 김은 1911년 10월 1일 연해주 포시예트(Посьет) 지역 크라베 마을에 소속된 조그만 시골 마을 탼티지헤(Тяньтизихе)에 있는 한 농부의 가정에서 태어났다. 태어난 날짜는 정확하지 않고, 당시는 음력을 사용했으므로 그 달력에 맞추어 계산된 것이다. 표트르 모이세예비치가 태어난 마을은 표트르대제 만(залив

사진은 그의 아들 김 겐나디 페트로비치의 개인 소장품에서 인용. 볼고그라드시.

Петра Великого)에 있는데, 이곳 주민들의 주요 경제활동은 어업과

---

60) 이형근(Ли Хен Кын). Современное состояние переселения корейцев Волгограда (1945-2010). 126-127.

61) Биография Кима Петра Моисеевича (записанная по сохранившимся дневникам) –'Волгоградские корейцы', 16 августа 2007 г.

농업이었다.

김 표트르 모이세예비치의 윗세대, 즉 할아버지, 할머니와 다른 분들은 농사를 지을 땅이나 다른 일을 할 수 있는 땅을 갖지 못해서 한반도 북쪽에서 포시예트 지방으로 이주했다. 표트르 모이세예비치는 자신의 아버지를 잘 기억하지 못했는데, 그 이유는 황제의 칙령으로 군대로 징집되어 제1차 세계대전에 참전해서 그 이후로 돌아오지 않았기 때문이다.

표트르 김은 초등학교와 중등학교(9년제)를 크라베 마을과 노보키예프 마을의 지역 분교에서 마쳤다. 중등학교를 졸업한 후 1929년 표트르는 극동국립대학(ДВГУ)의 농업토지개량학과에 입학하였다. 1931년 ДВГУ는 인문대학으로 개편되어 공학 전공 학생들이 국내의 다른 학교로 이전되었다.

그렇게 표트르는 옴스크(Омск) 농경대학을 다니게 되었다. 이 시기에 나라에서는 집단교육방식과 그룹별 시험 통과 방식이 없어지게 된다. 대학에서 학기를 마친 후 졸업 프로젝트를 심사하는 방식이 도입되었다. 학기를 마친 졸업생들은 스스로가 정한 주제에 따라 자료를 수집하고 프로젝트 계획을 세우기 위해 각지로 흩어진다. 표트르 김은 지방 한 곳의 토지를 개간하기 위해 노보시비르스크(Новосибирск)에 위치한 레닌스코-쿠즈네츠코예(Ленинско-Кузнецкое) 프로젝트-개발국으로 떠났다. 실습생이 그곳으로 온 목적을 알게 된 사무국 국장은 옴스크 농경대학에서 학위 심사를 마치고 난 후 진행할 프로젝트 개발에 대한 근로계약서를 체결하였다. 4-5개월 동안 프로젝트를 수행하고 표트르 김은 프로젝트 지도교수 없이 혼자서 심사를 통과했고 1934년 최고점수를 받고 학위를 수여하였다. 이후 노보시비르스크의 서시베리아지역 수자원관리국으로 이전하였다.

1935년 말 표트르 김은 큰 공사를 맡아서 성공적으로 해낼 수 있는

지 스스로를 시험해보기로 했다. 그 당시 모스크바-볼가를 잇는 벨로모르스크-발틱 운하 건설이 진행되고 있었다. 건설기술분과가 위치해있던 드미트롭시로 간 표트르 모이세예비치는 일을 하고 싶다고 제안하였고 설계사무국은 그 제안을 받아들였다. 붉은 광장에서 공사참여자들이 운하건설 완료 보고서를 올릴 때까지 그곳에서 근무하였다. 1937년 표트르 모이세예비치 김은 가족을 꾸렸고, 아들 겐나디와 딸 갈리나를 얻었다.

대조국전쟁이 발발하면서부터 모스크바 근처 건설 현장의 모든 엔지니어와 기술자, 노동자들은 방어선구축 현장으로 동원되었다. 소련 내무성 방어선구축 조직위가 창설되었고 표트르 김은 르제프-뱌짐(Ржев-Вязьм) 전장의 건설업무 참여자로 등록되었다.

그러나 단지 첫 번째 방어선구축에만 성공하였다. 1941년 10월 전황이 급격하게 악화됨에 따라 건설자들은 처음에는 볼로카멘스키(Волокаменский)로 이동되었고 이후에 드미트로프(Дмитров)시로 보내졌다. 이후 표트르 김이 속한 건설반은 시를 둘러싸고 방어 전선을 구축하는 작업이 집중적으로 시작된 고리키(Горький)시로 이동했다.

모스크바 근처에 독일군의 폭격이 있은 후 표트르 모이세예비치 김은, 첼랴빈스크 방위산업을 지원할 목적으로 수력발전소를 건설 중인 우랄로 파견되었다. 이렇게 표트르 모이세예비치 김은 사트킨스카야(Саткинская) 수력발전소와 쥬라트쿨스카야(Зюраткульская) 수력발전소 건설에 참여하였다. 1944년 표트르 모이세예비치 김은 설계국의 구성원으로 부이(Буй)강에 수력발전소를 건설하기 위해 야로슬라프주 부이시와 코스트로마로 파견되었다. 이 건설작업이 완료되고, 표트르 김은 도시 해방 전투에서 붕괴된 에스토니아 탈린시의 항구를

김 표트르 모이세예비치의 군 증명서

복구해달라는 요청을 받는다. 이때가 1945년에서 1950년이다.

1950년 볼가 강 수력발전소의 케스케이드 건설작업 설계가 시작되었고 표트르 모이세예비치 김도 스탈린그라드 수력발전 계획 설계분과 책임자로 초청되었다. 볼가강 수력발전소 건설이 완료 후 표트르 모이세예비치 김은 1961년까지 쿠이비셰프시 '건설조직기술' 대학에서 근무하였고, 볼고그라드주 카라치에서 운하 설비 볼고돈스크 분과 부소장으로 근무하였다.

1961년 국가에서 브라츠크 수력발전소를 건설하기 시작했고 표트르 모이세예비치 김은 수력발전소 건설 건축사업 기술분과 책임자로 근무하기 위해 그곳으로 떠났다. 1967년 주요 작업이 마무리된 후 표트르 김은 다음 차례의 수력발전소 건설을 위해 우스티일림스크(Усть-Илимск)시로 떠났다. 이곳의 건설이 종료될 때까지 수석 엔지니어로 일하였다.

표트르 모이세예비치 김은 1976년에 정년 퇴임하였다. 1992까지 모스크바에서 거주했고, 1992년에 볼고그라드로 이주했고, 1994년 지병으로 사망하였다".

그의 딸 갈리나 페트로브나의 말에 따르면 아버지는 건설작업이 완료되었다고 집에 앉아있는 성격이 아니었으므로, 아이들은 부인의 돌봄 속에 볼고그라드에 남겨 놓고 항상 전국 방방곡곡 여러 지역으로, 다른 건설 현장과 생산대상을 찾아 떠났다. 표트르 김의 인성에는 고려인의 근면함과 신중함, 인내, 성실, 소비에트 조국에 대한 헌신이 합쳐져 있었다. 지도자로서 그는 실제 사회적 현실에 적응하는 능력과 가장 어려운 생산과제를 자신을 맡겠다고 결정하는 용기를 가지고 있었으며 사람들과 합의하여 단체작업을 조율할 줄 알았다. 우리는 표트르 모이세예비치의 딸과 손주들에게 그의 일대기 자료를 볼가-돈 운하 박물관에 전달할 것을 조언하였다.

5. 1960년-1970년 러시아 남부지역의 고려인

1) 1970년 인구조사

1970년 인구조사에서 러시아 남부와 북캅카스 지역에 등록된 고려인의 숫자는 1959년 12,268명에서 1,959명으로 증가하였다. 남자의 구성 비율은 51.9%(9,139명), 여성의 비율은 48.1%(8,465명)이었다. 도시에 12,292명이 거주했고(69.8%) 그들 중 6,394명이 남성이고 (52%), 5,898명이 여성이었다(48%); 농촌지역에 5,312명(30.2%)이 거주했고, 이들 중 2,745명이 남성(51.7%), 2,567명이 여성이었다 (48.3%).

고려인들은 몇몇 지역에서 자신의 입지를 크게 강화하였다. 고려인 인구수는 칼미크 공화국에서는 51명에서 284명으로, 스타브로폴 지역에서는 468명에서 1,453명으로, 카바르디노발카르 자치공화국에서는 1,798명에서 3,773명으로, 로스토프주에서는 29,153명에서 49,660명으로, 북오세티야 자치공화국에서는 1,551명에서 2,521명으로 크게 늘어났다. 고려인 인구수가 상당히 줄어든 곳도 있어서, 다게스탄 자치공화국은 3,590명에서 1,415명으로, 체첸-인구시 자치공화국은 1,857명에서 1,508명으로 줄었다. 고려인의 도시주민 비율이 가장 높은 곳은 카바르디노발카르 자치공화국(90.1%)과 북오세티야 자치공화국(80.2%)이다. 칼미크 자치공화국에 거주하는 고려인들의 농촌 거주 비율이 가장 높은데(82.4%), 이런 사실은 스텝 지역의 낮은 도시집중화 현상이나 전문화되지 않은 벼농사 기술로 설명된다. (표 5 참조)

2) 고본지 작업반 형태로 농사에 참여한 고려인

　남부지역은 주로 농산물 생산에 적합한 농경지대이다. 고려인들은 농사일을 조직하는 그들만의 고유한 방법을 가지고 있는데 이를 고본지(гобонди, кобончжи)라 부른다. '고려인들이 중앙아시아로 강제 이주된 후 발생한 특수한 현상'[62]인 고본지는 고려인들이 가족과 도시에 거주하면서 따뜻한 계절이 되면 생산성이 높은 농경 작업반에 합류하는 노동 형태이다. 김(Г.Н. Ким)이 내린 정의에 따르면 "고본지는 바로 소련의 고려인들에게만 있는 특수한 반(半) 합법적인 농사 형태인데 집단 토지임대 계약을 기반으로 작업반 반장의 지도하에 계절별로 나라를 넘나들며 채소와 참외류를 재배하는 일이다."[63]

　상대적으로 '자유로운' 60년대에 진취적이고 근면한 고려인 가족 상당수가 임대한 토지에서 계속해서 스스로 생산물을 만들어내면서 소비에트 사회주의 상황에서 시장경제의 생산자가 되어 채소재배를 이어갔다. 채소와 박과 작물을 재배하는 계절 농사일은 고본지의 가족-씨족의 원칙에 기반하여 가능하였다. 중앙아시아 공화국 출신의 수천의 고려인들은 소련 전역에서 일하였다: 포볼지예, 우크라이나, 북캅카스, 시베리아, 우랄. 고려인들의 노동 전통에 굉장히 능통한 신문기자 칼리셉스키(М. Калишевский)는 이런 상황에 대해 다음과 같이 썼다. "러시아에서 재배되는 거의 모든 양파가 고려인들에 의해 재배된다고 해도 과

---

62)　Хан В.С. О соотношении кобонди и форм земледелия у корейцев на дореволюционном российском Дальнем Востоке и в первые годы советской власти // Известия корееведения в Центральной Азии. Материалы международной конференции 'Корейская диаспора в ретро и в перспективе'. Вып. 6 (14). Алматы, 2007. С. 285.

63)　Ким Г.Н. Корейцы в экономике Казахстана за 75 лет // Известия научно-технического общества 'Кахак'. No. 4 (38). Алматы, 2012. С. 14.

언이 아니다. 이들은 오랫동안 이 분야에서 경쟁이란 것을 몰랐다."[64]

포포바의 논문 중에는 이 시기에 쿠반과 북캅카스에서 고본지가 활성화되었음을 증명해주는 통계자료가 인용되어 있다. "크라스노다르스크 지역으로 고려인 집단 이민의 물결이 두 차례 있었다. 1) 1960년대-1980년대. 이때 크라스노다르스크 지역에 고려인 인구는 거의 6배 증가하여 1989년 인구조사통계에 따르면 1,800명에 달했다. 이것은 경제이민으로 청부계약 방식-고본지를 수행한 고려인들이 북캅카스 땅으로 일을 찾아 왔다…"[65]

실제로 러시아 남부지역의 고려인 남녀 성비를 통해 그들의 거주방식 유형을 알 수 있다. 우선 전연방의 남녀 성비 평균값에 가까운 성비는 고려인들이 가족 공동체로 거주하고 있다는 특징을 보여준다. 스타브로폴 지역, 로스토프와 볼고그라드주, 다게스탄 및 기타 여러 지역에서 남성인구의 비율이 45-55% 한계 범위 안쪽으로 나타난다.

다른 한편, 다른 지역들에서의 성비는 남성 쪽으로 심하게 편중되는데(64-67%), 예를 들어 아스트라한주와 크라스노다르 지역이 그러하다. 이런 수치는 가족이 없거나 가족을 집에 두고 온 경제활동 연령의 고려인 남성들이 집단으로 경제이민을 한 결과로 나타난 것이다.

앞서 설명한 지속적인 거주와 이민 물결의 경향은 고려인 주민들이 러시아 남부로 활발하게 집단이주하였음을 이야기해준다.

이런 노동활동은 계속해서 양호한 일자리를 얻을 수 있게 해주었고, 우즈베키스탄과 타지키스탄 고려인들은 무너지는 소련의 위험한 상황으로부터 자신과 자신의 가족을 구하려면 어느 곳으로 떠나야 할지 선

---

64) Ким Г.Н. Корейцы в экономике Казахстана за 75 лет // Известия научно-технического общества 'Кахак'. No. 4 (38). Алматы, 2012. С. 14.

65) Попова Ю.Н. Корейская диаспора Краснодарского края: историко-культурные аспекты: XX в.-начало XXI в.

택의 기로에 서게 된다. 많은 고려인들이 짐을 챙기고, 가능하면 농기구도 챙겨서 그동안 계절작업을 하며 이미 익숙해진 지역으로 떠나갔다. 그곳에 이미 연락망도 가지고 있고, 개인적인 친분도 있으며 그곳의 기후조건 역시 익숙했기 때문이다.

3) 1960년-1970년대 러시아 남부의 고려인 지식인

소련 시절 볼고그라드는 니즈네예포볼지예의 대규모 산업중심지였다. 고려인 젊은이들도 고등교육기관에서 교육받기 위해 또는 기업에 배치되어 그곳으로 갔다. 화학박사이자 볼고그라드 국립공과대학교 교수이며 자신이 설립한 학과의 학과장인 보리스 이바노비치 노(Борис Иванович Но)가 명성이 드높은 고려인 중 한 명이다. 공과대학(현재는 이렇게 부른다) 박물관에 진정한 학자, 보리스 이반노비치 노의 삶과 학자의 길에 대한 글이 전시되어 있다. 바로 같은 대학교에서 김 표트르 모이세예비치 아들 김 겐나디 페트로비치가 근무했는데 두 사람의 학업과 산업 분야에서의 관심은 금속주조 생산과 관련된 것이었다.

◎ 노 보리스 이바노비치 (Но Борис Иванович)

"노 보리스는 1930년 2월 12일 연해주 나데즈딘스키(Надеждинский) 지역의 키파리솝카(Кипарисовка) 마을에서 출생하였다. 농부의 집에는 보리스 말고도 세 명의 아이가 더 있었다. 아버지의 이름은 인본 노(Инбон Но), 어머니의 이름은 은희 박

(Енхи Пак)이었다. 부모님이 돌아가신 후 기숙학교에서 양육되었다. 그는 독립적인 생활에 익숙해졌다. 학창 시절에는 학업에 큰 능력을 보여주었고 분석적인 기질이 뛰어났다. 1948년 카자흐스탄에서 학교를 마치고 카잔 키로프 화학공대(КХТИ)에 입학해서 '유기복합물 기술'을 전공하여 우수한 성적으로 1953년 졸업하였다. 4학년 때부터 학술연구 활동을 시작했다.

1953년 키로프 화학공대(КХТИ)에서 강의를 시작했고, 1958년 동 대학에서 박사학위를 받고, 실리콘 접착제에 관한 연구로 1968년 대박사 학위를 받았다. 1959년부터 1961년까지 КХТИ에서 조교로 근무하였고, 1961년부터 1969년까지는 조교수로 근무하였다.

1969년 볼고그라드 산업공과대학으로 초빙되어 강의 평가시험에 통과하였고, 1970년 '화학 기술' 학과를 설립하였는데, 과의 명칭은 몇 개월 후 '유기 석유화학 합성 기술'로 바뀌었고, 이후 32년 동안 계속해서 노 교수가 과를 이끌고 있다. 노 교수는 학과의 학파를 세운 창립자가 되었다. 그는 아다만테인 실리콘 접착물 화학과 기술연구[66]라는 학술 주제로 과를 수립하고 발전시켰다.

노 교수의 지도로 학과에서 수행된 기초작업 및 학술연구 활동은 소련과 러시아 연방의 국가계획인 아카데미 프로그램에 속하는 것들이다. 그의 연구 결과물은 산업 분야에서 발생하는 장애물을 해결하는 데 사용되었다.

보리스 이바노비치는 교육 쪽으로도 훌륭한 재능을 가진 사람이어서 능력이 있고 전망이 밝은 학생을 구분해낼 수 있었다. 노 교수에게 '러시아 연방 학술 분야 공훈자'라는 칭호가 주어졌고, 러시아 공학 아

---

66) http://www.vstu.ru/kafedry/tons/istoriya.html.

카데미의 정회원이 되었다. 그는 고등교육 체계에서 '성공적으로 작업을 수행한 공'으로 배지를 수여 받았고, '소련의 발명가' 상을 받았다. 또한 국가로부터 '명예 배지' 훈장과 민족친선 훈장을 받았다.

그의 아내 안나 다닐로브나 김(Анна Даниловна Ким)은 1932년에 출생한 고려인이다. 그녀도 볼고그라드 산업공과대학에서 교수로 근무하였다. 딸 엘레나는 화학박사이다. 손녀 예브게니야는 모스크바 로마노소프 국립대학을 졸업하였다. 보리스 이반노비치 노는 2002년 운명을 달리했고, 볼고그라드에서 장례가 치러졌다."[67]

이형근 목사는 보리스 이바노비치 노 교수를 "학문에 열정을 가진 사람이고 화학과를 창설한 사람이다. 그의 아내는 고려인이었지만 고려인들과의 관계를 유지하지는 않았다"라고 표현하였다.

김 겐나디 페트로비치의 회상에 따르면, 보리스 이반노비치 노는 "평판이 무척 좋은 사람이었다. 스스로 무척 겸손한 사람이었는데 겸손한 사람이 학과를 세우고 어떤 자리를 맡았다면 이 말은 곧 그 자리를 자신의 지능(智能)으로 맡은 것이란 뜻이다. 나는 그와 친분이 있었고 가끔 대화를 나누기도 했다. 무척 겸손한 사람이었다. 학장은 그를 존경했는데, 그가 학술 활동가가 아닌 진정한 전문가였기 때문이었다. '학술 활동가'는 학자가 아니다. 그런 의미에서 그는 학자였고 '학술 활동가'가 아니었다."

이형근 목사는 중년을 넘은 고려인들의 일대기에 대한 자료를 모았다. 그가 가진 정보에 따르면, 칼미크 벼농사 국영농장에서 온 박 발레리(Пак Валерий)와 김 리타(Ким Рита)가 볼고그라드 농업대학에 진학했다. 1968년에 발레리가, 1970년에 리타가 입학했다. 그들은 칼

---

67) Профессора Волгоградского государственного технического университета. Волгоград, 2005. С. 220-224.

미크의 벼농사 국영농장에서 이곳으로 온 것이다. 김 리타는 현재 목사를 도와 통역가로 일하고 있으며 고려인 사회단체에서 열심히 활동하는 활동가이다.

후에 볼고그라드주 고려인 사회단체의 조직가와 활동가가 되는 김 표트르 블라디미로비치(Ким Петр Владимирович)가 이 시기에 볼고그라드에서 일하고 있었다. 레닌그라드 기술대학의 화학 유기기술학부를 졸업한 표트르 블라디미로비치 김이 1971년 볼고그라드 공장으로 파견되었던 것이다. 그는 공장일과 대학에서의 공부를 병행했다. 표트르 블라디미로비치는 칼미크에서 온 고려인들을 비롯해서 볼고그라드로 이민 온 다른 고려인들과도 교류했고 스스로 칼미크의 벼농사 국영농장 '보스호드'를 방문하기도 했다. 2000년 초 표트르 블라디미로비치 김은 볼고그라드주 고려인 민족문화자치회를 이끌었고 다시 돌아온 사람들이 생활할 수 있도록 돕고 법률적으로 지원하는 방안을 마련하였다. 볼고그라드시 제르진스크 지방 안가르스크 마을에 50가구로 형성된 작은 고려인 공동체가 만들어졌고 여기서 표트르 김이 활동하였다. 그가 다른 지역으로 이사를 가서 안타깝게도 인터뷰가 성사되지 못했다.

◎ 김 겐나디 페트로비치(Ким Геннадий Петрович)

일대기. "나는 1937년 12월 3일 모스크바주 드미트로프(Дмитров)시에서 태어났다. 그곳은 나의 부모님이 1941년-1945년 전쟁 전까지 살던 곳이다. 나의 아버지 김 표트르 모이세예비치는 1911년 10월 1일 연해주 극동의 하산 호수 근처에 위치한 크라베 마을에 속해 있는 탼시헤제(Тяньшихезе) 마을에서 출생하였다. 아버지는 학교를 마친 후

옴스크 관개배수(灌漑排水) 연구소에 진학 하고 졸업하였다. 노보시비르스크 크라이보 드호즈(지역 수관리 사업) 설계개발 사무국 에서 근무하였다. 1935년 아버지는 모스크 바-볼가강 운하 건설을 위해 드미트로프시 로 갔고, 그곳에서 나의 어머니 되실 안나 치좁키나(Анна Чижовкина)와 결혼했 다. 전쟁 초기부터 기술요원들은 고리키시 로 대피했고 우리 가족도 그곳으로 이사하

개인 소장용 사진

였다. 그러나 1942년 아버지는 첼랴빈스크주 사트카시로 파견되어 쥬 라트킨스카야 수력발전소 설계작업을 맡았다. 그곳에서 생산되는 에너 지는 방위산업을 위해 우랄 생산단지로 보내졌다.

　이후 우리 가족은 부이에 수력발전소를 건설하는 것과 관련해 야로 슬라브주 부이시로 이사했다. 아버지가 새로운 임무를 맡아 우리 가족 이 다시 에스토니아 탈린시로 이사한 한 후에는 그곳에서 부서진 항구 를 복구했어야 했다. 우리는 탈린에서 1945년부터 1950년까지 살았고, 1950년에는 볼가 수력발전소 개발이 시작된 스탈린그라드로 가족 모 두 이주하였다. 그 도시에서 1954년에 나는 No.8 중등학교를 졸업했고 같은 해에 공과대학에 진학해 '주조생산' 전공으로 1959년 졸업하였다. 1959년 대학교를 마치고 첼랴빈스크 트랙터 공장으로 배치되어 그곳 으로 떠났다. 나는 그곳에서 기술국의 작업반원으로, 기술자의 보조로, 기술자로, 수석 기술자로 일하였다. 1962년 박사과정 시험을 통과하고 첼랴빈스크 산업공학대학교 박사과정에 입학한다. 1966년 학업을 마 치고 화학공학의 학술 연구 및 설계기술 연구소(НИПТИАММАШ) 의 학술 연구소에 그룹 지도자 자격으로 배치되었다.

1968년 박사학위 심사를 통과했고 심의를 거쳐 볼고그라드시 전연맹 석유화학산업 장비운송 학술연구소(ВНИИПТхимнефтеаппаратуры) 실험실의 지도교수 직책을 얻었다. 그렇게 1969년 다시 이제는 이미 볼고그라드로 불리는 스탈린그라드로 왔다. 1970년부터 1981년까지 주물 생산과의 책임자로서 근무하였다. 그 후에 심사에 통과해서 볼고그라드 산업공학대학(현재는 종합대학)에 채용되었고, 이곳에서 지금까지 근무하고 있다. 2017년 6월 1일"

겐나디 페트로비치의 고려인 친인척 관계도 김 콘스탄틴 이오시포비치의 가족사와 같이 단절되어 있었다. 우리와 이야기하는 중에 그는 아버지 쪽으로 두 명의 친척을 기억해 낼 수 있었다.

"나의 친척이 모스크바에 있었다. 아버지의 형제, 즉 나의 삼촌이 모스크바로 가서, 굉장히 훌륭한 곳에 들어갔는데, 소련공산당 중앙위원위 강의부였다. 그의 성은 닐리… 파벨 니콜라예비치였다. 그는 이미 오래전에 아버지보다 먼저 돌아가셨다. 당시 그의 지위는 매우 높았는데, 아마도 이 나라에서 고려인이 오른 가장 높은 직책이었던 것 같다. 그에게는 기자인 아들이 하나 있다. 겐나디 파블로비치 박. 나는 그의 어린 시절의 모습을 기억한다. 파벨 니콜라예비치 삼촌이 볼고그라드로 우리를 찾아왔을 때 그는 항상 레닌거리에 있는 숙소에 묵으며 아버지 곁에 머물렀다. 겐나디의 엄마는 작고 말랐는데 아들이 절대 음감을 가지고 있다고 항상 자랑했었다. 그런 왜 그가 기자가 되었는지 나는 잘 모르겠다… 나는 TV에서 그를 보았는데, 그가 여가수 아니타 최와 함께 출연하는 모습이었다. 다른 관계는 더 없다."

이형근 목사가 올바르게 지적했듯이, "이주 초기에 이곳으로 온 고려인들은 전문가들이었다. 대학교 교수 혹은 기술자들이었다. 위에 열거한 경우들은 소비에트 연방이 고도로 숙련된 전문가 양성에 애를 썼던 1960년대-1980년대 자리를 잡고 있던 고려인들의 수평 이동의 예로 볼 수 있다."[68]

4) 1960년대 칼미크 지역 벼농사 발전에 기여한 고려인

1960년대부터 러시아 소비에트 연방 사회주의 공화국은 벼농사 분야를 활성화시켰다. 국내 쌀 수요를 수입쌀로 대체하기에는 가격이 너무 비쌌고, 자체 쌀 생산비용은 전 세계의 평균값보다 훨씬 저렴했다. 쌀 수입은 나라에 득이 되지 않았으므로 국내 쌀 생산 확대의 필요성이 커졌다. 벼농사에 적합한 새로운 곳 중 하나가 칼미크 자치공화국의 북부 지역이었다. 제22차 공산당 전당대회(1961년)의 결의안에 의해 이곳에 벼농사 사업이 실행될 것으로 예상되었다. 1960년 중반부터 물이 없는 칼미크에 새로운 영농법인 벼농사가 시작되었다. 동시에 스텝 지역인 이곳에 관개시설이 건설되기 시작했다.[69]

1960년 중반 칼미크에서 벼농사가 발전됨에 따라 중앙아시아 고려인들의 이주가 활발해졌다. 역사학자 보리스 그리고리예비치 장(Борис Григорьевич Тян)은 다음과 같이 증언하였다. "50년대 신분증 제한을 푼 후 많은 고려인들이 거주지를 북캅카스 공화국의 스타브로폴 지방과 크라스노다르스크 지방, 로스토프주와 볼고그라드주로 옮겼다. 이후 칼미크 지역에도 많은 수의 고려인 디아스포라가 생겨났다. 고려인 집단의 대부분은 우즈베키스탄과 카자흐스탄, 키르기스스탄, 타지

---

68) Ли Хен Кын. Современное состояние переселения корейцев Волгограда (1945-2010). С. 126-127.

69) Городовиков Б.Б. Орденоносная Калмыкия. Изд. 2., дополненное, переработанное. Элиста, 1972. С.7.

키스탄에서 온 사람들이었다. 가장 많은 수의 고려인들이 공화국의 옥 탸브리스키 지역, 엘리스타시에 정착하였다."[70]

벼농사 국영농장 건설을 위해 공산당 칼미크 지역위원회 제1 비서 관 고로도비코프(Б.Б. Городовиков)는 김명주(Ким Мёнчжу)의 조 언에 따라 바실리 박(Василий Н. Пак)을 초청하였다.[71] 1960년대 중반 고로도비코프의 초청으로 고려인 채소 재배자들과 벼농사 전문가 들도 칼미크로 왔다. 1964년 말로데르베톱스키(Малодербетовский) 지역의 국영농장 '크라스노셀스크'의 토지 15헥타르에 마치 벼농사 전 문용지로 사용되었던 것처럼 논배미가 만들어졌다.

1966년 2월 12일자 러시아 사회주의 공화국 장관회의 결의안 No.153과 1966년 2월 28일자 러시아 사회주의 공화국 농경부 장관 명 령, 1966년 3월 15일자 칼미크 자치공화국 농경부 장관 명령에 따라 1966년 고로도비코프의 주창으로 말로데르베톱스키 지역의 국영농장 '크라스노셀스크'의 목초지를 기반으로 벼농사 국영농장 '보스호드' (Восход)가 설립되었다. 이 국영농장의 첫 번째 책임자는 벼농사 지도 자로서 성공적인 경험을 풍부하게 가지고 있는 바실리 니콜라예비치 박이 되었다.

1970년 인구조사에서 칼미크에 거주하는 고려인은 284명이라고 확 인하였는데, 이들은 '보스호드' 벼농사 국영농장에서 일하는 사람들이 었다. 이들 중에는 일대기와 활동에 대해 상당히 자세한 정보가 있는 사람들이 있다.[72] 사회학박사 남루에바(Намруева Л.В.)는 칼미크 고

---

70) Тян Б. Корейцы в Калмыкии // ХальмгҮнн (Калмыцкая Правда). 24 марта 2010 г.

71) Ли Хен Кын. Современное состояние переселения корейцев Волгограда (1945-2010). С. 126-127.

72) Намруева Л.В. Корейцы. Глава VII. 2 // Народы Калмыкии:

려인들의 벼농사에 대해 연구하였는데, 그녀는 어린 시절과 청소년기를 볼쇼이 차린 마을에서 보냈다.

◎ 박 바실리 니콜라예비치(Пак Василий Николаевич)

벼농사 국영농장 '보스호드'의 초대 책임자 박과 모스크바에서 온 학자들. 사진은 남루에바 소장문서에서 제공. 칼미크, 엘리스타시.

농사일에 풍부한 경험을 가진 바실리 니콜라예비치 박은 1965년 우즈베키스탄에서 칼미크로 왔다. 엘리스타의 역사학자 장(Тян Б. С.)의 증언에 따르면, 박은 "칼미크 땅에서 쌀과 채소를 훌륭하게 키워낼 수 있다는 것을 알고 있었다. 벼농사 국영농장이 설립되었을 때 박은 초대

историко-социологические очерки. Элиста: Изд-во КИГИ РАН, 2011. С. 256-266.

농장책임자가 되었다."[73] 그가 이끌었던 국영농장 '보스호드'에서 함께 일했던 전문가들은 다음과 같다. 벼농사작업반의 반원인 제(Де А. И.), 전(Тен А. И.), 전(Тен А. Х.), 기계기술자 정 철 렘(Ден Чер Лем), 김(Ким А. В.) 외 다수. "박 춘(Пак Чун В. А.)은 '보스호드' 국영농장에서 수석 엔지니어로 18년 이상 근무하였고, 그 이후에도 똑같이 벼농사로 특화된 '장가르' 국영농장에서 9년을 더 일했다."[74]

이 형근 목사는 지역 정보원의 증언을 바탕으로 박(Пак В. Н.)의 활동에 대해 다음과 같이 쓰고 있다. "박 바실리는 칼미크 지도부의 적극적인 지원으로 1965년 벼농사 국영농장 '보스호드'를 창설했다. 벼농사에 성공을 거둔 칼미크는 국영농장 No.1, No2, No3와 볼쇼이 차린 시[75]를 건설하였다. 이런 상황은 고려인들의 이주를 불러왔고, 그 수가 천 명을 상회하였다. 문화적인 생활이 꽃피게 되었다."[76] 박 바실리의 지도로 칼미크 처녀지에서 공화국 벼농사가 처음 시작되었고 짧은 시간 동안 활성화되었다.[77]

같이 칼미크에서 벼농사를 지었던 박상열(Пак Сан Ер)의 회상에 따르면, "초기에는 칼미크 환경에서 조생종과 중생종 쌀을 재배하는 것이 경제적으로 매우 효율적이라는 것을 보여주었다. 수천 헥타르가 넘는 생산지에서 생산되는 쌀 수확량은 평균적으로 헥타르 당 4.4톤에서

---

73) Тян Б. Корейцы в Калмыкии…

74) Тян Б. Корейцы в Калмыкии // Хальмг Үнн (Калмыцкая правда). 24.03.2010. С. 3. http://halmgynn.ru/

75) 사실상 도시가 아니라 일종의 농촌 마을이다.

76) Ли Хен Кын. Указ. Соч. С. 128

77) Намруева Л.В. Роль Б.Б. Городовикова в организации рисоводческих хозяйств Калмыкии // Б.Б. Городовиков – видный военный, государственный и общественно-политический деятель. Материалы научно-практической конференции. Элиста: КГУ, 2010. С. 115-117.

6.2톤을 넘나들었다. 10년 동안 국영농장은 연방에서 기록적인 쌀 생산량을 달성하였다. 국영농장 구성원들의 급여와 수입은 훌륭했다. 국영농장은 정부와 공산당으로부터 높은 등급의 훈장을 받았다. 박 바실리 니콜라예비치는 쌀 수확량에서 높은 성과를 보여준 것으로 레닌 훈장을 2회 수상하고(첫 번째는 우즈베키스탄에서) 국민경제달성박람회(ВДНХ) 작은 금메달을 수상했다."[78]

◎ 박 티혼 그리고리예비치(Пак Тихон Григорьевич)

티혼 그리고리예비치 박은 1935년 연해주 혼긴동(Хонгиндон)의 테르네이스키(Тернейский) 지역에서 태어났다. 그의 할아버지 박용식(Пак Ёнсик)은 농민이었다. 1937년 부모님과 함께 우즈베키스탄의 스레드니치르치크(Средний Чирчик)에 위치한 오르조니키제 콜호즈로 강제이주 되었다. 그의 아버지 박근식(Пак Кынсик; 1912년-1998년)의 직업은 교사였다. 티혼은 타시켄트 국가경제대학을 마친 후 타시켄트시에 위치한 기업에서 기획자로 근무하였다. 1955년부터 1958년까지 소비에트 군대에 입대하여 군복무를 하였고 1956년 사건 때 헝가리에 있었다. 참전용사로 인정을 받았다.

박 티혼은 다른 많은 동포들의 실례에 따라 '보스호드' 국영농장에서 수석 회계원으로 일하기 위해 1967년 칼미크 자치공화국으로 이주하였다. 이후에는 농산물 생산실현 담당 부소장으로 임명되었다. 자신의 조직화 능력과 활력 덕분에 그는 그에게 맡겨진 모든 분야에서 항상 긍정적인 결과를 얻었다.[79]

---

78) Пак Сан-Ер. Дорогие сердцу воспоминания – Караганда, 1979. – С. 150.
79) 이형근 목사 자료제공.

박 티혼이 스스로에 대해 다음과 같이 이야기했다. "나의 가족이 강제이주를 당했을 때 나는 두 살이었다. 우리를 극동에서 우즈베키스탄으로 강제이주 시켰다. 1937년 수많은 내 동포들이 고려인이라는 이유로 퇴거되었다. 고려인 주민들에게는 이주 준비 시간으로 한 달에서 석 달까지의 시간이 주어졌다. 퇴거는 모든 사람에게 해당되었다. 젖먹이 아기부터 노인까지 모두. 이주하는 동안 객차 안에서 누군가는 태어났고, 또 누군가는 아팠고, 죽어갔다. 우리 가족은 우즈베키스탄에 있는 콜호즈로 이동하라고 정해졌다. 가족에게 밀가루와 설탕, 곡물가루 크루프이, 성냥이 주어졌다, 물론 모든 지역에서 고려인들에게 이 물품을 주는 것은 아니었고 지역 지도자에 따라 주는 물품이 달라졌다. 콜호즈에서 나의 아버지는 학교 선생님으로 초등반을 맡게 되었다. 지역 주민은 우리에게 다정하게 대했고, 우리를 존중해주었다. 나는 자라나면서 공부를 시작하여 회계-경제학 교육을 받았고, 다양한 방면에서 일하였다. 1967년에는 칼미크의 사르핀 저지대를 개간하였다. 우리는 6남매였는데, 나의 형제, 누이들도 교육을 받고 훌륭한 전문가들이 되었다. 학문에 대한 열정과 선천적인 집요함, 성실함은 우리 가족이 세상에서 많은 것을 얻을 수 있도록 도움을 주었다. 고려인은 다정하고 존경받을 만한 민족이다."[80]

박 티혼은 한국 학자들에게 잘 알려진 이름이다. "그를 비롯해 다른 고려인들(370명 이상)이 칼미크에서 벼농사에 종사하고 있을 때, 공화국 지도자는, 예를 들어 고려인 농사일에 관련된 고려인 지도자를 칼미크 원주민 대표자로 교체하는 것과 같은 인종차별 정책으로 정책 방향을 전환하였다. 그때 티혼은 그런 정책에 찬성할 수 없다고 말하고 다

<hr />

[80] 『볼고그라드의 고려인들』, 2007년 8월 16일.

른 고려인들(작업반 구성원의 70%)과 함께 1972년 볼고그라드주로 이주하였다. 그 당시 이미 그곳에는 60-70가구의 고려인들이 거주하고 있었다고 그는 증언하였다."[81]

그런 명령에 찬성하지 못하는 이유는 고려인의 민족주의 때문이 아니라 땅 농사에 대한 고려인과 유목민인 칼미크인들 사이의 이견 때문이었다. 그런 사실에 대해 좀 더 뒤에 다른 학자가 다음과 같이 썼다. "당국은 경제단체의 지도자를 칼미크인으로 교체하였고, 이로 인해 갈등이 발생하여 결국 고려인들이 공화국을 등지거나 이웃 지방으로 계절노동을 하러 떠났다."[82]

1989년 티혼 박은 볼고그라드로 이주하였다. 볼고그라드주 고려인 연합을 이끌면서 중앙아시아 공화국에서 이주해온 고려인들을 맞아들이고 그들의 터전을 세우는 활동에 참여하였다.

6. 1970년대 말-1980년 전반기 러시아 남부의 고려인들

1) 1979년 인구조사

러시아 사회주의 공화국의 남부지역에 거주하는 고려인 주민의 수는 17,604에서(1970년) 21,633명까지 증가하였다. 이들 중 남성인구가 10,996명(50.9%), 여성인구가 10,637명(49.1%)이었다.

---

81) 남혜경 외, 『고려인 인구이동과 경제환경』(집문당, 2005), p. 91, pp.115-116 (Нам Хегён. Миграция российских корейцев и их экономическая среда // 'Чиммундан', 2005, сс. 115-116) (на кор. яз.).
82) Ли Хен Кын. Указ. Соч. С. 128.

고려인 주민 인구가 가장 많이 증가한 곳은 칼미크 자치공화국, 스타브로폴 지방, 볼고그라드주, 또 카바르디노발카르 자치공화국이었다. 고려인 수가 미미한 수치로 증가한 곳은 아스트라한(540명 이하)과 로스토프주(5,783명 이하), 크라스노다르스크 지방(995명 이하)이었다. 몇몇 지역에서 고려인 수는 계속해서 감소하였다. 다게스탄 자치공화국은 1970년에 1,415명에서 1979년 727명으로 줄었고, 체첸-인구시에서는 1,508명에서 859명으로 감소하였다. (표 6 참조)

　　1979년 인구조사에 따르면 경제적인 이유로 남부연방지구로 유입되는 이민자의 수가 안정되었고, 러시아 남부 고려인 주민들 사이의 성비가 비슷해졌는데, 이는 곧 거주와 경제활동의 지속적 성격을 나타낸다. 아스트라한주와 크라스노다르스크 지역에서의 성비는 자치구 평균에 미칠 정도로 비슷해졌다.

　　러시아 남부 도시에 16,059명(74.2%)이 거주하고 이들 중 남성인구가 8,097명(52.3%), 여성인구가 7,980명(47.7%)이었다. 시골에 거주하는 인구는 5,574명(25.8%), 이들 중 남성인구는 2,917명(52.4%), 여성인구는 2,657명(47.7%)이었다.

　　북캅카스 공화국들에 거주하는 고려인 주민들이 가장 도시화 되었다. 다게스탄 자치공화국 도시인 비율 70.7%에서부터 북오세티야 자치공화국 80.2%, 카바르디노발카르 자치공화국 96.7%까지. 벼농사를 위해 칼미크 스텝으로 온 고려인들의 많은 수가 농촌지역에 거주했다(83.8%). 고려인들 중 적지 않은 수가 스타브로폴 지역(42.7%)과 로스토프주(32.1%), 다게스탄 자치공화국(29.3%), 체첸-인구시 자치공화국(27%)의 시골 마을에 거주등록되어 있었다.

　　러시아 사회주의 공화국 남부지방의 고려인들은 인구 유출이 시작된 곳도 있지만 그래도 민족자치공화국에 거주하는 특징이 있었다.

1970년에 남부연방지구의 모든 민족공화국에서 인구조사에 등록된 고려인의 수는 9,794명이었고, 이 숫자는 러시아 남부 전체 고려인 공동체의 55.6%를 차지했다. 1979년에는 10,828명, 즉 정확하게 남부연방지구 고려인의 절반(50%)이 계속해서 자치공화국에 거주하였다.

2) 1970년 말 칼미크 공화국 고려인의 벼농사

칼미크 고려인 전문가들. 중앙에 박(В.Н. Пак). 남루에바의 소장 사진. 칼미크. 엘리스타시.

60년대 크라스노다르스키 변경주와 아디게야, 아스트라한, 로스토프주, 체첸, 다게스탄, 칼미크를 포함해 '북부' 지역에서 벼농사가 활성화된 것은 고려인이 남부지역으로 이동하게 된 이유 중 하나가 되었다. 1977년 5월 6일 채택된 "칼미크 자치공화국 사르핀 저지대의 벼농사와 사료 생산의 지속적인 발전 정책'에 대한 소비에트 공산당 중앙위원회와 소련 장관회의의 결의안에 벼농사 발전을 위해 관개시설이 이루어진 땅을 90,000헥타르 확보할 것이 예고되었다."[83] 러시아 사회주의 공화국 장관회의는 국민경제 계획의 차원에서 사라핀 저지대 국영농장으로 고려인 가족의 이주를 추진하라는 임무를 부여받았다. 전연방 레닌주의 청년 공산주의자 동맹(ВЛКСМ) 중앙위원회 서기장의 1977년 10월 14일자 결의안으로 사르핀 저지대의 관개시스템 건설이 전연방 콤소몰 건설 프로젝트에 포함되었다. 새로운 관개시설과 사용 중인 관개시설의 복구건설이 전연방 콤소몰 건설 프로젝트의 가장 중요한 과제가 되었다.

벼농사와 관련해 칼미크 고려인 인구는 1979년까지 1,073명으로 늘어났고, 그들의 대부분은 농촌지역에 거주하였다. 고려인 노동자들과 전문가의 참여 덕분에 이전에 설립된 벼농사 작업단체와 더불어 새로운 벼농사 작업단체도 성공적으로 기능하게 되었다. 말로데르베톱스키 지역('보스호드') 국영농장 '크라스노셀', '칼미시키'(1970년), '10월 혁명 50주년'(1975년), '잔가르'(1980년) 등이 활동했다.[84]

1977년 8월에 재조성된 옥탸브리스키 지역이 모든 벼농사 재배를 통합하였다.

◎ 남 바실리 파블로비치(Нам Василий Павлович)

1975년 국영농장 '10월 혁명 50주년'이 창설되었고, 농장의 책임자로 임명된 남 바실리 파블로비치는 고등직업교육을 받은 경험이 풍부한 농업일꾼이었다. 이곳에서 옥수수를 재배하고 뿔 달린 큰 가축들과

---

83) Тян Б.Г. Корейцы Калмыкии // Газета 'Хальмг унн'. 2010 год. 24 марта.

84) Намруева Л.В. Корейцы в Калмыкии: общество и трудовая деятельность // Корейцы Юга России и Нижнего Поволжья: история и современность. Волгоград, 2011. С. 31-45.

양을 사육하고 집을 지었다. 1977년부터 옥탸브리스키 지역이 조성됨에 따라 국영농장은 벼농사를 짓기 시작했다. 첫해에는 헥타르당 평균 4톤의 벼를 수확하였다. 쌀 외에 루세른, 보리, 채소, 양파를 재배하였다. 해가 거듭될수록 점점 농장은 루세른 최대 수확량을 달성하였다. 국영농장 첫해부터 생산 설비들이 마련되었다. 기계 작업장, 차고, 보일러, 기계보관소, 아스팔트로 깔린 곡물 배출로, 목공점, 탈곡장, 곡물창고, 비료 저장고, 농장창고, 채소창고, 자동화 시설이 된 석유탱크 등 일련의 시설들이 갖추어졌다. 남 바실리는 수년간의 생산적인 작업을 인정받아 칼미크 자치공화국 최고위원 명예훈장을 수상했는데 이 상은 소비에트 시절 공화국의 최고상이었다.

◎ 박 상열(Пак Сан-Ер)

러시아 사회주의 공화국 장관회의의 1970년 2월 10일자 결의안으로 새로운 국영농장 '칼미츠키'가 조직되었고, 농장의 책임자로 벼농사 분야에 상당한 경험을 가지고 있는 박상열이 임명되었다. 박상열은 선진적인 농산물 재배 경험을 전파하고 농경혁신을 도입하는 농산물 생산 전문가이고 능력 있는 조직가인 것을 스스로 입증하였다. 7년 동안 그의 지도하에 국영농장은 1헥타르 당 평균 4.5톤의 쌀을 수확하면서 높은 수익성을 올렸다. 가장 높은 수익률을 올린 해는 1972년으로 1헥타르 당 평균 5.7톤의 쌀을 수확하였고 172%의 수익률을 기록하였다. 국영농장은 그의 지도하에 사회문제에 큰 관심을 기울였다. 1976년 모든 길이 아스팔트로 포장되었고 조명과 조경이 설치되었고, 수도관 건설이 시작되었으며 원룸 아파트 전체에 전화가 설치되었다. 360명을 수용하는 중등학교로 사용할 수 있는 건물이 공급되었다. 공화국 가축

사육에 필요한 비타민 첨가 곡물가루를 500톤까지 생산할 수 있는 건 초사료 가공 공장이 지어졌다. 박상열이 국영농장을 이끄는 기간 동안 농장은 우수상을 받고, 격려금을 지급받았으며, 근로자 20명 이상이 정 부가 주는 상을 받았다. 노동자와 근로자의 물질적 환경은 추가 급여와 격려금 수령으로 현저하게 좋아졌다.[85]

◎ 박 아르카디 만시로비치(Пак Аркадий Мансирович)

박 아르카디 만시로비치(바실리예비치)는 '보스호드'에서 1968년부 터 경제전문가로 근무했고, 1973년에 말로제르베톱스키 지역 농업 생 산운영국 기획-재정분과의 책임자로 자리를 옮겼다. 1977년 그는 당시

여러 가지 상황으로 고전을 면치 못하던 국영농장 '보스호드'의 책임자로 임명되었다. 국영농장 의 소장 자리를 맡게 된 새로운 책임자의 깊이 있는 분석 덕분에 땅이 피폐해진 이유가 밝혀졌다. 땅의 올바르지 않은 이용, 즉 윤 작의 부재, 땅을 놀리거나 쇄신 시키지 못한 점 등을 밝혀낸 연 구 결과를 바탕으로 해결안을 올 바로 수용한 덕분에 농사일이 새 로이 바뀌었다. 시간이 지남에 따라 국영농장은 다시 역전하기

칼미크에서 고려인 벼농사 재배자. 남루에바의 소장 사진.

85) Намруева Л.В. Корейцы в Калмыкии: общество и трудовая деятельность. C. 39.

시작해서 1981년 수익성이 높은 농장으로 전환되었다. 아르카디 만시로비치는 노동자들의 주거지 건설과 사회-문화적 목표, 물질적-기술적 기반 강화에 특별한 관심을 쏟았다. 그는 지도자로 있는 동안 쇼핑센터를 건설하고 유아원의 자리수를 25개에서 79개로 늘렸다. 지역의 중등학교 졸업생들은 학업을 마친 후 자기가 자란 곳에서 일할 수 있게 되었다. 국영농장은 매년 500제곱미터의 거주지를 건설하였는데, 이는 8-10가구가 편안한 아파트를 공급받을 수 있게 되는 규모이다. 곡물 저장과 가공에 사용할 전체 6,200제곱미터의 평지가 공급되었고, 비료창고와 축사 세 곳, 기술 서비스 지점이 확보되었다.[86]

김 겔리 콘스탄티노비치 (Ким Гелий Константинович)

저자는 엘리스타 시에 위치한 '칸'(Кан) 레스토랑에서 겔리 콘스탄티노비치를 만나는 행운을 가졌다. 81세의 고령에도 그는 스스로 운전을 하고 사회적으로 활동적이며 에너지가 넘치는 모습으로 우리에게 높은 시민의식의 모범을 보여주었다. 안타깝지만 가족 상황에 대해서는 길게 얘기를 나누지 못했다. 그와의 인터뷰를 일정부분 줄여서 소개하겠다.

"나는 1934년에 태어났다. 지금 나이는 82세이다. 우리가 극동에서 강제이주당할 때 내 나이는 3살이었다. 우리 아버지는 군인이었고, 어머니는 한국어 선생님이셨다. 운명이 우리를 중앙아시아 타시켄트 주, 스타하노프(Стаханов)라는 이름의 콜호즈로 내몰았다. 거기에 도착했을 때 나는 한국어를 한마디도 몰랐는데, 그 이유는 제일 먼저 강제이주당한 군인들 사이에서 살았기 때문이다. 우리의 스타하노프 콜호즈 옆

---

86) Намруева Л.В. Корейцы в Калмыкии: общество и трудовая деятельность. С. 40.

김 겔리 콘스탄티노비치와 지역 활동가들. (사진 출처: 칼미크 TV 사이트)

에 디미트로프(Димитров)라는 이름의 콜호즈가 있었는데, 이 두 콜호즈가 디미트로프라는 이름으로 합쳐졌다. 내가 학교를 졸업할 무렵이 콜호즈는 이미 주민이 1,000명 이상 되는 굉장히 발전된 콜호즈가 되었다. 이 콜호즈에서만 27명의 사회노동 영웅이 탄생했다. 케나프 재배를 전문화하였다. 힘든 일이었다. 다른 일과 비교해보면, 목화와 케나프 중 무엇이 더 힘든 일인지 가늠할 수가 없다.

나는 학교를 마쳤다. 그 당시 우즈베키스탄을 벗어나는 것은 우리에게 금지된 일이었다. 우리에는 다른 공화국으로 이주할 권리가 없었다. 그런 이유로 나는 1952년 노보시비르스크로 유학을 가려고 시도했지만 결국 실패했다. 신분증에 '우즈베크 소비에트 사회주의 공화국 내에서만 거주가 허락됨'이라고 쓰여 있었다. 지역 간이나 콜호즈 간의 이동은 허가되었으므로, 나는 타시켄트에 남을 수밖에 없었고, 그곳에서 타시켄트 관개농업 기계공학 연구소를 다니며 '수력 관개시설 및 소수력(小水力) 발전소 건설을 위한 수력 엔지니어' 전공으로 학교를 졸업하였다. 학업 마친 후 1957년 아무것도 없는 초원으로 갔다. 그곳은 실제로 헐벗은 스텝이었고 모래 외에는 아무것도 없었다. 소비에트연방 수자원 행정부가 허허벌판의 스텝을 개척하기 시작했다. 바로 그런 시스템에서 일하기 시작했다. 이후 시르-다리야 강에 거대한 저수지 건설이 시작되었고 남카자흐스탄에 차르다린스크(샤르다린스크) 수력발전소 건설도 시작되었다. 1958년 나는 수-공학기술 설비 건설자로 그곳으로 옮겨갔다. 거기서 나는 1958년부터 1976년까지 일했는데, 처음에는 기능공으로, 이후 지역책임자, 생산분과 책임자, 부수석 엔지니어로 근무하였다. 1972는 나는 이미 건설운영국 국장이 되었다. 내 삶의 전부와 모든 경력이 거기서 이루어졌다. 당연히 이 건설작업은 인생에서 내게 많은 것을 주었다. 0에서 시작해서 지도자까지 모든 과정을 다 거쳤다. 그래서 나는 나의 능력을 알아봐 준 행정부 지도부에 고마움을 느낀다.

우리는 저수지 건설을 마치고 저수지를 기반으로 벼농사 관개시설을 만들기 시작했다. 저수지는 두 가지 목적이 있었다. 주요 목적은 새로운 벼농사 관개시설에 물을 대는 것이고, 부차적 목적은 전기에너지를 개발하는 것이다. 그곳에서 벼농사 관개시설에 물을 공급하는 큰 규모의 수로를 건설하는 작업이 시작되었다. 우리는 100,000헥타르의 논을 만들어야 했고 1976년까지 48,000헥타르를 작업했다. 그 외에도 5,000헥타르의 땅에 가축사육 콜호즈의 사료로 쓰이는 곡물을 재배하기 위해 필요한 관개시설도 건설하였다.

1976년 우리가 무척 존경하는 알렉세옙스키 에브게니 에브게니예비치(Алексеевский Евгений Евгеньевич) 장관이 수자원-간척부를 수장을 맡게 되었다. 그는 나를 모스크바로 불러 칼미크에 가서 일할 것을 제안하였다. 당시 나는 칼미크가 어디에 있는지 전혀 몰랐고, 북쪽내지는 우랄 근처 어딘가에 있다고 생각했다. 칼미크는 스타브로폴 지방과 국경을 맞대고 있다고 다른 사람들이 나에게 얘기해 주었다. 그래서 운명이 나를 여기 칼미크로 보냈다. 칼미크 공산당 주(州)위원회 서기장 고로도비코프(Городовиков)는 나를 매우 따뜻하게 맞아주었다. 알렉세옙스키가 나를 이리로 보낸 이유는 내가 카자흐스탄에서 논 관개설비 공사를 했었기 문이다. 고로도비코프와 알레세옙스키는 칼미크의 사르핀스크 저지대 땅 100,000헥타르에 관개시설을 건설하는 것에 대해 논의했다. 행정부에서는 카자흐스탄에서 이런 문제를 해결한 김겔리라는 사람이 있는데 그를 이곳으로 불러야겠다고 생각했다. 실제로 토지 개간 사업은 내가 도착하기 전에 이미 시작되어서, 그곳에는 국영농장 '보스호드'가 있었다. 물론, 해결해야 할 과제가 어마어마했다. 고로도비코프는 나에게 공산당 지역위원회 근로자들과 함께 소련공산당 중앙위원회와 소련정부의 결의안 계획서를 준비할 것을 맡겼다. 나는 모스크바에서 거의 두 달간 앉아서 사르핀스크 저지대 개간에 대한 결의안을 준비했고, 그 결의안은 1977년 5월에서야 나오게 되었다.

그런 방대한 지역을 개간하려면 10년 동안 100,000헥타르의 땅을 관개시설이 갖추어진 논으로 만들어야만 했다. 너무나 큰 과제였는데, 허허벌판인 이곳에는 그렇게 많은 노동력이 없었다. 성공하지 못했다. 페레스트로이카 전까지 우리는 옥탸브리스키 지역에 관개시설이 갖추어진 논 16,000헥타르를 개간할 수 있었다. 전연방 콤소몰 건설이 선포되었고, 나는 콤소몰 회원들이 파견되었던 우크라이나 키에프의 드네프로페트롭스크(Днепропетровск)로 향했다. 그러나 단지 문서상 콤소몰 회원-지원자들이었을 뿐이다. 공화국(우크라이나) 콤소몰 조직은 그와 같은 지역 문제에 관여하지 않았다. 우리는 스스로 그곳으로 갔고, 선전에 앞장서서 콤소몰 회원단체를 조직하였다. 그들은 어딘가로 자신의 노동자원을 보내야 하는 일에 관심이 없었다. 그게 당시 상황이었다. 나는 운영국의 책임자였는데, 운영국은 이후 경험이 풍부한 건설가가 지도자로 활동하는 협회가 되었다. 그 뒤 내가 협회 지도자가 되었고, 바로 작년(2015년)까지 계속 일하였다. 우리 앞에 주어진 과제는 수입쌀을 대체하는 일이었다. 우리는 로스토프 주, 스타브로폴 및 크라스노다르스크 지역, 아스트라한 주에서 과업을 수행했다. 칼미크는 러시아에서 쌀을 수확할 수 있는 가장 북쪽에 위치한 지역이지만 햇빛과 열이 충분하지 못했다.

차르다린스크 저수지 건설로 나는 카자흐스탄 공화국 최고상임회의 명예상장을 수상했다. '명예의 표시' 훈장을 받았고, '노동 적기' 훈장도 수상했다. 칼미크에서의 작업으로 러시아연방의 영예로운 토지 개량가 자격을 얻었고 칼미크 공화국 명예시민 지위도 얻었다. 칼미크 최고회의 의원이었고 엘리스타 시의회 의원이었다. 카자흐스탄에서는 침켄트 주 주의회 의원이었고 공산당 주위원회 사무국의 구성원이었다.

내 아이들은 카자흐스탄에서 태어났다. 이곳에서 학교를 마쳤는데 우수한 성적으로 졸업했다. 우리 아이들이 참 훌륭하다. 큰아들은 올해 57세가 된다. 큰아들은 육군대령 직위의 군인이다. 내 아내는 고려인으로 토지개량 엔지니어인데, 카자흐스탄에서 관개-토지개량 대학교를 졸업하고 카자흐스탄의 생산분과에서 엔지니어로 근무했고 엘리스타의 기획연구소에서 기획자로 일하였다. 딸도 레닌그라드 주 가트친에서 일하고 있는데, 레닌그라드 엔지니어 건설대학을 졸업하고 건설가로 일하고 있다. 작은아들도 군인이다.

나는 내 인생이 나쁘지 않았다고 생각한다. 내 운명에 만족한다. 소비에트 국가는 나에게 많은 도움을 주었다. 고등학교, 대학교에서 공부할 때부터 우리는 국가가 우리에게 일자리와 주거지를 제공해줄 것을 미리 알았다. 그래서 나는 내 운명에 대해서, 내가 살아온 시간에 대해서 만족스럽게 느낀다. 그 시절이 내 기억 속에 남아있다. 조국을 위해 할 수 있는 모든 것, 지식과 노력과 같은 모든 것을 조국에 바쳤다. 이것은 살아남기 위해서가 아니었고, 조국의 발전을 위해, 사회와 국가의 발전을 위해서였다. 러시아는 나의 조국이다. 나에게는 러시아가 조국이다. 현재 러시아에 살고 있는 고려인들은 안타깝게도 자신들의 전통과 고유문화, 그들의 언어를 잊어버렸다.

나는 한글로 읽고 쓸 수 있지만 모두 이해하지는 못한다. 엄마는 신문 '레닌기치'에서 한글로 된 본문을 읽었고 한국어와 중국어에 능통했다. 사람들은 카자흐스탄에 한인학교를 세우기를 원했다. 디미트로프라는 이름의 콜호즈는 99% 고려인 콜호즈였고 그곳에 한국어로 수업하는 학교가 있었다. 러시아어와 우즈벡어, 독일어는 학과목으로 수업하였다. 그러나 2년이 지난 뒤 주민들은 다시 러시아어로 수업하는 학교로 돌려놓길 원했다. 잘한 일이었다. 한국어로 수업하는 학교를 졸업한 학생들이 무엇을 하느냐가 문제였다. 국내에 한국어로 강의하는 연구소나 대학교도 없었고, 실제로 한글을 쓰는 곳도 전혀 없었기 때문이다. 그래서 콜호즈 주민들은 러시아어로 수업하는 학교로 돌려놓길 요구했다. 학교에서는 러시아어로 수업했지만, 그래도 한국어는 남겨놓았다. 나는 한글 철자를 배웠고 내 이름 쓰는 것을 배웠다. 안타깝게도 지금 사람들은 완전히 러시아화 되어 자기 자식들에게 기본적인 한글도 알려줄 수 없다. 내 아이들은 한글을 모르고, 손주들은 배우려고 노력하고 있다.

앞으로 얼마나 살지 모르겠지만… 삶은 나를 욕되게 하지 않았다. 나는 내 삶에 만족한다. 모두가 다 교육을 받았고, 모두가 다 일했고, 모두가 이제 은퇴할 나이가 되었다. 가끔 생각하길, 나는 왜 이렇게 오래 살고 있는가? 우리 인생에 힘들고 어려운 시간이 있었다. 건설 현장에서 일한다는 것이 그렇게 간단한 일은 아니다. 특히 그 시절에는. 아유는 잘 모르겠지만, 당시에는 건설재료가 충분하지 못했다. 우리는 못 하나하나를 세웠다. 나는 매일 아침 7시부터 업무를 시작했다. 물론 작업은 공식적으로 9시에 시작되지만. 국가 통신선으로 30분에서 40분 동안 전화회의를 진행해야 했다. 항상 한 가지, 같은 문제가 논의되었다.

널빤지, 못, 시멘트 등등이 부족한데, 어디서 가져올 수 있는가? 모든 전화회의는 다 이런 문제에 관해서였다. 완수되지 않은 과제들, 수송에 대해 논의했다. 매일 문제의 연속이었다. 전화회의는 작업 날에만 이루어지는 것이 아니었다. 매주 토요일도 예외는 아니었다. 아내는 나를 심하게 나무랐다. 일은 저녁 10시 전에 끝나지 않았다. 일요일에는 점심시간 없이 일했고, 그래서 조금 일찍 8-9시에 집으로 돌아갔다.

사실 벼농사는 모두 고려인들이 지었다. 작업반원들과 노동자 모두가 고려인이었다. 지금은 칼미크인들이 벼농사를 짓기 시작했지만, 예전에 그들은 벼농사를 짓지 않았다. 벼농사 국영농장 세 군데 책임자가 모두 고려인이었다. 박, 알렉세이 리, 남 바실리 파블로비치, 파벨 알렉세예비치가 있었다. 박 준 비탈리는 국영농장의 마지막 책임자였고, 네 번째 국영농장 '장가르'의 책임자가 되었다. 시간이 흘러 모두 해체되었고 사르핀스크 저지대 개발도 1990년에 종료되었다.”

장 보리스 그리고리예비치(Тян Борис Григорьевич)

장 보리스 그리고리예비치는 사르핀스크 저지대 개간을 함께 한 김 겔리 콘스탄티노비치의 동지였다. 겔리 콘스탄티노비치는 가족들이 군 출신이었고, 자신도 군인의 자세를 가져서 균형 잡힌 몸에 꼿꼿한 자세, 짧고 명료한 화법을 구사했다. 그에 비해 선천적으로 예술적 재능을 지녔던 보리스 그리고리예비치는 즐겁고, 잘 웃으며, 삶을 기뻐하는 철학적 사고를 지닌 사람이다.

“1933년 4월 30일 연해주 스파스크(Спасск)시에서 태어났다. 무엇 때문인지 나에게는 출생 증명서가 없었고 분만병원에서 주는 확인서가 있었는데 이것으로 우즈베키스탄에서 출생 증명서를 받았다. 1937년 우리는 강제이주를 당했고 그때 내 나이는 4살이었다. 어떻게 우리를 쫓아냈는지는 기억이 없다. 기차를 타고 온 것은 기억한다. 송아지 수송용 2층 열차를 탄 것이 기억나는데, 몸집이 작은 나는 2층 선반에 누워 모자를 든 손을 창문으로 뻗으며 이렇게 말했다. 비행기가 날아간다. 이런 어린 시절 기억이 남아있다. 정류장에서 기차가 움직인다고 특별히 알리지 않았던 것이 기억난다. 그런 경우가 몇 번 있었다. 2층 선반에 누워서 기차가 움직이고 사람들이 따라잡기 위해 달려오는 것을 보았다. 어른들은 그때 많은 사람들이 기차를 놓쳤다고 말했다. 부모님은 예전에 자신의 이웃이었던 사람 중 남편은 기차에 올라탔지만 아내는 그러지 못했던 사람들의 이름을 불러주셨다. 그들은 몇 년이 지난 후 우즈베키스탄에서 서로를 찾았다. 그의 아내가 다른 기차로 와서 남편을 찾아다녔던 것이다. 많은 이들이 아이들도 그렇게 잃었다.

우리를 우즈베키스탄으로 데려갔고 타시켄트 주 스레드네치르칙스키 지역에 있는 키로프 No.3의 명칭을 가진 콜호즈에 살게 했다. 키로프라고 불리는 콜호즈가 세 곳 있었다. 처음에는 토굴집에 거처하게 했고, 그 다음에는 콜호즈에서 우리에게 집을 지어주었다. 집집마다 자기 집이 생겼다. 아버지는 콜호즈에서 사무장으로 근무하였고, 어머니는 가정주부였다. 우리 집에는 아버지, 어머니, 나, 형이 있었고, 또 어머니의 남동생이 우리와 함께 살았다. 우리 가족에게는 특별한 교육은 없었고 그냥 모두 순수하게 한국식이었다. 어린 시절엔 더 한국적이었는데, 할머니가 살아계셨고, 대화도 한국말로 했다. 특별히 우리를 가르친 것이 아니라 일상생활 속에서 이건 되고, 저건 안된다고 알려 주셨다. 어른들에게는 이렇게 인사하고... 부모님의 가르침이다.

어린 시절엔 유치원을 다녔다. 이미 당시에 우리는 좋은 집에서 살았다. 유치원에는 우리 숙모가 일하고 있었다. 아이들의 놀이는 뜀박질이었다. 이후 우리 콜호즈에 중등학교가 세워졌고, 나는 1941년 1학년에 진학했다. 학교 건물이 컸던 것으로 기억한다. 9월 1일에 우리를 줄을 세워 학교로 데리고 갔는데, 계단을 따라 올라가 건물 안으로 들어간 것이 기억난다. 그리고 그곳에서 선생님은 학급별로 우리를 나누어 배치시켰다. 그렇게 공부가 시작되었다. 당시에는 우리 고려인 학생들이 많았다. 콜호즈는 고려인 단일민족 콜호즈였고, 우즈베키스탄인 가구는 다 합쳐도 얼마 되지 않았다.

1941년은 전쟁이 시작된 해이다. 사람들 얘기로는 전쟁이 시작되었고, 파시스트들이 우리를 공격했다고 했지만, 우리는 공부를 계속했다. 사실 생활은 조금씩 더 힘들어져 갔다. 아버지는 콜호즈에 필요한 것들, 또 생존에 필요한 것들을 얻으러 온종일 돌아다녔다. 우리는 1학년부터 논으로 김을 매러 나가야 했다. 이것은 잡초인데 잡초는 뽑아야 하고, 이것은 벼인데 건드릴 필요가 없다고 배웠다. 우리에게 보여주며 이렇게 말씀하셨다. 잘 봐라. 자 여기 잎의 중간에 하얀 선이 있는 것은 잡초야. 뽑아야 해. 우리는 그렇게 모든 잎을 뒤집어 보았고 하얀 선이 있으면 없애야 했다. 하얀 선이 없으면 그건 벼였다. 1학년부터 우리는 일을 잘했고, 전선에 도움을 주었다. 심지어 농장 청소를 위해 아이들을 보내기도 했다. 우리는 봄이 되면 목화밭에서 잡초를 뽑았다. 아이들이 할 일이 그런 것들이어서 수업을 마치면 농사일을 해야 했다. 전시였고 우리가 할 일은 넘쳐났다.

또 우리는 모든 행사에 적극적으로 참여했다. 적극적으로 교육을 받고, 소년단원과 피오네르에 가입했고, 14세부터는 우리를 콤소몰에서 받아주었다. 학교 행사에도 참여하고, 빨간색 넥타이를 매고 다녔다. 그리고 다양한 스포츠 대회에 참가하였다. 우리 학교에 모든 과목의 선생님은 주로 고려인이었다. 러시아어 수업은 반 바실리 이바노비치가 맡았다. 그는 한국어도 러시아어도 잘 구사하였다. 그가 모든 콜호즈 행사에서 만돌린과 바얀을 연주하던 것이 지금까지 기억난다. 아쉽게도 우리는 한국어를 오래 배우지 못했다. 교사가 없었다. 가나다라하고 자기

비석에 쓸 수 있게 성(性)정도만 배웠다. 그래서 지금 나는 그나마 한글을 조금 읽을 수 있다. 우리가 쓰는 말은 주로 일상적인 대화 수준이고, 문화어는 잘 모른다.

나는 타시켄트 대학교 역사학부를 졸업했다. 1951년 키로프 콜호즈에서 10학년을 졸업했다. 그리고 나의 동급생들은 각자 여기저기로 흩어졌다. 나는 정확한 목표 없이 모스크바로 공부하러 떠났다. 모스크바에는 지인이 살고 있었다. 언젠가 우리 학교에 교장으로 근무한 적이 있었던 분이 가장인 집이었다.

나는 입학시험을 보기 위해 모스크바로 상당히 늦게 출발했다. 그 당시 고려인들에게 발급한 신분증에 조항이 달려 있었기 때문이다. 신분증에는 우즈베키스탄을 벗어나 거주하는 것이 금지된다고 적혀있었다. 이런 신분증을 가지고 어디로 갈 수 있단 말인가? 그래서 많은 사람들이 합법적으로, 불법적으로 이런 조항이 없는 신분증을 만들기도 했다. 어떻게? 타시켄트 주와 국경을 접하고 있는 남카자흐스탄의 경찰서에 가서 돈을 주면 이런 조항이 없는 신분증을 발급해줬는데, 신분증의 기한은 1년이었다. 우리 쪽의 많은 사람들이 거기에서 그런 조항이 붙지 않은 신분증을 구했고, 나도 그런 신분증을 구했다. 그게 1951년이었다. 그런데 이미 너무 늦어서 9월 1일이 코앞이었다.

나는 생애 처음으로 비행기를 타고 모스크바에 도착했다. 모스크바에서 나는 동행할 사람이 아무도 없었다. 첫 번째 할 일은 바우만대학을 가는 것이었다. 15-16 대 1의 경쟁이었는데 서류접수가 이미 끝난 상태였다. 도중에 두 번째 어떤 대학에 들렀는데, 그곳에도 서류접수 마감이라고 공지가 붙어있었다. 그러고 나서 나는 모스크바를 거닐며 도시를 구경하기 시작했다. 나는 붉은 광장으로 어떻게 가야 하는지 몰랐다. 레닌 묘지에 가는 길을 사람들이 알려주었다. 그런데 갑자기 고대 러시아 문양이 새겨진 오래된 건물 정면이 눈에 들어왔다. 그리고 그곳에 모스크바 역사-문헌연구소라는 표시가 보였다.

나는 2층으로 올라가서 접수처를 발견했다. 그곳의 한 여자분이 말한다. 젊은이 어떻게 왔어요? 나는 여기서 공부하고 싶다고 말했다. 그때 누군가 내 등 뒤에서 그의 서류를 받으라고 말하였다. 바라보니 키가 큰 남자가 나에게 안녕이라고 말했다. 그런데 나는 모르는 사람이었다. 그 사람은 내게 고려인이 아니냐고 물으며, 자기는 고려인을 좋아한다고, 고려인들은 자기 친구라고 이야기했다. 알고 보니, 고려인 강제이주 전인 1933년에 연해주에 살면서 고려인 기술학교에서 강의했던 적이 있는 사람이었다. 나에게 서류를 작성하라 했고, 그는 나의 후원자가 되기로 했다. 그의 이름은 이반 아가포비치(Иван Агапович)였다. 키가 컸다. 그는 연구소의 관리자였다. 내게 서류를 제출하라고 말하고 기숙사로 데려갔다. 마당을 거쳐 2층 현관으로 들어가서 당직자에게 방 열쇠를 받아 나를 그곳에서 묵게 해줬다.

4-5 대 1의 경쟁이었다. 나는 25점 만점에 23점을 받았다. 등록은 대강당에서 진행되었고, 신입생들은 앉아서 자신의 성이 불리는 것을 기다리고 있었다. 뒤에 이반 아가포비치가 서서 미소 지으며 축하해주었다. 그리고 학업이 시작되었다. 교수님들은 무척 좋으셨다. 특히 역사학 독토르인 니콜스키(Никольский) 교수가 그랬다. 고대 세계사를 강의했다. 그분의 강의는 놀라울 정도였다. 그의 강의는 상급반 학생들까지 수강했다. 이 학교는 주로 모스크바 출신 학생들이 많이 있었다. 우리 그룹에는 총 세 명의 남학생이 있었다.

그렇게 나의 대학교 학창시절이 시작되었다. 그러나 1년이 지나서 조항이 붙지 않은 신분증의 기간이 만료되었고, 나는 새로운 신분증을 받기 위해 경찰서로 갔다. 우리 기숙사는 모스크바 중심에 있었다. 경찰서 서장은 나를 불러서 물어보았다. 어떻게 조항이 없는 신분증을 받았나? 우리는 등록증을 발급해 줄 수 없다. 법에 위반되므로, 집으로 돌아가서 타시켄트에서 공부할 곳을 찾도록 해라. 또 말하기를, 모스크바에 오랫동안 체류하지 마라, 그러면 경찰이 잡아서 그냥 기차에 태울 거다.

나는 관청으로 뛰어다니기 시작했다. 소비에트연방 최고상임회의 접수 처에 갔으나 그들도 아무런 도움을 주지 못했다. 법은 법이었다.

1953년 3월 5일 스탈린이 죽었고, 나는 여전히 모스크바에 살고 있었다. 거의 하루 종일 거리에 서 있었는데, 추웠다. 기둥이 있는 홀에 들어가서 스탈린의 사체가 있는 관을 보았다. 스탈린의 장례가 치러진 후에도 나는 모스크바에 살고 있었다. 5-7일이 지나서 더이상 모스크바에 머물 수 없었기 때문에 친구들과 헤어져야 했다. 그때 나는 한 가지 실수를 저질렀다. 모스크바에 사는 것이 불허되었을 때 모스크바 근교로 가서 그곳에서 신분증을 받아야 했던 것이다. 많은 사람들이 바로 그렇게 했다. 그러나 내게 그것을 알려준 사람이 없었다.

나는 고향의 콜호즈로 돌아와, 비록 졸업장은 없었지만 지역센터에 있는 학교에 자리를 얻어 역사를 가르쳤다. 타시켄트 대학교 역사학부에서 나를 받아주었다. 나는 대학교에서 공부 외에 철도종사원들의 문화궁전 무용단에서도 활동했다. 이 무용단은 작은 시험을 치룬 후 나를 받아주었는데, 내가 유일한 고려인이었고, 나머지는 러시아인과 우즈벡인이었다. 그곳에서 무용을 배웠다. 내가 대학교에서의 학업과 유명한 무용 단체 활동을 어떻게 병행할 수 있었는지 잘 이해가 되지 않는다. 시간이 많이 드는 일인데. 매일 연습이 있었고, 가끔은 순회공연을 하러 나가야 했다. 연주팀과 우리는 특별히 마련된 객차를 타고 우즈베키스탄 전 지역 - 부하라, 사마르칸트로 갔다

1957년 모스크바에서 제6회 청년 학생 국제대회가 개최되었다. 이 대회에 참가하기 위해서는 우즈베키스탄의 모든 가무단과 심각하게 경쟁하여 선발되어야 했다. 한 달 동안 매일 스탈리 시에 있는 '스파르타크' 경기장에 모여 연습을 했다. 경기장 트랙은 무용수들로 가득찼다. 우리를 정렬시켰고, 음악이 나오면 우리는 춤을 추기 시작했다. 다양한 민족 출신의 예술가들이 우리가 춤추는 것을 지켜보았다. 그렇게 매일 3-4 시간씩 연습했다. 전날까지 우리 옆에서 춤추던 애들이 보이지 않

을 때가 가끔 있었다. 심사위원들이 그들을 후보자 명단에서 탈락시킨 것이다. 그리고 드디어 마지막 날이 왔고 우리는 대회 예선 최종 선발에 들어갔다. 모스크바로 떠나기 전 마지막 준비 단계에서 휴양소인 '우치텔'로 이동해 20일-30일을 보냈다. 그곳에 묵고, 연습하고, 대회프로그램을 숙지하는 모든 비용은 정부가 지원해 주었다.

마침내 지도자가 오늘은 집에 돌아가서 이틀 후에 완전히 준비된 상태로 역으로 오라고 선언했다. 모스크바에서 연습을 계속할 거라고 우리에게 설명해주었다. 소비에트 연방의 모든 공화국에서 참가자들이 모스크바로 올 것이고, 우리는 하나의 무용단에 합류될 것이다. 우리는 타시켄트 역에 집합했고 모두가 제자리에 있는지 확인하였다. 세 명이 없는 것으로 판명되었고, 그들 중 한 명은 오페라 발레 극장의 유명한 공훈예술가였다. 극장 무용수 두 명도 없었다. 알고 보니 이들은 대회에 대해 올바르지 않은 견해를 표현했기 때문에 탈락당한 것이었다.

타시켄트 방직공장의 당위원회 서기장이 우리게 말했다. 대회에서 품위 있게 행동하라, 많은 외국인이 올 것이다. 우리는 열차를 타고 모스크바로 갔다. 대회는 8월 초에 개최되었는데, 우리는 개최 20일 전에 소집되었다. 그 이유는 15개 공화국에서 온 무용단과 통합하여 연습을 시작해야 했기 때문이다. 타시켄트에서 출발한 기차는 카잔역에 도착했다. 그리고 우리는 플랫폼이 정장을 차려입고 꽃을 든 젊은이들로 가득 찬 것을 보았다. 그들은 우리를 환영해 주었다. 우리는 놀랐고 감격했다. 지금까지 눈물이 난다. 꽃, 깃발. 그곳에는 해외 청년사절단도 있었다. 기쁨의 바다였고 서로 얼싸안았다. 그때 리포프 버스공장(ЛАЗ)의 큰 버스가 나타났다. 우리는 버스를 타고 키예프역까지 갔다. 그리고 우리를 호텔로 데리고 갔다. 우리는 2층에서 묵었다. 방은 깨끗했고 테이블보는 풀이 먹여져 있었다.

아침 8시에 버스에 태워 아침 먹을 식당으로 데리고 갔고, 다시 그곳에서 연습할 경기장으로 데려갔다. 연습할 것이 무척 많았다. 대회 개

회식과 폐회식 날에는 '루즈니키' 종합경기장에서 공연했다. 그 사이에는 모스크바 노동단체들에서 공연을 하였다. 길에서 외국인들을 만나고, 평화-우호를 말하기에 충분했다. 서로 포옹하고 이해했다. 그들 중 많은 이들은, 나이를 생각해보건데, 이미 없을 것이다. 새로 알게 된 친구들이 얼마나 많았는지, 평화-우호, 금세 친구가 되고. 하지만 그 이후 특별한 서신왕래는 없었고, 경축일마다 엽서를 서로 보냈다. 그러나 외국인과의 서신왕래는 복잡한 일이었다...

그런데 당시 모스크바에서 나는 또 다른 일을 했다... 나는 친구들 대신 대학 입학시험을 쳤다. 주로 에세이를 썼고, 역사, 문학과 같은 인문학 과목들을 대신했다. 그 당시 다른 사람 시험을 대신 보는 것은 일반화된 일이었다. 그러나 만일 들키면 제적이었다. 모스크바 수의학 아카데미에서 친구와 함께 시험을 치렀다. 바로 옆에 앉았었다. 그는 뭔가 쓰는 척하고 있었다. 나는 그 친구와 또 다른 친구의 시험을 대신 봤다. 그들은 둘 다 합격해서 입학했고, 아카데미를 졸업하고 독토르까지 되었다. 사진으로 고려인 얼굴을 구별하는 것은 어렵다... 나는 친구들이 모스크바 국립대학교와 모스크바 에너지공과대학에 입학하는 것을 도왔다. 거기는 경쟁이 심했다.

나는 친척들과 함께 우즈베키스탄에서 엘리스타로 와서 칼미크 국립대학교 역사학과에 취업했다. 학과에서 나는 약 7년을 근무했다. 1977년에 벼농사 전문 옥탸브리스키 지역이 형성되었다. 당 주위원회 서기장 고로도비코프는 나를 옥탸브리스키 고려인 지역으로 파견했는데, 내가 우즈베키스탄에서 당 사업을 한 경험이 있기 때문이다. 고로도비코프는 이곳에 고려인이 많으므로 내가 적당한 인물이라고 얘기했고, 나는 사상 활동 지역위원회 의장이 되었다.

지역위원회에서 임기가 끝난 후 엘리스타 공산당 주위원회 선전분과로 발령을 받았고, 그곳에서 은퇴하기 전까지 근무했다. 주위원회에서 일하는 동안 나는 당의 노선에 따라 컨퍼런스, 세미나를 다니면서 대가들의 강연을 많이 들었다. 그 당시 당 기관은 매우 적극적으로 세미나를 조직했다. 지금까지 가지고 있는 내 옛날 노트에는 크라스노다르스크 주와 기타 여러 주 출신의 옛날 당 사업가들의 전화번호가 많이 적혀있다. 가끔 옛날 전화번호로 전화해서 아직 살아 있냐고 묻고 싶기도 하다.

누렇게 변한 종이 더미 문서를 정리해야 한다. 사르핀 저지대 개간에 대한 공산당 중앙위원회와 행정부회의의 결의안 원본을 비롯해 기타자료들이 나에게 있다. 어제 찾아봤는데, 금방 찾지 못했다. 옛날 사진들을 찾아볼 것이다. 유감스럽게도 사진들이 많이 어디론가 사라졌다. 내 장롱들을 찾아봐야 한다. 내 아내는 고려인으로 선생님이다. 어문학전공인데 중고등학교와 사범학교에서 근무했다. 딸이 우리와 같이 살고있다."

보리스 그리고리예비치는 2018년도에 사망했다.

칼미크의 벼농사 재배자로 명성이 자자한 나머지 다른 고려인들의이름은 다음과 같다. 돈 세르게이 하리토노비치(Дон Сергей Харитонович)는 국영농장 '보스호드' 종합작업반 반장으로 박 바실리 니콜라예비치와 함께 쌀 국영농장 창립자 중 한 명이다. 남 그리고리 이바노비치(Нам Григорий Иванович)는 극동에서 벼농사 농지개량 전문학교를 마치고 국영농장 '보스호드'와 '칼미츠키'에서 수석경제전문가로 근무하였다. 박 비탈리 알렉세예비치(Пак Виталий Алексеевич)는 관개(灌漑) 농지개량 타시켄트 대학을 졸업하였다. 10년 이상 수석 엔지니어로 일하였다. 전 아나톨리 이바노비치(Тен Анатолий Иванович)는 대대로 유명한 쌀 재배자 집안 출신으로 제1급 기계기술자 종합작업반 반장이다.

장 아나톨리 그리고리예비치(Тян Анатолий Григорьевич)는 법학을 공부하고 오랫동안 노동위원회 의장으로 일하였다. 자신이 속한 국영농장뿐 아니라 이웃의 경제단체들에서도 그는 훌륭한 조직가이고 많은 행사와 정책들을 기안하는 사람이었다. 볼고그라드로 이주한 후 그는 볼고그라드주 고려인 단체의 지도자가 되었다. 고가이 안톤 알렉산드로비치(Когай Антон Александрович)는 보스호드 마을병원에서 근무하는 전문의로 자신이 속한 마을 주민들에게 무척 존경을 받았다. 김 편기(Ким Пен Ги)는 관개 농지개량 타시켄트 대학을 졸업하고 자신의 관개-토지개량 관련 풍부한 경험을 살려 칼미크 땅을 개발하고, 채소 작물을 길러내는 방법에 통달한 벼농사 기술 분야의 전문가이다.

공화국의 벼농사 발전에 기여한 초대 세 명의 지도자로는 벼농사국영농장 '보스호드'의 농장장이었던 박 바실리 니콜라예비치와 '칼미츠키'의 농장장이었던 박상열, '10월 혁명 50주년'의 농장장이었던 남 바실리 파블로비치를 들 수 있고, 이들은 칼미크 자치공화국 최고회의 상임이사회의 명예 상장을 받았다.

벼농사를 짓는 고려인 중 많은 사람들이 훈장을 받았다. 노동자 이엘레나는 레닌훈장을 수상했고, 벼농사 작업반 반장 전과 우가이 니콜라이는 민족우호 훈장을 받았다. 기계기술자 김과 렘, 벼농사 작업반 반장 우가이 나콜라이는 명예훈장을 받았고, 살수부(撒水夫) 최(Цой М. Г.)는 '헌신적인 노동'에 대한 메달을 수상했다.[87]

---

87) Намруева Л.В. Указ. Соч. С. 41-42.

7. 소비에트시절의 마지막 시기

1) 1989년 인구조사

1989년 인구조사자료를 보면, 소비에트 마지막 시기에 러시아 사회주의 공화국의 남부지역에 거주하는 고려인 인구는 25,662명까지 증가했고, 이들 중 12,915명은 남성(50.3%), 12,747명은 여성이었다 (49.7%). 고려인의 남부지역 이주는 지역별로 차이가 있었다. 농사일에 종사하는 사람들은 크라스노다르스크와 스타브로폴주, 그 다음 지역으로, 볼고그라드와 로스토프주로 집중적으로 이주하였다. 아스트라한주와 북오세티야, 카바르디노발카르 자치공화국에서는 고려인 인구가 거의 증가하지 않았다. 다게스탄과 체첸-인구시, 칼미크 자치공화국에서는 고려인 일부가 지역을 떠나는 일이 발생했다. (표 7 참조)

남부 연방 주 여러 도시에 등록된 고려인 인구는 19,443명(77.7%)으로, 이 중 9,640명이 남성(49.6%)이고 9,803명이 여성(50.4.7%)이다. 시골 지역에 거주하는 고려인 인구는 6,219명 (22.3%)으로 이들 중 남성은 3,275명(52.6%)이고 여성은 2,944명(47.4%)이었다. 러시아 남부지역의 시골에 거주하는 고려인의 인구 비율은 1979년 25.8%에서 1989년 22.3%로 감소하였다. 가장 도시화된 지역은 카바르디노발카르 자치공화국(96.9%), 볼고그라드주(89.2%), 북오세티야 자치공화국(83.2%), 아스트라한주(81.4%), 체첸-인구시 자치공화국(76.7%), 로스토프주 (72.7%), 다게스탄 자치공화국(71.9%), 크라스노다르스크 지역(69.4%)이다. 이런 배경에서 보면, 스타브로폴 지역(56.7%)과 칼미크(39%)는 농업 활동을 하기 위한 지역으로 보인다.

남부지역의 자치공화국에서 고려인 인구가 줄어드는 경향은 1989년 까지 지속되었다. 다게스탄과 카바르디노발카르, 칼미크, 북오세티야, 체첸-인구시에 거주하는 고려인 인구의 전체 숫자는 9,870명 또는 남 부연방 주에 거주하는 전체 고려인의 38.5%으로 1979년 50%나 1970년 의 55.6%와 대조된다.

칼미크는 농촌지역에서 거의 50%가 감소한 것을 포함해, 대략 40%의 고려인 인구를 잃었다. 학자들은 칼미크에서의 고려인 유출 사 실을 벼농사 환경의 악화와 토양의 황폐[88]로 설명하는데, 이런 이유로 쌀 수확양이 줄어들었고, 관개 시스템이 멈추기도 했다. 농업 분야의 위기와 함께 고려인 주민이 지역을 떠나기 시작했는데, 이는 무엇보다 경제적인 원인에서 기인하며 지역을 떠나는 주민의 수가 새로 유입되 는 주민의 수를 넘었다.

실제로 1970-80년대 볼고그라드주로 향하는 이주물결의 주류는 이웃 인 칼미크에서 나온 사람들이었다. "1960년부터 1980년까지 칼미크에는 중앙아시아에서 온 고려인들이 참여하고 일하는 벼농사 국영농장들이 많 이 있었다. 그러나 칼미크가 공화국의 지위를 얻은 뒤 민족주의 경향이 강화되면서 많은 고려인들이 인접지역인 볼고그라드로 이주해 갔다."[89]

칼미크에서 볼고그라드주로 이주해온 고려인으로 전 아나톨리 그리 고리예비치, 유가이 세르게이 알레산드로비치 등 많은 사람들이 있다. 아래에 유가이가 경험했던 블라디보스토크에서의 강제이주에 대한 회 상을 실었다. 유가이는 가족들과 함께 강제이주당한 기억과 그 이후의 삶의 여정을, 당시 볼고그라드주의 고려인들이 소규모로 발행하던 신 문에 기고하였다.

---

88) Намруева Л.В. Указ. соч. С. 42.
89) Ли Хёнгын. Указ. соч. С. 27.

◎ 유가이 세르게이 알렉산드로비치
(Югай Сергей Александрович)

"그 사건이 일어났을 때 나는 겨우 네 살이었다. 우리 부모님은 미리 음식을 준비해 두라는 얘기를 들었었다. 우리를 차에 태우고 스텝 지역으로 데리고 갔다. 그곳에는 열차가 서 있었다. 나는 우리가 그 기차를 타고 어떻게 왔는지 기억한다. 하루 종일 바이칼 호수에 서있었던 것도 기억한다. 여정은 길고 힘들었는데, 그런 여정을 거의 두 달 동안을 이어갔다. 어려운 상황이었는데, 그래도 우리 가족은 조금은 다행인 것이 부모님이 마을에서 작은 마구간을 찾을 수 있었다. 마구간을 막고, 회칠을 해서 7명 가족 모두가 한방에서 살게 되었다.

아버지는 콜호즈 상점에서 점장으로 일하게 되었다. 가족 모두가 일하였다. 나는 7살부터 들에 나가 부모님을 도우며 일하기 시작했다. 늪을 개간하고 벼를 심었다. 어려움에도 불구하고 나는 우즈베키스탄 학교에서 3학년을 마쳤다. 이후 러시아 학교에서 9학년을 마쳤다. 학교까지는 7km를 걸어가야 했는데, 15살 나이에 나는 배우고자는 생각으로 그런 역경을 극복했다. 이후 군복무를 했고, 타시켄트의 공장에서 일하게 되었다. 이후 나는 결혼을 했고 너무 사랑스러운 두 딸이 태어났다. 그러면서 나는 대학교에 진학할 수 있는 기회를 가지게 되었고 그 대학에서 경제전문가라는 직업을 얻게 되었다. 우즈베키스탄과 카자흐스탄, 칼미크에서 근무하였다. 칼미크에서 나는 사르핀 저지대를 개간하였고 개간 후에는 볼고그라드로 이주하여 농사일을 하였다. 현재 나는 이미 증조할아버지가 되어서, 손주 4명이 자라고 있다."[90]

---

90) 'Волгоградские корейцы', 16 августа 2007 года

◎ 헤가이 블라디미르 인화비치(Xeraй Владимир Енхвавич)

헤가이 블라디미르 인화비치는 1931년 연해주에서 출생했다. 기본적인 직장생활을 러시아 남부지역에서 했다. 헤가이는 농학 대박사이고, 칼미크 공화국 공훈 학술 활동가이다. 박사학위논문 '건조한 기후지대의 목장에서 미세양모 양의 번식을 확대하고 촉진시키는 방법 개발: 칼미크 공화국과 아스트라한주 목축을 예로 들어'[91]로 1999년 학위를 받았다. 그의 일대기는 2005년 블라디미르 연화비치가 구술해준 것을 우리가 받아적어 간추려서 출판하였다.

일대기. "나는 1931년에 태어났다. 아버지에게는 다섯 명의 형제자매가 있었다. 그들 중 아무도 읽고 쓸 줄 아는 사람이 없었다. 나는 다섯 살에 읽고 쓰기를 배우기 시작했다. 내가 농민이기 때문에 공부를 해야 한다고들 말해줬다. 1963년 형이 죽음 직전에 큰 비밀을 공개하기 위해 나를 불렀다. '너는 농민이 아니다. 너는 양반이다. 1250년 전에 우리 선조 한 분이 젊은 나이에 수도에서 보는 시험에 합격하여 왕으로부터 높은 관직과 영지를 하사받았고 귀족의 칭호를 받았다. 너는 그분의 22대손이다. 너에게는 그분의 정신이 깃들어 있다. 그걸 기억해라'. 그 말을 남기고 형은 죽었다.

한국 역사에서 그분은 유명한 사람이다. 이름은 기억하지 못한다. 예전에는 이것에 대해 소리내어 얘기하는 것이 두려웠다. 러시아에서는 귀족에 대한 박해가 있었기 때문이다. 나에게는 딸만 있고 아들은 없는데, 귀족 신분의 상속은 남성 쪽을 따른다고 생각하기 때문에 내 선조의 후손은 22대손인 내가 마지막이 되었다. 재미있는 건 마지막 후손들이 글을 읽고 쓸 줄 몰랐고, 그 덕분에 죽지 않고 살았으며 아무도

---

91) http://www.dissercat.com/content/razrabotka-metodov-povysheniya-produktivnosti-i-uskoreniya-vosproizvodstva-tonkorunnykh-ovet

헤가이 블라디미르가 김 일기자의 인터뷰에 응하고 있다. 칼미크 공화국 엘리스타시. 2010년.

감옥에 가지 않았다는 사실이다. 나의 형은 평생을 비밀로 간직하다가 죽음 직전에서야 그런 이야기를 했다. 나의 선조들은 1900년대에 극동으로 왔다. 나중에 중앙아시아로 유형을 가게 된다.

　나는 정말 의도치 않게 공부를 하게 되었다. 원래는 철도 종사원이 되고 싶었다. 1937년 우수리스크에서 코간드시로 유형을 가게 되었고, 유형자인 나를 타시켄트 철도 대학교에서는 받아주지 않았다. 모스크바의 바우만 대학도 나를 받아주지 않았고 보안이 필요한 학교에 입학하는 것은 허용되지 않았다. 그래서 나는, 부모님도 고등교육을 받지 않고 살았으니 나도 그렇게 살기로 결심했다. 카자흐인인 친구가 내게 조언하기를 농업 아카데미, 목축 분야로 들어가라고, 그곳은 입학시험이 없다고 알려주었다. 나는 의도치 않게 농업 아카데미에 발을 들여놓았는데 사실 내게 다른 길은 없었다.

나는 다게스탄과 그로즈넨스키 지역(현재 체첸)의 콜호즈에서 일하면서 북캅카스의 동물구(動物區)계와 식물계를 공부했고, 그 후에 아스트라한주에서 식물학까지 포함하여 많은 것을 배워 식물학 전문가로 일하기도 했다. 나는 '흑토'(Черные земли)라는 제목의 책을 집필했고 그 책으로 모스크바 전시회에서 금메달을 수상했다. 전 세계의 식물과 동물에 대해 쓴 나의 첫 번째 책이었다. 이 일은 축산학과는 관련이 없었다. 전체적으로 많은 책을 썼다. 1953년 볼고그라드주 팔라숍스키 지역에서 경험을 쌓았다. 6개월 동안 실습을 했는데, 그곳에 고려인 농부가 있었다. 나는 고려인을 여기서 처음 보았다.

1958년부터 칼미크의 흑토 지역에서 살았다. 흑토를 배우기 위해 특별히 그곳으로 가서 국영농장의 책임자로 일하였다. 나는 평생을 배우며 살았다. 학문 속에서 의견이 충돌하는 것은 정말 정말 흥미롭다. 나는 보상이론에 대한 책을 써서 푸틴에게 헌정했다. 러시아에는 축산학자는 많지만 축산 이론은 없다. 어째서 그런 걸까? 나는 책을 썼고, 푸틴에게 헌정했고, 그에게 보냈다. 편지도 같이 써서, 왜 이론이 없는지, 아카데미에도 보냈더니 그곳에서는 소란이 일어났다. 지금 쓰고 있는 책은 어떤 이론이 있어서야 했는지에 대한 글이다. 매우 흥미롭다. 현재 농업이론의 수준은 높지 않은데, 소비에트 연방시절에도 높지는 않았다.

나는 '칼미크의 살찐꼬리양과 그 양의 번식'이란 책을 썼다. 5월에 나올 것이다. 그 책에는 칼미크의 저명한 시인 다비드 쿠굴티노프(Давид Кугультинов)에 대한 회상의 글이 있고, 키르산 일륨지노프(Кирсан Илюмжинов)도 언급되어 있으며, 옐친과 모스크바의 학자들도 언급되고 있다. 매우 흥미로운데, 나는 있는 그대로 썼다. 쿠굴티노프는 살찐꼬리양은 누구에게 해가 되는가? 왜 그 양이 없는 것인가? 하고 썼다. 칼미크인들이 퇴거하면서 칼미크의 살찐꼬리양도 사라졌다. 강이라는 고려인이 한 명 있는데, 그가 칼미크의 살찐꼬리양이 어디로 갔는지 설명해 주었다. 현재 우리는 칼미크 양을 재현시켰다. 나는 다음과 같을 글로 책을 마무리하였다. '세월은 흐를 것이다, 수십년 그리고 수백년. 칼미크의 살찐꼬리양의 재현 작업과 개발 작업은 20세기 하반기에 시작되었는데, 헛되이 사라지진 않을 것이다. 이런 작업은 시간의 바람에 날아가지 않는다.' 여기서 책은 끝난다. 칼미크에서 지금은 이 양이 길러지고 있는데, 이제는 다른 요구 사항이 생겼다. 양의 중량이 일정하길 바라는데, 아직은 이루어지지 않고 있다. 그래도 우리는 양으로 금메달을 받았다. 양의 엉덩이 부분에 지방이 축적되어 있다. 캅카스에서는 그렇게 둔부에 지방이 축적된 양을 높이 평가한다.

축산학은 상당히 엄격한 학문이다. 예를 들자면 수학과도 같다. 하지만 방법은 완전히 다르므로, 축산학에는 학자들이 전통적인 방법으로 학문적 문제를 풀려고 시도할 때 막다른 골목에 치닫게 만드는 많은 역설(파라독스)과 혼돈이 존재한다. 현대 축산학을 이론으로 발전시키기 위해서는 완전히 다르게 생각해야 한다. 정말 많은 품종이 학문적 기반 없이 경험치를 통해 만들어지고 있다. 많은 부분이 학문과는 떨어져 있다. 누에나방을 예로 들어보자. 나도 누에나방을 8년 동안 키워봐서 꽃에 따라 얻어지는 실크 생산율이 얼마인지 알고 있다. 누에는 정말 흥미로운데, 바로 자연의 기적이라고 할 수 있을 것이다. 우리 우즈베키스탄에 검정 누에가 생겨났다. 드문 일이다. 8년 동안 세 마리 검정 고치를 보았다.

내가 대박사학위 심사를 통과했을 때, 내 졸업장에는 특별한 숫자가 새겨졌다. 학위논문은 세 가지 발명을 기반으로 쓴 글이었다. 대여섯 살에 나는 이미 고려인 학교에서 2학년이었다. 전쟁 시기에 나의 엄마가 타시켄트에서 돌아가셨고, 아버지는 노동군대로 보내졌고, 나는 1943년부터 1945년까지 중앙아시아 공화국의 도시들을 떠돌아다니며 3년을 방랑 생활하였다. 전쟁이 끝나는 것을 타지키스탄에서 보았고, 그곳에서 타지크어로 말하는 것을 배웠는데, 그 언어가 이란어였다. 나중에 이 언어가 나에게 유용하게 쓰였다. 나는 페르시아 마을, 우크라이나 마을을 비롯한 여러 마을이 있는 키즐랴르에서 일하였는데, 바로 거기서 페르시아어가 유용했었다. 우즈베키스탄어를 안다는 것은 카자흐인이나 쿠미크인, 그리고 튀르크어를 사용하는 민족들과 교류하는 데 도움이 되었다. 칼미크어는 할 줄 모르는데, 매우 어려운 언어이다.

어느 날 나는 고려인 아가씨들 앞에서 장난으로 칼미크인인 척한 적이 있는데, 내가 실제로 칼미크인들과 비슷했기 때문이었다. 나는 박사 과정을 타시켄트 양목축 전연방대학에서 마쳤다. 양목축 고등교육을 이수했다. 그리고 또 다른 대학 몇 곳을 졸업했다. 평생을 배웠다. 그래서 대박사 과정을 거치지 않고 대박사 논문을 쓸 수 있었다. 지식이 충분했다.

나는 1958년부터 칼미크에서 일했다. 여러 다양한 곳에서 일했는데, 오피트나야(Опытная) 역에서, 콜호즈의 농업생산 분야에서, 정육목축업 대학교에서, 또 농업대학에서도 일했다. 나는 그로즈넨스크주에서 왔고, 우리는 콜호즈를 조직하였다. 나는 그로즈넨스크주의 매우 흥미로운 장소로 가게 되었다. 키즐랴르 지방이었는데, 탄압받은 나의 부모님은 그곳 정착촌에서 만족하며 사셨다. 그곳에서 이란, 우크라이나, 몰다비아 부락을 기반으로 새로운 콜호즈를 조직했는데, 그때 체첸인들은 마을을 떠난 상태였다. 굉장히 재미있었다. 콜호즈 회장은 그로즈니에서 온 경찰대장이 임명되었다. 하급 조직의 조직책으로 사할린에서 온 보안국 중위가 임명되었다. 나는 나이 어린 젊은이였고, 농업 기사 또한 어린 친구였다. 우리는 두 마리의 승마 말을 타고 다니며 쉼 없이 낮에도 밤에도 일하였다. 나는 한 몰다비아 가정에서 거주하였고, 농업기사도 그랬다. 그 가정에는 두 딸이 있었는데 주위에서 말들이 정 말 많았지만 나는 친누이에게 하듯이 그들을 대했다. 그 뒤 축산전문 분야에서 기계, 트랙터 보급소로 나를 이동시켰다. 이후 부모님이 이사 를 가셨다. 그 뒤 기계, 트랙터 보급소가 정리되고, 나는 흑토에 대해 배웠던 키즐랴르를 떠났다. 그리고 칼미크에서 흑토를 연구했다. 그곳 흑토에서는 모래폭풍이 발생하는데, 이 폭풍은 프랑스까지 간다고 한 다. 매우 흥미롭다. 그곳에서는 짐승의 세계도 식물의 세계도 대단히 흥미롭다. 그곳에는 참외류 채소재배도 이루어졌는데, 참외류 채소재 배는 땅을 황폐하게 만들었다. 20년 후에 땅이 회복된다고 말들 했지 만, 내가 40년을 그곳에서 지냈는데 흙은 회복되지 않았다.

나는 그곳에서 사람들에게 수박을 재배하라고 했고 그 덕분에 사람 들은 여유있게 살게 되었다. 수소 두 마리와 짐마차가 물을 대고 있었 다. 아내는 내게 '당신은 나를 어디로 데려온 거야, 거지처럼 살라고?' 라고 말했다. 그 당시 나는 사람들을 모아 놓고 이야기했다. 사람들이 금방석 위에 앉아있으면서 그것을 어떻게 사용하는지 몰라 가난하게 살고 있다고. 사람들은 '금방석이라니?'하며 놀랐다. 그곳에 관개설비 를 구축하는 것이 가능했다. 3-4년 동안 나는 수박을 심고 관개설비를 들여오고, 우리는 채산성이 가장 높은 경제 집단이 되었다. 가장 작은 급여가 박사 급여 수준이었다. 소비에트 연방 전체에서 최고의 수박 생 산량을 기록했다. 우리가 속한 경제 집단은 부자가 되었다. 바로 이런 문제로 나를 질시했고 자본주의를 양산한다고 비난했다. 나는 한 번도 강요한 적이 없고, 다들 스스로 관심을 가진 것이었다. 3헥타르씩 땅을 주었고, 가족들이 땅을 꾸렸다. 모든 것이 훌륭했다. 그 뒤 최초로 조직된 목장을 만들었고, 사람들은 양에서 양모를 많이 얻을 수 있었다. 그 뒤에 공산당 지역위원회 서기장이었던 바드마예프(Бадмаев)가 새로운 소장으로 와서, 우리에게는 어떤 진전도 없다고 말했다. 나는 축산업을 확산시켰는데, 그것으로도 나를 비난했다. 나는 문제 인물이 되었고, 책임을 지고 그곳을 떠났다. 그리고 그들은 결국 그 꽃피는 땅을 사막으로 바꿔버렸다. 나는 이 이야기를 책에 쓰고 있다. 정상적인 일을 어떻게 방해했는지에 대해서 말이다.

나는 박사 과정에 들어가기 위해 스타브로폴로 떠났다. 그곳에서 경쟁률이 35:1인 어려운 시험을 통과해야 했다. 그 학교에는 이미 준비된 학생이 있으므로 나에게는 시험에 통과할 기회가 전혀 없을 거라고 미리 얘기를 들었다. 그렇지만 나는 시험을 통과했다. 내 지도교수가 나중에 말하기를, 나에게는 작업 경험이 많았고, 경제활동도 성공적으로 이루어냈으며, 시험도 모두 최고점수를 받았고, 또 나는 지역회의 의원이고, 공산당 지역위원회 회원이었기 때문이었다고 했다. 같이 졸업한 동기생들 중에 혼자 대박사학위를 받은 나는 공훈 농업 활동가 되었다. 나머지는 박사로 그렇게 남아있었다. 학자들의 수준은 굉장히 낮은 수준이었다. 소비에트 시절에도 그랬다. 실제로 어떠했는지 책으로 쓰고 싶다. 누군가는 사실을 써야 한다. 물론 많은 사람들이 불만을 가질 것이다. 나는 도시에 살았고, 학문연구를 계속했다. 그 다음에는 작은 마을에 살았다.

1949년 점쟁이가 내 사진을 보고 내 부모에게 말하기를, '당신 아들은 잘생긴 것뿐만 아니라 머리가 좋고, 아주 훌륭한 학자 될 것인데, 하지만 그의 인생에는 행복도, 평화도 없을 겁니다라'고 했다. 그런 운명이다. 나는 내 운명을 스스로 바꾸겠다고 말했다. 자바이칼에 정착해서

철도 교각과 터널 건설 일에 종사할 것인데 만일 그곳에 고려인 여자가 없다면 퉁구스 여자와 결혼할 것이다. '타향' 이라는 3권의 책을 쓸 것이다. 첫 번째 책은 '이주', 두 번째 책은 '방랑자의 운명', 세 번째는 '꿈과 현실', 그리고 네 번째는 '희망과의 작별'. 이런 일들을 할 거라고 말했다. 그런데 지금 완전히 다른 일을 하고 있다. …"

헤가이의 일대기에 의하면, 그는 한편으로 높은 고귀한 출신성분과 다방면에서 이룬 학문적 업적의 측면에서 특별한 존재이다. 다른 한 편으로 열차를 타고 우즈베키스탄으로 가는 힘든 여정을 견뎌야 했고, 어린 나이에 부모님과 떨어져 떠돌아다니며 유랑생활을 해야 했으며, 소비에트 대학에서 교육을 받고, 학문 활동과 전문직업 분야에서 놀랄 정도의 성과를 얻었다는 점에서 그도 극동의 모든 '소련 사람'들 속에 포함된다. 칼미크 공화국 대통령인 키르산 일륨지노프는 블라디미르 헤가이에게 칼미크 공화국 25주년을 기념하는 표창장을 수여하였고, 헤가이는 상을 대한민국에서 보관하도록 전달하였다.

형으로부터 얻은 빈약한 정보를 근거로 해서 따져보면, 블라디미르 헤가이의 출신성분은 8세기(1250년 전) 그의 선조가 하사받았던 귀족 계층인 '양반'에 해당한다. 문무관리인 양반은 국가 관계(官階)를 이끌던 사람들이다. 낮은 관직을 뽑는 시험에는 자유로운 농민들도(양인) 허용되었다. 귀족 출신이지만 농민이라고 상기시켜 줌으로써 그의 가족들은 그에게 공부를 해야 한다고 종용하였다. 집안의 비밀이 구두로 전해 내려온 것은 단지 탄압을 두려워해서만이 아니라 아마도 역사적 자료가 보전되어 있지 않았기 때문일 것이다. 읽고 쓸 줄 몰랐기 때문에 높은 신분의 귀족 후손이 20세기 초에 감옥으로 가지 않았다는 확신은 특징적이다. 블라디미르는 부계 쪽으로만 마지막 후손인 것이 아니라, 형이 확인한 바대로 선조의 정신을 잇는 마지막 전승자이다.

헤가이는 자신의 운명에 굴하지 않고 자신만의 삶을 건설하려 했던 그의 노력을 잘 말해주고 있다. 자신의 운명의 고단함에도 불구하고 블라디미르는 운명의 모든 가능성을 활용하였다. 미성년 시기에는 여기저기 떠돌아다니면서 원주민과 사귀어 여러 외국어를 배웠다. 그가 원하는 대학은 입학이 불허된 상황으로 입학이 가능한 학교에 진학하여, 학문적으로 또 전문성으로 놀랄만한 성과를 달성한다. 다게스탄, 체첸, 볼고그라드주와 아스트라한주, 칼미크 등의 남부지역 몇 곳에서 일하였다. 스타브로폴에서는 어려운 시험을 치르고 아스피란트 과정에 입학하였다. 일대기에 나온 그의 말 중에서 '흥미롭다'는 말의 반복이 주의를 끈다. '학문을 하는 것은 매우 매우 흥미롭다', '농업학의 이론은… 매우 흥미롭다', '살찐꼬리양… 매우 흥미롭다' 바로 이와 같은 삶에 대한 흥미가 그를 행동하게 만들었고, 힘든 시기에서 불끈하는 성격을 가진 능력 있는 고려인에게 도움이 되었고, 노년에 와서도 아직 현실을 변화시키려는 갈망을 갖게 하였다.

블라디미르 헤가이 2016년 12월 엘리스타에서 사망했다.

평생 또는 삶의 대부분을 러시아에서 보낸 소비에트 고려인들은 두 그룹으로 나누어 살펴볼 수 있다. 한 그룹은 국가경제 농업정책과 관련해서 러시아 남부지역에 온 사람들인데 집단으로 그 규모가 크다. 고려인 벼농사 농부들은 훌륭한 전문가이자 믿음직한 노동자로 정평이 나 있었기 때문에 로스토프주와 스타브로폴 변경주, 칼미크 지역에서 초청을 받았다. 이 사람들은 보통 자신의 가족을 함께 데리고 갔고, 상당히 밀집된 공동체를 형성하며 살았다. 충직한 행동과 집단의식, 국가과제 달성에 대한 목표 의식이 이들의 성격을 규정하는데, 이런 성격은 고려인들이 경제적으로 안정적인 생활을 하고 지역 주민들과 정부기관의 존경을 받을 수 있도록 했다.

또 다른 고려인 그룹은 주로 남성으로 이루어져 있는데, 그들은 중앙아시아 또는 러시아 고등교육기관에서 교육을 받았고 지역계층을 통합하면서 직장과 사회생활에서 개인적으로 큰 성공을 이루려고 노력하였다. 그들 중 많은 이들이 숙련된 전문가였고 산업현장의 지도자였다. 러시아 공업중심지에서는 고려인을 약혼녀로 선택하는 것이 지극히 제한적이었기 때문에 민족 간 혼인이 이루어졌다. 예를 들어, 김 콘스탄틴 이오시포비치의 부인은 유대민족 출신이었고, 헤가이 블라디미르 인화비치의 부인도 고려인이 아니었다.

이들 성실한 고려인 남성들은 사회적 계획 속에서 능동적이었고 결실을 창출하였다. 민족 간 결혼으로 태어난 혼혈 아이들(차구뱌) 또한, 비록 어린 시절에 거주지역 원주민의 외모가 아니고 눈이 작다는 이유로 놀림을 받는 경우가 심심치 않게 있었지만 성공적으로 사회에 적응하려 노력하였다. 김 표트르 모이세에비치의 딸은, 당시 중국인들이 고려인보다 거주민들에게 더 잘 알려져 있었기 때문에 아이들이 자신을 '중국 여자'라고 놀려댔다고 사담(私談) 중에 웃으며 회상했다. 다음 세대(아르구뱌)는 지속적으로 동화되었고, 많은 부분 스스로를 아버지와 할아버지의 민족인 고려인과 동일시하는 것이 아니라 '소비에트' 사람 또는 러시아인 사람과 동일시한다.

제2장

구소련에서 이민 온 선배 세대
소련 사람의 사회적 초상

1. 소비에트 연방의 붕괴 후 러시아 남부지역에 거주하는 고려인 인구수

2002년과 2010년에 실시된 러시아 연방 인구조사에 따르면 남부연방지구에 거주하는 고려인 인구가 크게 증가하였다. (표 8 참조) 로스토프주와 볼고그라드주, 카바르디노발카르 공화국에 가장 많은 고려인 인구가 등록되어 있다. 스타브로폴 지방 고려인들은 스타브로폴과 게오그리옙스크(Георгиевск)시, 퍄티고르스크시, 예센투키(Ессентуки)시, 네프티쿰스키(Нефтекумский) 지역, 이조빌넨스키(Изобильненский) 지역 등에 밀집해서 살고 있다. 아스트라한주에서는 주 중심지와 아흐투빈스키(Ахтубинский), 예노타옙스키(Енотаевский), 체르노야르스키(Черноярский) 지역에 가장 밀집된 형태로 살고 있다. 볼고그라드주에서는 고려인 이민자들이 주 중심지와 볼시스크(Волжск)

시, 비콥스키(Быковский), 고로디셴스키(Городищенский), 레닌스키(Ленинск), 니콜라옙스키(Николаевск), 스레드네아흐투빈스키(Среднеахтубинск), 스베틀로야르스키(Светлоярский), 칼라쳅스키(Калачевский) 지역에서 상대적으로 밀집된 형태로 거주하고 있다. 로스토프주에는 고려인 대부분이 로스토프와 바타이스크(Батайск)시, 아좁스키(Азовский), 악사이스키(Аксайский) 베셀롭스키(Веселовский), 볼고돈스키(Волгодонский) 지역에 거주하고 있다. 카바르디노발카르에서는 주로 날치크와 프로흘라드노예(Прохладное)시에 고려인들이 거주하고 있고, 칼미크에서는 주로 엘리스타시와 옥탸브리스키 지역에 거주한다.

2. 설문조사 자료에 근거한 노인 세대 소련 사람의 사회-인구통계학적 특성

1) 2001년 설문조사

소비에트 연방 붕괴 후 러시아 남부지역에 거주하는 고려인들은 설문조사 및 대중 질문, 인터뷰 등 여러 가지 사회학적 방법으로 연구대상이 되었다. 우리 연구에서 중요한 부분은 새롭게 구성된 고려인 공동체를 사회-인구통계학적으로 설명하면서 윗세대를 연구대상으로 한다는 것이다. 러시아 남부 고려인 군집은 2차적인 출신성분에 따라 주로 '러시아', '우즈베키스탄', '타지키스탄'이라는 세 가지 지리적 그룹으로 나뉜다. 이 그룹들은 과거 소비에트 공화국 시절의 주거 환경 및 이전 거주지를 떠나게 된 특수 상황에서 차이를 갖는다.

모스크바 사회단체 '3월 1일'(대한민국 목사 이형근)의 주도로 실시되었던 첫 번째 설문조사의 목표는 고려인들에게 인도적 원조를 베풀기 위해 정보를 수집하는 것이었다.

2001년 실시된 첫 번째 설문조사는 고려인 333가구를 대상으로 설문지를 배포하여 333장의 설문지가 수합 되었다. 우리 연구에서는 노인 세대, 즉 1950년 이전에 태어난 고려인들의 인구통계학적 특징이 중요하게 다루어지는데, 그 수는 모두 275명이고, 그중에 남성이 129명(47%), 여성이 146명(53%)이다. 고려해야 할 점은 '노인 세대 고려인'의 정의가 상대적이라는 점이다. 설문조사를 실시하는 시점은 2001년이었고 그때는 그들 중 많은 이가 중년의 나이였기 때문이다.

도표 1에 나와 있듯이 노년의 응답자 그룹의 절대다수(198명, 72%)가 소련 붕괴 후 1992년부터 러시아로 들어왔다. 두 개의 큰 시기로 구분된다. a) 90년대 초 타지키스탄 전쟁을 피해 들어온 시기. b) 90년대 말 − 2000년대 초, 국내 정책과 관련해 고려인들이 우즈베키스탄을 대규모로 떠나야 했던 시기.

우즈베키스탄에서 온 고려인의 수는 180명(66%)이고, 그들 중 남성이 94명(52%), 여성이 86명(48%)이다. 타지키스탄에서 온 고려인의 수는 83명(31%)이고, 그들 중 남성이 32명(39%), 여성이 61명(61%)이다. 카자흐스탄에서 3명이 왔고, 일부 사람들은 평생을 러시아에서 살았다. 타지키스탄의 노년 고려인들 사이에 남성인구가 유난히 적고, 성비가 확연히 차이를 보이는 이유는 명확하지 않다. (도표 2)

실제로 모든 노년 응답자들은 중앙아시아의 공화국이나 러시아 연방 공화국 지역에서 출생했다. 단지 가장 연로한 고려인 두 분만이 자신의 고향을 연해주라고 말하였다.

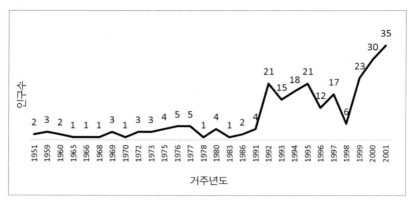

도표 1. 러시아 연방에서 고려인 선배 세대의 거주 추이

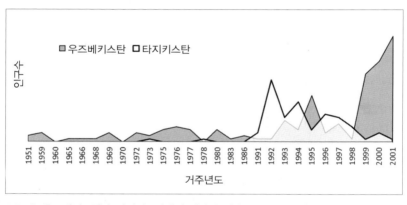

도표 2. 우즈베키스탄과 타지키스탄에서 러시아 연방으로 이주해 온 고려인 노인 세대의 거주 추이

　　고려인 노인 집단 내의 하부 연령 집단은 균일하지 않다. 상대적으로 젊은 집단(1951년에서 1940년까지 출생자)이 193명(70%)으로 다수를 점하고 있는데, 그들 중 남성이 89명이고 여성이 104명이다. 좀 더 연령대가 높은 두 번째 집단(1939년부터 1912년까지 출생자)의 구성원은 82명(30%)으로, 그들 중 남성이 40명, 여성이 42명이다.

초등학교와 중등학교 중퇴자가 12%, 중등학교 졸업자 30%, 중등전문학교와 기술학교 졸업자 20%, 대학졸업자와 대학중퇴자가 15%이고, 설문 대상자의 23%는 학력 정보가 없다. 우즈베키스탄 출신의 고려인 노인들의 교육 수준은 대부분이 초등학교 졸업자와 초등 중퇴자인 타지키스탄의 고려인들보다 훨씬 높았다. 이로써 여성이 많아지는 성비의 불균형이 설명될 가능성이 있다. (도표 3)

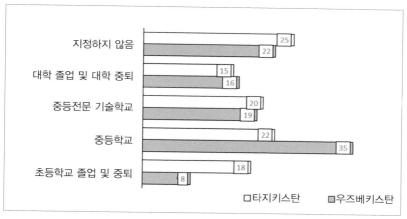

도표 3. 공화국별 노년 고려인들의 교육수준(%)

하부 연령 집단 사이에서도 교육수준의 불균일함이 눈에 보인다. 좀 더 연로한 노인들 사이에서는 초등 졸업자와 초등 중퇴자, 중등학교 졸업자의 비율이 더 높았고(총63%), 노인 세대 중 좀 더 젊은 연령층은 전문교육을 받은 사람의 비율이 더 높아서 중등(전문) 28%와 고등(전문-대학을 의미) 17%로 나타났다.

그들의 직업과 전공에 대한 답변도 흥미로웠다. 직업군은 그렇게 넓지 않았고, 대학교육을 받은 사람들의 전공 중에는 엔지니어, 교사, 의사, 지휘자, 농학 전문가들이 발견 되었다. 중등직업교육 또는 중등기술교육을 받은 전문가들 사이에 더 많은 수의 숙련공, 회계원, 건축가, 기능공, 기술자들이 있었다. 나머지 다른 사람들의 직업은 노동자였고, 그들 중에는 수리공, 농부, 기계공, 요리사 등이 있었다. 이렇게 이주민들의 첫 번째 물결은 주로 농업분야에 종사하는 고려인들로 구성되어 있다.

2) 2003년 설문조사

2003년 사회단체 '3월 1일'(이형근 목사)의 주도로 모스크바주와 볼고그라드주에 거주하는 연금수령자 고려인들의 사회적 상황을 조사하는 작업이 이루어졌다. 조사 결과는 노년의 동포들을 후원하는 프로그램 개발에 사용될 것이라고 계획되어 있었다. 볼고그라드 연금수령자 고려인들로부터 설문지 16부를 받았고, 회수된 설문 내용에 대해 아래에서 살펴볼 것이다. 우즈베키스탄에서 7명, 타지키스탄에서 8명, 칼미크에서 1명이 왔다. 타지키스탄 출신의 고려인들은 1992년-1994년에 이주해 왔다. 우즈베키스탄으로부터의 이주는 그들 중 한 명이 1975년에 이주한 경우가 있지만 대부분 좀 더 늦은 1995년부터 2000년 사이에 이루어졌다. 카자흐스탄 시민권을 가진 사람이 1명, 러시아 시민권을 가진 사람이 12명 있었고, 3명은 대답을 하지 않았다.

설문 대상자인 볼고그라드 연금수령자들의 출생년도는 (남성6명, 여성9명, 1명은 설문지에 성별을 표기하지 않았음) 1916년부터 1946년 범위 안에 있고, 설문조사 당시 평균연령은 68.7세였다. 그들 중에는 극동 지역에서 태어난 사람이 12명, 우즈베키스탄에서 태어난 사람이 4명이 있다. 설문조사에 응한 남성 6명 중에 4명이 현재 부인이 있다고 응답했고, 9명의 여성 중에 1명만 남편이 현존한다고 대답했다.

매달 지급되는 연금의 평균 금액은 나이에 따라 약 1,200루블 정도로 형성되었다(828루블에서 2,100루블까지의 범위). 2003년 러시아 연방의 최저생활비는 월 600루블이었다.[1] 연금을 900루블 받는 사람이 6명이었고, 828루블, 1,000루블, 1,500루블, 1,800루블, 2,100루블을 받는 사람이 1명씩 있었다. 16명 중에 우즈베키스탄에서 온 1946년생 남성 1명이 시민권이 없어서 연금을 받지 못했는데, 그는 중등전문 교육을 받은 사람이었다. 고려인 노인 중 대학교육을 (공과대학과 경영대학) 받은 사람은 2명, 중등전문교육과 중등기술교육을 받은 사람은 3명, 중등학교를 졸업한 사람은 4명, 중등학교 중퇴자는 2명이었다. 실질적으로 모든 노년의 고려인들이 한국어로 말할 수 있었다. 5명은 쓸 줄 알았고, 1933년생 남성 1명은 한국어를 몰랐다. 노년의 고려인들은 민족전통을 보전하였다. 설날과 추석을 기념일로 지내고 부모님을 공경하며, 고인을 기리는 풍속을 지키고 있었다.

중앙아시아 공화국에서 러시아 지방으로 온 고려인들은 친척이나 동포가 이미 살고 있는 지역에 정착하려고 노력했다. 그렇지 못하게 되면 못이나 강이 가까운 곳, 농작물 재배가 가능한 땅이 근접한 곳을 선택했다. 두 번째 형태의 예로, 프리모르스크와 노보니콜스코예 비콥스키 지역, 볼고그라드주의 스레드네아흐투빈스키 지역 마을들을 들 수 있다.

3) 우즈베키스탄과 타지키스탄에서 볼고그라드주로 이주한 고려인들

우즈베키스탄(카라칼팍스탄)에서 볼고그라드주 비콥스키 지방으로

---

1) http://nalog-nalog.ru/posobiya/posobie_po_vremennoj_netrudosposobno
sti_bolnichnyj/velichina_mrot_v_2002_2016_godah_v_rossii_tablica/#Табл
ица МРОТ по годам

이주해 온 고려인들이 모여 살기 위해 선택한 주요 정주거점이 노보니콜스크 마을이고, 타지키스탄에서 떠나온 사람들이 집중된 곳이 프리모르스크촌이다. 이곳에 약 300명의 고려인이 거주하고 있다. 2002년-2003년에 사회단체 '3월 1일'과 이형근 목사의 개인적인 알선으로 프리모르스크와 노보니콜스크에서 그들을 위해 집을 매입하였다. 이주를 선택할 수밖에 없었던 고려인들의 이주대책과 이주에 따른 주택매입사업은 주의 다른 지방에서도 이루어졌다.

◎ 전 조야 야코블레브나(Тен Зоя Яковлевна)

조야 야코블레브나 전은 2000년 초에 칼라칼팍스탄(우즈베키스탄) 고려인협회 회장을 지내면서 볼고그라드주 비콥스키 지역의 고려인들을 지원하기 위해 많은 힘을 쏟았다. 조야 전은 러시아 연방 민족문제 담당 장관인 조린(В. Ю. Зорин)에게 개인적으로 도움을 요청하며, "2002년 2월부터 6월까지 볼고그라드주로(비콥스키 지역, 노보니콜스크 마을) 고려인 가족 25가구(70명)가 이주해왔고, 이 고려인들은 이미 30년대에 연해주 땅에서 강제이주를 당한 경험이 있는데 다음과 같은 이유로 새롭게 이주하기로 결정했다고 알렸다. 이전 거주지역(아랄해 연안)에서 경제적 및 생태학적으로 힘든 상황이 있었고, 농업에 종사하기 위한 환경이 부재하고, 또 볼고그라드주 비콥스키 지역에 좀 더 일찍 이곳에 정착한 고려인들이 있다는 점이다."[2] 실제로 고려인들 운명에 가장 활발하게 개입했던 이형근 목사는 "박 비사리온(1945-2011)의 가족이 1997년 이리로 왔을 때, 그때 이곳에는 권 올레그(1947년 출생)

---

2) Суслов А.А. Региональные аспекты государственной политики в отношении этнокультурных меньшинств. – Корейцы Юга России и Нижнего Поволжья. Волгоград, 2011. С. 100

가족 한 가구만 살고 있었다"[3]고 언급하였다. 조야 전의 정보에 따르면 "개인적인 기반과, 또 모든 가능한 복지기금의 도움으로 고려인 15가구를 위한 주택을 구입하였다. 그러나 10가구는 살 곳이 없이 남아있었고, 그들은 물질적인 어려움을 겪었다."

러시아 연방 행정장관은 나름대로 볼고그라드주 행정 책임자 막슈트(Н. К. Максют)에게 요청문을 보냈고, 요청문에 특별히 언급된 부분은 다음과 같다. "노동 회의에서 카라칼팍스탄 협회 회장 조야 야코블레브나 전이 언급했던 것처럼, 이주 온 고려인들의 물질적 상황은 매우 좋지 않다. 물론 그들이 지역에 농업 장비를 제공하고, 목화재배 또는 기타 농작물을 기를 준비가 되어 있기는 하지만 상황은 좋지 않다. 17가구를 위한 주택(텃밭이 딸린 집)이 이미 매입된 상황이다. 13가구는 도움이 필요하고, 첫 번째 순서로, 대략 두 달을 버틸 수 있는, 다시 말해서 농산물을 스스로 생산할 수 있을 때까지 필요한 식료품이 필요하다. 또한 그들의 지위 문제도 반드시 해결되어야 한다."[4]

조야 야코블레브나 전과 아리랑에서 인터뷰했던 내용을 아래에 인용할 것이다. 인터뷰에서 조야 전은 자신의 직장과 사회적 경력에서 성공을 이룬 강인하고, 독립적이며, 또 정감 있는 모습이었고, 자신의 가능한 모든 힘으로 동포들을 돕고싶어 하고, 그 동포들로 마음 아파하는 사람이었다.

"나는 1937년 강제이주 직후에 쿤그라드(Кунград)에서 태어나서 그곳에서 살았다. … 나는 카라칼팍스탄의 수자원관리 시스템 재정부 부국장으로 16년을 일하였고 재무부 차관으로 2년간 근무하였다. 나는 이렇게 미친 할머니이다. 소비에트 연방 붕괴 당시 연금수령자로 은퇴

---

3) Ли Хен Кын. Указ. соч. С. 133.
4) Суслов А.А. Указ. соч. С. 101.

하였다. 고려인들은 나에게 타시켄트 고려인 문화센터 조직에서 재정을 담당해 달라고 부탁했다. 카라칼팍스탄 정부는 나를 고려인 지도자로 '임명'했다.

나는 타시켄트에서 한국통일 관련 기관의 일원이 되었다. 그리고 고려인 사회 운동에 적극적으로 참여하였다. 대한민국에서 온 박수희라는 불교신자이자 여류시인을 타시켄트에서 만나게 되었다. 그녀는 카라칼팍스탄의 고려인들의 삶에 대해 물어보았고, 나는 모든 것을 이야기해주었다. 우리 젊은이들은 우크라이나와 러시아로 오가며, 많은 수가 타 죽고, 총살당하고, 처형당했다. 빚으로 꽉 찼다. 민족의 비극이었다. 만일 2년 동안 물이 없다면 카라칼팍스탄에서 어떻게 농사를 지을 수 있겠는가? 그때 박수희는 내게 이렇게 말했다. '볼고그라드로 이주하세요. 내가 집 백 채를 사드리겠습니다'. … 이 만남은 2001년에 있었다. … 사람들이 말하기를 박 여사는 약 10만 달러를 내놓았다고 했다. 우리가 2000년 3월에 도착했을 때 집은 한 채도 매입되지 않은 상태였다… 카라칼팍스탄에서 집을 팔고 사람들이 받은 돈은 모두 문서 등록하는 비용으로 다 사용되었다. 단지 12명만 러시아 연방 신분증을 받았다. 15명은 러시아 연방 거주허가서를 받았었다. 우리 중에 성인은 58명이었다. 취학아동의 수는 약 20명, 젖먹이 아기와 유아원에 다니는 아이들도 있다. 안타깝지만 우리는 모두 지속적인 스트레스 상태에서 산다. 나는 이리로 와서 1년도 안 돼서 몸무게가 64kg에서 48kg으로 줄었다… 지금은 조금 불긴 했는데, 아직 더 남았다."[5]

새로운 장소에서 살아가는 것은 상당히 어려운 일이다. 첫 번째 이주민으로 온 사람들의 회고를 통해 이러한 어려움을 알 수 있다. 많은

---

5) Хван А. Дом дружбы Новоникольского. http://kungrad.com/history/etno/novonik

사람들이 러시아 시민권을 받는 데 어려움을 겪었고 시민권이 없어서 연금을 받지 못했으며 개발에 필요한 돈은 없고 모아둔 재산은 푼돈으로 팔거나 가지고 나갈 수 없어 버려졌다.

◎ 박 비사리온(Пак Виссарион)과 박 엘레오노라(Пак Элеонора)

박씨 부부는 볼고그라드주 비콥스키 지역의 프리모르스크 마을에 살았다. 엘레오노라 박은 카자흐스탄, 알마티주, 카라탈스크(Каратальск) 지역의 도스티제니에(Достижение) 마을에서 태어났다. 엘레오노라는 알마티에서 약학대학을 마치고, 두산베에서 '화학과 생물'을 전공으로 대학교를 졸업했다. 엘레오노라의 증조부는 귀족 집안 출신이었다.

박 엘레오노라, 볼고그라드주 브콥스크 지방 프리모르스크 마을

박 비사리온 드미트리예비치는 1945년 3월 15일에 타시켄트주 스레드네치르치크 지역에 위치한 콜호즈 '북극성'(Полярная Звезда)에서 태어났다. 이 콜호즈의 책임자는 그 유명한 김평화(Ким Пен Хва)였다. 박 비사리온의 아버지 박찬훈(Пак Чанчхун)은 1920년 블라디보스토크에서 출생했다. 어머니 김옥순(타마라)는 1922년에 태어나 2003년에 돌아가셨다. 비사리온은 1954년 두산베로 떠났고, 그를 좇아 그의 아버지도 1959년에 두산베로 갔다. 비사리온은 타지스키스탄 국립대학 경영학부에서 1966년부터 1972년까지 공부했다. 엘레오노라와 비사리온은 1966년에 만나서 1967년에 결혼했다. 그들은 동성을 가지고 있었지만 본이 다른 관계로 다행히 결혼

허락을 받을 수 있었다. 혈연관계가 아니라는 것을 보여주지 못하면 결혼 허락을 받을 수 없다. 엘레오노라 박은 토양 자원을 연구하는 타직기프로젬(Таджикгипрозем) 연구소에서 근무했고, 남편은 그곳에서 경영분과 과장 서기로 근무했다. 소비에트 붕괴 후 부부는 내전을 피해 타지키스탄을 떠나야 했다. 1994년 딸이 결혼해서 처음으로 볼고그라드로 왔다. 아들은 1996년에 내전 당시 군복무를 피하기 위해 부모님이 볼고그라드로 보냈다. 비사리온은 1997년 12월에 왔다. 딸은 부모님을 위해 볼고그라드주 시골마을에 집을 샀다. 그곳에서 그들을 기다리는 것은 처음 정착하기 시작하는 지역의 환경이 얼마나 준비되지 않을 수 있는지를 보여주는 문화충격이었다. 비사리온은 2011년에 사망했다.

> "우리는 가장 먼저 1994년에 이곳으로 왔다. 두산베에 있는 아들을 데리고 이리로 왔다. 그곳에는 방 세 칸짜리 우리 아파트가 남아 있다. 차, 시골집, 가구 모두 버려야 했고, 가방 한 개만 들고 도망쳐야 했다. 우리는 모든 것이 안정되고 정권이 복구되기를 그냥 기다려야 했다. 그러나 점점 더 무시무시해졌고 사는 것이 더 위험해졌다. 산에서 내려온 타지키인들은 우리를 죽일 수도 강탈할 수도 있었다. 두산베에서 누군가 아파트를 팔려고 한다는 소문이 들리면, 불량배들이 공격해 주인을 죽이고 아파트를 자기 소유로 만들어 버렸다. 많은 수의 혼자 사는 노인들을 죽였다.
> 내가 이곳에 도착했을 때 나는 그곳의 우리 집과 여기 우리 집 간에 엄청난 차이를 볼 수 있었다. 우리는 들판에서 일하는 것이 익숙하지 않았다. 우리는 생산자들이었다. 딸은 1994년에 왔다. 딸은 자기 전문분야를 잃어버리고 판매원으로 일하고 있다. 이곳에서 우리는 무(無)에서부터 시작했다…"

박씨 부부는 이형근 목사가 설립한 프리모르스크 마을 '행복'교회의 공동창립자다. 교회등록과 건립에 따르는 일, 앞으로 교회에서 해야 할

일은, 익숙한 존재들에서 유리되고 예전의 사회적 경제적 지위를 잃은 가족이 사회에 적응하는 데 자산이 되었다.

"이형근 목사님(моксаним)이 온 2004년부터 이 교회는 내 남편과 나에게 자식과 같다. 목사님이 비사리온에게 너는 신을 섬기게 될 거라고 말했다. 그런데 비사리온은 공산당원이었고, 살면서 한 번도 교회에 간적이 없었다. 그는 대학을 졸업했고, 굉장히 똑똑하고 지식이 많은 사람이었다. 원칙주의자였다. 우리는 이전에는 남편이 돈을 벌었고 부유하게 잘 살았다. 그런데 이곳으로 온 후 그냥 굉장히 힘들게 살게 되었다. 그런데 2004년 갑자기 목사님을 만나게 된 것이다. 그리고 그가 말하길, 당신들은 여기서 예배를 드려야 하는데, 왜 들에서… 이때부터 우리가 빠져들기 시작했다. 우리는 들판의 일을 그만두고 교회 일만 했다. 목사님은 많지 않은 돈이지만(사실 목사님도 돈이 없다) 예배 활동에 도움을 주었고 우리는 러시아 연금을 받았다. 나는 이 교회를 등록하기 위해 2년을 노력했다. 우리는 거기서 밤도 새고, 지키고 재건하고 세웠다. 여기서 비사리온이 죽었고 내 다리 밑으로 땅이 꺼져버렸다. 모두들 교회가 당신 자식이라고, 무엇을 위해 이 교회를 설립했냐고 말하게 되었다. 그리고 이제는 모든 것을 내가 관리해야 된다. 나는 힘들었다. 지금은 교회에 다니는 사람들이 많아졌다. 일요일마다 모두를 위해 준비하는 점심 식사에는 30-40명이 참석한다.

우리 세대에게는 조국이 없다. 우리는 연해주에서 카자흐스탄, 우즈베키스탄으로 또 다시 거기서 러시아로, 이리 저리로 던져졌다. 이제는 러시아가 우리에게는 마지막 마침표가 될 것이다. 더 젊은 세대는 또 어디로 내몰릴지 아직은 모른다. 그러나 지금은 이곳이 우리 집이고, 우리는 여기에서 편안함을 느낀다. 한국에서 우리는 편안하지 않았다. 그곳에서 태어나고 자라야 한다. 그곳에서는 완전히 다른 시선으로 우리를 본다. 물론 이렇게 나이 들어 어디로 갈 수 있겠는가? 여기에서 우리에게는 활동의 자유가 있다. 우리는 예전의 소비에트 연방이다. 우리는 고려 사람으로서 우리의 문화를 보여주고, 우리의 규율을 보여주고, 사람들은 우리를 존중한다. 비록 초창기는 그렇게 좋지 못했지만 …"

노년의 고려인들에게 이 러시아 마을은 고향집이 되었고, 여기서 새로운 곳으로 떠나려고 준비하는 사람은 그들 중 단지 몇 명에 불과하다. 떠돌아다니는 일에 지쳤기 때문이다. 새로운 장소에서의 생활은 차츰 안정되어 갔다.

> "그 당시 많은 시골 마을에서는 공용시설이 파괴된 것을 볼 수 있었다. 겨울에 석탄이 부족한 경우와 같은 연료 문제는 단순하게 해결했다. 울타리에서 나무를 뽑아 썼다. 이주 온 고려인들은 돌담장을 세우게 되었고, 이것은 가족의 안전과 재산을 지키기 위한 것이었다. 그들은 수도를 놓고 가스도 끌어왔다. 이런 것들은 생활을 더 편안하게 만들어 주었다.
> 이런 예들로 고무된 지역 주민들 또한 자신의 집을 소중히 여기게 되었다. 마침내 마을이 적절한 모습을 갖추게 되었다. 프리모르스크 마을은 고려인들이 사는 가장 큰 정착지로 변모되었다."[6]

실제로, 이형근 목사의 회상에 따르면, 처음에는 지역 행정관과 지역 주민들이 새로 이주 온 아시아인들을 매우 조심스럽게 대했지만 이후 고려인들의 성실함과 민족 간 화합, 이웃과 충돌 없이 존중하며 평화롭게 살아가는 모습을 보고 지역 지도자들이 고려인들에게 감사를 표했다.

소비에트 연방 붕괴 후 고려인들이 정착한 러시아 남부 일부 지역에서 심각한 폭력 사태가 발생했다. 고려인들은 소비에트 시절부터 로스토프주에 거주했었음에도 불구하고 어느 정도의 외국인 혐오 현상을 겪을 수밖에 없었다. 1992년-1993년 지역의 코사크인 집단이 맹렬하게 적대감을 드러내면서 고려인 퇴거 문제를 제기하려고 시도했다. 고려

---

6) Ли Хен Кын. Указ. соч. С. 133.

인협회와 주 정부의 힘으로 분쟁은 가라앉고 민족 간 평화가 다시 제자리를 찾았다.[7] 1994년 아디게야(크라스노다르스키 지역)에서 볼고그라드주 출신 고려인 이주민 노인을 불법적으로 협박하여 농장을 탈취하려는 시도가 있었다. 지역 정부의 보호 덕분에 다행히 모든 것이 잘 마무리되었으나, 고려인의 농업 활동은 여전히 불안했다.[8]

비콥스키 지역 노보니콜스크 마을에는 카라칼팍스탄에서 온 고려인들이 살고 있다. 많은 노인들은 우즈베키스탄에 친척이 남아있었는데,

프리모르스크 마을 진입 도로표지판. 소련시절에 설치됨. 필자 소장 사진.

노보니콜스크 마을에 거주하는 부부가 카라칼팍스탄에 있는 친지와 화상통화를 하고 있다. 필자 소장 사진. 2016년.

7) Шин В.В. Проблемы развития региональных организаций АКРО // Роль и место корейской диаспоры Ростовской области в диалоге народов и культур. Ростов-на-Дону, 2004. С. 66

8) Попова Ю.Н. Корейская диаспора Краснодарского края: историко-культурные аспекты (XX-XXI вв.). Диссертация на соискание ученой степени кандидата исторических наук. На правах рукописи. Краснодар, 2004. С. 106.

그들과 휴대폰 화상통화로 연락을 했다. 우즈베키스탄에는 스카이프가 작동하지 않았기 때문이다.

　노년의 고려인들이 토로한 문제 중 하나가 신분증 관련 우즈베키스탄 정부의 정책이다. 어떤 이유로든 우즈베키스탄 신분증을 포기하지 않은 사람들은 그들이 우즈베키스탄에 있는 친지를 방문하려고 시도하면 체포당하거나 처벌을 받을 수 있고, 아니면 신분법을 어긴 대가로 추방당한다는 소문을 듣고 두려워했다. 매우 심각한 또 다른 문제는 혼자 사는 고령의 고려 사람들을 돌봐줄 사람이 아무도 없다는 것이다. 이들은 친지들이 우즈베키스탄에 남아있거나, 또는 단순히 친척이 아무도 없는 경우이다. 고령의 고려인을 위한 공용시설이 필요하다. 볼고그라드주 고려인 사회에서 이미 오래전에 이러한 문제를 제기했지만 아직 결론이 없다.

◎ 전 갈리나(Тен Галина)와 전 타티야나(Тен Татьяна)

　볼고그라드주 스레드네아흐투빈스키 지역 출신인 이 여성들에 대하여 신문 '러시아 고려인'에서 다루었다.[9] 2001년 설문조사 자료에 따르면 전 갈리나 니키포로브나는 1946년생으로 과거에 의료 종사자로 일했고 설문조사 당시 1933년생 남편 오가이 아나톨리(Огай Анатолий)와 함께 비콥스키 지역에 살고 있었다. 네 명의 딸, 1979년생 오가이 나탈리아 아나톨리예브나, 1975년생 오가이 예브게니아 아나톨리예브나, 1973년생 오가이 발리나 아나톨리예브나, 1968년생 오가이 이리나 아나톨리예브나도 함께 이 지역으로 왔다. 딸들 모두 중등교육을 받았다.

　전 타티야나는 1940년생으로 상업에 종사하면서, 스레드네아흐투

---

9) Тен Викентий. Это страшное слово - беженцы. 'Российские корейцы', 1999 год, июнь, No. 2.

볼고그라드주 비콥스키 지역 노보니콜스크 마을의 고려인 문화센터 '한마음의 집'. 필자 소장 사진. 2016년.

빈스키 지역에 머물렀다. 그녀의 남편 안 표도르 파블로비치(Ан Федор Павлович)는 1937년생이다. 1971년생 아들 안 레오니드 표도로비치(Ан Леонид Федорович)도 함께 이주했다. 그 당시 모두가 러시아 시민권을 가지고 있었다.

아래에 전 갈리나와 전 타티야나의 회상과 함께 타지키스탄에서 가족과 탈출하는 이야기가 있다.

"1992년 2월이었다. 타지키스탄에는 벌써 1년 넘게 내전이 지속되었고 매일 점점 더 끔찍해졌다. 우리는 두산베 유지(油脂)공장에서 멀지 않은 곳에 살고 있었다. 우리는 낮에도 밤에도 길거리로 나가는 것이 무서웠다. 사방에서 총을 쐈다. 타지크인들은 자기 손에 걸리는 모든 타지크인들을 죽였다. 모든 것이 뒤섞여 누가 누구에게 적인지 이해가 안 가는 상황이었고, 다들 무기를 가지고 다녔다. 반군들도, 강도들도. 고려인들도 많은 수가 죽임을 당했다. 아들 친구가 있었는데, 길거리에서 죽임을 당했고, 우리 먼 친척, 지인들도 죽임을 당했다. 계속 기다린다는 것은 불행만 약속할 뿐이었다.

가능한 빨리 떠나기로 결정했다. 우리 네 가족은 약간의 짐만 컨테이너에 실을 수 있었고 모든 가재도구와 집을 버리고 기차에 몸을 실었다. 집으로 돈을 좀 챙기겠다는 것은 아예 생각조차 할 수 없었다. 그러니까 모든 것을 버린 것이다. 우리 집이 약탈당했다는 사실은 나중에 알게 되었다. 우리는 러시아 볼고그라드에서 50km 떨어진 아흐투비네츠(Ахтубинец) 국영농장으로 왔다. 왜 하필 아흐투비네츠였을까? 남편은 이곳 마을에서 몇 년간 채소를 길렀다. 사람들은 우리에게 버려진 집을 나누어 주었고, 우리는 그 집을 수리했다. 그렇게 살고 있다. 마을에 고려인 가족은 35가구이다. 지금은 재배한 채소를 판매하기 힘들지만 아직 시간이 많이 있다. 운명이 우리를 또 어떻게 돌려놓을지 모른다. 지역 주민들은 우리에게 잘 대해 주었다. 이렇게 불교 명절 행사에 오지 않았나! 이형근 목사가 우리를 초대했고, 여비를 대 주었다. 그분께 큰 감사를 드린다. 우리는 한국에서 온 예술가들이 공연하는 우리 전통춤과 노래를 감상할 것이다. 보다시피 우리는 자신의 슬픔에서 조금 벗어나고 있다."

포스트 소비에트 고려인 이주민 첫 세대는 익숙한 사회적 지위와 직장, 재산을 잃고 남겨진 친구들과 지인을 잃었다는 상실감과 함께 새로운 지역에서 문화충격을 느껴야 했다. 사회적 정체성에 대한 타격과 실현 불가능해진 삶의 계획과 기대, 경제적 위기는 심리를 긴장 상태로 치닫게 했고, 몇몇 농업 생산가들은 재정 및 대출 문제를 해결하는 방법으로 자살을 선택하기도 했다.

4) 크라스노다르스크의 노인 세대 고려인

포포바(Ю.Н. Попова)는 자신의 논문에서 고려인들이 크라스노다르 지역에 대규모로 정착한 이유에 대해 언급한다.[10] 신분증에 제시된

---

10) Попова Ю.Н. Корейская диаспора Краснодарского края: историко-

126   현대 고려인 인물 연구 4

가혹한 제한이 철폐된 후 중앙아시아 고려인들은 자신의 친지들이 이미 기반을 닦아 놓은 북캅카스로 이주하기 시작했다. 그곳에서 고려인들은 고본지를 기반으로 하는 작업반에 통합될 수 있었고, 차츰 새로운 지역에 정착하게 되었다. 특히 1962-1963년에 고려인의 이주가 많았다. 고려인들이 쿠반에서 경작하는 주요한 농작물은 쌀과 양파, 또 참외과 작물이었다. 각각의 상황은 다양했다. 누구는 큰돈을 벌었고, 누구는 어려움을 겪었다. 아래 인용된 노인 세대 고려인의 일대기는 우즈베키스탄에서 온 이주민에 관한 것으로, 아디게야 공화국(예전에는 크라스노다르스크 지구에 포함되었다)에 거주하는 심 라리사 미하일로브나(Сим Лариса Михайловна) 교수가 수집한 자료이며, 심 교수는 감사하게도 우리가 출판할 수 있도록 원고를 제공해 주었다.

◎ 최 이노켄티 진체로비치(Цой Иннокентий Дин-черович)

일대기. "1941년 12월 27일 우즈베키스탄 부킨스키(Букинский) 지역에 위치한 콜호즈 '프라브다'(Правда)의 농민 가정에서 태어났다. 전후 우즈베키스탄에서 다들 벼농사를 지었다. 사람들은 무척 가난하게 살았다. 갈풀을 섞어 지은 오두막집은 겨울에 냉기가 돌았고 여름에는 더위로 고통스러웠다. 학교 교육은, 초등반은 민족어인 한국어로 진행되었고, 그 뒤는 누가 어떻게 학업을 지속할 수 있었겠나. 보통 전부 다 부모님을 도와 밥벌이를 해야 했다.

1958년 타시켄트주 세르겔리(Сергели) 마을에서 No.2 중등학교를 졸업한 후 선반공의 견습생으로 공장에 들어가 선반공 3급 자격을 따고 소비에트 군대로 불려가 3년을 복무했다.

культурные аспекты (XX-XXI вв.). С. 60-61.

1961년 가족이 북캅카스로 이주했다. 북오세티야 자치공화국의 엘호토보 역에 도착해 빈집을 얻었다. 부모님은 계속해서 벼농사를 지으셨다. 이 지역의 벼 수확량은 너무나도 적었는데, 기후조건 때문이었다. 끊임없이 주거지를 옮겨다녀야 하는 상황에서 우리는 쌀 수확량을 늘려 돈을 벌 수 있는 곳을 찾아야 했다. 당시 벼농사(나중에는 채소재배도)는 고려인들의 유일한 생존 수단이었다.

1968년 체첸공화국 아르군 마을에서 나는 우즈베키스탄 공화국 야기율스키(Янгиюльский) 지역에 있는 콜호즈 주다노프(Жданов) 출신인 1943년생 김 안나와 결혼했다. 참외류 과일과 채소를 경작해서 아디게야 공화국 타흐타무카이스키(Тахтамукайский) 지역 에넴(Энем) 마을에 현재 내가 살고 있는 이 집을 살 수 있었다. 나에겐 세 딸이 있고, 손주가 다섯 명 있다. 지금 모두 다 크라스노다르 변경주와 아디게야 공화국에 살고 있다."

일대기 본문은 상당히 간결한 문장으로 구성되어 있지만 그래도 정보 제공자의 힘든 삶을 상상할 수 있게 한다. 대규모 강제이주가 있은 후 우즈베키스탄의 외진 마을에서 출생했고, 거의 굶다시피 한 가난했던 어린 시절, 열악한 주거 환경, 힘든 일을 하는 부모님, 몇몇 아이들에게는 초등수준 이상의 학교에 가는 것이 불가능하기도 했다. 인생의 다음 단계인 젊은 시절에는 돈벌이와 주거지를 찾아 북캅카스에서 떠돌았고, 우즈베키스탄 이민자 출신 고려인 여성과 결혼했다. 수십 년 동안 끈질긴 노동으로 여생을 평안히 살 자신의 집을 살 수 있었다.

◎ 리 미라 세르게예브나(Ли Мира Сергеевна)

일대기. 나는 1950년 8월 9일에 우즈베
키스탄 공화국 타시켄트주 니즈네치르치크
지역 몰로토보 마을에서 출생했다. 아버지
이천선(Ли Чен-Сон: 세르게이)(1909-
1986)은 연해주 니콜라엡스크나아무레
(Николаевск-на-Амуре)시에서 출생했다.
어머니 한 안나(Хан Анна)(1914-2001)는
연해주 스파스크달니(Спасск-Дальний)
시에서 출생했다.

본인 개인소장 사진.

1957년 우즈베키스탄 공화국 쿠르간-테파(현재 쿠르간-튜베)시에
위치한 포포비치 No.7 중등학교에 입학하여 1967년 졸업했다. 1967년

이천선. 리 미라 개인 소장 사진

최 아파나시 니콜라예비치. 리 미라 개인 소장
사진

타시켄트에서 국민경제대학에 입학했다. 1970년 '금융·전문가-경영전문가' 전공을 이수하고 졸업했다. 1971년 쿠르간-테핀스크 지역 소비연맹에서 경영전문가로 노동활동을 시작했다.

1973년 타직공화국 레닌아바드(Ленинабад)에서 최 아파나시 니콜라예비치(Цой Афанасий Николаевич)와 결혼한다. 최 아파나시는 1945년 8월 1일생으로 타시켄트주 얀기율(Янгиюль) 지역에 있는 친나스(Чиназ) 마을 출신이다.

나는 1974년 레닌아바드에 위치한 No.1 코마로브상업학교에서 생산학습 지도자로 근무하였다. 두 그룹의 산업 제품 판매원을 배출했다. 1976년부터 기획분과 책임자로 가정경제 운영국에서 일하였다. 1979-1996년까지 주택건설회사 '코스모스'에서 회장으로 근무했다.

딸 스베틀라나 아파나시예브나(Светлана Афанасьевна)는 1974년 레닌아바드시에서 태어나서 전공에 맞춰 음악 관련 분야에서 일하고 있다. 결혼해서 두 아이가 있다. 아들 최 알렉산드르 아파나시예비치(1976-2006)는 레닌아바드에서 태어났고, 1992년부터 1997년까지 두산베 기술대학 전파물리 전자학부를 다녔다. 그의 딸 최 발레리야 알렉산드로브나는 2001년 크라스노다르에서 태어났다. 당시 학생이었다. 아들 최 세르게이 아파나시예비치는 레닌아바드에서 1984년 태어났다. 2001년 크라스노다르에서 중등학교를 마치고, 2002년부터 2007년까지 대학에서 경영을 전공하였다. 결혼해서 2013년과 2016년생 아들이 두 명 있다.

리 미라는 1996년부터 아디게야 공화국 에넴 마을에서 가족과 함께 살고 있다. 현재 은퇴하고 연금수령자로 손주들을 돌보고 있다.

언니 리 갈리나(1932-1996)는 연해주 스파스크달니시에서 태어났다. 현재 언니 가족은(5명의 자식이 있다) 우즈베키스탄 공화국 안디잔

(Андижан)주의 쿠르간테파(Кургантепа)시에 살고 있다. 언니 리 마리아(1935-2011)는 연해주 두봅스코에(Дубовское) 마을에서 태어났다. 언니의 가족(5명의 자식이 있다)은 키르기지야 공화국 비슈케크(Бишкек)시에서 살고 있다. 언니 리 조야 천서노브나(Ли Зоя Ченсоновна)는 1946년에 태어나서 3명의 자식이 있다. 언니 가족 모두는 크림 공화국의 심페로폴시에 살고 있다. 오빠 리 블라디미르(1937-2009)는 연해주 두봅스코에 마을에서 태어났다. 현재 오빠의 가족은 크라스노다르스크 지역 노보티타롭스크 마을에서 살고 있다. 오빠 리 게라심 세르게예비치(Ли Герасим Сергеевич)(1941-2013)는 타시켄트주 몰로토보 마을에서 태어났다. 현재 그의 가족은 톰스크시에 살고 있다. 오빠 리 예브게니 세르게예비치(Ли Евгений Сергеевич)는 1948년생이다. 엔지니어-건축가 교육을 받고, 키르기즈 공화국 오시(Ош)시에서 기계화된 이동군의 책임자로 오랫동안 근무했다. 기혼이다. 그의 아들 리 드미트리 예브게니예비치(Ли Дмитрий Евгеньевич)는 1972년생으로 사업가이다. 딸 리 안나 예브게니예브나(Ли Анна Евгеньевна)는 1981년생으로 이민센터에서 일하고 있다. 가족은 크라스노다르스크 지방 노보벨리치콥스크 마을에서 살고 있다. 남동생 리 로디온 세르게예비치(Ли Родион Сергеевич)(1955-2010)는 타시켄트주 몰로토보 마을에서 태어났고, 현재 그의 가족은 키르기즈 공화국 비슈케크에서 살고 있다.

이 일대기는 전형적인 모습을 보이고 있다. 진술자의 할머니는 조선에서 왔고, 아버지와 어머니는 혁명 전 러시아 연해주에서 태어났다. 진술자 리 미라를 포함한 그들의 자식은 3남 3녀로 강제이주 되기 전과 강제이주 후 우즈베키스탄에서 태어났으며, 후에는 예전 소비에트 중앙아시아 공화국인 우즈베키스탄과 키르기지야, 타지키스탄에서 자신의 가족들과 살았다.

그들의 자식은 포스트 소비에트 시절에 나름대로 (리천선과 한안나의 손주) 우즈베키스탄, 키르기지야, 시베리아, 크라스노다르스크 지방, 크림과 같은 옛 소련의 여러 지역에 흩어져 살고 있는 것으로 보인다. 세대가 달라지면서 출산율이 낮아진 것도 전형적 현상이다. 리천선과 한안나는 7명의 자식이 있었고 그들의 큰딸 갈리나와 마리야는 5명을 낳았는데, 그 아래 자식들은 2-3명의 아이를 낳았다. 리천선과 한안나의 자녀들은 모두 직장을 가졌고 사회에서 굳건한 기반을 다졌다.

러시아-소비에트 고려인 첫 세대의 다산은 수십 년 동안 이어온 높은 출산율 덕분에 가능했다. 강제이주 전 한안나는 3명의 아이를 2살 터울로 출산했다. 출산이 계속되면서·터울이 길어지는데, 가장 어린아이가 1955년에 출생했으니 1932년과 1955년 사이의 터울은 23년인 셈이다.

사할린 한인의 운명은 우리에게 특별한 관심을 끌었다. 아래 소개된 일대기 자료도 심 라리사 미하일로브나에 의해 수집된 것이고 그녀의 허가를 맡아 발간된다.

◎ 김윤건(Ким Юн Ген)

일대기. "1946년 11월 3일 북한 천진시에서 태어났다. 아버지는 김영훈(Ким Ен Хун)이고 어머니 최영자(Цой Ен Дя)이다. 3년 기간으로 징병되어 1948년 사할린 섬으로 이주했다. 가족은 할머니, 부모님, 1944년생 누나 김춘지(Ким Чун Ди)로 다섯 명이었다.

1951년 우리는 고향 한국으로 돌아가야 했으나 한국에서 남한과 북한 사이에 한국전쟁이 시작되었다. 전쟁으로 인해 우리는 떠날 수 없었고 1956년 전쟁이 종료되었을 때는 가족 모두가 파괴된 북한으로 돌아가기를 원하지 않았다. 그렇게 우리는 소비에트 연방에 남게 되었다.

사할린 섬 포로나이스크(Поронайск)시에서 1953년 No.4 중등학교에 입학해서 1963년 졸업했다. 그 시절 아이들이 태어나 가족이 늘어났다. 1951년생 김 전욱(Ким Цен Ук), 1955년생 김윤철, 1961년생 김춘하와 김춘산이 태어났다.

1963년부터 나는 생산 활동을 시작했고, 1968년에는 이르쿠츠크 산업공학대학의 건설학부에 입학해서 1973년 졸업했다. 국가경제 건설 분야에서 일했고, 건설 및 설치 관리국의 수리공에서 책임자에 이르렀다.

1970년에 결혼했다. 아내 김옥순(1947-2001)은 사할린 출신이었다. 아들이 1970년 태어났고 1995년에 죽었다. 딸 김영순(Ким Ен Су н)은 1975년에 태어났다. 1980년 가족과 함께 아디게야 공화국 타흐타무카이 마을로 이주하였다. 농사일을 시작했고 참외류와 채소를 길렀다. 현재 은퇴하고 딸과 딸의 가족과 함께 크라스노다르 지역 크라스노다르시에 살고 있다."

한반도 이북 출신인 김씨 가족은 일 때문에 일시적으로 사할린 섬에 왔다가 러시아에 영구적으로 남게 되었다. '사할린' 한인들의 본토 이동, 즉 러시아 영토 깊숙이 들어가는 것은 교육과 향후 직업 경력과 연관된다. 진술자의 누나는 1944년에 출생했다. 어머니가 아이를 많이 낳아서 1961년에 막내를 낳았다. 큰아이와 막내 사이의 터울은 17년으로 역사적으로 완전한 한 시대이다.

◎ 조 빅토르 (Të Виктор)

조 빅토르는 1955년 사할린에서 태어나 레닌그라드 전기공학대학을 졸업했다. 현재 아디게야 공화국에서 가족들과 살고 있다.

일대기. "나의 부모님(아버지 조천영(Të Чен Ен), 1924년생, 어머니 전기화(Тен Ги Хва) 1927년생)은 남한에서 (당시에는 아직 한 나라였다) 태어나셨다. 그 시절 한국은 일본 식민지배를 받고 있었다. 정치적인 이유로 우리 부모님은 그 당시는 일본 영토였던 유즈노사할린스크로 오게 되었다. 2차 세계대전이 끝나고 사할린은 소비에트 땅이 되었다. 사할린에 있던 일본인 모두는 고국인 일본으로 소환되었다. 하지만 사할린에 있던 가난한 한국인들은 자신의 의지와는 상관없이 고국으로 돌아가게 놓아주지 않았다. 여기에 한국과 한인들의 비극이 있다. 한국전쟁이 끝나면서 한반도는 미국 영역과 소비에트 영역 이렇게

조 빅토르의 모친 전기화. 조 빅토르 개인 소장 사진.

두 개의 영역으로 나뉘었다. 사할린 한인들은 대부분 한반도 남쪽 지역에서, 즉 미국 영역에서 온 사람들이었기 때문에 소련 정부가 그들을 놓아줄 수 없었던 것이다. 그렇게 많은 한인 가족들은 헤어져 살게 되었다. 헤어진 가족들은 남한과 북한의 서로 다른 정치제도 때문에 다시 결합할 수 없었다. 똑같은 이유로 소련, 중국, 일본에 있는 가족들도 다시 합쳐질 수 없었다. 세계 패권국 때문에 하나의 국가가 되지 못한 나라는 지금까지도 통일을 이루지 못하고 있다.

나의 부모님은 사할린에서 결혼하시고 그곳에 사셨는데, 부모님의 가까운 친척들은 한국에 계신다. 특히 나의 할아버지(조영근(Тё Ён Гын) 1905-1981)는 내 아버지와 소련에 남으셨고, 나의 친할머니는 나머지 네 자식과 함께 한국에 남으셨다.

우리 가족의 비극은 정치적인 이유만 있는 것이 아니다. 부모님에게는 6명의 자식(3남 3녀)이 있는데, 세 명이 선천적인 청각 장애인이다. 형과 남동생, 막내 여동생이 그러하다.

우리 아버지는 똑똑하고 그 시대에 교육을 받은 사람이었다. 아버지는 3개 국어를 자유롭게 구사하셨다. 게다가 한자도 아셨고, 그래서 한자를 써서 중국인들과도 자유롭게 소통할 수 있었다.

아버지는 젊어서 사할린으로 들어왔고 큰아들로서, 당시 아직 일본 땅이었던 광산(노동 수용소)에서 일해야 했던 자기 아버지(내 할아버지)를 찾는 데에 주저함이 없었다. 아버지가 사할린에서 할아버지를 찾는 동안 전쟁이 끝났다. 당신 아버지는 찾았지만 어머니가 계신 집으로는 이미 돌아갈 수가 없었다.

많은 세월이 흘러 고르바쵸프의 페레스트로이카가 이루어지고 나는 친할머니와 모든 가족들을 찾았다. (당시 나는 한국기업과 사업을 하고 있어서 한국 적십자사를 통해 가족을 찾는 것이 용이했다.) 내가 할머니와 만났을 때(당시 할머니는 95세) 할머니는 씩씩하게 혼자서 교회를 다니고 계셨다. 그때 나는 할아버지와 아버지가 이미 이 세상을 하직하셨다는 것, 내가 잘 지켜드리지 못한 것이 매우 부끄러웠다. 1년이 지나 내 어머니도 한국에 오셔서 나의 할머니, 당신의 시어머니와 인사를 했다.

나의 아버지와 할아버지는 한국의 자신의 가족에게 가는 것, 아내와 아이들, 어머니, 형제자매들에게 가는 것을 항상 염원하고 기원했다. 그러나 그 당시 한국에 가는 것은 불가능했고, 공산주의 체제인 북한에는 언제든지 갈 수 있었다. 당시 많은 수의 소비에트 한인들이 선동되어 북한으로 갔다. 그래서 우리 가족도 북한으로 갔다. 나는 평양에서 학교를 거의 4년을 다녔다.

뒤에 1966년 우리는 소련의 타시켄트로 돌아왔다. 타시켄트에서 나는 4학년에 진학했다. 학기가 금방 끝나는 2월에 나는 알파벳만 배우고 학교에 갔다. 타시켄트에는 고려인들이 많아서 학급에도 거의 다 고려인들이었다. 하지만 나는 러시아어를 전혀 몰랐고 나의 학교생활은 말도 못 할 정도로 힘들었다. 4학년에서는 벌써 문장을 배우는데 나는 전혀 알아듣지 못했다. 내가 알고 있는 수학 지식과 북한에서의 교육방식이 날 살려 주었다. 북한에서는 미술 시간에 그림 그리기를 가르치는데, 명암도 포함된다. 음악 시간에 악보를 배우고 피아노를 친다. 모든 학생들이 각자 두꺼운 판지 건반이 그려진 판을 가지고 왔다. 체육 시간에는 농기구 자루를 가지고 와 사용했다. 내가 놀란 것은 수학책에 답이 달려 있었다는 것이다. 나는 정답을 보고 문제의 의미를 이해했는데, 선생님은 내가 문제 텍스트를 이해한다고 생각했다.

그 외에 나는 학교에서 그림을 제일 잘 그렸고 바이올린을 연주했다. 소비에트 학교의 노래 시간에는 기껏해봐야 합창을 하는 것이었다. 러시아어는 물론 석 달 동안에 진전된 것은 많지 않았고, 그런 이유로 나를 1년 유급시키는 것도 아니고 아예 2학년으로 내려보내려 했다. 여기서 나는 이미 분기탱천했다. 북한에서는 4점을 받아 본 적도 없고 1학년부터 다양한 수준의 수학 올림피아드에 참가했던 나였다. 나는 최후통첩으로, 북한으로 돌려보내든가 5학년으로 진급시켜달라고 했다. 나는 조건부로 5학년으로 진급했다.

우리 가족은 풍족하게 살았고, 나는 가족 중에서 신이었다. 나는 말할 줄 아는 유일한 아들이었다. 부모님께 나는 '인류의 희망'이었다. 여름방학 동안 나를 아주 조금씩 죄었다. 8학년을 마치면서 학부모 회의에서 나를 공식적으로 금메달을 수상 졸업생으로 추천했다. 회의 후에 아버지는 '금메달을 받으면 볼가 자동차를 사야겠다'라고 말씀하셨다. 그런데 이런, 나는 금메달을 받지 못하고 졸업했다. 아마도 나의 게으름과 체스에 빠진 것이 원인인 듯하다. 체스는 집 가족들 모두가 둘 줄 알았다.

학교 팀으로 출전해야 했는데 여학생이 부족했다. 그때 나는 리더로서 2학년생인 내 누이동생을 팀으로 끌어들였다. 그때부터 체스에 빠져들기 시작했다. 나는 우즈베키스탄 체스 학교별 경기에서 챔피언이 되었고, 로자는 4학년 때 크림 아르테크(Артек)에서 개최된 피오네르 '벨라야 라디야' 전연방 대회에서 3위를 차지했다. 로자는 가장 어린 참가자였다. 대회 주심은 세계대회에서 5번 우승한 소련 최초의 세계 챔피언 미하일 보트빈니크(Михаил Ботвинник)였다. 그가 잡지 '소련의 체스'에서 한 면 전체를 내 여동생 로자 조에 대한 말로 채웠다. 나중에 그는 로자를 모스크바에 있는 자신이 세운 유명한 보트빈니크 학교로 데리고 갔다.

하지만 우리 가족 중에 타고난 재능이 가장 훌륭한 사람은 선천적으로 듣지 못해서 청각장애인 학교에 다니고 있던 형 유라 조였다. 그는 신이 만든 화가였다. 그는 그림에 대한 교육을 전혀 받지 않았었다. 학창 시절에 벌써 유화물감으로 푸시킨, 네크라소프, 톨스토이 등의 초상화를 그렸다. 나는 그가 바스네쵸프(Васнецов)의 세 명의 용사를 유화로 그리는 것을 보다가 눈물을 흘렸다. 내 눈에는 말이 살아있는 것 같았다. 나도 소질이 없는 것은 아니었다. 전연방 수학 올림피아드 참가자(지방경선, 시경선, 공화국 경선단계를 모두 거쳐서)였던 나는 엉엉 울었다. 내 형의 그런 재능이 그의 선천적 장애로 인해 그냥 날아가버릴까봐.

학창시절에 나와 형은 우표를 수집했다. 타시켄트에서는 우표수집가들이 시내 중심 작은 공원에 모였다. 거기에는 학자들, 예술가들, 고전학자들이 있었다. 그곳은 지식 계층이 물건을 사고파는 유일한 소련의 시장이었고, 정부는 일정 정도 그들을 대접해 주었다. 우표 수집은 돈이 드는 일이었다. 그러나 우리는 비록 부모님이 소비에트 기준으로 부자이긴 했지만, 우표를 산다고 부모님께 돈을 달라고 하진 않았다. 자식들 모두가 학생(2년 터울로 태어났다)들이었지만 돈이 많이 들었다. 첫 번째 모두 6명으로 수가 많았고, 두 번째 모두들 각자 취미가 있었다. 운동, 그림, 수공예 같은 취미를 가졌다. 그래서 우리는 전국 곳곳으로 많이 다녔다. 부모님은 우리에게 어떤 반대도 하지 않으셨다. 부모님은 항상 우리를 자랑스러워하셨다. 상장(학업관련, 그림 관련, 체스, 올림피아드 관련)만 150개가 넘었다. 소공원에서 우리는 형의 그림을 팔았고 그 돈으로 우표를 샀다. 그림을 사는 많은 사람들(지식인 계층)은 그 그림이 어떤 학생이 그렸다고 믿질 않고 그림 뒤쪽(화가의 사인이 있을 수 있으니까)을 살피고는 물었다. '훔친 그림은 아니지?'.

1972년 여름 아버지는 내 두 형제(청각장애인)와 소치에 휴가를 갔다. 그곳에서 아버지는 우연히 옛날 친구를 만났다. 그분은 아디게야 쿠반에 살고 있었다. 지역의 기후와 자기 집에 대해 자랑을 하셨고, 아버지는 그 집을 샀다. 그때부터 우리는 쿠반에서 살게 되었다. 여기에 나의 할아버지, 부모님, 누나 한 분의 무덤이 있다.

조 빅토르. 그의 개인 소장 사진.

조(랄레만드) 로자. 조 빅토르 개인 소장 사진.

나는 거의 5점과 같은 평균 4.75점을 받고 학교를 졸업했다. 그 당시 처음으로 학교 졸업장에 평균 점수가 기입되고 그 점수가 대학 입학 시험에 반영되었다. 나는 학교를 졸업하면서 공부에 집중하고 싶어서 체스를 그만두었다. 학교 선생님이 '만일 빅토르가 학자만 될 거라면 그건 비극일 거다'라고 말씀하셨다. 나는 바보였다. 그걸 진짜 믿었다. 체스 세계 챔피언이 되는 것으로 작았다. 나의 누이 로자는 쿠반에서도 체스를 계속하였다. 1년이 지나 모스크바의 학교 '올림피아드 준비'에서 그녀를 데려갔다. 그녀는 모스크바 학생 챔피언이 되어 소련 종합 팀으로 들어갔다. 문화대학을 졸업하고 학교 교무주임으로 일했다. 페레스트로이카 이후 러시아에서 사는 게 너무 힘들어졌을 때 그녀는 프랑스로 이주했다. 국제 그랜드 마스터라는 칭호로 프랑스 시민권을 쉽게 받았다. 그곳에서 그녀는 다섯 번의 프랑스 챔피언이 되었고, 프랑스 종합팀 소속으로 참가해 유럽 챔피언이 되었다(스페인, 레옹 2001년). 대통령(시라크)이 수여하는 정부 메달을 받았다. 그 누이가 5년 전 심장마비로 갑자기 죽었는데 너무도 큰 슬픔이다. 파리에 매장했다. 프랑스에서는 매년 그녀를 기념하기 위해 랄레만드(남편 성) 로자 이름을 딴 국제 체스 대회를 개최한다.

레닌그라드에서 레닌그라드 전기공학대학 3학년에 재학 중 (전기물리 학부에서 '전기음향과 초음파 기술' 전공했다) 어느 날 타시켄트에 있는 형으로부터 전보를 받았다. 형은 풀코보 공항에서 나를 만나자고 했다. 나중에 보니 레닌그라드에 미술 아카데미가 있고, 그는 그곳에 들어가고자 했다. 형은 나보다 두 살 많았는데, 청각장애인으로 훨씬 더 많이 배운다. 그는 학교를 졸업하면서 금메달을 받았다. 그러나 입학위원회는 우리의 서류접수를 거부했다. 입학 절차에 의하면 우선 자신의 작품을 몇 점 아카데미로 보내고 그 작품을 심사한 다음에 아카데미가 지원자에게 입학시험을 보게 하기 때문이었다. 무엇보다 먼저 나는 나 자신에게 화가 났다. 형 앞에 면목이 없었다. 나는 정말 형보다 모든 것에 대해 먼저 알고 있었어야 했다. 레닌그라드에 살고 있으면서… 입학위원회 의장 앞으로 다가가 간절히 간청하면서 울었다. 그는 서류제출을 허가해 주었으나, 내 형에게는 입학할 기회가 전혀 없을 거라는 언지를 주었다. 보통 그곳에 입학하는 사람은 미술학교를 졸업한 학생들인데, 형은, 그의 표현에 따르면, 혹시 그냥 '타고난 재능'이 있을 뿐이었으니. 어쨌든 그는 타시켄트에서 비행기를 타고 여기까지 온 형을 안타깝게 여겼고 경험이라도 되라고 입학시험을 보게 했다. 형은 메달 수상자로 네 개의 시험을 봐야 했다. 회화, 스케치, 수채화, 구도. 처음에 나는 회화가 무엇인지, 스케치와 무엇이 다른지 열심히 숙지했다. 그런 다음 형에게 차근차근 알려주었다. 형은 시험을 다 통과했고, 입학했다! 많은 시간이 흘렀고 나는 지금까지도 상상할 수가 없다. 구도가 무엇인지에 대해 어떻게 수화로 알아듣고 시험에 가서 구도를 만들어냈는지. 나는 내 생에 이런 천재를 보지 못했다.

그 다음에는 또 무슨 일이 있었나? 비극이 일어났다. 입학 후 1년이 지나 대학교 의무실에서 형에게 고혈압이 있는 것이 발견되었다(140이었는데 그는 느끼지도 못했다). 달리고 뛰었던 그를 제일 의과대학으로 보냈다. 검사 결과 신장 근처 혈관이 된 것을 알았다. 아직은 젊지만 그 부분을 떼어내야 한다고 했다. 형은 그 수술을 원하지 않았으나 나는 어려운 수술이 아니라고 교수님이 나에게 어떻게 확신을 주었는지 형에게 얘기하였다. 수술 후 교수는 모든 것이 잘 끝났고 형은 곧 퇴원해서 자기 스스로 집으로 갈 거라고. 그런데 형은 오랫동안 정신이 돌아오지 않았다. 혈관 봉합이 터졌는데, 의사가 너무 늦게 발견한 것이다. 모든 절차를 걸쳐 장례를 치렀다. 나는 오랫동안 스스로를 질타했다… 지금까지도 그림이 그려진다. 회상: 고등학생 두 형제, 하나는 짧은 걸상에 앉아 유화물감으로 바스네초프의 '세 명의 용사들'을 그리고(복사라고 해도 괜찮다), 다른 한 명은 뒤에서 형의 작업을 살피고 있다. 형의 작품에 푹 빠진 그의 눈에서 눈물이 흘러내린다. 아마 내 손녀(조 빅토리아)가 큰할아버지를 닮은 것 같다. 그림으로 받은 상장이 40개가 넘는다. 내 손녀는 겨우 10살이다. 그 아이는 모스크바에서 태어났으나 지금은 아디게야에서 살며 공부하고 있다.

나의 가까운 사람들에 대한 생생한 이야기를 짧게 했다. 물론 겸손하진 않았다. 언젠가 미국의 체스 국제 챔피언 후보에게 묻기를 '세상에서 가장 센 체스 선수는 누구인가? 그가 대답하길, '거만하게 굴긴 싫지만, 틀린 답을 말하는 것은 바보 같다…' 나는 그와 생각이 같다.

　… 자기의 가족의 죽음에 대해 쓰는 것은 모두에게나 항상 어려운 일이다. 내가 이미 이 세상에 없는 내 누이들과 형제들에 대해 생각할 때 나는 항상 우리 어머니의 아픔에 대해 생각한다. 이런 이야기가 떠오른다. 우리는 북한에서 평양에 살았는데 그곳에서 나의 여동생 로자(1961년생)와 율랴(1963년생) 두 명이 태어났다. 내 나이는 10살 정도였고, 나는 집에서 어머니 앞에서 노래를 부르고 있었다(나는 사립학교에서 음악, 바이올린을 배우고 있었다). 내가 노래를 부르고 난 뒤 나타샤(1959년생)가 나와서 노래를 불렀다. 모든 것이 자발적 그렇게 되었다. 그다음에 로자가 수줍어하면서 나왔다. 그다음에 제일 막내 율랴가 나왔는데 율랴는 입만 벌렸다. 그 아이는 아무것도 모르고 자기 언니 행동만 따라했다. 그때 내가 크게 소리를 질렀다. '엄마, 얘는 듣지 못해요!' 그리고는 어머니를 쳐다보았다. 엄마의 눈에선 벌써 눈물이 조용히 흘러내렸다. 물론 어머니는 오래전부터 알고 있었다. 이미 성인이 된 자식이 죽었다고 들었을 때 어머니는 어땠을지 생각해 보라. 먼저 형 유라가 레닌그라드에서 외과의사의 태만함으로 죽고, 아버지가 교통사고로 죽고, 그 뒤에 누이 나타샤가 독감으로, 다음에 듣지도 말하지도 못하는 남동생 조 아나톨리가 모스크바에서 강도에게 칼을 맞고 자상으로 죽었고, 로자는 파리에서 죽었다. 나와 어린 시절 평양에서 다른 누이들과 함께 노래하려고 애쓰던 막내 누이동생만 남았다. 그 누이는 독학으로 예술가, 수공예가가 되었다. 그녀는 핀란드의 라페란트 시에 살고 있고 세 자녀가 있다. 누이의 집은 직접 그린 그림과 예술 작품으로 마치 박물관과 같다.

　어머니가 돌아가셨을 때 학교 동기 중 한 명이 인터넷 망을 통해 조의를 표해왔다. 있는 그대로 본문을 인용하겠다.

'빅토로 잘 지내는지. 엄마가 돌아가신 것에 대해 진심으로 애통해하는 마음을 받아주길 바래. 비록 나는 한 번도 뵙질 못했지만 정말 대단한 여성임을 나는 확신한다. 너에게 형제자매가 많다고 알고 있는데, 그것도 어머니의 공훈이다. 그 사실만으로도 어머니는 지상에 있는 만복을 받아야 한다. 얼마나 훌륭한 자식들을 키우신 건가. 그리고 너는 굉장히 훌륭한 아들이라는 것을 내가 안다. 2012년 6월 26일 13:20'.

우리 어머니가 대단한 여성이란 친구의 말은 사실일 것이다. 모든 경우에 어머니는 무조건 위대하다고 말할 수 있다.

나이로는 노년이지만 정신적으로는 아직 젊은 이 고려인의 일대기는 따로 말이 필요없을 만큼 문학작품과 비슷한 힘과 이미지를 가지고 있다. 이런 일대기를 출간할 가능성을 준 심 라리사 미하일로브나에게 감사를 드린다.

3. 사회학적 연구 자료에 근거한 고려인 노인 세대의 사회적 초상

우리는 러시아 남부지역에 살고 있는 고려인을 대상으로 정량적 설문조사를 2006년과 2014년에 실시하였다.[11] 이번에는 전체 중에 65세 이상의 응답자들의 답을 분류하였다. 2006년 설문 당시에 그들 중 대부

---

11) 다음과 같이 출판되었다: Ли Хен Кын, Ким И.А. Корейское население Нижнего Поволжья (по результатам социологического опроса 2006 года). – Корейцы в России, радикальная трансформация и пути дальнейшего развития. М., 2007. С. – 120-148; Ким И.А. Исследования корейского населения Юга России: статистический и социологический анализ (2000-2014 гг.). – The Korean Diaspora and Multicultural Societies. Daegu, 2014. P. 155-169.

분은(71%)은 자기 소유의 집에 살고 있거나 자기 소유 아파트(13%)에 거주했으며, 그들 중 일부(13%)가 주택을 임대(13%)하거나 친척집에 살았다(3%). 부부가 함께인 경우가 52%, 이혼한 경우가 6%, 홀로 남은 경우가 42%였다. 노년 고려인의 가장 전형적인 교육 수준은 초등 졸업자와 중등 중퇴자(45%), 중등 졸업자(23%)이고, 중등전문기술학교 졸업자(13%), 대학 졸업자(19%)다. 그들의 직업으로는 교육자(19%), 경제인(12%), 의사(6%), 엔지니어(6%), 기계공(6%), 재봉사(6%), 회계원(6%)이 있었다. 노년 고려인의 물질적 풍요도는 낮았다. '평균보다 매우 낮음'이 평가대상자의 46%, '평균보다 조금 낮음'이 23%, '평균 수준'이 31%로 나타났다. 그 당시 연금을 수령할 나이의 많은 은퇴 고려인들이 연금을 받지 못했다.

지역의 고려인 교회 '행복'의 설립자와 교구민은 개인적인 면담에서 그들이 어떤 재정적인 어려움을 견디고 그 시기를 지냈는지, 특히 타지키스탄에서의 예전 상황과 비교해서 알려 주었다.

> "우리는 그곳에서 부유하게 잘살았다. 남편이 돈을 벌었다. 그런데 여기서는 순식간에 정말 힘들게 살게 되었다… 그리고 나는 연금도 늦게 받게 되었다. 이 교회를 등록하려고 2년을 다녔다. 물을 사먹을 돈이 없어서 갈증으로 정신을 잃기도 했다."

노년의 응답자들은 전통적으로 대가족 출신들이었다. 부모님 슬하에 자식이 8남매인 집도 있었다. 더 나이가 많은 응답자들이 더 대가족 출신이고 또 스스로도 더 많은 자식을 출산하였다. 응답들의 부모 가족에서 나타나는 가장 전형적인 자식 수는 5명(37%), 6명(22%), 응답자 자신들의 자식 수는 2명(46%), 3명(34%)이 가장 전형적이었다.

노년 고려인들은 동족끼리 결혼한 경우가 77%, 민족 간 결혼이

19%였고 무응답이 3%였다. 이 세대에게는 고려인 젊은이들의 결혼행위에 대한 엄격한 훈령은 없었다. 그들 중 61%가 동일 민족과 결혼했고, 32%는 배우자의 민족에 의미를 갖지 않았다. 젊은이들 사이에서는 순수한 고려인 부부에 대한 긍정이 더 강했다(68%). 프리모르스크시 노년 고려인들과의 면담에서 이런 행위에 대한 모순적인 의견을 들을 수 있었다. 한 여성은 자신의 아들이 '태어날 때부터' 반드시 고려인 출신 아가씨와 결혼해야 한다고 주입시켰다. 좀 더 나이가 많은 다른 여성은 같은 고려인과 결혼한 경우인데, 젊은 사람들 결혼에서 출신 민족이 그다지 큰 의미를 가져서는 안 된다고 확신했다.

당연하게도 더 나이가 많은 세대가 일상생활에서 고려말(коре мар)을 더 잘 보존하고 있었다. 고려말을 잘 아는 사람들이 47%, 조금 아는 사람들이 43%였다. 하지만 모순적인 점은 대한민국의 선교사들이 종종 고려말의 소중함을 인식하지 못하고 한국어를 다시 배우라고 종용하는 것이다. 노년의 사람들은 난감하다. 2005년 프리모르스크 마을에 교회와 한국 학교가 세워졌고, 교장 선생님으로 박 엘레오노라가 임명되었다. 한국어 강의는 당시 이형근 목사 진행했는데, 그는 엄격한 선생님이었다. 박 엘레오노라는 필자들에게 그녀 나이에 옛날 북한 사투리를 '올바른' 서울말로 다시 배우는 것이 얼마나 어려운지, 얼마나 단어를 잊어버렸는지, 또 얼마나 그들의 선생님이 그들에게 만족하지 못했는지에 대해 이야기했다. 필자 기억에는 이 목사님이 자신의 시골 마을 제자들을 예를 들면서 한글학습에 대한 그들의 열성과 높은 의지 또 빠른 습득력을 자랑했던 생각이 난다.

젊은 고려 사람의 미래는 고려인 할머니와 할아버지에게는 흥분되면서도 복잡한 주제이다. 그들은 한편으로는, 그들 자식과 손주들이 한국어를 배우는 일에 대한민국이 도움을 주는 것에 대해 매우 기뻐한다.

젊은 세대는 처음에는, 지리적 사회적 이동 방법으로 한국어 학습을 시작했다. 한국에서 공부하거나 사는 것이 그들의 꿈이 되었다. 많은 젊은이들이 실제로 떠났지만, 그들에게는 낯선 나라인 그곳의 현실 상황과 그들이 꾸었던 꿈은 너무나 달랐으므로 더 젊은 고려 사람들에게는 이 어려운 언어를 배우겠다는 의지가 많이 줄어들었다. 그 뒤 노동이민의 가능성이 생겼고 많은 사람들이 그걸 활용했다.

> "현재 굉장히 많은 젊은이들이 한국으로 가서 학교에 다니는 것이 아니라 일을 한다. 그들은 한 달에 하루 쉬며 공장에서 힘든 일을 한다. 여기에는 그들이 할 일이 없다. 우리 세대는 들판에 일했는데, 우리 자식들은 들판에서 일하는 것을 원치 않는다. 아이들은 한국에서 언어뿐 아니라 많은 것을 배운다. 한국의 전통을 알고 나서 진짜 한국문화를 꼭 우리에게 소개해줄 것이다."

노년의 고려인들은 전통의 가치와 예절, 가족사를 가지고 있으며 전달해 주는 사람들이다. 61%가 가족과 가문의 역사에 대한 어느 정도 지식을 가지고 있고, 11%가 많이 알고 있고, 아무것도 모르는 사람이 29%이다. 젊은 사람들 사이에 가족사를 알고 있는 전체 비율은 약 60%이다. 물론 이 백분율은 지극히 조건적이고 주관적이지만, 그래도 젊은 세대의 고려 사람이 가족사나 민족 전통을 잊어가는 경향을 보여주고 있다. 노인 세대는 민족의 정체성을 유지할 수 있도록 도와주는 문화풍습과 일상적인 관습, 법칙을 자식과 손주들에게 전달하려고 애쓰고 있다. 이런 노력은 공동체와 가족의 전통명절뿐 아니라 일상생활에서도 이루어진다.

> "그러나 우리 모두는 명절과 풍속을 지키고 있다. 한가위도, 한식도, 그리고 전통음식도 지키고 있다. 우리는 이 모든 전통을 굳건

히 지킨다! 그리고 자식들과 손주들에게도 정확하게 지키라고 가르친다."

2014년 설문조사에서 전통명절을 지키는가에 대한 질문과 전통요리에 대한 질문에 나이와 상관없이 다수의 응답자가 가족들과 설날(80%)과 추석(24%), 결혼식, 기념일, 아산지, 어버이날 등을 지킨다고 대답했다. 노년의 여성 고려인들은 수백 개의 이름을 가진 한국 음식을 지켜서 전수하고 있다. 그 이름들은 연구가들이 정리할 필요가 있다. 1위는 대다수의 가족이 조리해 먹는 음식인 국수(64%)가 차지했고, 다양한 형태의 샐러드(24%), 대중적인 베고자-피고자(25%), 바비(24%), 김치(19%), 침치, 시렉다무리(16%), 찰또기, 푹자이, 여러 가지 형태의 헤 등이 뒤를 이었다.

예전의 '타지키스탄', '우즈베키스탄', '카자흐스탄' 그리고 기타 지역 출신의 고려인들은 러시아 남부지역에서 여러 해 살면서 러시아 사회에 적응하고 통합되었다. 2014년 설문조사 과정에서 65세 이상 노년의 고려인들 다수(80%)가 자신의 거주지를 옮길 생각이 없다고 표현하였다. 다수의 사람들이 러시아 민족 및 러시아 시민 정체성을 수용하였다. 둘 중에 하나를 선택하는 질문에서 '나는 러시아 고려인이다'(65%)라는 대답이 대립되는 항목인 '나는 CIS 국가의 고려인이다'(35%)에 비해 압도적으로 많았다. 그러나 6%는 현재 러시아 연방 시민권과 관련해 문제가 있어서 연금지원을 받지 못하고 있다고 언급했다.

응답자들이 거주를 위해 러시아로 온 시기를 나타낸 분포도를 보면 우즈베키스탄으로부터의 고려인 이민은 계속 변화를 보이고 있다. 대규모로 고려인들이 우즈베키스탄을 떠난 것은 2000년 초 위기의 시기였고, 최근에는 주로 노년의 사람들이 자신의 자식들에게로 다시 돌아가는 추세이다(도표 4).

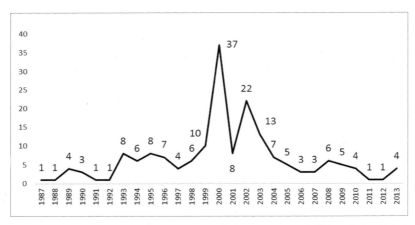

도표 4. 우즈베키스탄을 떠나는 고려인 이주의 변천을 2013-2014년 설문조사 자료에 따라 구성

자신의 삶에 대해 조용히 구술하는데, 가장 극적인 회상은 주로 그들의 부모님이 강제이주 시기에 겪어야 했던 체험들에 해당한다. 이 세대의 자식들은 보다 나은 교육을 받았고, 그들의 손주들 또한 최고의 교육을 받고, 고려인 가족의 유복한 형편은 점점 더 공고해지고 있다. 인생 계획은 강제적인 이주로 인해 망가졌지만, 이렇게 맨 처음 세대 소련 사람의 염원은 실현된 것이다. 아래 인용된 일대기는 그런 인생 전략의 예이다.

◎ 박 올가 바실리예브나(Пак Ольга Васильевна)

일대기. 나 박 올가 바실리예브나(현코예브나)는 1944년 12월 10일 우즈베키스탄의 페르가나 분지(Ферганская долина)에 위치한 안디잔(Андижан)시에서 태어났다. 나의 부모님은 1937년 연해주에서 강제이주 되었다. 부모님은 블라디보스토크 아무르스카야 9번지에서 사셨다. 가족 수가 많은데, 4명의 자녀와 함께 부모님, 할머니, 할아버지는 짐칸에 실리셔서 중앙아시아로 보내졌다. 부모님은 여정 중에 겪었던 무시무시한 상실감, 기아, 추위, 두 아이와 할머니의 죽음을 견뎌야 했다. 마침내 안디잔산에 도착해서 바라크(막사-역자 주)에 우리를 배치했다. 손

박 올가 바실리예브나. 필자 소장 사진.

님을 후하게 대접하는 풍속을 가진 우즈베키스탄인들은 고려인들을 존중해 주었고, 고려인들은 스스로의 노동으로 존중을 받았다. 1941년 자동차 공장이 보로네슈(Воронеж)시에서 안디잔시로 피난 이전되었다. 공장은 전선에 공급할 탄약을 생산하고 있었다. 아버지는 이 공장에서 오랫동안 철공(鐵工)으로 일하셨다.

1930년생인 나의 언니 아냐와 1934년생인 오빠 알렉세이는 블라디보스토크에서 출생했다. 언니는 현재 연해주 파르티잔스크(Партизанск)시에서 살고 있다. 나와 둘째 언니는 안디잔시로 이주 후에서 태어났다. 부모님은 우리가 고등교육을 받기를 염원하셨고 그 염원은 실현되었다. 나의 어린 시절은 반(半)기아 상태였다. 내가 5-7살 때 언니들이 나를 아침 5시에 깨워서 공장 노점으로 같이 가서 빵을 받기 위해 줄을 섰던 기억이 난다. 한 사람당 빵 한 덩어리씩을 나눠주었다. 빵 냄새가 기억나는데 특별한 맛이었다. 1951년 나는 1학년에 진학했다. 그때 나이가 7살이 채 안되었는데 내가 학교에 가게 해달라고 그렇게 졸라대니 부모님이 1학년에 넣어주셨다. 숙모가 헝겊으로 가방을 만들어줘서 나

는 행복하게 학교에 들고 다녔던 기억이 있다. 1961년 10학년을 성공적으로 마치고 안디잔 사범대학의 러시아어문학부에 입학했다.

1966년 학년 우수학생으로 대학을 졸업했다. 졸업장을 손에 넣기 위해 2년 동안 학교에서 근무했다. 그 뒤 추천서에 따라 나는 안디잔 사범학교에 배치되어 1969년부터 1992년까지 근무하였다. 러시아어와 문학, 러시아어 교수 방법을 강의하였다. 나는 나의 일을 매우 사랑했다. 학술서적과 논문을 출판하고, 안디잔, 타시켄트, 모스크바에서 열리는 중등학교 컨퍼런스에서 발표도 했다. 동료인 넬랴 바실리예브나와 함께 러시아어에 대한 실험도 했다. 실험 과제는 1년 동안 외국인 학생이 러시아어를 완전하게 구사할 수 있도록 가르치는 것이었다. 실험은 성공했고 우리는 실험 결과를 가지고 소련과학아카데미가 조직한 모스크바 컨퍼런스에서 발표하였다. 나의 경력은 단순한 교사에서 시작해서 나중에는 생산적인 학습 담당 부소장을 역임하였고 기관에서 교육실습을 지도하였다.

유익한 작업의 대가로 나는 우즈베키스탄 사회주의 공화국의 교수학습방법론자라는 칭호를 받았고, '우즈베키스탄 공화국 국민교육에 모범을 보인 사람'이 되었다. 1992년 안디잔 사범대학에 초청되어 5년간 인문학부에서 근무하고, 1996년 타시켄트시 이주와 관련 포상휴가를 받아 떠났고, 연금수령자가 되었다. 2015년 두 아들이 가족과 함께 살고 있는 볼고그라드시로 이사했다. 큰 아들 김 바딤 아르카디예비치(Ким Вадим Аркадьевич)는 1968년생으로 페르간(Ферган) 폴리테크를 마쳤고 두 아이를 두고 있으며 전공분야에서 일하고 있다. 작은 아들 김 세르게이 아르카디예비치(Ким Сергей Аркадьевич)는 1972년생으로 안디잔 국가경제 대학을 졸업하고, 두 딸이 있으며 역시 전공분야에서 일하고 있다. 큰 손녀, 김 이리나는 1993년생이고 모스크바에서 의과대학 5학년에 재학 중이다. 두 번째 손녀 김 알렉산드라는 1995년생이고 볼고그라드 금융 아카데미 4학년에 재학 중이다.

결론

    러시아 남부지역과 연관이 있는 65세 이상의 노년 고려인들은 크게 두 그룹으로 나눌 수 있다. 자신의 삶에서 중요한 시기를 러시아에서 보낸 소련 사람과 소비에트 연방의 중앙아시아 공화국에서 태어나고 연방이 존재할 때까지 그곳에서 산 소련 사람.

    첫 번째 그룹은 고려인들에게 부여된 이동 제한의 한계를 뛰어넘어 고등교육을 받았고 일과 명성에서 높은 목표를 달성한 독신자들, 주로 남성으로 구성되어 있다. 실제로 그들은 같은 민족인 고려인을 본 적이 없다고 확실하게 말했다.

    동포의 지지를 받지 못한 채 민족적 고독감을 느끼며, 이 남성들은 자신의 생명을 유지하고 스스로를 개발하고 사회적으로 성공하려는 강한 동기를 가지고 있었다. 이러한 여건들은 시간이 흐르면서 소비에트 고려인들이 신용이 있고 성실하며 충성심 있는 시민이고 자신의 나라에 애국하는 사람들이라는 명성을 확인시켜 주었다.

    러시아 사회로의 개인적인 통합 단계를 모두 거쳐 온 고려인들은 다른 민족 출신 주민들과 가정을 꾸렸다. 그들의 아이들은 이중적인 정체성을 가지면서 고려인 민족문화 환경과 지속적으로 접촉하지 않았다.

그래서 그 자녀들은 스스로를 고려인이라기보다는 차라리 러시아인이라고 느낀다. 물론 스스로를 어느 정도 경계인(境界人)이라 보기도 한다. 손주 세대는 더 많이 동화되었고, 외모로 그들이 고려인 출신이라고 어느 정도 구분할 수 있지만 모든 경우에 그런 것은 아니다. 이런 식으로 고려인들의 사회적 이동유형은 자연스럽게 민족성을 잠식시키고, 고려인 유전형을 융해시키고 동화시켰다. 하지만 주목해야 할 점은, 한반도 모(母)민족의 입장에서 그들의 디아스포라에 대해 적극적인 관심을 표명함으로써, 혼혈 고려인 젊은이들(탸구뱌, 아르구뱌)이 자신의 뿌리에, 특히 그들과 경제, 사회분야에서 성공적으로 연대하고 있는 한국에 관심을 보일 수 있었던 것이다.

대조국전쟁의 전선에 나가 영웅적으로 목숨을 바친 러시아 고려인 젊은이들의 수는 적지 않다. 그들은 적극적으로 참전하려고 애썼다.

목표 지향적인 독신자 외에 소비에트 시절의 '러시아' 그룹에는 상대적으로 규모가 큰 하부그룹이 있었는데, 그들은 다음과 같이 분류된다. 정부의 쌀 생산계획에 따라 우즈베키스탄으로부터 초청된 벼농사 농부와 전문가, 노동자들이 있다. 러시아 남쪽에서 이루어진 벼농사 분야의 발전과 부흥은 여러모로 고려인 농부들이 가진 직업의 전문성과 성실함, 그리고 헌신에 기인한다. 이들은 가족과 함께 이주, 정착하면서 집단경영으로 고소득을 올렸고, 거주지도 훌륭하게 꾸려서 모든 거주민들의 생활수준을 향상시켰다. 자식들이 단일민족 가정을 꾸릴 가능성이 커졌고, 남부지역 고려인 공동체의 양적 성장을 촉진할 수 있었다. 고본지 이동은 고려인 공동체를 확장하는데 중요한 의미를 갖는다. 이 고본지 이동은 국내 여러 지역과 다양한 공화국에서 온 고려인들의 일시적인 노동집단으로 통합되었다. 일이 작업반과 비슷한 곳에서 이루어지는 덕분에 중앙아시아 고려인들은 러시아 남부지역으로 오게 되었고, 그런 연유로 소비에트 연방이 무너진 이후에도 중앙아시아로부터 많은 고려인들이 올 수 있었다.

이 고려인들은 애국심과 자신의 민족에 대한 사랑, 노동에 대한 사랑으로 고찰되는 소비에트 정신을 가지고 있는 것이 특징이다. 이런 성향은 유교적 가치로 완성된다.

노년의 소련 사람의 또 다른 그룹은 많은 유사점과 약간의 차이점을 가지고 있는 이민자들로 구성된다. 이들은 소련 붕괴 후 러시아 남부에 대규모 집단을 형성하였다. 1990년 초(타지키스탄에서) 그리고 2000년 초(우즈베키스탄에서).

이민자들은 주로 두 가지 경로를 통해 러시아 남부지역에 정착했다. 일부는 남부지역에 이미 기반을 닦은 친척 또는 원주민과의 결합을 통해 정착했다. 다른 일부는 지역 당국과 지방 당국의 도움으로 주거지를 찾아보고 정부와 사회단체, 대한민국 기독교회와 불교사원의 재정 지원 및 지역 고려 사람이나 사회단체의 실질적인 도움을 받아 주거지를 확보했다. 이주 후 많은 사람들이 탈출, 재정 부족, 주거지 부재, 심리적 욕구불만과 같은 유사한 상황을 다시 한번 겪어내야 했다. 노년의 고려인 모두가 연금을 수령할 수 있던 것이 아니어서 자산의 수준은 굉장히 낮은 것으로 확인되었다.

그런 이유로, 이민 후 첫해 노년의 고려인들의 이차적인 사회화는 생존의 필요성과 연관이 있었다. 적당한 거주지 물색과 토지 임대, 도시인들에게는 익숙하지 않은 농사일에 참여, 자식과 친척 부양 등등. 이후 첫 번째 계획으로 공동체의 자발적 조직에 의해 공공사업이 나왔다. 기독교회 개관(교회는 문화센터 역할도 했다), 자식과 손주의 미래에 투자하는 수단으로 한국어 수업반 조직 등이 있었다. 어른이 된 후손들은 노년의 부모님이 편안한 노후를 맞을 수 있도록 관심을 가져야 했다.

노년의 응답자들은 아이들이 많은 전통적인 집안 출신들이었고, 나이가 많을수록 그 부모님 세대 가족이나 자신의 가족에 자녀의 수가 더 많았다. 러시아-소비에트 고려인 첫 세대들의 다산(多産)은 수십 년 동안 지속되는 높은 출산율 덕분에 가능했다. 중앙아시아 공화국의 환경에서 100% 단일민족혼은 불가능했고, 노년의 고려인 중에 약 20%가 고려인이 아닌 다른 민족 출신의 배우자와 결혼했다. 노인 세대 고려인들은 전통의 가치와 풍속, 가족사를 계승하여 젊은이들에게 계속 전수함으로써 민족의 문화적 전통을 되살리고 있다.

이 세대의 자식들은 더 나은 교육을 받았고, 그들의 손주들도 최고의 교육을 받고 러시아를 비롯해 세계 어느 나라에서도 승인되는 훌륭한 경력을 쌓을 가능성을 가지고 있다. 이렇게 자식과 손주, 그리고 증손주를 통해 '소련 사람' 제1세대들이 가졌던 민족번영의 염원이 이루어진 것이다.

그 전개 과정은 다음 연구의 주제가 되는 기성세대와 젊은 세대 일대기를 통해 설명할 것이다.

표1

1926년 인구 조사에 따른 러시아 남부의 고려인 수								
북캅카스 변경주	전체	남성	여성	도시	남성	여성	시골	남성
	18	17	1	16	15	1	2	2
아르마비르스키 관구	1	1	0	1	1	0	0	0
돈스키 관구	6	6	0	6	6	0	0	0
쿠반스키 관구	1	1	0	1	1	0	0	0
마이콥스키 관구	2	2	0	2	2	0	0	0
테르스키 관구	1	0	1	1	0	1	0	0
체르노모르스키 관구	4	4	0	2	2	0	2	2

1926년 인구 조사에 따른 러시아 남부의 고려인 수								
북캅카스 변경주	전체	남성	여성	도시	남성	여성	시골	남성
	18	17	1	16	15	1	2	2
샤흐틴스코도네츠키 관구	2	2	0	2	2	0	0	0
그로즈니시	1	1	0	1	1	0	0	0

출처: http://demoscope.ru/

표 2

인구 수	고려인 수. 러시아 소비에트 연방 사회주의 공화국 남부지역. 1939년 인구조사								
	전체 인구 / 100%			도시 인구 /25.5%			시골 인구 /74.5%		
	전체	남성	여성	전체	남성	여성	전체	남성	여성
소비에트 연방	182,339	97,071	85,268	46,527	25,614	20,913	135,812	71,457	64,355
%	100	53.2	46.8	100	55.1	44.9	100	52.6	47.4
러시아 소비에트 연방 사회주의 공화국	11,462	7,326	4,136	5,216	3,355	1,861	6,246	3,971	2,275
%	100	63.9	36.1	100	64.3	35.7	100	63.6	36.4
크라스노다르스키 변경주	217	99	118	48	31	17	169	68	101
아디게야 자치공화국	9	6	3	6	3	3	3	3	0
오르조니키젭스키 (스타브로폴스키) 변경주	108	65	43	13	10	3	95	55	40
카라차이 자치주	2	1	1	1	1	0	1	0	1
로스토프주	85	47	38	68	35	33	17	12	5
스탈린그라드 (볼고그라드)주	2,790	1,472	1,318	194	121	73	2,596	1,351	1,245
볼가 독일인 자치 소비에트 사회주의 공화국	156	147	9	3	3	0	153	144	9

인구 수	고려인 수. 러시아 소비에트 연방 사회주의 공화국 남부지역. 1939년 인구조사								
	전체 인구 / 100%			도시 인구 /25.5%			시골 인구 /74.5%		
	전체	남성	여성	전체	남성	여성	전체	남성	여성

엔겔스키 지역: 엔겔스시 2. 발체롭스키 지역 10: 노르카 마을 2, 마을들 8. 그멜린스키 지역 5: 그멜린카 마을 1, 마을 4. 그나덴플류르스키 지역 8: 그나덴플류르 마을 1, 마을 7. 도브린스키 지역 9: 니지냐야도브린카 마을 1, 마을 8. 젤만스키 지역 10: 젤만 마을 2, 마을 8. 졸로톱스키 지역 4. 크라스노쿠츠키 지역 9. 크라스노야르스키 지역 7: 크라스니야르 마을 1, 마을 6. 쿡쿠스키 지역 9: 쿡쿠스 마을 1, 마을 8. 리잔데르게이스키 지역 6: 베지만나야 마을 1, 마을 5. 마리엔탈스키 지역 10: 마리엔탈 마을 2, 마을 8. 마르크스시타르키 지역 9: 마르크스시타트시 1, 마을 8. 팔라솝스키 지역 5. 스타로폴탑스키 지역 5: 스타라야폴탑카 마을 1, 마을 4. 테르놉스키 지역 5: 크바스니콥카 마을 1, 마을 4. 운테르발덴스키 지역 2: 운테르발덴 마을 1, 마을 8. 프란크스키 지역 10: 구센바흐 마을 2, 마을들 8. 에르크게임스키 지역 8: 프리덴펠드 마을 1, 마을 7. 에를렌바흐키 지역 4: 오베르도르프 마을 1, 마을 3

| 다게스탄 자치 소비에트 사회주의 공화국 | 47 | 29 | 18 | 45 | 27 | 18 | 2 | 2 | 0 |

마하치칼린스키 지역 17: 마하치칼라시 17. 데르벤츠키 지역 1: 데르벤트시 1. 부이낙스키 지역 3: 부이나크시 1, 마을들 2. 하사뷰르톱스키 지역 26: 하사뷰르트시 26.

| 칼미크 자치 소비에트 사회주의 공화국 | 4 | 2 | 6 | 1 | 0 | 1 | 3 | 2 | 5 |

돌반스키 지역 3. 라간스키 지역 1: 라간 마을 1. 울란홀스키 지역 2.

| 크림 자치 소비에트 사회주의 공화국 | 117 | 51 | 66 | 90 | 39 | 51 | 27 | 12 | 15 |

심페로폴시 52; 예프파토리야시 1; 케르치시 7. 세바스토폴스키 지역 12: 세바스토폴시 12. 페도시야시 4. 얄틴스키 지역 9: 얄타시 8, 마을 1. 알루시틴스키 지역 4: 알루시타시 4. 바흐치사라이스키 지역 1: 바흐치사라이시 1. 콜라이스키 지역 4; 크라스노페레콥스키 지역 6; 레닌스키 지역 1; 삭스키 지역 4; 세이틀리에르스키 지역 1; 얄틴스키 지역 6; 알룹카시 1.

| 북오세티야 자체 소비에트 사회주의 공화국 | 39 | 26 | 13 | 23 | 16 | 7 | 16 | 10 | 6 |

오르조니키제시 20: 레닌스키 지역 15, 프로미실렌니 지역 5. 프라보베레지니 지역 18: 베슬란 마을 3, 툴라토보 마을 15. 사돈스키 지역 1.

체첸인구시 자체 소비에트 사회주의 공화국	73	36	37	72	35	37	1	1	0
전체	3,521	1,925	1,596	467	279	188	3,054	1,646	1,408
%	100	54.7	45.3	13	59.7	40.3	87	53.9	46.1

출처: http://demoscope.ru/

표 3

1959년 러시아 소비에트 연방 사회주의 공화국 연방 관구 지역의 고려인 인구 수. 1939년 이후의 역학		
선택 지역의 자료	1939년, -명	1959년, -명
전 소비에트 연방	182,339	313,735
러시아 소비에트 연방 사회주의 공화국	11,462	91,445
남부연방관구		
크라스노다르스키 변경주	217	자료 없음
스타브로폴스키 변경주	108	468
카라차이 자치주 포함	2	107
스탈린그라드(볼고르라드)주	2,790	자료 없음
로스토프주	85	2,953
다게스탄 자치 소비에트 사회주의 공화국	47	3,590
칼미크 자치 소비에트 사회주의 공화국	6	51
카바르디노발카르 자치 소비에트 사회주의 공화국	자료 없음	1,798
볼가 독일인 자치 소비에트 사회주의 공화국	156	청산
북오세티야 자치 소비에트 사회주의 공화국	39	1,551
체첸인구시 자치 소비에트 사회주의 공화국	73	1,857
전체	3,521	12,268

출처: http://demoscope.ru/

표 4

1953-1954년 로스토프주 베셀로프스키 지역의 고려인 이주민 수		
도착지	사람 수	퇴거지
집단농장 '이스크라'(말라야자파덴카 마을)	2	정보 없음
집단농장 '자베티 일리차'(스보보다 마을)	6	
집단농장 '슈베르니크'(크라스노예 즈나먀 마을)	4	
집단농장 '흐루쇼프' (크라스니쿠트 마을, 포즈드네옙카 마을)	2	
집단농장 '스탈린'(크라스니옥탸브리 마을)	23	카자스흐탄 – 7명(1가구) 카바르디노발카르 – 16명(3가구)

1953-1954년 로스토프주 베셀로프스키 지역의 고려인 이주민 수		
도착지	사람 수	퇴거지
집단농장 '주다노프'	5	카바르디노발카르 5명(1가구)
집단농장 '말렌코프'(베숄리 마을)	66	카자흐스탄 – 27명(7가구), 카바르디노발카르 – 33명(8가구) 카라칼파크 자치 소비에트 사회주의 공화국, 우즈베키스탄 – 2명(1가구)
전체	108	

표는 신문 돈 지역의 고려 사람의 2013년 5월 No.5 (16) 글라딜로바(H. Гладилова)의 자료로 편집되었다.

표 5

인구 수	1970년 러시아 소비에트 연방 사회주의 공화국 고려인 인구수. 러시아 연방 관구 경계 내 분포.								
	전체 인구			도시 인구			시골 인구		
	전체	남성	여성	전체	남성	여성	전체	남성	여성
러시아 소비에트 연방 사회주의 공화국	101,369	63,496	37,873	78,020	47,549	30,471	23,349	15,947	7,402
%	100	62.6	37.4	77	60.9	39.1	23	68.3	31.7
남부 연방관구	100			70			30		
아스트라한주	498	331	167	377	266	111	121	65	56
%	100	66.5	33.5	75.7	70.6	29.4	24.3	53.7	46.3
크라스노다르스키 변경주	723	461	262	547	339	208	176	122	54
아디게야 자치주 포함	231	127	104	182	96	86	49	31	18
%	100	63.8	36.2	75.7	62	38	24.3	69.3	40.7
스타브로폴스키 변경주	1,453	794	659	793	446	347	660	348	312
카라차이 자치주 포함	62	42	20	43	26	17	19	16	3
%	100	54.6	45.4	54.6	56.2	43.8	45.4	52.7	47.3

인구 수	1970년 러시아 소비에트 연방 사회주의 공화국 고려인 인구수. 러시아 연방 관구 경계 내 분포.								
	전체 인구			도시 인구			시골 인구		
	전체	남성	여성	전체	남성	여성	전체	남성	여성
로스토프주	4,966	2,576	2,390	2,840	1,489	1,351	2,126	1,087	1,039
%	100	51.9	48.1	57.2	52.4	47.6	42.8	51.1	48.9
다게스탄 자치 소비에트 사회주의 공화국	1,415	751	664	906	471	435	509	280	229
%	100	53.1	46.9	64	52	48	36	55	44
칼미크 자치 소비에트 사회주의 공화국	284	144	140	50	24	26	234	120	114
%	100	50.1	49.1	17.6	48	52	82.4	51.3	48.7
카바르디노발카르 자치 소비에트 사회주의 공화국	3,773	1,842	1,931	3,426	1,672	1,754	347	170	177
%	100	48.8	51.2	90.1	48.8	51.2	9.9	49	51
볼고그라드주	463	272	191	361	219	142	102	53	49
%	100	58.7	41.3	78	60.7	39.3	22	52	48
북오세티야 자치 소비에트 사회주의 공화국	2,521	1,235	1,286	2,023	993	1,030	498	242	256
%	100	49	51	80.2	49	51	19.8	48.6	51.4
체첸인구시 자치 소비에트 사회주의 공화국	1,508	733	775	969	475	494	539	258	281
%	100	48.6	51.4	64.3	49	51	35.7	47.9	52.1
전체	17,604	9,139	8,465	12,292	6,394	5,898	5,312	2,745	2,567
%	100	51.9	48.1	69.8	52	48	30.2	51.7	48.3

출처: http://demoscope.ru/

표 6

인구 수	러시아 소비에트 연방 사회주의 공화국 고려인 인구수. 1979년 인구조사.								
	전체 인구			도시 인구			시골 인구		
	전체	남성	여성	전체	남성	여성	전체	남성	여성
러시아 소비에트 연방 사회주의 공화국	97,649	52,456	45,453	82,218	43,823	38,395	15,431	8,633	6,798
%	100	53.7	46.3	84.2	53.3	46.7	15.8	55.9	44.1
남부연방관구	100%			74%			26%		
아스트라한주	540	285	255	437	238	199	103	47	56
%	100	52.8	47.2	80.9	54.5	45.5	19.1	45.6	54.4
크라스노다르스키 변경주	995	570	425	770	432	338	225	138	87
아디게야 자치주 포함	363	193	170	308	161	147	55	32	23
%	100	57.3	46.7	77.4	56.1	43.9	22.6	61.3	38.7
스타브로폴스키 변경주	2,670	1,353	1,317	1,529	759	770	1,141	594	547
카라차예보체르케스카야 자치주 포함	60	31	29	49	26	23	11	5	6
%	100	50.7	49.3	57.3	49.6	50.4	42.7	52.1	47.9
로스토프주	5,783	2,932	2,851	3,929	1,997	1,932	1,854	935	919
%	100	50.7	49.3	67.9	50.8	49.2	32.1	50.4	49.6
다게스탄 자치 소비에트 사회주의 공화국	727	376	351	514	275	239	213	101	112
%	100	51.7	48.3	70.7	53.5	46.5	29.3	47.4	52.6
카바르디노발카르 자치 소비에트 사회주의 공화국	4,949	2,404	2,545	4,787	2,314	2,473	162	90	72
%	100	48.6	52.4	96.7	48.3	51.7	3.3	55.6	44.4
칼미크 자치 소비에트 사회주의 공화국	1,073	594	479	174	78	96	899	516	383
%	100	55.4	44.6	16.2	44.8	55.2	63.8	57.4	42.6

인구 수	러시아 소비에트 연방 사회주의 공화국 고려인 인구수. 1979년 인구조사.								
	전체 인구			도시 인구			시골 인구		
	전체	남성	여성	전체	남성	여성	전체	남성	여성
볼고그라드주	1,240	677	563	1,049	572	477	191	105	86
%	100	54.6	45.4	84.6	54.5	45.5	13.4	55	45
북오세티야 자치 소비에트 사회주의 공화국	2,797	1,379	1,418	2,243	1,105	1,138	554	274	280
%	100	49.3	50.7	80.2	49.3	59.7	19.8	49.5	50.5
체첸인구시 자치 소비에트 사회주의 공화국	859	426	433	627	309	318	232	117	115
%	100	49.6	50.4	73	49.3	50.7	27	50.4	49.6
전체	21,633	10,996	10,637	16,059	8,079	7,980	5,574	2,917	2,657
%	100	50.9	49.1	74.2	50.3	49.7	25.8	52.3	47.7

출처: http://demoscope.ru/

표 7

인구 수	러시아 소비에트 연방 사회주의 공화국 고려인 인구수. 1989년 인구조사.								
	전체 인구			도시 인구			시골 인구		
	전체	남성	여성	전체	남성	여성	전체	남성	여성
러시아 소비에트 연방 사회주의 공화국	107,051	55,680	51,371	90,799	46,804	43,995	16,252	8,876	7,376
%	100	52	48	84.8	51.5	48.5	15.2	54.6	45.4
남부연방관구	100%			78%			22%		
아스트라한주	634	348	286	516	278	238	118	70	48
%	100	54.9	44.1	81.4	53.9	46.1	18.6	59.3	40.7
크라스노다르스키 변경주	1,792	941	851	1,244	650	594	548	291	257
%	100	52.5	47.5	69.4	52.2	47.8	30.6	53.1	46.9
아디게야 자치주 포함	635	300	335	505	239	266	130	61	69

| 인구 수 | 러시아 소비에트 연방 사회주의 공화국 고려인 인구수. 1989년 인구조사. | | | | | | | | |
| | 전체 인구 | | | 도시 인구 | | | 시골 인구 | | |
	전체	남성	여성	전체	남성	여성	전체	남성	여성
스타브로폴스키 변경주	4,621	2,361	2,260	2,621	1,291	1,330	2,000	1,070	930
%	100	51.1	48.9	56.7	49.3	50.7	43.3	53.5	46.5
카라차이 자치주 포함	54	33	21	42	25	17	12	8	4
로스토프주	7,132	3,645	3,487	5,187	2,630	2,557	1,945	1,015	930
%	100	51.1	48.9	72.7	50.7	49.3	27.3	52.2	47.8
다게스탄 자치 소비에트 사회주의 공화국	648	328	320	466	228	238	182	100	82
%	100	50.6	49.4	71.9	48.9	51.1	28.1	54.9	45.1
카바르디노발카르 자치 소비에트 사회주의 공화국	4,983	2,402	2,581	4,827	2,325	2,502	156	77	79
%	100	48	52	96.9	48.2	51.8	3.1	49.4	50.6
칼미크 자치 소비에트 사회주의 공화국	643	320	323	192	93	99	451	227	224
%	100	49.8	50.2	30	48.4	51.6	70	50.3	49.7
볼고그라드주	1,613	839	774	1,438	730	708	175	109	66
%	100	52	48	89.2	50.8	49.2	10.8	62.3	37.7
북오세티야 자치 소비에트 사회주의 공화국	2,960	1,423	1,537	2,464	1,178	1,286	496	245	251
%	100	48.1	59.9	83.2	47.8	52.4	16.8	49.4	50.6
체첸인구시 자치 소비에트 사회주의 공화국	636	308	328	488	237	251	148	71	77
%	100	48.4	51.6	76.7	48.6	51.4	23.3	48	52
전체	25,662	12,915	12,747	19,443	9,640	9,803	6,219	3,275	2,944
%	100	50.3	49.7	77.7	49.6	50.4	22.3	52.6	47.4

출처: http://demoscope.ru/

표 8

러시아 연방 남부연방관구 고려인 재정착. 2002년과 2010년 러시아 연방 인구조사.	2002년	2010년
러시아 연방	148,556	153,156
남연방관구	39,031	40,191
아스트라한주	2,072	2,939**
크라스노다르스키 변경주	3,289	3,952
아디게야 공화국	820	766
스타브로폴스키 변경주	7,095*	6,759
카라차예보체르케스카야 공화국	51	30
로스토프주	11,669	11,597***
다게스탄 공화국	302	226
카바르디노발카르 공화국	4,722	4,034****
칼미크 공화국	1,049	1,342*****
볼고그라드주	6,066	7,044
북오세티야알라니야 공화국	1,841	1,458
인구시 공화국	22	14******
체첸 공화국	33	29*******

*스타브로폴스키 변경주, 2002년
도시: 스타브로폴시 277, 부덴놉스크시 112, 게오르기옙스크시 516, 예센투키시 434; 젤레즈노보츠크시 13, 이노젬체보 마을 44; 키슬로보츠크시 341, 레르몬토프 25, 미네랄니예보디 248, 네빈노미스크시 80, 퍄티고르스크 702.
지역: 알렉산드롭스키 70, 안드로폽스키 7, 아파나셴콥스키, 아르즈기르스키 152, 블라고다르넨스키 35, 부덴놉스키 79, 게오르기옙스키 312, 그라쳅스키 11, 이조빌넨스키 572, 이파톱스키 65, 키롭스키 489, 코추베옙스키 22, 크라스노그바르데이스키 88, 쿠르스키 154, 레보쿰스키 398, 미네랄로보츠키 14, 네프테쿱스키 752, 노보알렉산드롭스키 174, 노보셀리츠키 152, 페트롭스키 83, 프레드고르니 319, 소베츠키 90, 스테파놉스키 84, 트루놉스키 54, 슈파콥스키 121

** 아스트라한주, 2010년
도시: 아스트라한시 805, 즈나멘스크시 20, 아흐투빈스크시 184.
자치구역: 아흐투빈스키 569, 베르흐니바스쿤차크 2; 볼로다르스키 15, 예노타옙스키 580; 이크랴닌스 41, 크라스니예바리카디 7; 카미쟈크스키 21, 크라스노야르스키 25; 리만스키 63, 리만 4; 나리마놉스키 45, 나리마노프시 10; 프리볼쉬스키 10; 하라발린스키 221, 하라발리시 98; 체르노야르스키 523.

*** 로스토프주, 2010년
로스토프시 2792: 보로실롭스키 지역 365, 도시 지역들: 젤레즈노도로지니 430, 키롭스키 85, 레닌스키 216, 옥탸브리스키 300, 페르보마이스키 527, 프롤레타르스키 140, 소베츠키 729.
도시: 아조프 119, 바타이스크 1530, 볼고돈스크 391, 구코보 6, 도네츠크 12, 즈베례보 7, 카멘스크샤흐틴스키 56, 노보체르카스크 67, 노보샤흐틴스크 42, 타간로크 168, 샤흐티 77.
자치구역: 아좁스키 1167, 악사이스키 949, 바가옙스키 378, 벨로칼리트벤스키 50, 보콥스키 1, 베숄롭스키 870, 볼고돈스키 754, 두봅스키 10, 예고를릭스키 26, 자베틴스키 3, 제르노그라츠키 48, 지몹스니콥스키 50, 카갈니츠키 49, 카멘스키 202, 카샤르스키 9, 콘스탄티놉스키 26, 크라스노술린스키 26, 쿠이비셉스키 29, 마르티놉스키 54, 마트베예보쿠르간스키 418, 밀레롭스키 8, 모로좁스키 11, 먀스니콥스키 16, 네클리놉스키 200, 옥탸브리스키 30, 올롭스키 43, 페샤노콥스키 61, 프롤레타르스키 11, 로디오노보네스베타이스키 81, 살스키 173, 세미카라코르스키 480, 타라솝스키 1, 첼린스키 31, 침랸스키 15, 체르트콥스키 6, 숄로홉스키 7

**** 카바르디노발카르 공화국 2010년
날치크시 715, 바크산시 65, 프로흘라드니시 1824.
자치구역: 박산스키 8, 마이스키 921, 프로흘라드넨스키 262, 테르스키 18, 우르반스키 173, 체겜스키 35, 체렉스키 1, 엘브루스키 12

***** 칼미크 공화국, 2010년
엘리스타시 220, 고로도비콥스키 103: 고로도비콥스키시 91, 비노그라드노예 마을 7, 유즈니 마을 5; 이키부룰스키 43: 바가부룰 마을 1, 오르가킨 마을 1, 이키부룰 마을 9, 마니치 마을 9, 프리마니치스크 마을 1, 우트살라 마을 2, 호무트니코프 마을 4, 유즈니 마을 16. 케트체네롭스키 23: 케트체네리 마을20, 사르파 마을 1, 치칼롭스크 마을 2. 라간스키 34: 라간시 28, 잘리코보 마을 3, 크라신스코예 마을1, 세베르노예 마을 1, 울란홀 마을 2. 야시쿨스키 34: 가슌 마을 6, 프리볼니 마을 1, 타븐가슌 마을 1, 울란에르게 마을 4, 야시쿨 마을 22. 말로데르베톱스키 46: 툰두토보 마을 1, 이키부후스 마을 1, 말리예데르베티 마을 44. 옥탸브리스키 681: 볼쇼이차린 마을 479, 보스호드 마을 182, 잔가르 마을 13, 이질 마을 6, 미르니 마을 1. 프리유트넨스키 4: 불룩타 마을 1, 울듀치니 마을 3. 사르핀스키 15: 키롭스키 마을 1, 오빌노예 마을 4, 샤르누타 마을 10. 첼린니 33: 보즈네세놉카 마을 10, 이키초노스 마을 6, 오바타 마을 2, 트로이츠코예 마을 14, 얌르타 마을 1. 체르노제멜스키 8: 아디크 마을 1, 콤소몰스키 마을 7. 유스틴스키 81: 바룬 마을 2, 베르긴 마을 2, 타탈 마을 2, 차간아만 마을 75. 야샬틴스키 17: 바가툭툰 마을 2, 마니치 마을 2, 폴레보에 마을 5, 에스토알타이 마을 1, 야샬타 마을 7

****** 인구시 공화국 2010년.
나즈란시 1, 나즈라놉스키 지역 칸티셰보 마을 1, 제이라흐스키 지역 제이라흐 마을 1, 순젠스키 지역 오르조니키젭스코예 마을 12

******* 체첸 공화국 2010년
그로즈니시 11, 구데르메스시 2, 그로즈넨스키 지역 1, 체첸아울 마을 1, 나드테레치니 1, 그바르데이스코예 마을 1, 나우르스키 6, 칼리놉스카야 마을 2, 나우르스카야 마을 3, 샤토옙스키 4, 보르조이 마을 4, 우루스마르타놉스키 1, 우루스마르탄 마을 1, 샬린스키 3, 샬린시 3

출처: http://demoscope.ru/

2부

러시아 남부지역 기성세대 고려인

서론

제1장. 세대의 사회적 초상
제2장. 기성세대의 고려인 공공단체
제3장. 러시아 남부 고려 사람의 개인적 성공

결론

서론

우리는 첫 번째 저서에서 1937년 강제이주 이전에 극동 지역에서 태어났거나 혹은 그 이후 다른 중앙아시아 공화국들에서 태어난 소비에트 고려인 1세대에 대해 살펴보았다. 소비에트 고려인(소련 사람) 구세대들은 유교 규범을 기반으로 소비에트 시기의 (유교와 아주 잘 어울리는) 새로운 사상적 지령-개인이나 사생활보다는 국가나 공공을 우선하는 집단주의-과 공생하여 집단적, 개인적 적응 전략을 세웠다.

유교의 다섯 가지 도덕 규범에 근거하여 (권력에의 복종, 정의, 예의, 이성, 성실, 인간애, 의무감, 체면, 이성, 진실) 수직적 복종의 '다섯 가지 관계'를 세웠다: 1) 국가와 신하, 주인과 종의 관계; 2) 부모와 자식의 관계; 3) 남편과 아내의 관계; 4) 어른과 아이의 관계; 5) 친구 사이의 사심 없는 상호원조 관계.

소비에트 고려인은 소수 민족으로서 사회주의적 규칙과 규범을 준수하였으나 국가권력의 비극적 간섭을 피하지 못하고 대부분이 자신의 거주지에서 중앙아시아나 카자흐스탄 남부로 강제이주를 당했다. 탄압의 힘은 희생자를 가리지 않았고 민족의 기억에 씻을 수 없는 흔적을 남겼다.

강제이주를 당한 고려인들은 새로운 거주지에서 높은 적응 가능성을 보이며 삶을 지속했다. 고려인들은 집단농장에서 합리적으로 조직되고 헌신적으로 노동하여 경제적 안정을 가져왔고 고려인의 명성을 높였으며, 민족 공동체의 양적 성장을 이루어냈다. 적극적인 젊은 남성들은 상급학교에 진학하기 위해 러시아 연방 공화국의 도시로 들어가거나, 졸업 후 남부지역을 포함한 러시아 여러 지역에서 일하면서, 꼭 합법적인 방법이 아니더라도 지리적 고립에서 탈출하는 방법을 모색했다. 새로운 농업 분과를 – 벼농사 – 발전시키려는 국가경제계획에 따라 중앙아시아의 공화국들이나 카자흐스탄에서 러시아 연방 공화국 남부 지방으로 고려인 전문가와 노동자들이 초청되었고, 고려인 벼농사 사업이 조직되어 고려인들의 가족 전체가 함께 이주되었다.

두 번째 저서의 목적은 고려 사람이라는 통칭으로 통합된 다음 세대의 운명과 활동에 대해 사회적, 전기적으로 분석하는 것이다. 이들은 1세대 소비에트 고려인의 자식이나 손주 세대로 강제이주 이후 소비에트 연방의 여러 지역에서 태어났다. 소비에트 연방 시기의 마지막 몇십 년 동안 그들의 1차적 사회화가 일어났고, 그들의 사회 활동은 새로운 러시아 사회에서도 계속되었다. 인구조사 통계 자료에 의하면 바로 이 세대가 태어난 이후 고려 사람의 수가 현저하게 증가한 것으로 보인다. 이 세대의 진취적이고 창의적인 활동은 고려인들의 높은 노동 성취를 가져왔고 러시아 사회에서 고려인의 명성을 근면하고 관대하며 충실한 민족으로 끌어올려, 러시아 고려인 젊은이들의 경제적 사회적 복지를 위한 기반을 창출하는 데 기여했다.

주요 연구방법: 사회화 과정과 개인 전기에 대한 사회적 역사-연대기적 분석.

저서는 3개의 장으로 구성되었다.

제1장 '세대의 사회적 초상'에서는 이전에 수행되었던 우리의 기존 연구의 결과와 러시아 공화국 인구조사 통계 자료가 이용되었고, 그 기반으로 러시아 남부 고려 사람 기성세대의 일반적인 초상을 제공할 수 있을 것이다. 2014년 설문조사가 주요 출처로 사용되었고 다른 설문조사들로 보충되었다.

· 2014년 사회학적 연구. '러시아 남부 고려인들의 사회-문화적 적응과 발전의 문제'는 아래와 같은 지역에서 우편으로 실행되었다. (이형근, 김일기자) (N=384): 볼고그라드주, 로스토프주, 사라토프주, 스타브로폴주, 칼미크 공화국, 카바르디노발카르 공화국, 북오세티야 알라니야 공화국.

· 2006년 사회학적 연구. '현재 볼고그라드주, 아스트라한주, 칼미크 공화국에 거주하고 있는 중앙아시아 출신의 고려인 이주자들의 사회문화적 적응의 문제'는 대면 또는 우편으로 실행되었다. (이형근, 김일기자) (N=474) 이외 다른 연구들도 사용되었다.

사회학적 데이터는 다음과 같이 연구의 주제에 해당하는 연령 관련 하위 표본에 따라 분석되었다: 사회과학용 통계 패키지 프로그램 SPSS를 기반으로 기성세대의 남성과 여성. 연구 프로그램, 설문조사, 데이터 분석은 И.А. 김(김일기자)이 실시했다.

제2장 '기성세대의 고려인 공공단체'는 새로운 고려인 디아스포라가 러시아 남부 사회에 적응하여 통합될 목적을 가지고 조직적으로 구조화되는 문제를 다루고 있다. 중앙아시아의 공화국들에서 다시 이주해 온 러시아 고려인들을 통합하는 러시아 남부 최초의 고려인 공공단체에 관한 정보는 언론 출판물, 학술 출판물, 조직 구성 참가자 및 적극적 활동가들의 흔치 않은 기억들에서 취합했다. 이 주제에 대한 연구자가 더 필요하다. 문서는 점점 사라지고 기억을 가진 사람들은 떠나가고

있기 때문이다.

제3장 '러시아 남부 고려 사람의 개인적 성공'에서는 농업 노동자, 학자, 교수, 문화 노동자, 군인 등과 같이 다양한 전문 분야에서 성공을 거둔 고려인들의 전기를 기술한다. 이 뛰어난 사람들에 대한 정보의 출처로는 언론 출판물뿐 아니라 그들과 직접 만나서 나눈 대화 기록이 있다.

제1장

세대의 사회적 초상

1. 개론

1) 유형학적 그룹

이 연구의 기초 자료는 2014년 설문조사 결과에 2006년 설문조사 자료 중 일부를 골라 보충하였다. 2014년 설문조사 전체 대상에서 해당 연령 그룹에 속하는 고려인 197명을 선택하였다. 그들 중 47%가 볼고그라드주 주민이고, 16%가 스타브로폴주 주민, 15%가 칼미크 공화국 주민, 9%가 카바르디노발카르 공화국 주민, 8%가 로스토프주 주민, 5%가 사라토프주 주민, 15%가 북오세티야 공화국 주민이다. 그들 중 절반 이상인 51%가 도시 사람이다. 이전 거주지의 지리적 분포를 살펴보면, 항상 러시아에 살았던 사람이 19%, 우즈베키스탄에서 온 사람이 60%, 타지키스탄에서 온 사람이 10%, 카자흐스탄에서 온 사람이 8%, 키르기스스탄과 투르크메니스탄에서 온 사람이 2%, 우크라이나에서 온 사람이 1%이다. 선택된 고려인들 전체에 대한 의견과 평가는 비록 일부 변수에서 인구 통계국의 통계 자료와 완전히 일치하지는 않지만, 전체적으로는 러시아 남부의 해당 연령층 고려인들의 대표성을 지니고 있는 것으로 보인다.

분석의 편의를 위해 연구 대상 고려인 세대를 3개의 연령 집단으로 구분하겠다. 1) 1940년 - 1950년 말에 태어난 '구세대' 집단(44%), 2) 1960년대에 태어난 '중간세대' 집단(27%), 3) 1970년대에 태어난 '신세대' 집단(29%). 이 집단들은 각각 신체적 나이와 사회적 이유로 인해 사고방식에서 차이를 보인다.

또한 기성세대를 역사적 시기에 따라 몇 개의 그룹으로 나누는 것이 합리적으로 보인다. 1) 소비에트 연방이 해체되기 이전 연방 공화국들에 안정적으로 거주했던 시기, 2) 소비에트 연방이 해체되고 중앙아시아와 카자흐스탄의 고려인 수만 명이 이주했던 포스트 소비에트 시기 (1990년대 이후).

'러시아인'이라고 명명한 첫 번째 그룹(36%)에는 충분히 오래전에 러시아에 정착하여 그곳에서 평생, 또는 인생의 대부분을 보낸 사람들이 포함된다. '러시아인' 그룹의 거의 절반이 '구세대'(47%)로 구성되어 있고, 나머지 절반은 '중간세대'(27%)와 '신세대'(26%)가 거의 같은 비율로 구성되어 있다. '러시아인' 그룹의 평균 나이는 51.8세이다.

'이민자'라고 명명한 두 번째 그룹은 1990년에 시작된 소비에트 연방 해체 이후, 주로 우즈베키스탄과 타지키스탄에서 어쩔 수 없이 이주한 사람들이나 난민들로 구성되어 있다. 이질적인 구성을 가지는 이 그룹은 다시 하위 그룹으로 나누어 볼 수 있는데, 1990년 - 2004년 동안 대규모로 발생한 '첫 번째 물결'의 이민자(84%)와, 2005년 이후 이주해 온 작은 규모의 '두 번째 물결'의 이민자(16%)가 있다. '이민자' 그룹은 '러시아인' 그룹보다 전체적으로 다소 젊다. 1950년대에 태어난 사람이 42%, 1960년대에 태어난 사람이 26%, 1970년대에 태어난 사람이 32%를 이루고 있으며 평균 연령이 50.6세이다. '첫 번째 물결 이민자'의 평균 연령은 50.7세, 그들 중에는 '구세대'가(43%) 우위를 점하고 있다. '두 번째 물결의 이민자' 평균 연령은 50세인데 그들 중에는 '신세대'가(41%) 다수를 차지하고 있다. (그림 1)

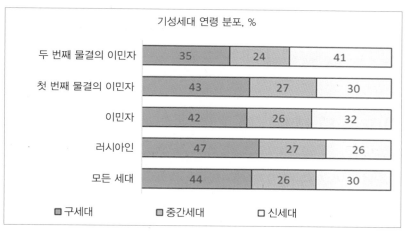

그림1. 연구 그룹의 연령 분포 다이어그램

연구대상 고려인들을 거주 지역의 특징에 따라 나눈 두 그룹, '러시아인' 그룹과 '이민자' 그룹 사이의 사회적 특징과 사고방식에서의 일부 차이점은 분석을 기술하는 과정에서 드러난다.

이주 시기에 대한 설문조사에 응답한 모든 참가자들의 평균 연령 분포도에 의하면, 1990년 이후 러시아 남부지역으로 이주해 온 중앙아시아 출신 고려인들은 충분히 젊고 노동능력이 있는 사람들이었다. (그림 2)

그림 2. 이민 당시 연령 분포 다이어그램

2) 교육 및 직업 구성

　고찰하고 있는 러시아 남부 고려인 세대는 고등교육을 받은 사람이 29%, 박사학위를 받은 사람이 1%, 중등전문교육을 받은 사람이 35%, 중등일반교육을 받은 사람이 25%, 중등기본교육을 받은 사람이 9%, 초등교육을 받은 사람이 1%를 구성하고 있다.

　연령상 '구세대' 집단 고려인들 중에는 중등일반과 중등전문교육을 받은 사람이 우세하고(합해서 66%), 연령상 '중간세대' 집단과 '신세대' 집단에서는 고등교육과 중등전문교육을 받은 사람이 우세하다(합해서 각각 67%, 70%).

　'이민자' 그룹은 중등전문(직업)교육의 강세(39%)가 특징으로 나타나고, '러시아인' 그룹은 고등교육이 강세를 보이고 박사학위를 소지한 고려인이 다소 더 많다.

　2010년 전 러시아 인구조사 자료에 따르면, 러시아 연방 성인 인구

의 약 22%만이 고등교육을 받은 사람들인데, 고려인의 경우 30%가 고등교육을 받은 것이다.[1]

3) 노동 활동

이주민들은 러시아로 이주하기 이전에는 각자의 지역에서 주로 정규직에 종사하였다. 국가기관 및 국영기업에 종사했거나(38%), 개인에게 고용되었거나(7%), 계절노동 또는 임시노동에 종사했거나(21%), 개인사업을 경영했거나(19%), 연금생활을(7%) 하고 있었다. 그들 중 실업자는 아무도 없었다. (표1)

현재는 '이민자' 그룹 중 1/4이 퇴직을 하였고(26%), 거의 1/5이 계절노동에 종사하고 있으며(19%), 같은 비율의 사람들이 정규직(18%)에 종사하고 있다. 기업가의 비율은 거의 변화하지 않았고(17%), 실업자가 생겨났다(6%). '러시아인' 그룹에서는 은퇴자가 확실하게 많고(32%) 계절노동 종사자는 적다(19%). 다른 고용 분야에서는 눈에 띄는 차이가 없다.

응답자의 직업은 노동 직업(20%), 금융 전문(15%), 건축-공학(13%), 서비스 분야(23%), 의사 및 교사(22%)로 구성되어 있다.

표 1. 고려 사람 기성세대의 주요 수입원 (%)

당신의 주된 직업이나 주요 수입원	'이민자'		'러시아인'	전체
	러시아로 이주 전	현재	현재	현재
국영기업 정규직	38	7	13	9
개인 비즈니스 정규직	7	11	6	9

---

1) http://www.gks.ru/free_doc/

당신의 주된 직업이나 주요 수입원	'이민자'		'러시아인'	전체
	러시아로 이주 전	현재	현재	현재
기업가	10	5	10	7
개인 노동활동	9	12	5	9
임시직 또는 계절노동	21	19	13	17
무직	–	6	7	6
퇴직, 장애 등으로 노동하지 않음	7	26	32	28
학업	5	–	–	8
가정주부, 출산 휴가 중	3	8	8	–
기타	–	6	6	7
합계	100	100	100	100

고려인들은 적극적인 개인 비즈니스 경제 활동으로 자신들의 사회적 적응력을 높인 것으로 알려져 있다. 응답자의 38%가 말한 대로, 그들이 살고 있는 곳에는 고려인이 세운 기업이 존재한다. 고려인 기업의 존재에 대한 인식 수준은 더 젊은 사람들에게서 더 높게 나타나고, 또 '러시아 소비에트' 고려인들 사이에서 더 높게 나타난다.

2010년 러시아 연방 인구조사 공식 자료에 따르면, 고려인들의 주요 생계 수단은 노동 활동(51.2%), 다른 사람들의 피부양 및 지원(29.4%), 노령 연금(20.5%), 국가 혜택 및 장학금(8.9%), 개인 부업 경영(7.5%), 개인 예금 및 기타 출처(1.2%) 등이다.[2]

설문조사 당시 고려 사람 응답자의 32%가 자신의 현 거주지에 정규 직업을 가지고 있었고, 15%가 계절노동 또는 임시노동에 종사하고 있었으며, 8%가 다른 장소에 가서 일을 했다. 30%가 연금 수급권을

---

2) http://www.gks.ru/free_doc/

가지고 있었으며, 9%가 가사 노동에 종사하였고, 4%가 실업자였다.
(그림 3)

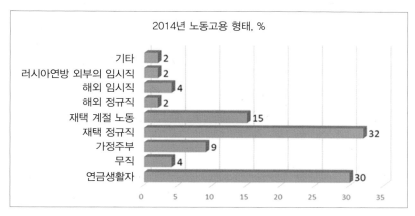

그림 3. 설문조사 자료에 따른 세대의 고용 형태 다이어그램

    이와 같이 고등교육 이수는 고려인 기성세대의 적응 전략 중 하나이
었다. 취득한 직업과 전공의 목록은 농사관련 업무만이 아니라 도시 노
동과도 관련이 있다. 고려인 기성세대는 경영-경제 활동의 유형을 선택
함에 있어 유연한 접근 방법을 사용하여 사회적으로 불안정한 상황에
적응해 나갔다.

4) 농업 활동

    연구대상 연령에 속하는 고려인 그룹의 경우 설문조사 당시 51%가
농업 활동에 종사하고 있었다. 이때 '이민자' 고려인의 농업 활동 종사자
비율(58%)이 '러시아' 고려인들에 비해(39%) 월등히 높게 나타났다. 주
로 토지를 임대하여 경작하는 것으로 채소(88%), 토마토(5%), 양파

(5%), 박과작물(2%) 등을 재배하였다. 농사일에는 가족 구성원(73%), 친척(2%), 마을 사람들(12%), 타지 노동자(13%)가 참여하였다.

농업에 종사하는 사람들 중 다수가(72%) '이민자' 그룹, 특히 더 나이 먹은 사람들에 속한다. 농업에 종사하는 비율이 연령별 '구' 세대 응답자의 경우 59%, '중간' 세대의 경우 47%, '신' 세대의 경우 38%를 차지했다.

실제로 러시아로 어쩔 수 없이 이주한 이후, 우즈베키스탄이나 타지키스탄 출신의 고려인들은 경험이나 전문적 지식의 부재에도 불구하고 토지 경작과 관련된 전통적 직업으로 회귀할 수밖에 없었다. 예를 들어 타지키스탄 출신의 한 제보자는 자신의 어려웠던 농업 경험을 다음과 같이 들려줬다.[3]

▶ 녹취 :

제 남편은 농사일을 해본 적이 없었습니다. 1998년 우리는 처음으로 들판에 나가 토마토를 심기 시작했습니다. 그러나 우리에겐 경험이 전혀 없었습니다. 씨가 필요하고 그거면 충분할 것이라고 우리에게 말했습니다. 그러나 겨울에 눈이 내렸고 토마토는 들에서 얼어버렸습니다. 세르게이 림(Сергей Лим)은 우리 사돈인데 우리가 그의 가족보다 일찍 이곳에 왔습니다. 그들은 마을을 돌아다니며 살 곳을 찾았는데 우리를 발견하고 그 마을에 집을 구입했습니다. 그리고 그들은 우리 마을에서 농사일을 시작하기로 결정했습니다. 그들은 40가구로 이루어진 작업반에 가입했고 호 알렉산드르(Хо Александр)라는 사람도 이 단체의 일원입니다. 그가 묘을 필요가 있다고 말해 줬습니다. 그때 우리는 도구조차 없었고 또 아무것도 할 줄 몰랐습니다. 그래도 그의 말을 따랐습니다. 작업반 사람들에게 도구를 빌렸습니다. 그런데 정말 복잡했습니다. 제 남편은 머리가 빠졌고, 살도 빠졌습니다. 진짜 머리가 많이 빠졌어요.

---

3) 2016년 7월, 볼고그라드주 비콥스키 지역 프리모르스크 마을

45킬로그램이 나갔죠. 사람들이 그를 불쌍히 여겼어요. 우리가 농사를 지을 줄 몰랐음에도 불구하고 우리 수박이 제일 좋았고 중간 상인이 즉시 우리 수박을 구입했습니다. 우리는 돈을 꽤 벌었습니다. 그리고 아들을 결혼시켰습니다.

2001년 이형근 목사가 볼고그라드주, 아스트라한주, 사라토프주, 칼미크 공화국, 스타브로폴주에 거주하는 고려인을 대상으로 설문조사를 실시했다. 정보를 수집한 이유는 도움이 필요한 문제, 특히 이민자들에게 도움이 필요한 문제를 결정하기 위해서였다.

이 조사에 따르면 2001년 조사된 333가구 중 247가구(74%)가 농업 활동에 종사했다. 한 가구당 경작 토지 면적은 1헥타르에서 20, 25, 50, 60헥타르에 이르렀고, 대부분이 2헥타르에서 6헥타르 사이를 경작하고 있었다. 108가구가 1헥타르에서 4헥타르를 분양받아 양파 농사를 짓고 있었고, 171가구가 1헥타르에서 23헥타르의 면적에 채소 작물을 기르고 있었다.

2001년 토지 임대료는 1헥타르 당 15-250달러부터(41가구) 600달러까지(12가구) 있었다. 2001년 연간 공식 달러 환율은 30,14루블이었고 러시아의 평균 임금은 3,240루블, 또는 107,4달러였다.

설문조사 당시 대부분의 가구(314가구)는 유동 자금이 없었다. 10가구가 500달러, 14가구가 700달러에서 1,000달러, 8가구가 1,000달러 이상 2,000달러를 가지고 있었고 2,500달러를 가진 가구는 5가구였다. 따라서 많은 이들이 향후 추수를 담보로 자금을 빌려야만 했다. 7가구가 300달러에서 500달러를, 18가구가 1,000달러에서 1,400달러를, 24가구가 5,000달러에서 그 이상까지를 빌렸다. 이와 같이 유통 자금의 부족으로 인하여 전통적 농업 영역에서 고려인 디아스포라의 경제적 성장과 발전의 기회가 감소하였다.

현재 직업으로서의 농업은 대중성을 상실하였고 노동 가능한 연령의 많은 고려인들은 도시로 떠나거나 대한민국에서 외국인 노동자가 되었다.

> 예전에는 5헥타르에서 10헥타르를 임대하여 일했습니다. 우리 세대는, 우즈베키스탄이나 카자흐스탄, 타지키스탄에 살았던 모든 사람들이 들일을 했습니다. 우리 아이들은 더 이상 들에서 일하고 싶어 하지 않습니다.

동시에 일부 고려인 농장은 강력한 기업으로 변모하여 농업 생산이 전문적으로 발전하고 있다. 그곳에는 자신의 직업을 바꾼 '이민자' 고려인들뿐 아니라 '러시아' 고려인들이 일하고 있다.

'러시아 농공업 및 농업 선도 단체'에 대한 러시아 연방 민족 등기부 전자 데이터베이스를 살펴보면, 남부지역 고려인 농업 생산자들 중에는 아스트라한 사람이 수적으로 제일 많다(표 2).

표 2. '러시아 농공업 및 농업 선도 단체'에 대한 러시아 연방 민족 등기부 발췌

년도	주
2009년	
КФХ "강"	아스트라한주, 크라스노야르스키 지역
КФХ "장"	아스트라한주, 크라스노야르스키 지역
КФХ "김 V.V."	아스트라한주, 예노타옙스키 지역
КФХ "김 유리 바실리예비치"	아스트라한주, 리만스키 지역
ИП 김 안드레이 아나톨리예비치	볼고그라드주, 볼시스키시
ИП 박 그룹	볼고그라드주, 스레드네아흐투빈스키시

년도	주
2010년	
КФХ 김 Y.V.	아스트라한주, 리만스키 지역
КФХ 리 아르카디 세르게예비치	아스트라한주, 예노타옙스키 지역
КФХ 세가이 G.N.	아스트라한주, 체르노야르스키 지역
КФХ 유가이 E.V.	볼고그라드주, 비콥스키 지역
ИП 김 안드레이 아나톨리예비치	볼고그라드주, 볼시스키시
2011년	
КФХ 유가이 E.V.	볼고그라드주, 비콥스키 지역
ИП 김 안드레이 아나톨리예비치	볼고그라드주, 볼시스키시
КФХ Лян В.П.	스타브로폴주, 키롭스키 지역
2012년	
КФХ 전 발레리 빅토로비치	볼고그라드주, 팔라솝스키 지역
КФХ 김 엘렉세이 모이세예비치	스타브로폴주, 네프테쿰스키 지역
2013년	
КФХ 안 알베르트 알렉세예비치	아스트라한주, 이크랴닌스키 지역
КФХ "장"	아스트라한주, 크라스노야르스크 지역
КФХ "최 I.V."	아스트라한주, 아흐투빈스키 지역
КФХ "장"	아스트라한주, 크라스노야르스크 지역
2015년	
КФХ 오가이 세르게이 유리예비치	크라스노다르주, 비셀콥스키 지역
2016년	
КФХ 김 발레리 블라디미로비치	아스트라한주, 예노타옙스키 지역
КФХ 김 니콜라이 알렉산드로비치	아스트라한주, 체르노야르시키 지역
КФХ 김 율리야 티모피예브나	아스트라한주, 예노타옙스키 지역
КФХ 세가이 게오르기 니콜라예비치	아스트라한주, 체르노야르스키 지역

*КФХ – 농장 경영 / ** ИП – 개인 사업가
출처: http://www.leading-agrarian.ru/reestr.php 표는 일기자 김에 의해 작성되었다.

5) 부의 수준

부란 응답자 자신이 주 매개변수와 편차로 추정한, 가족 또는 개인의 물질적 복지, 수입을 의미한다. '평균 수준'보다 높음 또는 낮음으로 표시했다. 물론 이것은 전적으로 주관적인 평가이지만 이것으로 자신의 물질적 상황에 대한 만족도, 어느 정도에서는 삶의 질에 대한 만족도를 판단할 수 있다. 또한 이것으로 기성세대 고려인들의 사회 경제적 기대 수준을 판단할 수도 있다.

설문조사 당시 50%의 응답자가 자신의 부의 수준을 '평균'으로, 32%가 '평균보다 약간 낮음'으로, 14%가 '평균보다 많이 낮음'로 평가했으며 단지 4%만(대부분 '이민자'의 젊은 세대)이 '평균보다 약간 높음'이라고 대답했다.

'두 번째 물결의 이민자'들은 자신의 부에 대해 더 낙관적으로 평가한다. 응답자의 63%가 '평균', 6%가 '평균보다 약간 높음'으로 자신의 부를 평가한다. 고려인들이 운영하는 기업이 있는 지역에 살고 있는 응답자들의 경우, 자신의 부에 대한 평가가 더 높게 나타났다. '평균' 및 '평균보다 약간 높음'이 58%이다.

자신의 부에 대한 평가가 응답자의 교육 수준과는 관계가 없다는 사실이 흥미롭다. 자기 소유의 집을 가지지 못하여 세를 살기 위해 돈을 내야만 하는 남성 응답자의 경우 상당히 낮은 만족도를 특징으로 한다. 응답자의 다수가 자기 소유의 집을 가지고 있고(73%), 상대적으로 소수가 친척 집에 거주하고 있거나(3%), 세를 살고 있거나(17%), 관사 및 기타 집에 거주하고(7%) 있다. '이민자' 고려인들이(21%) '러시아' 고려인들(11%)보다 세를 사는 경우가 더 많다. '러시아' 고려인들 중에는 77%가, '이민자' 고려인들 중에는 70%가 자기 소유의 집을 가지고 있다.

6) 생활 문제

설문조사 당시 고려인들이 가장 걱정하는 문제의 순위를 살펴보면 물가 상승(53%)과 빈곤(42%)이 가장 심각한 문제로 나타난다. 그러나 각 그룹 내부에는 다양한 원인에서 기인한 구체적인 문제들이 나타난다. (그림 4) 빈곤에 대한 걱정은 '이민자' 고려인 그룹(38%)의 경우 대부분이 적은 연금으로 생활을 하고 있는 '러시아' 고려인 그룹(49%)보다 낮게 나타난다. 그러나 실업에 대한 걱정은 '이민자' 고려인 그룹(28%)이 '러시아' 고려인 그룹(20%)에 비해 높다. '러시아' 고려인들에게는 뇌물이 세 번째 높은 순위를(5%) 차지하고 있는데 '이민자' 그룹에서는 뇌물의 문제성이 상당히 낮게 나타난다(15%).

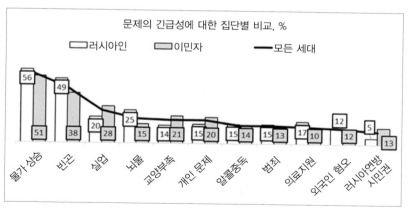

그림 4. 사회 경제적 문제의 긴급성에 대한 비교 다이어그램

'이민자' 그룹 내에도 고유한 차이가 나타난다.

'첫 번째 물결의 이민자'는 물가 상승(55%) 및 빈곤(39%)을 가장 걱정한다. 또한 실업(25%)이나 뇌물(17%)도 큰 문제이다. '두 번째 물결의 이민자'에게는 실업(55%)이나 빈곤(27%)과 같은 경제적인 어려움뿐 아니라 개인적인 문제들(46%)이 긴급하게 나타나는데 이는 아마도 강제이주로 인하여 가정사가 복잡해졌기 때문일 수도 있다. 또한 사회적으로 외국인을 혐오하는 분위기(18%)와 러시아 공화국 시민권 취득의 어려움(18%)이 그들의 삶에 압박을 가하고 있다. (그림 5)

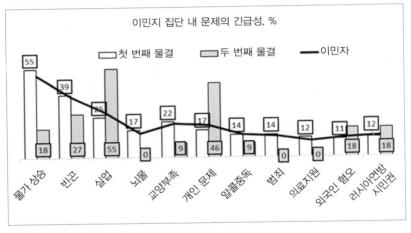

그림 5. 이민자 집단 내 문제의 긴급성 다이어그램

고려인들의 러시아 시민권 획득의 어려움은 종종 자신이 떠나온 나라의 법률에 기인한 경우가 있다. 또한 고려인 복권과 관련된 모든 보상 지불과 감면이 폐지되었다. 예를 들면 볼고그라드주 비콥스키 지역의 고려인들은 이와 관련하여 자신들이 겪었던 어려움을 다음과 같이 이야기했다.

▶ 녹취 :

　우즈베키스탄은 우즈베키스탄 고려인을 포함한 자국민들의 시민권 포기 신청을 받아들이지 않습니다. 만약 제가 한국 국적이나 러시아 시민권을 받기 위해 우즈베키스탄 시민권을 포기하고 싶어 하면 우즈베키스탄은 저의 포기를 받아들이지 않습니다. 우리가 보낸 청원서는 아무런 의미도 가지지 못합니다. 너는 우즈베키스탄 시민이고, 그러니까 우즈베키스탄에 오기만 하면 그냥 감옥에 보내버릴 꺼야. 그리고 타시켄트에 거주등록도 못할 꺼야 라고 하는 거죠.

　제 지인 하나가 우즈베키스탄 시민권을 포기했습니다. 그는 이제 러시아 시민권을 받고 싶어 합니다. 그러기 위해 그는 일단 자기 가족에게 가기로 결정했습니다. 그들은 누쿠스에 살고 있어요. 거기 공항에서 그를 러시아로 돌려보냈습니다.

　우리는 4년 동안 권리 회복에 따른 돈과 강제이주에 대한 보상금을 받았습니다. 그리고 공동주택 공과금 50% 감면 혜택도 받았습니다. 그런데 이제 이 모든 걸 빼앗아 갔습니다. 연금 수령자들에게만 주더니 이젠 그들에게도 주지 않습니다. 모두가 평등해진 거죠. 부모님, 할머니, 할아버지, 우리 고려인들의 강제이주였는데도 말입니다.

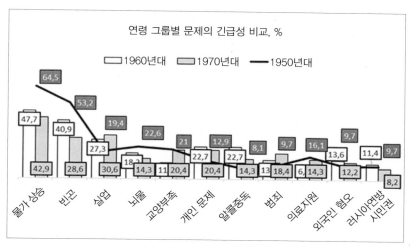

그림 6. 연령별 그룹에서 문제의 긴급성 다이어그램

삶의 어려움에 대한 평가에서 연령별 차이가 나타난다. '구세대' 집단의 고려인들은 자신들이 어떻게 해볼 수 없는 불가항력적인 물가 상승(65%) 및 빈곤(53%)을 고민했다. '중간세대' 집단은 물가 상승(48%) 및 빈곤(41%)과 관련된 긴급한 생존의 문제 이외에도 실업(27%)과 개인적 문제(23%), 알코올중독이나 마약중독과 같은 중독성(23%)을 추가했다. (그림 6)

2. 이주 과정

1) 이주 역사

소비에트 고려인과 러시아 고려인의 이주 역사는 다양한 형태의 재배치였다. 소비에트 연해주 지역에서의 강제이주, 중앙아시아 공화국에서의 재이주, 본국 소환, 귀환 등을 포함하고 있다. 기성세대 역시 소비에트 공화국 해체 이후 어쩔 수 없는 이주의 과정을 겪어야만 했다.

2006년 설문조사에서 우즈베키스탄이나 타지키스탄 출신 이민자의 절반가량은 그들이 정착지를 선택할 때 친척이나 동포와 함께 살고 싶은 마음에 어느 정도 영향을 받았다고 대답했다. 2006년 무렵 중앙아시아 출신 고려인들이 정착지를 선택하기 위해 러시아 내부에서 이동한 횟수는 평균 2.2회(1회에서 10회 이동 범위 내)였다.

2014년 설문조사 무렵 중앙아시아 및 카자흐스탄에서 이주한 이민자들의 분포도에서도 역시 이민자들이 안정적 정착지를 찾기 위해 러시아 내부에서 여러 번 이동했음을 찾아볼 수 있다. 다이어그램에서 러시아 거주와 지역 거주의 정점이 일치하지 않는 것을 통해 많은 이민자

들에게 현 거주지가 그들이 러시아에 들어온 이후 첫 정착지가 아니라
는 결론을 내릴 수 있다. (그림 7)

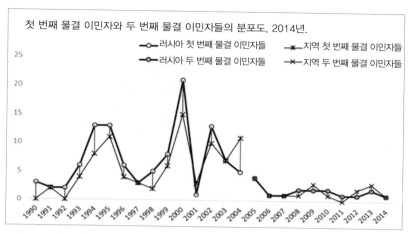

그림 7. 러시아 및 지역 이민자들의 거주 분포 다이어그램

현 거주지에 도착하기 이전까지 기성세대 전체 응답자의 1/3이 러
시아의 다른 지역에 잠시 산 적이 있었고, 18%가 남부지역에 살았다고
응답했는데, 그들 중 거의 절반이(48%) 그곳에 친척이 있었다.
'러시아' 고려인은 러시아 내부 이동(48%)과 러시아 남부 이동
(31%) 지표가 상당히 높았고 그들 중 절반 이상(54%)이 러시아 남부
지역에 친척을 두고 있었다.
2014년 설문조사 당시 소비에트 이후 '이민자'들 중 23%가 러시아
공화국의 다른 지역에 살았던 경험이 있었고, 12%가 다른 러시아 남
부지역에 거주했고, 그들 중 46%는 러시아 공화국 남부에 친척이 있
었다.

▶ **녹취 :**

저희는 딸이 제일 먼저 이곳으로 왔습니다. 아들은 전쟁 기간에 (타지키스탄) 군대에 있었는데, 1996년 제대를 했고, 우리가 아들을 이곳으로 먼저 보냈습니다. 아들은 봄에 떠났고, 우리는 여름에 이곳에 도착했습니다.

… 이제 우리에겐 조국이 없습니다. 우리는 여기저기로 떠돌아다니죠. 누구는 카자흐스탄에서 왔고, 또 누구는 우즈베키스탄에서 왔고… 거기에서 살았고, 그러다 러시아로 왔는데 다음엔 또 어디로 가는 것일까요?… 우리 세대는 어쩌면 이게 끝일 수도 있겠네요. 그렇지만 젊은 세대들은 운명이 그들을 또 어디로 끌고 갈지 알 수가 없습니다… [4]

'첫 번째 물결' 이민자의 1/4(25%)은 러시아의 다른 지역에 거주했던 경험이 있다. 그들 중 14%가 과거 남부지역에 거주한 적이 있는데, 그들 중 46%는 그곳에 친척이 있다. '두 번째 물결' 후기 이민자 거의 대부분은(88%) 직접 현 거주지로 왔고 그들 중 47%가 러시아 남부에 친척이 있다. (표 3)

표 3. 러시아 남부 고려인 기성세대의 이주 역학

%	'러시아인'	'이민자'	첫 번째 물결의 '이민자'	두 번째 물결의 '이민자'	합계
현 거주지로의 이주하기 이전에 러시아 연방 다른 지역에 거주한 적이 있다.					
네	48	23	25	12	31
아니오	52	77	75	88	69
합계	100	100	100	100	100
남부 관구 및 북캅카스 관구 지역 거주한 적이 있다.					
네	31	12	14	0	18

---

4) I.A. 김의 2016년 여름 인터뷰 중.

%	'러시아인'	'이민자'	첫 번째 물결의 '이민자'	두 번째 물결의 '이민자'	합계
아니오	69	88	86	100	82
합계	100	100	100	100	100
러시아 남부 다른 지역에 거주하고 있는 친척이 있다.					
네	54	46	46	47	48
아니오	46	54	54	53	52
합계	100	100	100	100	100

예를 들면 2002년 볼고그라드주에서는 우즈베키스탄 출신 고려인 30가구 이상이 비콥스키 지역과 레닌스키 지역으로 이주했다. 2003년 에는 여기에 새로운 고려인 이민자 그룹이 더 충원되었다.[5]

아디게야 출신 연구자 심 교수(Сим Л.М.)의 말에 따르면, 볼고그 라드주로 이주한 고려인 이민자들은 그렇게 부자가 아니었기 때문에, 지역에서 그들의 생활은 상당한 난관에 부딪혔다.[6]

고려인 기성세대의 '이민자' 그룹이 러시아 남부지역에서 그들의 가 능성과 자원에 비례하여 점차적으로 자리를 잡아나갔다는 결론을 내릴 수 있다. 친인척 관계와 동포 관계가 소비에트 이후 지역적으로 분산되 어 살아가는 조건에서 고려인 기성세대가 협동하고 단결할 수 있는 기 반이 되었다.

---

5) Суслов А.А. Региональные аспекты государственной политики в отношении этнокультурных меньшинств. – Корейцы Юга России и Нижнего Поволжья. Волгоград, 2011. C. 99.
6) 2017년 L.M. 심의 개인 대화 내용 중.

2) 이주 가능성

2014년 설문조사 당시 고려인 기성세대의 이주 가능성은 높게 나타났다. 비록 52%가 이주를 계획하고 있지 않았지만, 현재 거주하는 지역을 떠나고 싶다고 말한 사람이 26%, 대답하기 어려워하거나 대답하지 않은 사람이 21%였다.

새롭게 이주하고 싶은 곳으로는 러시아의 다른 지역(61%)이 우세했고, 이주할 준비가 되어있는 고려인들 중 상당수가(38%) 해외로 이주하고 싶은 마음을 가지고 있다는 점이 주목할 만하다. 1-2%만이 향수를 느끼고 있으며 절대적 다수의 '이민자'는(90%) 이전에 살았던 나라로 돌아갈 생각이 없다.

이주를 바라보는 시각에서 연령별 차이가 뚜렷하게 나타난다. 1950년대에서 1960년대에 태어난 연령별 '구세대'와 '중간세대' 집단에게는 러시아 다른 지역으로의 이주(70%)가 더 매력적이고, 1970년대에

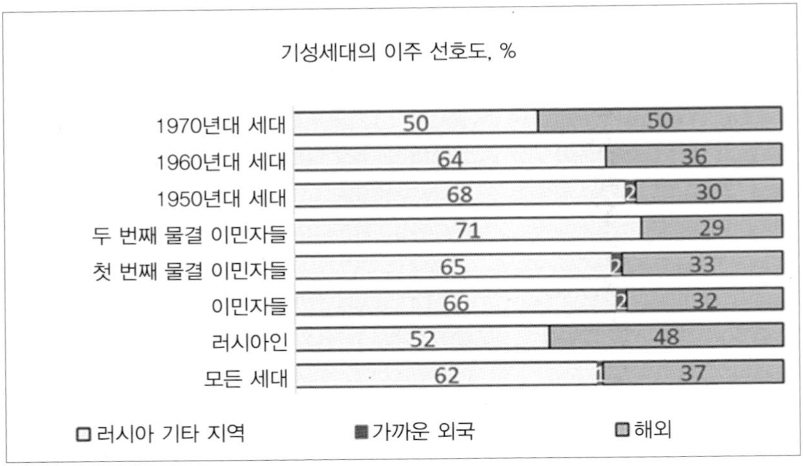

기성세대의 이주 선호도, %

	러시아 기타 지역	가까운 외국	해외
1970년대 세대	50		50
1960년대 세대	64		36
1950년대 세대	68	2	30
두 번째 물결 이민자들	71		29
첫 번째 물결 이민자들	65	2	33
이민자들	66	2	32
러시아인	52		48
모든 세대	62	1	37

그림 8. 이주 선호도에 대한 다이어그램

태어난 '신세대' 집단에게는 러시아 공화국 다른 지역으로의 이주(50%)와 해외 이주(50%)가 동등하게 나타난다.

현 러시아 상황에서 적당한 지위를 얻기가 더 어려워진 '두 번째 물결' 이민자들에게서 특히 해외 이주에 대한 열망이 강하게 나타난다. (그림 8)

2016년 여름 인터뷰에 의하면 현 이주 상황은 러시아 고려인 그룹의 발전을 위해 진취적이고 유용한 것으로 분석되었다.[7] 그러나 동시에 이것이 모든 이에게 해당되는 것은 아니다.

▶ 녹취 :

우리 젊은이들이 아주 많이 한국에 돈 벌러 갔습니다. 아주 기쁜 일입니다. 비록 많이 힘들지만. 바로 제 이웃도 아들 둘이 한국에 가 있고, 저도 아들 한 명이 한국에 있습니다. 여기서 만나는 사람이 누구든 각 집에 젊은이 한 명 정도는 한국에 일하러 갔습니다.

한국이 우리 아이들을 받아들여 줘서 매우 기쁩니다. 최근 3-4년 동안 아주 많은 사람이 떠났고 또 많은 사람이 떠나려 합니다. 제가 아는 가족 한 집은 한국에 아이들을 정착시키고 싶어 합니다. 그리고 우리 교구 신도 하나는 자식들과 손주들을 데리고 한국에 살러 갔습니다.

저는 한국이 맘에 들어요. 전부 아름답고. 그렇지만 살기는 여기가 편해요. 한국인들은 까다롭고, 엄격하고…, 여기서는 로리타처럼 콤플렉스 없이 웃고 자유롭게 행동하죠. 한국은 모든 면에서 억압적이에요. 저희에 대한 태도도 다르고, 저희를 바라보는 시각도 전혀 다르죠. 잠시 방문하거나, 손님으로 머물 수는 있지만 아주 정착해서 사는 건 물론 아니지요. 이곳에서는 행동의 자유가 있어요. 우리가 하고 싶은 것이 있으면 그냥 하면 됩니다. 우리는 그런 게 익숙해요.

---

7) 저자들이 2016년 볼고그라드주 비콥스키 지역 프리모르스크 마을의 고려인 여성 그룹과 가졌던 인터뷰.

그러나 대한민국과 고려 사람 사이의 상호작용에 대한 긍정적인 평가 이외에도 경제의 세계화 시대에 젊고 유능한 세대의 이주가 애매한 성격을 지니는 것에 대한 유감도 존재한다.

　　　러시아의 현재 경제적 상황에서는 적극적이고 유능한 사람들이 다양한 생존 방법을 모색해야만 합니다. 해외에서 일하는 것까지 포함해야 합니다. 고려인도 예외는 아닙니다. 많은 젊은 노동인구가 한국을 포함한 해외로 돈을 벌러 나갑니다.
　　　우리 지역 고려인들의 미래가 불투명해 보입니다. 한국어를 포함하여 외국어를 배우는 사람의 수를 관찰해 보면 젊은 세대가 자신의 미래를 외국에서 공부하고 일하는 것으로 연관시키는 것을 발견할 수 있습니다. 이것이 크게 위안이 되는 것은 아니지만 세계화의 과정, 특히 대한민국과 같은 첨단 기술 국가의 급변성을 감안하면, 그들이 과연 올바르게 선택하는 것이 가능한가를 검증해야만 합니다.[8]
　　　우리 아이들은 한국에 돈을 벌러 갑니다. 공부하러 가는 게 아닙니다. 그곳에서 그들은 얼굴에 땀을 흘리며 일합니다. 건설 현장 같은 곳에서 일합니다. 이것은 힘든 육체노동입니다. 한 달에 하루만 쉽니다. 왜냐하면 그들은 그곳에 돈을 벌러 갔기 때문입니다. 이곳에는 일자리가 없습니다. 하다못해 그렇게 육체적으로 힘든 일조차 없습니다.

　　이와 같이 많은 기성세대 고려인들이 '해외 이주'를 열망하는 것은 대한민국의 호의적인 이주 노동정책과 관련이 있다. 이는 특히 '두 번째 물결의 이민자'들에게 잘 드러난다. 기성세대 중 연령적으로 '신세대' 집단은 유럽으로의 이민 가능성 역시 고려하고 있다.

---

8) 저자들이 2017년 크라스노다르주에서 가진 인터뷰.

3) 공식적 전문 이주 통계

사회적 연구조사에서 얻은 이주 과정 및 경향에 대한 정보는 통계 자료와 전문적 평가에 의해 보충되고 확인된다.

다양한 평가 자료에 의하면, 2000년대 초반 남부 연방관구(최근 남부 연방관구에서 분리된 북캅카스 연방관구를 포함하여)에는 약 40,000명 이상의 고려인이 살고 있었다.[9] 약 10,000명의 고려인이 아스트라한주, 볼고그라드주, 칼미크 공화국 등의 볼가강 하류 지역에 살고 있었다. "고려인들은 특히 볼고그라드주(2001년 공식 자료에 의하면 10,000-14,000명의 고려인이 거주하고 있다.)와 크라스노다르주(고려인 인구 비공식 추정치는 약 10,000명이다.)로 대규모 이주하였다."[10]

부가이의 자료에 의하면, 칼미크 공화국에는 2000년대 초반까지 거의 1,500명의 고려인이 살고 있었고,[11] 아스트라한주에는 2001년 초 400명 조금 넘는 고려인이 살고 있었다.[12] 볼고그라드주에는 약 30,000명의 고려인이 분포되어 있었다.[13]

---

9) Пак Б. Д., Бугай Н. Ф. 140 лет в России. Очерк истории российских корейцев. М., 2004. С. 364.

10) Ким Г.Н. Социально-демографические параметры корейцев суверенного Казахстана // Корейцы в России, радикальная трансформация и пути дальнейшего развития. Сборник материалов научной конференции, посвященной 70-летию депортации корейцев с дальнего Востока в Среднюю Азию и Казахстан. М., 2007.С.22.

11) Бугай Н.Ф. Российские корейцы и политика 'солнечного тепла'. М, 2002. С. 158.

12) Бугай Н.Ф. Корейцы в Союзе ССР – России: XX век. История в документах. М., 2004. С. 264.

13) Бугай Н.Ф., О Сон Хван. Испытание временем. М., 2004. С. 141.

2001년 6월의 다른 공식 자료에 의하면, "볼고그라드주에는 ███ 동안 623명의 고려인이 이주해왔고, 현재 350명 이상의 고려인 █████이주자들이 등록되어 있다. 그들에게 고용과 거주지 확보라는 문제 ██ 해결해 주기 위해 도움이 필요하다."[14]

러시아 연방 영토 내 이민 기관들은 타지키스탄이나 우즈베█ 출신의 고려인들을 강제이주민 또는 난민으로 규정하고 있다. 19██년 7월 1일부터 2001년 1월 1일까지 남부 연방관구 영토에는 강제이█민 또는 난민 카테고리의 고려인 414명이 등록되었다. 로스토프주와 아스트라한주, 볼고그라드주에 각각 60명, 41명, 180명이 등록되었고, 크라스노다르주, 스타브로폴주에 약 58명, 아디게야 공화국에 1명, 칼미크 공화국에 11명, 카바르디노발카르 공화국에 11명 등록되었다.[15]

2000년 남부 연방관구에서는 로스토프주에 3명, 아스트라한주에 4명, 볼고그라드주에 23명, 크라스노다르주에 2명, 스타브로폴주에 7명, 아디게야 공화국에 1명으로 고려인 강제이주자가 총 40명이 등록되었다.[16] 2001년 2월 12일에 "350명 이상의 고려인 강제이주자가 볼고그라드주에 등록되었고 그들 중 50% 이상이 농촌 지역에 거주하고 있다."[17]

크라스노다르주 고려인 이주와 관련된 숫자들은 포포바(Ю.Н. Попова)의 박사학위논문에서 가져왔다. 1999년 구 소비에트 연방 국가에서 71명의 고려인이 입국한 것으로 등록되어 있다.[18] (표 4)

---

14) Глава Администрации Волгоградской области Н. К. Максюта. 신문 인터뷰 // Российские корейцы. No. 15. Июнь, 2001г.

15) Пак Б. Д., Бугай Н. Ф. Указ. соч. С. 256.

16) Бугай Н.Ф. Корейцы в Союзе ССР – России. С. 234.

17) Бугай Н.Ф. Корейцы в Союзе ССР – России. С. 263.

18) Попова Ю.Н. Корейская диаспора Краснодарского края: историко-

표 4. 크라스노다르주 고려인 이주 분포

| 이주 유형 | 고려인 수 | 국내 이주 | 아래 항목을 포함하여: | | 해외 이주 |
			지역 내 이주	지역 간 이주	CIS 국가 및 발트해 국가
들어옴	240	169	50	119	71
떠남	102	91	50	41	11
차이	138	78	0	78	60

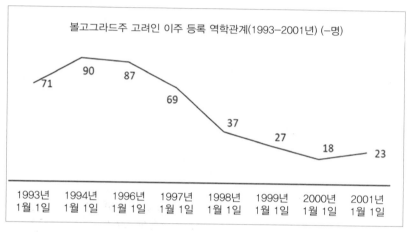

그림 9. 볼고그라드주 고려인 이주민 등록 다이어그램

러시아 연방에 연방이민청이 설치된 후 몇 년에 거쳐 (1992년 8월 1일부터 2000년 1월 1일까지) 볼고그라드주 이민청에는 고려인 강제이주민 또는 난민 등록이 총 290건 실시되었다.[19]

культурные аспекты (XX в.-начало XXI в.). Диссертация на соискание ученой степени кандидата исторических наук. Специальность 07.00.02 - Отечественная история. Научный руководитель доктор исторических наук профессор Ю.Г. Смертин. На правах рукописи. Краснодар. 2004. С. 67.

19) 통계 데이터는 볼고그라드 지역 이민국에서 모스크바 연방 이민국에 보내는 분기별 통계 보고서 사본의 형태로 김이 제공했다.

여러 해 동안 전체 등록 건수는 일정하지 않았다. 일부 고려인은 자신의 이민자 지위를 잃었고, 또 일부 고려인은 볼고그라드주 영토를 떠났으며, 2000년대 초 무렵에는 이민의 물결이 수그러들었다. 유감스럽게도 우리는 이후 고려인들의 이민에 대한 수치 정보를 가지고 있지 못하다. (그림 9)

1992년 8월 1일부터 1996년 1월 1일까지 이주 등록을 한 고려인 전체 286명 중, 169명은 타지키스탄에서, 28명은 우즈베키스탄에서, 36명은 키르기스스탄에서, 33명은 카자흐스탄에서 왔다. 그들 중 9명이 난민으로 인정되었는데 타지키스탄 출신이 3명, 카자흐스탄 출신이 4명, 우즈베키스탄 출신이 2명이다.[20]

3. 민족성 및 정체성 확립 과정

1) 새로운 거주지에서의 사회 적응

고려인들은 포용력이 높아서 지역 주민들이 어떤 민족이든 상관없이 그들과 우호적인 관계를 점차적으로 확보해나갈 수 있었다.

2006년 지역 민족들 간의 전체적인 분위기는 새로 도착한 고려인들에 의해 상당히 긴장된 상태였다. 응답자의 47%가 그런 문제가 존재한다고 대답했고, 27%가 그런 문제는 없다고 대답했다. 지역 주민들은 자신들의 삶의 터전을 걱정했고, 그 지역에서 흔히 볼 수 없는 외모를 지닌 '낯선 이방인'들을 어떻게 대해야 할지 몰랐다. 고려인들은 중앙아

---

20) 통계 데이터는 볼고그라드 지역 이민국에서 모스크바 연방 이민국에 보내는 분기별 통계 보고서 사본의 형태로 김이 제공했다.

시아 사람과 러시아 사람의 사고방식에 커다란 차이가 있음을 보고 어떤 의미에서는 문화 쇼크를 겪었다. 그러나 2014년 설문조사 당시 거주 지역 민족들 간에 긴장이 존재한다고 말한 사람은 응답자의 24%뿐이었고, 그렇지 않다고 말한 사람이 62%였다.

2006년 거주 지역 주민들과의 관계가 친선과 상호원조를 기반으로 하고 있다고 생각한 사람이 전체적으로 44%였다면, 2014년에는 이미 68%에 다다랐다. 이러한 지표는 특히 가장 나이든 세대에서 높게 나타났다.

▶ 녹취 :

> 고려인들은 다른 민족들 사이에서 아주 잘 동화됩니다. 우리는 우리의 근면함과 우리의 문화, 규율성, 준법성을 보여줬고, 이제 이곳에서 우리를 존중해 줍니다. 처음에는 아니었습니다. 처음에는, 아시겠지만, 우리에게 그렇게 잘 대해주지 않았습니다.[21]

> 다양한 민족들 사이에 살면서 고려인들은 당연히 조상들의 전통을 지키려 노력합니다. 그렇지만 동시에 여러 민족의 문화를 접하면서 그 다양한 민족의 영적 가치와 관습, 문화, 민족 전통을 받아들여 풍요로워지기도 합니다. 예를 들면, 우리는 우즈베키스탄에 살면서 우즈베키스탄의 전통음식의 거의 대부분을 우리 식탁에 올렸고, 이제 이곳 쿠반 지역에 살면서 겨울을 나기 위해 쿠반식 샐러드를 저장합니다. 그리고 쿠반 지역의 모든 주민들이 고려인 샐러드를 알고 좋아합니다. 쿠반 지역 사람들의 식탁에는 고려인 샐러드가 놓여 있습니다.[22]

2006년에는 자신의 민족적 특징 때문에 어느 정도 무례한 태도를 접해본 적이 있다는 사람이 전체 고려인 응답자의 66%였다. 2014년에

---

21) 일기자 김의 2016년 인터뷰.
22) 라리사 미하일로브나 심이 2017년 크라스노다르주에서 실시한 인터뷰 일부.

는 그런 케이스에 대한 언급이 44%까지 감소했다.

민족 간의 불쾌한 상호작용에 대한 경험은 젊은 고려인들에게 더 첨예하게 느껴졌다. 40-50살 연령층은 60살 세대보다 더 많이 최근 5년 동안 민족적, 종교적 사유로 무례함을 당했다고 생각했다. 그러나 그들은 지역 주민 및 이웃들과의 관계가 충분히 우호적이라고 생각한다.

친절함(포용력)의 지표는 '구세대' 집단 및 이곳에서의 거주 기간이 더 긴 '이민자'들, 그리고 여성들에게서 더 높게 나타났다. 타지키스탄 출신의 이민자들은 지역 주민들과의 접촉에 대해 더 비관적으로 생각한다.

따라서 더 나이든 세대의 고려인들이 자신의 긍정적인 경험과 생활의 지혜로 민족 간에 부정적인 상황이 벌어졌을 때 중재자 역할을 할 수 있을 것이다. 또한 젊은 세대들에게 이웃과 우호적으로 소통하는 전통을 승계해 줄 수 있을 것이다.

2) 민족 정체성 선택

고려 사람은 일련의 이주과정을 겪으면서 그들의 복잡한 역사를 구성했고, 이로 인해 한국 사람이나 북한 사람들과는 다른, 그들만의 특별한 사고방식을 형성했다. 고려 사람은 이주 위기 속에서 자신들의 정체성을 유지하고 안정시켜야 할 필요성을 느껴왔다. 이와 관련하여 그들이 계속해서 변하는 지리적 공간에서 민족 정체성과 시민 정체성(소속 국가의 시민 또는 해당 민족의 시민) 중에 자신의 정체성을 선택하는 것은 상당히 복잡한 양상을 띠었다.

민족 정체성은 전통적 가치에 가깝고, 시민 정체성은 현대화된 가치에 가깝다. 정체성 결합 양상이 강제이주 이후 고려인들의 사회 적응과 상호 작용에서의 성공을 결정한다. 긍정적인 자기 정체성은 자신을 지역 사회의 동등한 구성원이자 거주하는 국가의 국민으로 인식하는 데 달려있다.

민족 정체성은 민족 그룹 및 그들의 사회적 관계를 형성하는 강력한 요소이다. 시민 정체성은 개인의 사회적 정치적 정체성의 일부로써 국가 조직과 시민 사회 구조에 대한 개인들의 소속감을 반영한다. 정체성의 민족 시민적 측면은 분산된 디아스포라 거주의 경우 발생한다. 민족 구성원은 민족적 의미이든 아니면 국가적 의미이든 발전의 추진력을 선택해야만 한다. 우즈베키스탄 고려인 발레리 한 교수가 공식적으로 제안한 질문 '우리는 대체 누구이며 어디로 가고 있는가?'에 대해 고려 사람들 간에 활발한 토론이 이루어지고 있는 데에는 합당한 이유가 있다.

▶ 녹취 :
　　풍부한 천연자원을 가지고 있는데다 사람들까지 공격적이지 않고 친절하며 도덕적인, 러시아와 같이 커다란 나라에 산다는 것은 우리에게 행운인 거죠. 전 세계의 통찰력 있는 대부분의 예언에 의하면, 러시아는 세상의 모든 나라들 사이에서 리더의 역할을 할 것입니다.[23]

기성세대 응답자들 가운데 가장 큰 비중을 차지하고 있는 경우는 자기 정체성 규정에 민족 정체성과 시민 정체성을 모두 포함시켜 '나는 러시아 고려인이다.'라고 말한 사람들이다(전체의 47%). 두 번째로는 시민 정체성을 선택한 '나는 러시아인이다.'가 차지했다(30%). '나는 구 소비에트 연방 공화국 출신의 고려인이다.'(앞으로는 'CIS 국가 출신의 고려인'으로 표현하겠다) 역시 비율이 낮지 않았고(23%) 이를 통

---

23) 2017년 크라스노다르주 라리사 미하일로브나 심이 제공한 인터뷰 일부.

해 이민자들이 자기들이 정착한 사회에 얼마나 적응했는지를 특징지을
수 있다. (그림 10)

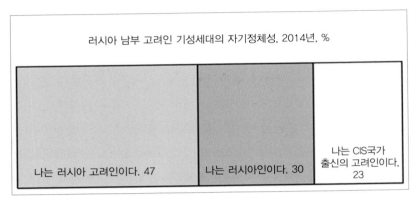

그림 10. 정체성 분포 다이어그램

기성세대 고려 사람 응답자들이 두 개의 항목 중에서 자신의 정체성
을 선택할 때 어떠한 점을 고려했는지 살펴보자. (표 5, 그림 11)

표 5. 2014년 설문조사 자료에 고려 사람 기성세대의 지배적 자기 정체성 선택에 대한
2014년 설문조사 결과

	응답자 %	유효 %
나는 러시아인이다.	29	61
나는 CIS 국가 출신의 고려인이다.	19	39
합계	48	100
시스템 누락	52	
나는 러시아인이다.	14	35
나는 러시아 고려인이다.	26	65
합계	40	100
시스템 누락	60	

	응답자 %	유효 %
나는 러시아 고려인이다.	43	73
나는 CIS 국가 출신의 고려인이다.	16	27
합계	59	100
시스템 누락	41	

시민 정체성 '나는 러시아인입니다'(61%)와 민족 시민 정체성 '나는 CIS 국가 출신의 고려인이다'(39%) 중 정체성을 선택하는 것은 러시아 거주 사실의 현실성과 CIS 중앙아시아 지역의 공화국에서의 삶에 대한 일종의 향수 여부에 대한 선택이다. 민족 시민에 대한 두 가지 입장 '나는 CIS 국가 출신의 고려인이다'(27%)와 '나는 러시아 고려인이다.'(73%) 중 하나를 선택할 때에는 설문조사 당시 러시아 거주자로서의 자기 정체성이 큰 비중을 가지고 있었다. 시민 정체성 '나는 러시아

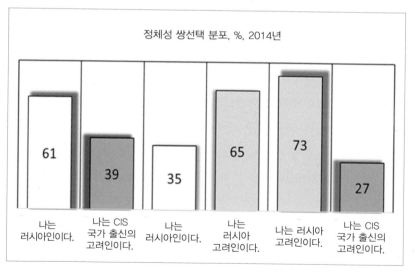

그림 11. 정체성 선택 분포 다이어그램

인이다'(35%)와 민족 시민 정체성 '나는 러시아 고려인이다.'(65%) 중 하나를 선택할 때에는 자신의 고유한 민족에 대한 입장이 선택의 지표가 되었다.

3) 강한 민족 정체성 표지 '나는 CIS 국가 출신의 고려인이다'

시민 정체성 '나는 러시아인이다.'와 '나는 CIS 국가 출신의 고려인이다.' 두 개 중 하나의 선택에서는 현재의 지리적 시민의 지위(61%)가 과거의 지리적 시민 지위(39%)보다 월등히 높았다. 러시아 지역에 충분히 오래 살았음에도 불구하고 '나는 CIS 국가 출신의 고려인이다.'를 선택한 경우는 향수의 영향으로 보인다. '나는 CIS 국가 출신의 고려인이다.'를 선택한 경우는 일반적으로 러시아 남부에 친척 관계가 약하게 형성되어 있고, 현 거주지를 바꾸려는 욕망, 특히 해외로 이주하려는 욕망이 강하여 '러시아인'과 거리를 두는 성향을 가지고 있다.

이 그룹의 현지 주민들과의 관계는 중립적으로 묘사되고 있지만 적대적으로 나타나는 경우도 가끔 있다. 민족 간, 종교 간 부정적인 상호작용의 경험을 더 많이 겪으면서 그들은 그에 맞춰 부정적인 예상을 하게 되었다. 그들은 주로 중등교육, 중등 전문교육을 받았고, 농업에 종사하고 있으며, 수입이 많지 않고 자기 소유의 집을 가지고 있지 않다. 'CIS 국가 출신의 고려인'은 민족에 대한 자부심이 높고 가족의 대부분이 단일민족으로 구성되어 있고, 고려인 청소년의 혼전 관계에 대해 더욱 엄격하다. 그들은 명절을 포함하여 민족 전통을 지키려는 경향이 강하고, 고려말이 더 잘 보존되어 있다. 그들은 덜 종교적인데 부처를 믿는다. 그들 중에는 남편이 없는 나이 든 여성이 많다.

'나는 CIS 국가 출신의 고려인이다.'라는 정체성의 기본에는 CIS 중앙아시아 공화국에서의 이주 때문에 민족적으로 더 단결된 고려인 기성세대의 전통적 규범과 러시아 지역에 분산되어 살아가야만 하는 현실적 실제 사이의 모순이 존재할 수도 있다.

특징: 강한 민족 정체성.

4) 약화된 민족 정체성 표지 '나는 러시아 고려인이다.'

민족 시민 정체성에 대한 선택, 즉 '나는 CIS 국가 출신의 고려인이다.'(27%)라는 과거의 지위와 '나는 러시아 고려인이다.'(73%)라는 현재의 지위 중의 선택에서는 러시아 주민으로서의 자기 정체성 비중이 높게 나타난다.

'러시아 고려인'도 민족적 자긍심이 높은 편이다. 그러나 '러시아 고려인'의 경우 'CIS 국가 출신의 고려인'에 비해 민족적 표지가 더 약하게 나타난다는 사실에 주목해야 한다. 자신의 역사와 한국 민족 명절에 대한 지식이 덜 중요하고, 고려말의 역할 또한 눈에 띄게 감소하고 있다. 그들 중 일부는 혼혈(차구뱌)인데 그들의 물질적 복지는 약간 높은 편이다.

이 그룹에 속하는 고려인들은 더 기독교화되어 있다. 그룹의 2/3가 첫 번째 물결 이민자에 속하며 일생을 러시아에서 산 사람들이 많다. 그들은 관용과 이웃과의 좋은 관계를 특징으로 하지만 민족 특성으로 인한 부정적인 상호작용의 경험도 가지고 있다. 그들은 대규모로 농사를 짓는다. 그들 중 많은 이들이 자기 소유의 주택을 가지고 있지 않다. 그들의 1/3은 결혼을 하지 않았고 'CIS 국가 출신의 고려인'보다 다소 젊다.

'나는 러시아 고려인이다.'라는 자기 정체성을 가진 사람들의 대부분은 러시아 생활에 적응한, 첫 번째 물결의 기성세대 이민자들로서 50세 이상이고 중등전문교육 또는 고등교육을 받은 사람들로 생각할 수 있다.

특징: 민족 정체성이 다소 약화되었다.

5) 침식당한 민족 정체성 표지 '나는 러시아인이다.'

시민 정체성 '나는 러시아인이다.'(35%)와 민족 시민 정체성 '나는 러시아 고려인이다.'(65%) 사이의 선택에서는 자신의 민족 및 민족 정체성에 대한 태도가 결정 표지로 나타난다.

'나는 러시아인이다.'라는 자기 정체성을 가진 고려인들에게 민족적 소속감은 덜 중요하다. 그들은 자기 가족과 혈통의 역사에 대한 지식이 훨씬 없고, 한국 전통명절이나 음식을 덜 지키고 있으며, 전통 고려말이나 한국어에 대해 잘 모르고, 혼혈 가족을 이룬 경우가 많다. 그들은 비록 거주지에서 민족 간의 부정적인 상호작용의 경험이 있음에도 불구하고 훨씬 더 관용적이며 다른 곳으로 이주할 마음이 적다. 그들 중에는 기독교인이 상당히 높은 비율을 차지하고 있다.

'나는 러시아인이다.'라고 정체성을 선택한 사람의 절반 이상이 고등교육을 이수했다. 그들은 농사에 종사하는 비율이 다른 그룹들보다 낮고, 눈에 띄게 대다수가 자기 소유의 주택을 가지고 있으며 결혼한 사람이 더 많았다. 그들 중 절반은 자신의 삶의 대부분을 러시아에서 살았고, 절반은 중앙아시아 공화국에서 이주했다. '나는 러시아인이다.'라는 시민 정체성의 선택은 분명히 현대화 과정과 민족성 침식의 결과이다. 이는 민족 전통을 계승할 본격적 채널의 부재 하에서 러시아 지역에 분산되어 거주해야 하는 상황에 의해 촉진되었다.

특징: '침식' 과정에 놓인 민족 정체성.

6) 민족 정체성 보존 요소로써의 가족

민족적으로 분산되고 이질적 환경에서 생활하는 것은 필연적으로 혼혈 결혼으로 귀결되었고, 고려인 가족의 단일민족성 지표를 감소시켰다. 2014년 설문조사 자료에 의하면 단일민족으로 구성되어 있는 기성세대 가족은 전체의 3/4정도이고, 나머지 가족은 다민족 구성이다. 다민족 가족의 비율은 러시아에서 평생을 산 고려인들(37%)과 타지키스탄 출신 고려인들(33%)에게서 특히 높게 나타났다. 우즈베키스탄 고려인의 경우에는 밀집 생활 덕분에 고려인들이 단일민족성을 유지한 경우(82%)가 상당히 높게 나타났다.

민족적으로 이질적인 도시 환경은 소규모 농촌지역보다 다른 민족 간의 결혼이 더 빈번하다. 다민족 가족은 주로 도시에 거주하고(62%), 단일민족 가족은 도시(48%)와 시골(52%)에 거의 균등하게 분포한다.

고려인 젊은이들이 결혼 상대로 반드시 같은 민족 출신을 선택해야 한다는 생각은 단일민족 가족 고려인들(58%)에게서 다민족 가족 고려인들(37%)보다 더 높게 나타났다. 다민족 가족 고려인들이 앞으로의 혼혈과 동화에 더 열린 자세를 가지고 있다. 단일민족 가족 구성원들의 이혼율(14%)이 다민족 가족 구성원들의 이혼율(24%)에 비해 낮다는 것 역시 주목할 만하다. 단일민족 가족에서는 민족문화 전통이 보존되어 있어 그들 중 대다수(82%)가 전통음식을 요리한다. 이에 비해 다민족 가족에서는 집에서 한국 음식을 요리한다는 응답자(69%)가 적게 나타났다.

다민족 가족 고려인의 종교적 신앙은 기독교 쪽으로 더 집중되어 있다(전체60%, 정교 12%). 단일민족 가족 고려인은 기독교 지수(전체 65%, 정교 7%)가 더 낮게 나타나고, 전통 불교 신앙(10%)이 다민족 가족(5%)에서보다 더 높게 나타난다.

정보 제공자 중 한 명의 불교와 기독교를 동시에 옹호하는 발언은 흥미롭다.[24] 그녀의 사고를 통해 우리는 고려인들이 여러 가지 철학이나 종교를 자기화하여 자신들이 살아가는 사회에 적응하기 위한 방법으로 사용하는 능력이 있음을 알 수 있다.

▶ 녹취 :

고려인 디아스포라를 살펴보면, 그들이 어디에 살든, 우즈베키스탄이든, 모스크바이든, 아니면 러시아의 다른 도시이든 상관없이, 많은 젊은이들이 정교회에 왔고, 자신의 자식들에게 세례를 받게 하고, 교회에 다닙니다. 하지만 러시아 사람들이 뼛속까지 지니고 있는 것과 같은 그런 믿음이 그들에게는 없습니다.

우리 조상들에게는 평화를 사랑하고, 피부색이나 그들의 종교와 상관없이 열린 마음으로 모든 사람을 사랑하라는 가르침이 있었는데 그게 바로 부처의 가르침이었습니다. 우리 자식들은 이 신앙을 잃었고, 서로 서로에 대한 사람들의 사랑도 잃었습니다. 이 가르침은 삶의 모든 상황을 받아들이는 것입니다. 그것이 아무리 힘들고 불쾌할지라도 우리가 못 받아들일 것은 없을 것입니다. 그 모든 것이 주님의 뜻이니까요. 이를 통해 우리는 인내를 배우고, 삶의 경험과 지혜를 얻게 됩니다.

우리 모두에게는 주님의 일부분이 있습니다. 주님은 그 일부를 통해 우리를 보고 들으십니다. 성경 말씀에 의하면 우리가 주님의 형상에 따라 비슷하게 창조되지 않았나요. 매일, 매시간 우리 삶에 일어나는 모든 것을 받아들일 수 있는 상태에서, 통명스레 받아들이는 것이 아니라 기꺼이 받아들이는, 주변에서 벌어지는 모든 것을

---

24) 2016년 크라스노다르 류드밀라 미하일로브나 심의 인터뷰 자료 중.

받아들일 상태 말입니다. 사람은 자신의 업보에서 많은 것을 고칠 수 있고 또 새로운 것을 얻지 못할 수도 있습니다. 부처님이 말씀하셨습니다. 당신이 무엇인지는 당신이 무엇이었는지에 의해 결정되고, 또 당신이 무엇이 될지는 당신의 현재 행동에 의해 결정됩니다.[25]

고려인의 전통이라 할 수 있는 다자녀는 단일민족 가족에서 더 특징적으로 나타난다. 단일민족 가정에서 태어나고 자란 자녀 수의 평균(평균 4.27명)은 다민족 가정에서 태어나고 자란 자녀 수(평균 3.41명)보다 통계적으로 많다. 이는 단일민족 가족 응답자의 나이(평균 51.49세)가 다민족 가족 응답자의 나이(평균 50.33세)보다 많아서 더 전통적으로 사고하기 때문일 수도 있다.

응답자 가족의 자녀 수에 유의미한 차이가 없는 경우(단일민족 가족 평균 2.36명, 다민족 가족 평균 2.23명), 다민족 가족에서 태어난 남자아이의 평균 수(평균 1.53명)가 단일민족 가족에서 태어난 남자아이의 평균 수(평균 1.38명)보다 많다. 여자아이 평균수는 단일민족 가족(평균 1.44명)이 다민족 가족(평균 1.14명)에서보다 더 많게 나타난다.

고려인 젊은이들은 아래와 같은 사건의 영향으로 결혼에서 민족적 순수성을 지켜야 할 필요를 느꼈다. 민족적 특징으로 인한 불쾌한 경험(Contingency Coefficient 유관계수 0.199), 종교적 특징으로 인한 불쾌한 경험(유관계수 0.257), 이혼 상태(유관계수 0.291), 높은 민족적 자부심(유관계수 0.232), 그리고 단일민족 가족 출신(유관계수 0.257), 우즈베키스탄 출신 이민자(유관계수 0.314) 등이 그것이다.

---

[25] 2017년 크라스노다르주 라리사 미하일로브나 심의 인터뷰 중에서.

▶ 녹취 :

고려 사람의 아이들은 총명하고, 성실하며, 온순하고, 질서를 잘 지킵니다. 지금까지 이 전통이 유지되고 있습니다. 우리 아이들은 금메달을 받고 학교를 졸업합니다. 아주 신중하고 책임감이 강합니다. 가정교육이 – 어른을 공경하고, 복종하라는 – 느껴집니다. 시간이 지남에 따라, 아마도, 이런 모습은 점점 약해질지도 모릅니다. … 우리는 오랜 세월 중앙아시아에서 살았습니다. 그곳은 사고방식이 비슷합니다. 노인들을 공경합니다. 우리 모두 그곳에서 왔고…

우리는 우리 아이들이 다른 민족과 결혼하는 것을 반대합니다. 안돼요, 안돼요, 안돼요![26]

이와 같이 기성세대 고려인 가족의 단일한 민족 구성은 결혼 상대를 제한하여 고려인의 민족 정체성을 유지하는 요인이 된다. 또한 가족의 안정에 기여한다. 고려 사람은 바로 가족이란 단위로 러시아와 구 소비에트 연방 영토에서 지난 1세기 반 동안 살면서 자기들만의 고유한 민족 사회를 구성하고 보존해왔다. 많은 면에서 긍정적인 민족 정체성의 성공은 현대 러시아 고려인 가족이 처한 상황에 달려 있다. 전통 사회적인('시골의') 사회-심리적 삶의 방식과 현대화에 대한 열망이 성공적으로 조화를 이루게 되면, 현대 러시아 디아스포라는 시대의 요청에 성공적으로 부합하여 향후 적극적으로 발전할 수 있을 것이다.

---

26) 2016년 여름 I.A. 김의 보관문서 중에서.

제2장

기성세대의 고려인 공공단체

1. 서론: 민족의 사회적 통합을 위한 법률적 기반

소비에트 연방의 붕괴로 인해 중앙아시아 및 카자흐스탄의 많은 고려인들이 러시아로 이주하게 되었다. 기성세대 고려인들은 새로운 거주지에서 자신의 이익을 보호하고 민족의 정체성을 유지하기 위해 공공단체로의 통합을 모색했다. 러시아 연방의 국가 정책은 러시아 연방 헌법에 따라 소비에트 연방 이후 러시아 사회에서 민족 집단의 통합을 법률적, 정치적, 사회 경제적으로 지원하기 위한 입법 기반을 마련하려고 했다. 저자 중 한 사람(I. A. Kim)은 볼고그라드주 행정청의 민족 및 계층 위원회에서 지역 목표 프로그램 '볼고그라드주 주민의 민족사회적 발전'(2003-2005년, 그리고 2010년까지) 개발에 참여할 기회가 있었다.

분산되어 살고 있는 고려인 공동체를 조직적으로 통합하려는 의지가 1990년 10월 9일자 소비에트 연방 최고 위원회의 '공공 통합에 대한 소비에트 연방 법률의 효력 개시에 관한' 결정 No. 1709-I을 발표하게 했다.

1993년 4월 1일자 러시아 공화국 최고 위원회의 '러시아 고려인들의 복권에 관한' 결정 No. 4721-1이 발표된 후, 러시아 고려인들의 이주와 정착에 실질적인 원조를 제공하도록 지역자치 기구에 명령이 내려졌다. 또한 그들에게 개인 주택 건설을 위한 토지를 분배하고, 농업(농장) 경영과 부속 업무, 농업 협동조합, 주식회사 설립을 지원하며, 민족문화 발전과 민족 자주성 유지를 위한 조직적 가능성을 제공하라는 지시가 있었다.

1991년 5월 18일부터 19일까지 진행되었던 전연방 소비에트 고려인협회 창립대회에서 '민족 자의식을 고취시키고 소비에트 사회의 페레스트로이카에 적극적으로 참여할' 목적으로 지역에 고려인협회를 설립하기로 결정하였다. 자기 조직화의 초기 단계에서 고려인들은 1991년에 조직된 전연방 소비에트 고려인협회(BACK)로 결집하였다.

1992년 러시아 공화국 법무부는 러시아 고려인협회(AKP)를 등록했다. 협회의 중요한 과제 중 하나는 불법적으로 억압받은 고려인들의 권리 보장과 복권이었다. 1992년 10월 9일자 러시아 연방법 No. 3612-I '문화에 대한 러시아 연방 법률의 기초'의 제 21조 '민족문화 자치에 대한 권리'가 고려인 민족문화 지역자치회(HKA) 설립의 법률적 기반이 되었다. 이 법은 자신의 민족문화 발전의 방향과 형태를 선택하는 과정에서 러시아 공화국 시민의 민족적 이익을 보호하기 위해 국가와 사회가 상호작용할 조건을 규정했다. 민족문화 자결의 한 유형으로써의 고려인 민족문화 지역자치회는 특정 민족 공동체에 속한 러시아 연방 시민을 그들의 자발적인 조직화를 통해 통합시키는 역할을 했다. 조직화의 목적은 정체성의 보존 및 언어의 발전, 교육, 민족문화 문제들을 독립적으로 해결하는 것이었다.

1996년 10월 9일 고려인협회 전 러시아 대회가 개최되었고 고려인 민족문화 연방자치회(ФНКАРК)가 설립되었으며, 규약이 승인되어 민족 위원회가 선출되었다. 고려인 민족문화 연방자치회 설립대회에서 북캅카스 대표 니콜라이 발렌티노비치 김이 민족단체 부의장으로 선출되었고, 세 번이나 국가두마 의원이었던 전이 보좌관(공식 보좌관)으로 선출되었다.

전 러시아 고려인협회(러시아 고려인협회)는 설립 이후 아직 젊고 힘과 열정으로 가득 차 있었던 고려인 기성세대는 1990년대와 2000년대에 설립된 수십 개의 고려인 지역 공공협회, 지방협회, 문화센터 등을 이끌었다. 전 러시아 고려인협회의 규약에는 다음과 같은 과제가 기록되어 있다. 국가의 민족 정책 형성과 실현에 기여하고 고려인 출신 러시아인들의 활동성을 강화하며 그들의 공무 참여를 독려한다. 러시아 고려인의 부흥을 위해 단일한 사회 경제적 기반 및 문화적 기반의 발전을 목적으로 프로그램이 개발되었다. 이러한 활동은 지역적 차원에서도 수행되었다. 초기의 러시아 남부 고려인 공공단체에 대한 정보가 빈약한 상태이고, 단체의 승계가 늘 이루어지지 않았을 뿐 아니라 최선의 방법으로 이루어진 것도 아니어서 문헌과 자료들이 개인들에게 분산되었다. 고려 사람 기성세대가 동포들의 복지를 위해 어떠한 사회적 활동을 했는지에 대한 우리의 대략적인 조사는 아직 완성되지 않았기에 이 주제는 여전히 연구자를 기다리고 있다.

2. 북캅카스 고려인들의 사회적 통합

1) 북캅카스 고려인협회

북캅카스에 거주했던 고려인들은 자신들의 이익을 보호하기 위해 조직적으로 단결하였으나 내부 상황이 악화되어 삶이 위험에 처하게 되자 과거 호의로 맞아주었던 공화국을 차츰 떠나기 시작했다.

그 당시 니콜라이 발렌티노비치 김의 발의로 북캅카스에 지역 통합 단체인 '북캅카스 고려인협회'(KACK)가 설립되어 러시아 고려인협회 (AKP) 연합 구성에 들어갔다. 1993년 2월 25일에 자발적인 북캅카스 고려인 공공협회의 건설을 위한 창립대회가 진행되었다.

북캅카스 고려인협회(KACK)는 북캅카스 지역에 거주하는 고려인 을 하나로 묶어주는 최초의 고려인 공공단체 중 하나였다. 북캅카스 지 역에 한국어 교육 과정이 개설되었고, 고려인 디아스포라를 위한 전략 및 한국문화 발전의 문제가 논의되었으며 이민자들에게 법률적 지원이 제공되었다. 북캅카스 고려인협회의 참여로 북캅카스 고려인 비즈니스 맨 지역 단체가 설립되었다.

KACK의 활동은 다민족으로 구성된 북캅카스 지역에 거주했던 고 려인들의 단결과 보호라는 긍정적인 의미를 지녔다. 유감스럽게도 KA CK의 활동에 대한 공개된 정보가 거의 없기 때문에 문헌에 대한 별도 의 작업 및 북캅카스 고려인 활동 지도자나 참가자들과의 인터뷰가 필 요하다.[1] 북캅카스 고려인협회는 북캅카스 고려인 민족문화 자치회가

---

1) http://www.arirang.ru/archive/kd/17/4.htm Официальный сайт Министерства юстиции Российской Федерации http:// unro.minjust.ru/. Ли О.А. Путь к возрождению. – http://www.arirang.ru/

설립되기 전까지 존재하다가 민족 공공단체의 형태가 변함에 따라 1996년 해산되었다.

2) 북캅카스 고려인 민족문화 자치회

북캅카스 고려인협회(KACK)를 기반으로 설립된 북캅카스 고려인 민족문화 자치회(СККНКА)는 1996년 러시아 연방 고려인 민족문화 자치회(ФНКА РК)의 일원이 되어 스타브로폴주 퍄티고르스크시에 등록되었다. 북캅카스 고려인 민족문화 자치회는 북캅카스 영토에서 개최되는 러시아 연방 고려인 민족문화 자치회가 진행하는 고려인 문화 및 전통의 발전과 민족성 보전을 위한 모든 행사에 참가하였다. 1996년 10월 9일 창립대회에서 지도자 니콜라이 발렌티노비치 김이 연방 고려인 민족문화 자치회의 부의장으로 선출되었다. 고려인 민족문화 자치회의 활동은 다민족 공화국들과 북캅카스 지역에 거주했던 고려인들의 단결과 보호를 위해 긍정적인 의미를 지닌다.

현재 북캅카스 고려인 민족문화 자치회는 다른 많은 고려인 민족문화 자치회와 마찬가지로 해산되었다. 북캅카스 지역 공화국들에 있는 고려인 공공단체들의 활동은 연방법과 지방법에 따라 운영된다. 유감스럽게도 북캅카스 고려인 민족문화 자치회의 활동에 대한 공개된 정보를 가지고 있지 못하고 미래의 연구자를 기다리고 있다.[2] 김(Н.В. Ким)은 2005년 59세로 세상을 떠났다.

---

archive/kd/13/2.htm; http://base.garant.ru/104540/#friends#ixzz4cu3h9eOa

[2] 러시아연방 법무부 공식 사이트 http://unro.minjust.ru/. http://base.garant.ru/104540/#friends#ixzz4cu3h9eOa

3) 다게스탄 고려인협회 (쿠달리 마을)

다게스탄 고려인협회는 1992년 10월 30일에 설립되었다. 농업 분야에서 농부로 일하고 있던 정인구(Чон Нин Гу)와 최(А.И. Цой), 홍(О.К. Хон), 이고리 리(Игорь Ли)와 구닙스키 지역 쿠달리 마을에 주로 거주하고 있던 다른 고려인들이 다게스탄에서의 통합 작업을 맡았다. 협회 지도자는 최(А.И. Цой)였다. 협회 앞에는 불법적으로 억압받았던 고려인의 복권이라는 과제가 놓여 있었다. 협회는 또한 한국어 교육을 목표로 삼았다. 경제와 생산 문제에 대한 공동 해결책은 다게스탄의 고려인 공동체의 통합에 기여했다. 다게스탄 고려인협회의 활동은 민족의식 성장의 원동력으로써 고려인 주민의 경제적 통합과 문화적 발전으로 이어진 긍정적인 의미를 지닌다.

다게스탄 거주 고려인 수는 인구조사 자료에 따르면 1989년 648명에서 2002년 302명까지 감소하였고, 2010년에는 226명이 되었다. 협회는 활동성을 잃은 조직 형태로 분류되어 해산되었고 그에 대한 자료는 거의 없다.[3]

---

3) Сим Л.М. Возрождение и развитие культуры российских корейцев на постсоветском пространстве // Корейцы в России: радикальная трансформация и пути дальнейшего развития. М., 2007. С. 104-105; Бугай Н.Ф. Корейцы Юга России: межэтническое согласие, диалог, доверие. М., 2015. С. 360; 러시아연방 법무부 공식 사이트 // http://unro.minjust.ru/.

4) 고려인협회 '삼천리' (북오세티야 알라니야 공화국, 모즈도크시)

모즈도크시의 고려인 공공단체는 실제적으로 1980년대 말부터 이미 존재했다. 1987년 '삼천리'(브세볼로드 스테파노비치 돈(Всеволод Степанович Дон)이 의장이었다.)가 속해 있던 모즈도크 민족문화센터의 주도하에 인민 대표자 위원회 결정에 따라 친선의 집이 건설되었다. 친선의 집은 젊은이들에게 애국 교육과 국제 교육 활동을 조정하고 계획하는 센터이다.

북오세티야 공화국 고려인협회 '삼천리'는 1992년 3월 26일에 등록되었다. 협회는 모즈도크시 분과(돈(В.С. Дон)이 지도자였다.)와 블라디캅카스시 분과(박(В.К. Пак)이 지도자였다.)로 구성되었다. 협회는 공화국 내 고려인 주민의 활동을 통합하고 조정하려는 목적으로 건설되었다.

고려인협회 '삼천리'는 한국 전통문화 부흥의 재원조달을 위한 기금을 마련하였다. 이를 위해 필요한 문헌 자료 확보에 대한 지원은 주 러시아 북한 대사관과 한국인 공공단체인 범민련이 제공했다.

1990년대 '삼천리'의 인도주의적 사업의 주요 방향은 모즈도크시 장로교 산하의 주일학교에서 한국어 교육을 조직하는 것이었다.[4] 모즈

---

4) Гостиева Л.К., Дзадзиев А.Б. Этнополитическая ситуация в Северной Осетии М., 1994. С. 16; Храпов А. О. Роль корейцев юга России в культурных связях России и Республики Корея в 1990-2010гг. // Корейцы юга России и Нижнего Поволжья: история и современность / материалы международной научной конференции. Волгоград, 2011. С. 157-163; Туаева Б.В., Макиева Е.Г. Малые города России: Моздок в условиях политических и общественно-культурных трансформаций. Владикавказ. 2015; 러시아연방 법무부 공식 사이트 // http://unro.minjust.ru/. http://

도크시와 블라디캅카스시 고려인 문화센터 '삼천리' 산하에서 민족 응용 예술 및 민족 격투기 소모임, 한국어 학교, 영어 학교가 성공적으로 운영되었다.

협회 '삼천리'는 서울대와 자매결연을 맺었고 서울대 교수들이 주기적으로 공화국에 방문하여 세미나를 진행했다. 1993년 5월 모즈도크시에 고려인 교회가 열렸고, 설립 기념행사에 미국 한인회와 한국 성직자 협회 대표들이 참가하였다.

2006년 8월 서울 대학교 강희창(Камг Хи Чанг) 목사와 '동아 코퍼레이션' 대표 황병순(Хван Бюн Сун)이 북오세티야 알라니야 공화국에 방문했고 그 결과 허가받은 가전제품 공급 계획이 수립되었다.

북오세티야 알라니야 공화국의 고려인 인구수는 계속해서 감소하고 있다. 1989년 2,960명에서 2002년 1,841명, 2010년 1,458명까지 감소했다. '삼천리' 협회는 2009년 11월 30일 해산되었고 고려인들의 사회 활동은 조직 형태를 변화시켰다.

5) 고려인 민족문화센터 '친선' (카바르디노발카르 공화국, 마이스키시)

카바르디노발카르에는 북캅카스 지역에서 가장 많은 고려인들이 거주하고 있었는데 그 수가 점점 감소하여, 1989년 4,983명, 2002년 4,722명, 2010년 4,043명을 기록하고 있다.

1990년대 초 러시아 남부 전역에서 지역 고려인 문화센터가 만들어졌다. 그중 하나가 1991년 카바르디노발카르 공화국 문화 기금으로 마

---

www.socarchive.narod.ru/bibl/polros/Sevos_r/partii-sev.html

이스키(Майский)시(카바르디노발카르 자치공화국)에 본부를 두고 설립된 고려인 민족문화센터 '친선'이다. 릴리야 테렌티예브나 박(Лилия Терентьевна Пак)이 센터 설립에 대한 아이디어와 고려인 문화의 대중화를 위한 전통문화센터 '삼천리'의 설립에 대한 아이디어를 제안했다.

'친선'은 카바르디노발카르 공화국 고려인들 사이에서 문화 교육 활동과 계몽 활동을 조직, 운영하고, 고려인들에게 법률적 경제적 지원을 제공한다. '친선'의 활동 덕분에 1,300명 이상의 카바르디노발카르 고려인이 연방법 '억압받은 민족의 복권에 관한 법'(1991년)에 의거하여 공동 주택 서비스 요금에 대한 지원과 매년 러시아 무료 여행의 혜택을 받을 수 있었다.

센터의 다른 활동 중에는 한국문화와 예술 축제 개최 및 모국어인 한국어 교육 시스템의 구축, 가무 예술단 창설 등이 있다. '친선'은 잘 분화되고 조직된 지역 고려인 공동체 구조를 지닌, 공화국 내에 유일한 문화센터이다. '친선'은 해외 동포 및 러시아 내 다른 고려인 민족문화센터들과 밀접한 관계를 유지하고 있다. 문화센터 '친선'은 클럽 '삼천리'와 긴밀하게 협조하며 다른 지역 민족 공공단체들('하세'(Хасэ), '조례'(Тёре), '토부시'(Товуши))과 밀접한 관계를 유지하고 있다. 2014년 대한민국 대표단과 예술가들을 초대하여 마이스키시 문화의 집 '러시아'에서 고려인 민족 명절 '기쁜날' 기념행사를 개최하였다. 현재 문화센터 '친선'은 김(Э. Ким)과 최(О. Цой)가 이끌고 있다.

문화센터 '친선'은 카바르디노발카르 공화국 당국과 긴밀히 협력하여 민족 간의 평화와 조화를 보존하고, 한국문화 및 언어, 전통, 민속공예, 의식, 풍습의 부흥과 발전에 기여하고 있다.[5]

---

5) Аккиева С. Кабардино-Балкарская Республика. Модель

6) 고려인 민족문화센터 '삼천리' (카바르디노발카르 공화국, 날치크시)

카바르디노발카르 공화국의 초기 고려인들은 농업에 종사했다. 현재는 그들의 많은 손주와 자녀들이 더 지적인 노동에 종사하고 있다. 고려인들은 지역 사회에 편입되었고 많은 가정이 두 가지 언어를 구사하여 러시아어와 카바르디노발카르 소속 민족들의 언어를 알고 있다. 그러나 자신들의 모국어인 한국어와 한국문화는 잊어갔다. 민족문화센터 '삼천리'는 모국어를 가르치고, 전통과 풍습을 보존할 목적으로 '친선'의 날치크(Нальчик) 분과 의장 보좌인 남(Н.С. Нам)에 의해 1988년 설립되었다. 민족문화의 부흥을 위해 한국어 강좌가 개설되었고, 한국문화 페스티벌이 진행되었으며, 가무 예술단이 설립되었다. 클럽 '삼천리'의 지도자 스베틀라나 박(Светлана Пак)에 의하면 고려인들에게 러시아는 오래전에 제2의 조국이 되었다. 많은 고려인 젊은이들이 러시아어를 모국어로 생각한다. 이는 그들의 삶에서 러시아가 가지는 특별한 의미를 보여준다.

고려인 문화 클럽 '삼천리'(박(С.Л. Пак)과 고가이(А.Т. Когай)가 지도자이다.)는 적극적으로 활동하고 있다. 센터의 주도로 아이들이 한국어와 한국문화를 배울 수 있는 일요 학교가 날치크시와 마이스키시에 설립되었고, 아마추어 예술단체(성인 그룹과 어린이 그룹)가 형성되었다. 한국어 및 한국문화를 가르치는 일요 학교는 북한과 관계를 맺고

этнологического мониторинга. Большие планы Чинсена // Советская молодежь. 1991. 8 марта; Бугай Н.Ф. Корейцы Юга России: межэтническое согласие, диалог, доверие. М., 2015. С. 361; https://www.kavkaz-uzel.eu; http://kbrria.ru/obshchestvo/v-mayskom-rayone-kbr-otmetili-koreyskiy-nacionalnyy-prazdnik-5295

있다. 민속 축제에 참가하기 위해 평양, 모스크바 및 다른 도시를 방문하였다. 고려인 민족문화센터 '삼천리'는 카바르디노발카르 문화 기금의 지원을 받아 활동을 계속하고 있다. 센터는 학습 프로그램이나 문화행사만을 기획하는 것이 아니라 북캅카스 지역의 테러리즘에 반대하는 사회 활동도 진행한다. '삼천리' 의장 박(С. Л Пак)은 카바르디노발카르 문화 기금 건립 25주년을 기념하여 2014년 1월에 카바르디노발카르 공화국 상공회의소 명예훈장을 받았다. 문화센터 '삼천리'의 사업은 다민족이 거주하고 있는 북캅카스 지역의 민족 간 친선관계를 확립하는데 매우 큰 의미가 있으며, 고려인의 긍정적인 면모를 창출하고, 고려인 주민들의 민족 정체성과 독창성을 유지하는 데 기여하고 있다.[6]

7) '복음주의 기독교인들의 교회' 산하 고려인 민족 문화센터 (카바르디노발카르 공화국, 프로흘라 드니시)

카바르디노발카르에 거주하는 고려인들 중에는 복음주의 기독교 신앙을 따르는 사람들이 많다. 프로흘라드니(Прохладный)시에서 스베틀라나 아파나시예브나 남(Светлана Афанасьевна Нам)이 '복음주의 기독교인들의 교회'를 이끌고 있다. 교회에는 2002년에 설립된 한국문화와 기독교 신앙의 대중화를 위한 문화 계몽 공공단체인 '고려인 민족문화센터'가 있다.

---

6) Бугай Н.Ф. Кавказ в судьбах российских корейцев: контакты, трансформации, перспективы. В сб. Корейцы Юга России и Нижнего Поволжья. Волгоград, 2011, С. 21. Бугай Н.Ф. Корейцы Юга России: межэтническое согласие, диалог, доверие. М., 2015. С. 298. http://nalchik.bezformata.ru/listnews/.

센터는 주요한 문화 교육적 목적 이외에 계몽활동에도 관심을 기울여서, 필요한 경우 법률적 지원을 제공한다. 프로흘라드니시에 있는 장로교회에서 운영하는 1년 코스의 한국어 강좌가 있다. 이 과정은 어린 아이와 성인 두 그룹으로 진행된다. 강좌의 프로그램에는 의례, 과거 전통, 에티켓, 예식에 대한 소개가 포함되어 있다.

고려인 신도들은 공화국의 사회생활, 문화생활에 참여한다. 민족 공공단체의 구성원들과 적극적으로 교류하고, 선행 활동 및 아마추어 예술 활동에 참가하며, 관심 분야에 따라 스포츠 부문 동호회 활동도 펼친다. 고려인 교회가 신도들의 삶에 들어가면서 신도들의 사회 활동이 늘어났다. 공공 센터의 활동은 공화국 내 고려인 민족 공동체의 부흥을 가져온다.[7]

3. 칼미크 공화국 고려인들의 사회적 통합

1) 공공단체 "칼미크 공화국 고려인 친선 단체" (엘리스타시)

1992년 1월 24일 칼미크 공화국 고려인 친선 단체의 건설은 고려인 디아스포라와 칼미크의 모든 민족들의 삶에서 주목할 만한 사건이었다. 오랫동안 겔리 콘스탄티노비치 김(Гелий Константинович

7) Бугай Н.Ф. Корейцы Юга России: межэтническое согласие, диалог, доверие. М., 2015. С. 360; Бугай Н.Ф. Кавказ в судьбах российских корейцев: контакты, трансформации, перспективы // Корейцы Юга России и Нижнего Поволжья. Волгоград, 2011, С. 21; Официальный сайт Министерства юстиции Российской Федерации // http://unro.minjust.ru/

Ким)이 단체의 장을 맡았고, 이어서 드미트리 보리소비치 장(Дмитрий Борисович Тян), 보리스 그리고리예비치 장(Борис Григорьевич Тян)이 책임 비서의 직무를 수행했다.

칼미크 고려인의 인구수는 1989년 643명, 2002년 1,049명, 2010년 1,342명이다. 칼미크 공화국의 고려인은 지역 사회에 적극적으로 참여하고, 공화국의 경제와 문화의 다양한 영역에서 활동하며, 공화국 내 조직과 부서를 이끌고 있다. 칼미크 고려인 친선 단체의 수장으로서 김 (Г.К. Ким)은 '칼미크 공화국 국가 민족 정책의 개념'(2000년) 개발 위원회 위원이었다. 이 단체는 칼미크 공화국에서 북한으로의 관광을 조직했다. 이 단체의 사절단이 평양에서 열린 한반도 평화 통일을 위한 국제회의 및 서울과 평양에서 열린 국제 한국 축제에 참여하였다. 한국과 북한 대사관 직원들이 여러 번 공화국을 방문하여 고려인들의 삶과 이 단체의 활동에 관심을 표현하며 공동행사를 기획하고 진행했다.

이 단체는 스텝 지역에 거주하고 있는 민족들 간의 친선과 협력의 증진에 대한 과업을 실행하고, 칼미크 고려인 디아스포라의 결집 및 한국어, 한국문화, 전통, 풍습의 부활에 기여하는 것을 과제로 삼았다. 이 단체 건설의 주요 목적은 다음과 같다. 칼미크 고려인의 민족적 사고방식 및 존엄성, 민족성에 대한 자부심 유지를 지원, 분열에 대한 반대 행동, 문화적 관습 및 전통의 발전, 한국어 습득과 젊은 세대 한국어 교육. 칼미크 공화국 고려인 친선 단체는 러시아 고려인협회 및 우즈베키스탄, 카자흐스탄, 우크라이나, 러시아 다른 지역의 고려인 문화센터와 협력하고 있다. 또한 칼미크 공화국 민족 센터 및 교육부, 문화 과학부, 공공단체들과도 협력하고 있다.

한국문화의 날 진행이 가장 기억에 남는 행사였다. 이 행사에는 스타브로폴에서 네프테쿰스키(Нефтекумский) 지역 고려인 문화센터

'친선' 및 '오이라트'(Ойраты) 무용단 배우들과, 국립 드라마극장 배우들, 태권도 선수들 등이 손님으로 참가하였다. 이 단체는 공화국의 사회생활에 적극적으로 참여하고 있다.[8] 현재 칼미크 고려인 친선 단체는 전 러시아 고려인협회(러시아 고려인협회)의 지역 분과로 규정되어 칼미크 공화국 공훈 배우이자 시의원 메르겐 김(Мерген Ким)이 이끌고 있다.

2) 칼미크 공화국 옥탸브리스키 지역 고려인 문화 센터

칼미크 공화국 옥탸브리스키 지역은 중앙아시아 공화국 출신의 벼농사 고려인 농민들이 밀집하여 살았던 지역이기 때문에 소비에트 시절 비공식적으로 '고려인' 지역이라 불렸다. 여기서 고려인 공동체의 안정적인 발전을 위한 민족 공공단체의 필요성이 절실해졌다. 1996년 국영농장 '보스호드' 산하에 고려인 문화센터가 설립되었는데 고려인 문화와 전통의 발전을 위한 계몽 공공단체로써 류드밀라 글레보브나 현(Людмилы Глебовны Хен)이 대표를 맡고 있다.

---

8) Намруева Л.В. Корейцы Республики Калмыкия: вклад в развитие растениеводства, обрядовая культура // Диалог культур как основа сохранения этнической самобытности национальных меньшинств Юга России. Элиста. 2014г.С.41-51;ОфициальныйсайтМинистерс тваюстицииРоссийскойФедерации//http://unro.minjust.ru/.; Бугай Н.Ф. Корейцы Юга России. С. 304, 361; Тян Б.Г. Корейцы Калмыкии // Хальмг унн. 2010. 24 марта; Тян Б.Г. Корейцы в Республике Калмыкия // Народы Калмыкии: перспективы социокультурного и этнического развития / Под ред. А.Н. Овшинова. Элиста, 2000. С. 112.; Немгирова С.Н. Национально-культурные общественные объединения как фактор обеспечения стабильности в полиэтничном регионе // Вестник института комплексных исследований аридных территорий, 2013, No.2 (27). С. 98-100.

칼미크 공화국 고려인 친선 단체와 지역 당국이 센터에 귀중한 도움을 주고 있다. 센터의 주요 목적은 고려인들에게 문화 교육 및 계몽, 법률, 경제, 조직적 지원을 제공하는 것이다. 이를 위해 1997년 한국어 학습을 위한 강좌가 개설되었고, 아마추어 예술단체 '친선'이 만들어졌다. 이 예술단체는 옥탸브리스키 지역 고려인 문화센터와 사실상 동일한 단체로 보인다. 센터의 연중행사 계획에는 고려인 문화 축제 준비 및 참가, 한국어 및 전통에 대한 학습이 포함되어 있다.

지역 당국자들은 다양한 공공단체에 물질적 지원을 제공한다. 고려인 문화센터는 뮤직 센터, 신디사이저, 비디오 레코더, 텔레비전, 한복 등을 선물로 받았다. 모스크바시 촬영팀이 센터의 일상과 축제에 관한 다큐멘터리 영화를 촬영하였다. 러시아 다른 지역의 고려인 공동체 구성원들과 문화적 교류를 쌓고 경험을 교환했다.

고려인 문화센터는 로스앤젤레스시(미국), 서울시(대한민국)에서 온 선교사들과 협력하고 있다. 칼미크 공화국에 거주하는 고려인들의 삶에 대해 더 많이 알고 그들의 일상과 전통을 접하고 싶어 하는 남한 대학의 교수들과 학생들이 센터의 개인 손님으로 와있다. 현재 보스호드 마을의 고려인 문화센터는 마을을 떠나려는 고려인들과 관련되어 어려움을 겪고 있다. 고려인 문화센터를 현재 옥탸브리스키 지역 고려인 대다수가 모여 사는 볼쇼이 차린 마을로 이전하는 문제가 제기되었다. 칼미크 공화국 옥탸브리스키 지역 고려인 민족문화센터의 건설과 활동은 고려인과 칼미크인들의 상호 이해를 돕고, 그들의 친선을 강화하는 역할을 했다. 건조한 기후 조건에서 생활하는 전통적인 경험을 교환하여 서로 이익을 얻었다.[9]

---

9) Намруева Л.В. Корейцы Республики Калмыкия: вклад в развитие растениеводства, обрядовая культура // Диалог культур как основа сохранения этнической самобытности национальных меньшинств

3) 칼미크 공화국 옥탸브리스키 지역 보스호드 마을 고려인 민족 박물관

1996년 보스호드 마을에 고려인 문화센터가 개설되었고, 아마추어 예술단체 '친선'이 설립되어 2000년에 칼미크 공화국 '인민 단체' 칭호를 받았다. 문화센터 '친선'의 지도자는 바르바라 바실리예브나 박(Варвара Васильевна Пак), 스베틀라나 보리소브나 최(Светлана Борисовна Цой), 류드밀라 글레보브나 현(Людмила Глебовна Хен) 등이 역임했다. 1997년에는 고려인 공공단체 적극적 활동가 바르바라 바실리예브나 박이 주도하고 보스호드 마을 고려인들의 지지를 얻어 칼미크 공화국 고려인들의 문화유산을 보호할 목적으로 민족 박물관을 설립하였다.

고려인 문화센터는 보컬 수업과, 댄스 동호회, 한국어 수업 이외에도 고려인 민족 박물관 건설을 위해 조직적인 활동을 시작했다. 주변 마을에 거주하는 고려인들은 고려인 문화 및 경제, 생활용품, 의복, 역사적 사진, 서류 등 전시될 만한 품목을 모았다.

자신의 일에 열정적이고, 활력 넘치는 여성 활동가이자 한국어 선생님인 바르바라 바실리예브나 박의 지도 속에 박물관은 차츰 귀중한 전시품을 채워나갔다. 보스호드 마을의 아마추어 고려인 민족 박물관의 주요 과제는 서류, 서신, 물건, 의복, 작업 도구, 가사 노동이나 전통음식 준비의 기술적 과정에 대한 기록들을 수집하여 보존하는 것이다. 지역 고려인들은 자신들의 민족문화와 일상생활의 물건들을 소중하게 보관하여 센터가 만든 박물관에 항상 새로운 전시품을 보충해준다.

Юга России. Элиста, 2014. С. 41-51; 러시아연방 법무부 공식 사이트// http://unro.minjust.ru/

박물관을 관리하고 물건을 수집하는 사람은 계속해서 변해왔다. 시간은 누구에게나 공평해서 나이가 든 적극적 활동가들이 세월이 흐르며 이미 세상에 없거나, 칼미크 공화국을 떠났다. 시대의 희귀한 증거들이 박물관이 위치한 보스호드 마을 문화의 집 방 하나에 저장되어 있다. 개인용품, 종이 문서, 편지, 사진, 카드 등의 물품을 복원하고 저장하기 위해 전문가의 지원이 필요하다. 복원 작업에는 재정 지원도 필요하다. 보스호드 마을의 고려인 문화 민족 박물관은 러시아 공화국 박물관 등록 명단에 공식적으로 이름을 올리지 못했다. 그러나 이 박물관은 벼농사 분과 설립을 위해 1960년대, 1970년대에 칼미크 공화국으로 이주해 온 고려인들의 기억을 보존하고, 칼미크 고려인 청년 세대에게 전통적 정신적 가치를 전파하는 데 매우 중요한 의미가 있다.[10]

4. 아스트라한주 고려인 공공단체

1) 아스트라한 고려인 민족문화 단체 '단결'

아스트라한주 고려인 민족문화 단체 '단결'('조국')은 2000년 4월 3일에 설립되었다. 이 단체는 주로 구 소비에트 아시아 공화국 출신들로 이루어진 고려인 디아스포라 공동체가 아스트라한주에 형성되기 시작할 때 만들어졌다.

'단결'의 설립자는 최(Л.И. Цой)였다. 이 공공단체의 목적은 문화

---

10) Намруева Л.В. Корейцы Республики Калмыкия: вклад в развитие растениеводства, обрядовая культура // Диалог культур как основа сохранения этнической самобытности национальных меньшинств Юга России. Элиста, 2014. С. 41-51

교육 활동, 계몽 활동, 법률 및 경제적 자문 지원이다.

아스트라한주 고려인의 경제 활동은 계절 농사와 양파 및 박과 작물 재배가 주를 이룬다. 이를 위해 고려인들은 중소 비즈니스 기업을 만들었다. 민족문화 단체는 다민족 구성의 아스트라한 사회에 고려인들이 더 부드럽고 자연스럽게 통합되도록 기여했다. 현재 단체는 자신의 전권을 아스트라한 공공단체 고려인 문화센터 '함께 이동'에 양도한 후 활동하지 않고 있다.

2000년대 초 많은 공공단체와 마찬가지로 '단결'은 소비에트 연방 붕괴 이후 고려인 이민자 기성세대가 러시아 영토에서 적응하는 시기에 꼭 필요한 통합과 지원의 임무를 수행했다.[11]

2) 아스트라한 고려인 역사 및 문화 단체 '고려'

이 단체의 설립을 위한 법적 토대는 1992년 8월 7일자 명령 제1073호에 의해 채택된 '국가 민족 정책 집행을 위한 아스트라한주 행정 계획'이었다. 아스트라한 지역 고려인들의 자발적인 노력으로 1992년에 아스트라한주 고려인 디아스포라의 역사 연구 단체가 설립되었다. 박(В.М. Пак)이 단체의 설립자이자 지도자가 되었다. 고려인 역사 및 문화 단체 '고려'는 1992년 공식적으로 등록되었지만, 민족문화에 한정하여 산발적으로 활동했다.

단체가 제일 먼저 수행해야 할 업무는 강제이주를 겪은 소비에트 고려인들의 개인사를 연구하는 것이었다. 단체는 부당하게 억압받은 고려인들의 권리를 회복하는 데 필요한 정보의 수집을 도왔다. 주립 문서

---

11) Бугай Н.Ф. Корейцы Юга России: межэтническое согласие, диалог, доверие. М., 2015. С. 365

보관소나 시립 문서보관소에서 필요한 출판물과 문헌을 찾으려면 잘 조직화된 체계적인 작업이 필요했다. 단체는 주 행정청 기관지 '아스트라한 공보'와 협력하여 '민족문화센터 및 민족정책 분과로부터의 소식'이라는 제목 아래 자신의 정보를 게시했다.

공공단체 '고려'는 1993년 해산되었다. 유감스럽게도 고려인 역사 및 문화 단체 '고려'의 활동에 대한 공개된 정보가 없다.[12] 아스트라한 주는 전통적으로 다민족 인구 구성을 지니고 있고 일반적으로 서로 다른 그룹 간의 의사소통 방법이 친절하기 때문에, 이와 같은 단체의 활동 경험은 유용하고 흥미로웠다.

5. 볼고그라드주 고려인들의 사회적 통합

1) 공공단체 '코레야'

볼고그라드주에 거주했던 고려인의 수는 1989년 1,613명, 2002년 6,066명, 2010년 7,044명이다. 볼고그라드주 고려인 밀집 거주 지역은 다음과 같다. 볼고그라드시, 볼시스키(Волжский)시, 비콥스키 지역, 스베틀로야르스키(Светлоярский) 지역, 고로디센스키(Городищенский) 지역, 니콜라옙스키 지역, 스레드네아흐투빈스키 지역, 레닌스키 지역. 충분히 잘 조직된 다수의 단체와 농업에 유리한 기후 조건이 고려인들을 볼고그라드주로 이주시키는 주요 요인이 되었다.

---

12) 러시아연방 법무부 공식 사이트 http://unro.minjust.ru; История Астраханского края. Астрахань. 2000: http://www.astrakhan.ru/history/read/110/

1992년 볼고그라드에는 기성세대 고려인 블라디미르 로마노비치 헤가이의 지도 속에 지역 고려인 2,000여명과 타지키스탄, 우즈베키스탄, 카자흐스탄, 그리고 이웃 칼미크 공화국에서 이주해온 고려인 이민자들을 통합하는 비공식 단체 '코레야'가 등장했다.

이 공공단체는 2001년 1월부터 더욱 적극적으로 활동하기 시작했다. 이 공공단체의 주요 활동 방향은 고려인 디아스포라의 경제적 통합과 발전, 그리고 고려인 문화, 일상 전통, 언어의 보존과 발전이었다. 이 밖에도 축제 및 여가활동 행사 개최, 이웃 지역 고려인 디아스포라 및 대한민국과의 관계 발전과 강화 등을 위해 활동하였다. 공공단체 '코레야'는 지역 당국에서 고려인 사회의 이익을 대변했다. 단체는 경제적 활동을 조정하고 법적 지원을 제공하며, 소비에트 연방 붕괴 이후 고려인 강제 이민자와 난민들의 단결에 중요한 역할을 했다.[13]

2004년부터 고려인의 사회 활동은 새로 설립된 볼고그라드시와 볼고그라드주 고려인 민족문화 자치회와 연결되었다. 공공단체 '코레야'는 2007년 3월 19일 국가 등록부에서 삭제되었다.

---

13) http://www.allrussiatv.ru/volgograd/society/

2) 볼고그라드와 볼고그라드주의 고려인 민족문화 자치회

볼고그라드시 고려인 민족문화 자치회는 2004년에 조직되었다. 자치회는 2005년-2008년 동안 볼고그라드 지역자치기관과 볼고그라드주 행정부의 지원을 받아 대한민국에서 1.5톤의 직물과 250대의 컴퓨터 장비를 볼고그라드 교육 기관과 문화 기관으로 받아오는 사회적으로 대단히 중요한 자선 활동을 전개했다.

컴퓨터 장비는 생활이 어려운 볼고그라드 고려인 가정에 무료로 전달되었고, 볼고그라드주 주립 어린이 특별 학습 기관(음악 학교 및 예술 학교), 도서관, 극장, 문화궁전의 자료 및 기술 기반을 강화하고 한국어를 공부할 수 있는 수업을 제공하기 위해 전달되었다. 직물은 학생들의 직업 훈련 수업에 사용되었고, 어린이 집의 거실과 교실 개선을 위해서도 사용되었다. 고려인 민족문화 자치회의 주도로 4톤의 신선한 채소를 볼고그라드 어린이 집에 전달하기 위한 인도주의적 자선 활동이 진행되었다.

지역 폴리텍 대학을 졸업하고 인생의 대부분을 볼고그라드주에서 살아왔던 표트르 블라디미로비치 김(Петр Владимирович Ким)이 볼고그라드시와 볼고그라드주 고려인 민족문화 자치회를 이끌었다. 김은 거대한 조직 사업을 진행했고, 신입 사원의 배치를 도와주었으며 그들에게 법률적 지원을 제공했다.

민족문화 자치회의 틀 안에서 고려인 문화센터를 개설하고 한국어 및 역사, 문화 수업을 확대할 계획을 세웠다. 대규모 고려인 문화 축제가 진행되었다. 모스크바에 있는 대한민국 대사관의 청소년 프로그램

틀 안에서 저소득층 가정 청소년들의 공부를 위한 자금이 배정되었다. 농산물 재배 및 가공을 위한 공동 첨단기술 농업 기업의 창출에 특별한 관심을 기울였다.

다양한 층위의 국가기관 공무원들 및 학자, 활동가들의 전문적 평가에 따르면 공공단체는 약 4,000명을 결집시켰는데, 이는 볼고그라드주 고려인 민족 사회의 체계성과 조직성의 수준이 높다는 것을 증명한다.[14] 또한 이 단체에 대한 고려인들의 권위와 신뢰를 보여주며, 고려인들이 지역 권력 구조에서 자신의 이해관계에 대해 올바른 위치를 설정했음을 증명해준다.

볼고그라드주 고려인 민족문화 자치회는 2010년 2월 18일 국가 등록부에서 삭제되었다. 2011년 등록되어 드미트리 알렉산드로비치 최(Дмитрий Александрович Цой)가 이끄는 '볼고그라드 고려인협회'가 자치회의 뒤를 이어 활동하고 있다.

3) 지역 공공단체 '3월 1일'의 볼고그라드 대표단과 지역 공공단체 '세종'

'3월 1일'[15]의 대표단이 1990년대 후반부터 지역에서 활발하게 활동했다. 이 단체는 볼고그라드주 뿐만 아니라 러시아 전역에서 가장 오래되고 권위 있는 고려인 공공단체 중 하나이다. 이 단체는 과학, 문화,

---

14) Суслов А.А. Региональные аспекты государственной политики в отношении этнокультурных меньшинств (по результатам социологического исследования этносоциальной жизнедеятельности российских корейцев на территории Волгоградской области // Корейцы Юга России и Нижнего Поволжья: история и современность. Волгоград, 2011. С. 91

15) Суслов А.А. Указ. соч. С. 94

교육, 사회 지원 및 자선 활동 분야에서 사회적으로 유익하고 중요한 많은 행사를 진행했다.

2002년-2003년 동안 공공단체 '3월 1일'(이형근 목사가 지도자이다.)의 주도와 협조로 비콥스키 지역 노보니콜스코예 마을과 프리모르스크 마을에 우즈베키스탄에서 이곳으로 이주한 고려인 가족을 위한 집이 확보되었다. 이형근 목사의 도움을 받아 카라칼팍스탄 출신의 고려인들에게 러시아 정부와 볼고그라드주 행정부, 볼고그라드주 비콥스키 지역 지방 자치 기관으로부터 필요한 지원이 제공되었다. 공공단체 '3월 1일'의 주도로 2004년 1월 볼고그라드주 비콥스키 지역 노보니콜스코예 마을에 러시아-한국 친선의 집이 열렸다. 타지키스탄 출신의 고려인 이민자들에 대한 지원도 제공되었다.

'3월 1일' 산하에 60세 이상의 고려인들을 위한 '노인 학교'가 조직되었다. 고려인 연장자 세대들에게 민족문화 전통, 관습, 언어 수업을 위한 도움이 제공되어 한 달에 한 번 학교에서 수업을 진행하였다. '3월 1일'의 후원으로 해마다 '한글의 날'(10월 9일)에 한국어를 배우는 대학생이나 중고등학생들을 상대로 한국어 말하기 대회를 개최했다. 대회 우승자는 값진 선물을 받았다.

이형근 목사와 '3월 1일'의 분과인 '세종' 활동가들의 적극적 참여로, 지역 공공단체 '3월 1일'은 볼고그라드 주립 과학도서관에서 정기적으로 한국의 역사와 러시아 고려인의 역사에서 중요한 기념행사 시기에 맞춰 '원탁회의'와 과학 실무회의를 열었다. 저자들은 기쁜 마음으로 '세종'의 행사에 직접 참여하였다. 주립 도서관을 기반으로 한국어 강좌가 개설되었고 자원봉사자들과 우리의 딸 아델 김(Адель Ким)을 포함한 지역 대학생들이 한국어 모국어 화자들에게 집중적으로 공부한 후 이곳에서 수업을 가르쳤다.

존경받고 사랑받는 이형근 목사가 볼고그라드주를 떠난 후 '세종'의 활동은 고려인 청년 연합 '미리내'로 이전되었다.

6. 크라스노다르주 및 아디게야 공화국 고려인 공공단체

1) 크라스노다르주 고려인 민족문화 자치회

크라스노다르주에 거주하는 고려인의 수는 1989년 (아디게야 자치 공화국에 거주하던 635명의 고려인을 포함하여) 1,792명, 2002년 3,289명, 2010년 3,952명이었다. 민족문화 자치회는 다음과 같은 크라스노다르시의 일부 고려인 공공단체의 공동 활동으로 만들어졌다. 크라스노다르 지역 고려인 공공단체 '통일-2000'(발레리 신(Валериан Шин)이 지도자이다.),[16] 1992년 11월 20일 결성된 크라스노다르주 고려인협회(김(А.Н. Ким)이 지도자이다.),[17] 이후 크라스노다르시 및 야블로놉스키(Яблоновский) 마을 고려인들을 '크라스노다르 고려인 민족문화 자치회'라는 이름으로 결합한 크라스노다르 고려인 공공 연합(1990).

1999년 6월 12일자 회의 결정으로 두 개의 단체가 합병되어 크라스노다르주 전체의 고려인을 통합하는 크라스노다르주 민족문화 자치회로 재결성되었다. 이 자치회는 블라디미르 일리치 한(Владимир

---

16) Пак Б.Д., Бугай Н.Ф. 140 лет в России. Очерк истории российских корейцев. М., 2004. C. 334-336; https://sbis.ru/contragents/2308073534/230801001#msid=s1477742321997

17) 러시아연방 법무부 공식 사이트 http://unro.minjust.ru

Ильич Хан)의 지도 속에 한국문화와 전통의 대중화를 위한 문화 계몽 공공단체로 설립되었다. 크라스노다르주 민족문화 자치회는 고려인들의 주도로 설립된 크라스노다르주 공공단체 '민족문화센터'에 속한다.

크라스노다르주 고려인 민족문화 자치회의 중요 목적은 다민족 구성으로 이루어진 크라스노다르주의 첨예한 문제를 해결하고 포용성을 유지하는 데 필요한 내부 정책 및 사회적 과제를 결정하는 것이다. 민족문화 자치회의 다른 과제는 지역 고려인들의 농업 활동(채소재배 및 생산물 마케팅)에 조정과 지원을 제공하는 것이다.

1990년대 후반 민족문화 자치회는 상당히 활발하게 활동하여 예술 전시회 및 스포츠 대회를 준비했고 도시 축제나 주의 기념행사에 참가하였다. 쿠반 국립대학교에 두 개의 한국어 수업 반을 개설했고, 한국 민속 예술단과 태권도 섹션을 만들었다. 크라스노다르주 고려인들에 대한 다큐멘터리 영화를 촬영하였으며 지역 방송국용 TV 시리즈를 준비했다.

2000년대 초 민족문화 자치회는 신문 '조선-친선'을 간행했고, 도서관 펀드와 비디오 라이브러리를 만들었다. 민족문화 자치회의 참가로 크라스노다르시 경제 및 법률, 자연과학 전문 연구소의 동방학부에 한국학과가 만들어졌다. 크라스노다르주 고려인 민족문화 자치회는 경제, 법률, 조직, 문화 계몽 활동을 위한 조건을 형성하여 주에 거주하는 고려인들의 이익을 보호하였다. 자치회는 크라스노다르주 고려인들의 독특한 문화 발전의 개념을 실현했다.[18] 민족문화 자치회의 지도자는

---

18) 러시아연방 법무부 공식 사이트 http://unro.minjust.ru/.; Попова Ю.Н. Корейская диаспора Краснодарского края: историко-культурные аспекты (20 - нач.21 вв.) / Диссертационное исследование. Краснодар, 2004; https://vk.com/club115919828; http://kubanetnos.ru/?page_id=57; komo2727@mofa.go.kr

안드레이 발레리예비치 테가이(Андрей Валерьевич Тегай)이다.

2) 타흐타무카이스키 지역 고려인 공공단체(아디게야 공화국)

아디게야 공화국에는 고려인이 1989년에 635명, 2002년에 820명, 2010년에 766명 거주하고 있었다. 그들 중 606명이 타흐타무카이스키 지역에 살고 있었다. 공공단체는 (이 단체의 설립자 겸 지도자는 심 (Л.М. Сим)과 데가이(С. Дегай)이다.) 처음에는 공식 등록 절차 없이, 2000년 2월 말 주도적인 고려인 그룹과 아디게야 공화국 타흐트무카이스키 지역 행정기관 간의 협약에 근거하여 만들어졌다. 타민족(아게디야인, 러시아인)으로 둘러싸인 환경에서 살아가는 소수 고려인 그룹의 자기 조직화는 민족 정체성과 경제적 안정성, 양호한 생활환경 조성을 위해 매우 중요했다.

타흐타무카이스키 지역 행정기관의 협력을 받아 고려인들에게 농사짓기 위한 토지를 제공하여 고려인들의 경제적 문제를 해결하기로 하였다.

대다수의 고려인 공공단체와 마찬가지로 이 단체의 주요 목적은 문화 계몽적 활동과 상호지원이었다. 초기에는 타흐타무카이 마을의 문화의 궁전에서 활동하였으나 이후 아디게야 공화국 타흐타무카이스키 지역 에넴 마을로 옮겨갔다.

단체는 우선 고려인 시민을 등록시켰고 한국어 수업을 개설하였으며, 경북대(대구시)와 교류를 맺었다. 무용 예술단 '금꽃'과 북 예술단 '사물놀이'를 조직하였다(예술단 지도자는 심(Л. М. Сим)이다.). 두 예술단은 '캅카스는 우리 모두의 집이다.'(아디게야 공화국) 및 '쿠반의 봄'(크라스노다르주) 축제에서 수상자로 선정되었다. 타흐타무카이스키 지역 고려인 단체의 활동은 지역 신문과 TV에서 반복적으로 다루어졌다. 한국 전통명절 행사의 일환으로 한국 민속 예술 전람회를 개최했다.

2000년-2007년 기간 동안 가장 적극적으로 활동하여, 빅토르 전 (Виктор Тен), 스베틀라나 데가이(Светлана Дегай), 라리사 심 (Лариса Сим)이 리더를 맡았다. 이후 주요 이론가이자 실천가인 라리사 미하일로브나 심 교수가 물러난 후 단체의 활동이 줄어들었다. 단체는 2012년 그녀가 다시 돌아오고 난 후 다시 새롭게 활동하고 있다.[19] 이 단체는 지도자의 집에서 회합을 하고 크라스노다르주의 다른 고려인 단체들과 긴밀한 관계를 유지하고 있다.

7. 로스토프주 고려인 공공단체

1) 로스토프주 고려인협회 (АКРО)

로스토프주에 거주하는 고려인의 수는 1989년 7,132명, 2002년 11,669명, 2010년 11,597명이다.

로스토프주 고려인협회는 1991년 6월에 고려인들의 정체성을 유지하고, 언어 및 문화, 전통을 부흥시킬 목적으로 설립되었다. 협회의 주요 목적과 과제는 한국문화, 전통, 언어를 보존 부흥시키는 것, 돈 강 지역 고려인들의 세력을 연합하는 것, 고려인들을 하나의 친밀한 가족

---

19) Бугай Н.Ф. Корейцы Юга России: межэтническое согласие, диалог, доверие. М., 2015. С. 376; Интервью с Ларисой Сим. Личный архив Ким И.А.

으로 결속하는 것, 돈 강 지역의 모든 민족들 사이에 선린관계의 전통을 유지하는 것, 그리고 역사적 조국과의 관계를 유지하는 것이다. 로스토프나도누시 고려인들은 1991년 2월에 처음으로 노동 광장에 있는 카페에서 음력 새해를 기념하는 행사를 조직했다. 그때 로스토프주 소비에트 고려인협회(АСКРО)를 설립하기로 결정하였다.

이 행사의 기획자는 바딤 리가이(이후 로스토프주 소비에트 고려인협회의 부회장)였다. 로스토프주 소비에트 고려인협회 건설의 근원에는 다음과 같은 협력자 그룹이 있다: 로베르트 블라디미로비치 리(Роберт Владимирович Ли), 바딤 리가이(Вадим Лигай), 에두아르드 리(Эдуард Ли), 유리 리(Юрий Ли), 갈리나 리(Галина Ли), 라리사 모이세예브나 박(Лариса Моисеевна Пак), 그리고리 알렉산드로비치 박(Григорий Александрович Пак), 마르가리타 리(Маргарита Ли), 세르게이 듀피로비치 최(Сергей Дюфирович Цой), 빅토르 아파나시예비치 김(Виктор Афанасьевич Ким), 파벨 알렉산드로비치 김(Павел Александрович Ким), 겐나디 이바노비치 채(Геннадий Иванович Цай), 베니아민 니콜라예비치 한(Вениамин Николаевич Хан) 등.

1991년 3월 30일 АСКРО의 창립대회가 열렸는데, 협회에 가장 많은 대표부를 가진 도시는 로스토프나도누 및 바타이스크, 아조프, 그리고 악사이스키 지역, 쿨레숍카 마을이었다. 창립대회에서 АСКРО의 규약이 채택되었고, АСКРО의 회장 및 간부회, 감사위원회가 선출되었다. 제1대 회장으로 로베르트 블라디미로비치 리가 선출되었다. 로스토프주 소비에트 고려인협회의 규약은 1991년 6월 6일에 로스토프주 집행위원회 법무과에 등록 번호 w7로 등록되었다. 이날을 로스토프주 고려인협회의 창립일로 간주한다. 1999년에 협회의 이름에서 '소비에트'라는 단어가 삭제되어 새롭게 등록되었다.

지난 20년 동안 로스토프주 고려인협회의 활동 중 중요한 과제는 다음과 같았다. 한국어의 부흥, 민족의 관습과 전통의 부흥, 고려인들의 역사 연구, 한국 고유의 문화, 예술, 문학의 발전, 로스토프주 고려인들의 법적 권리와 이익의 보호, 고려인 디아스포라의 사회생활 활동성 증진에 대한 지원, 민족 간의 친선 강화, 국제 문화 및 경제 관계의 발전 등. 협회의 주요 활동은 지역적 특징에 의해 설립된 기초 단체들에서 진행해왔고 또 진행하고 있다.

초기에는 로스토프나도누 및 바타이스크, 아조프, 베숄리(Весёлый) 마을, 아좁스키 지역 쿨레숍카 마을에 로스토프주 고려인협회의 기초 단체들이 만들어졌다. 오늘날에는 아좁스키 지역 올긴스카야 마을 및 마트베예프쿠르간(Матвеев-Курган), 타간로크(Таганрог), 로디오노보네스베타이스키(Родионово-Несветайский) 지역 볼세크레핀스키(Больше-Крепинский) 마을, 세미크라코르스키(Семикаркорский) 지역 수사트(Сусат) 마을에도 АКРО 하위 분과들이 존재한다. 로스토프나도누시 및 바타이스크시, 베숄리 마을, 마트베예프쿠르간 마을, 쿨레숍카 마을, 올긴스카야 마을에 한국어 강좌가 개설되어 소속 민족과 관계없이 원하는 사람은 누구나 수업을 들을 수 있다. 수업은 무료로 진행된다. 우등생은 포상으로 대한민국을 방문할 수 있다. 로베르트 리의 뒤를 이어 세르게이 최(1992년부터), 올레그 김(1998년부터), 세르게이 전(2000년부터), 뱌체슬라프 남(2004년부터), 아파나시 손(2007년부터), 알렉산드르 엄(2016년부터)이 АКРО 의장을 역임했다.

АКРО의 사회 활동 전개의 근원이 된 열정적이고 활동적인 동포들이 여러 행정단위 지역에서 고려인 운동을 형성하는 데 중요한 역할을 했다.

수년 동안 돈 강 지역에는 100개 이상의 민족들이 서로 평화롭게 공존해왔다. 로스토프주 고려인 디아스포라는 민족 간의 우정과 조화를 위한 대규모 행사에 해마다 참가하고 있다. 대표적인 행사로 '돈 강은 우리 모두의 집이다' 및 '로스토프는 다민족이다', '고요한 돈 강보다 자유로운 곳은 없다', '돈 강 민족들의 화목한 가족', 스포츠 축제 등이 있다. AKPO의 지도부는 민족 관계 및 극단주의 예방을 주제로 회의, 심포지엄, 컨퍼런스, '원탁회의' 등에 적극적으로 참가하고 있다.

협회는 매년 대규모 대중문화 행사와 민족 명절 기념행사를 진행한다. 한국문화 축제, 음력 새해인 설날, 봄 축제인 단오, 수확의 날인 추석, 노인의 날 등등이 대표적인 행사이다. 협회 산하에 1991년 고려인 무용 예술단 '금강산'이 만들어졌고, 이 예술단은 지역 및 전 러시아 대회와 축제에서 상을 받았다.

로스토프주 고려인협회는 젊은 세대 동포들의 창조적 활동을 지원한다. 2001년에 로스토프주 고려인협회 산하 주립 청년 위원회가 결성되었다. 위원회는 활동 기간 동안 '돈 강 지역의 미스 고려인', 한국문화 및 전통과 관련된 주제별 모임, 청년 컨퍼런스, 파티, 대회 등과 같은 인상적인 행사를 진행했다. 아르투르 장(Артур Тян), 바딤 엄(Вадим Эм), 스타니슬라프 한(Станислав Хан), 이리나 전(Ирина Тен), 안젤리카 김(Анжелика Ким)이 주 청년 위원회의 지도자를 역임했다.

로스토프주의 고려인들은 돈 지역 스포츠와 러시아 스포츠 발전에 크게 기여하고 있다. 1990년부터 로스토프에는 스포츠클럽 '그랜드마스터'가 생겼는데, 그 덕분에 가장 인기 있는 한국 스포츠 중의 하나인 태권도가 지역 스포츠로 확고하게 자리 잡았다 클럽의 창시자이자 변함없는 지도자 스타니슬라프 블라디미로비치 한은 AKPO 간부회 임원이자 스포츠 위원회 회장이다. 돈 지역의 태권도 선수들은 로스토프주 출신의 러시아 대표팀의 일원으로 국제경기에 참가하고 있다. 태권도 선수들은 자신의 업적을 통해 지역 고려인들을 자랑스럽게 했으며 고향인 돈 지역에 적지 않은 승리와 상을 안겨 주었다.

2014년 지역 공공단체 '로스토프주 고려인협회'가 지역 공공단체 '로스토프주 고려인연합'으로 개명하였다. 협회는 행정기관 및 민족연합, 동호회와 적극적으로 협력하여, 돈 지역 사람들의 선린관계 유지 전통을 보존하기 위해 노력한다. 협회는 전 러시아 고려인연합의 일원으로서 러시아 다른 지역의 고려인 단체들과 협력하고, 대한민국과 유익한 협력을 개발하고 지원한다. AKPO는 엄 알렉산드르 니콜라예비치가 이끌고 있다.

2001년 8월에 월간지 '푸티'(Путь)가 로스토프주 고려인협회의 정기 간행물로 출간되었다. 이 신문은 돈 지방 고려인들의 삶과 관련된 최초의 대중 매체가 되었다. 신문은 협회의 활동을 다루고, 독자들의 의견과 소망을 게재한다. 발간 부수는 1000부이고, 편집장은 이리나 전(Ирина Тен)이다.

신문 '푸티'는 2012년 '돈 지역의 고려 사람'이라는 새로운 이름을 얻었다. 이 신문은 현재 돈 지역 고려인 디아스포라의 삶과 문화, 전통에 관한 유일한 대중 매체이다. 신문의 자료실은 AKPO의 오랜 역사의 기록이다. 신문과 협회는 자신의 목적과 과제에서 불가분의 관계에 놓여있다. 신문 발행의 주요 목적은 로스토프주 돈 지역 고려인들의 삶과 활동을 조명하여 독자들의 문화와 역사에 관한 정보의 수준을 향상시키는 것이다. 신문 발행 부수는 1,000부로, AKPO의 로스토프나도누 및 로스토프주 기초 기관들에 무료로 배포한다. 신문의 편집장은 마리야 니콜라예브나 김(Мария Николаевна Ким)이 맡고 있다.[20]

---

20) http://koredo.ru/associaciya-koreycev-rostovskoy-obl https://

2) 로스토프주 고려인협회 바타이스크시 지부

바타이스크시 고려인협회는 1994년 로스토프주 고려인협회의 기초 단체 8개 중 하나로 설립되었다. 바타이스크 문화궁전에서 한국문화와 전통의 대중화를 위한 문화계몽 지역 공공단체로 활동했다. 파플리나 니콜라예브나 김(Павлина Николаевна Ким)이 창시자이자 초대 회장(1994년-2005년)이다. 현재는 엘레나 엘리세예브나 오가이 (Елена Елисеевна Огай)가 회장을 맡고 있다. 바타이스크시에는 2010년 1,530명의 고려인이 거주하고 있었다.

지부의 고려인들은 시의 사회 정치적 생활 및 문화 행사, 아마추어 예술 공연에 참여하고 있다. 로스토프주 주재 대한민국 영사, 지역 기업가들, 지역 후원자들과 정기적으로 회합을 가진다. 지부의 활동가들은 나이 든 고려인을 방문하고 축제 콘서트, 특히 전승 기념일인 5월 9일이나 노인의 날인 10월 1일의 축제 행사에 그들을 초대한다.

다른 기초 단체들과 마찬가지로 바타이스크 고려인협회의 최우선 과제는 희망자 모두를 위한 한국어 학교를 개설하고 원로회와 공연 그룹을 만드는 것이었다. 8세에서 30세까지의 젊은이들이 바타이스크시의 한국어 학교에 다니고 있다. 10년도 더 전에 무용 예술단 '아리랑'이 조직되었는데 그 멤버들은 모든 고려인 축제 및 도시 축제에서 공연한

---

nnao.ru/2012/02/11; http://www.arirang.ru/about/art4.htm; Бугай Н.Ф. Корейцы Юга России: межэтническое согласие, диалог, доверие. М., 2015; Сон А.Н. Прошлое и настоящее донских корейцев. Феномен Ассоциации корейцев Ростовской области // Гармонизация межнациональных отношений в Южном федеральном округе. Российские корейцы в диалоге народов и культур Дона. Ростов-на-Дону–Москва, 2011. С.123; Цой С.Д. История создания первой общественной организации донских корейцев // Там же. С. 187-196

다. '아리랑' 예술단은 바타이스크시의 문화궁전에서 연습을 진행한다. 같은 곳에서 태권도 섹션도 활동하고 있다. 바타이스크 고려인 단체는 후원을 받고는 있지만 여전히 재정적인 어려움을 겪고 있고, 지역 고려인들의 소극적 참여로 인한 문제도 있다.

바타이스크 고려인의 상당수가 사할린 출신이다. 공공단체의 활동은 고려인들의 단결과 한국 민족문화 전통 및 언어 유지에 도움이 된다.[21]

3) 로스토프주 고려인협회 아좁스키 지역 쿨레숍카 마을 지부

쿨레숍카 마을 지역 고려인협회는 로스토프주 고려인협회 초기 단체 8개 중 하나로 1991년 설립되었다. 협회의 설립자는 리나 미할일로브나 신(Лина Михайловна Шин)이다. 협회는 쿨레숍카 마을 아좁스키 지역의 문화궁전에서 한국문화와 전통의 대중화를 위한 지역 문화 계몽 공공단체로 활동하고 있다. 협회는 문화 교육 활동과 계몽 활동을 목표로 삼고 고려인들에게 법률적 지원을 제공하고 청소년들을 교육한다.

희망자 모두를 위한 한국어 야간 강좌가 개설되었고, 두 개의 합창단을 만들어, 연장자들의 합창단 '금뿌리'와 청년 합창단을 운영하고 있다. 한국어로 작품을 공연하는 드라마 동아리도 만들었다. 민속 창작물이 발달하고 민속 전통과 명절이 부활하였다. 초 중 고등학생들은 АКРО

---

21) Кан Т.Б. Проблемы развития региональных организаций АКРО (на примере Батайской организации АКРО) // Гармонизация межнациональных отношений в Южном федеральном округе. Российские корейцы в диалоге народов и культур Дона. Ростов-на-Дону–Москва, 2011. С.285-290

가 개설한 프로그램에 따라 고려인들의 민족문화에 익숙해진다. 한국
민족의 정신적 자원이 아이들에게 계승된다.

쿨레숍카 기초 단체는 활동적인 청년 그룹과 연장자 그룹으로 구성
되어 있다(리나 미할일로브나 신이 지도자이다.). 단체에는 선생님, 의
사, 경제학자, 경리, 엔지니어 등 다양한 직업군의 고려인들이 가입되
어 있다. 청년들 사이에 스포츠 경기가 진행되는데 러시아의 영웅 엄
(Ю.П. Эм)은 스포츠 경기가 불굴의 정신을 교육하는 데 중요한 역할
을 한다고 말했다.

쿨레숍카 고려인협회는 아좁스키 지역 사회 활동에 적극적으로 참
여한다. 고려인들의 축제 및 한국 명절을 함께 기념한다. 아좁스키 지
역에는 1,100명 이상의 고려인이 거주하고 있는데 그들 중 많은 사람이
쿨레숍카 마을에 산다. 이 마을에 고려인 가족이 처음 정착한 것은
1954년이었다. 이곳에는 고려인 생산 집단(작업반, 대형 농장 경영, 생
산 연합)이 다수 존재한다. 협회의 활동은 지역 고려인들의 통합을 돕
는다.[22]

---

22) Ким Е.Т. Страницы из жизни корейской диаспоры села Кулешовка.
- Сборник материалов межрегиональной научно-практической
конференции «Гармонизация межнациональных отношений
в Южном федеральном округе. Российские корейцы в диалоге
народов и культур Дона». Ростов-на-Дону-Москва. 2011. C.258-260.
Бугай Н.Ф. Корейцы Юга России. М., 2015. C. 281

8. 스타브로폴주 고려인 공공단체

1) 스타브로폴주 고려인 민족문화 자치회

스타브로폴주에는 1989년에 4,621명, 2002년에 7,095명, 2010년에 6,759명의 고려인이 거주했다.

스타브로폴주 고려인 민족문화 자치회(НКАСК)는 2003년 1월 21일에 스타브로폴에 재등록되었다. G.S. 김(Г.С. Ким), M.P. 돈(М.П. Дон), O.P. 우트키나(О.П. Уткина)가 자치회의 설립자이다. 스타브로폴주 고려인 민족문화 자치회는 러시아 고려인 단체의 단계적 형태로서 다음과 같은 과제를 성공적으로 수행했다. 한국 정신문화 부흥에 대한 협력; 민족 인식과 계몽 촉진; 민족 독창성과 한국어의 회복 및 보존; 교육 기관 및 학문 기관, 문화 기관의 건립; 민족 간의 친선과 상호 이해 강화에 협력; 러시아 공화국과 한반도 남북한 정부들 사이 상호관계 발전에 대한 협력.

고려인 민족문화 자치회는 스타브로폴주에 거주하고 있는 고려인들의 긴급한 문제도 해결했다. 고려인들의 농업 활동(토지 임대, 채소 재배) 및 교육, 건강관리, 문화 발전, 스포츠 발전을 위한 조건을 확보했다. 일부 지역에는 무용 예술단이 창단되었다. 민족문화 축제와 세미나, 한국 민족문화 지식에 대한 경진대회가 진행되었다.

스타브로폴주 고려인 민족문화 자치회는 조직 형태를 변화시키며 해산되었다. 자치회는 지역 고려인 사회를 위해 통합과 발전의 임무를 수행했다.[23] 자치회의 지도자 겐나디 세묘노비치 김(Геннадий Семе

---

23) Ариран. No.1, май, 2001; Сим Л.М. Возрождение и развитие культуры российских корейцев на постсоветском пространстве

нович Ким)은 러시아 공화국 문화부 명예훈장을 받았다.

2) 스타브로폴주 이조빌넨스키 지역 고려인 민족 문화 자치회

이조빌넨스키 지역 고려인 공공단체는 사실상 1997년 4월에 설립 되었다. 단체가 처음 설립된 곳은 바클라놉스카야(Баклановская) 마 을이었고 알렉산드르 예누코비치 엄(Александр Енукович Эм)이 설립자이다. 이조빌넨스키 지역 고려인 민족문화 자치회는 다른 많은 지역 및 도시의 민족문화 자치회와 마찬가지로, 점차적으로 스타브로 폴주 고려인 민족문화 자치회와 합병되어 전권을 위임하였다. 지역 민 족문화 자치회는 2002년 6월에 스타브로폴주 고려인 민족문화 자치회 의 지부로 편입되었다.

민족문화 자치회의 주요 목적은 타지키스탄, 우즈베키스탄, 카자흐 스탄 및 다른 구 소비에트 연방 공화국 출신으로 이조빌넨스키 지역에 거주하고 있는 고려인을 지원하는 것이다. 구체적인 과제로는 이민의 합법화, 직업 알선, 거주지 확보에 대한 지원이 있다. 공공단체로서 민 족문화 자치회는 지방자치 당국 산하에 설립된 민족 위원회를 통해 지 역 당국의 기관들과 상호협력했다. 관리 기관은 민족문화 자치회의 위 원회이다. 한국문화와 전통의 대중화를 위한 문화 계몽 공공단체로서 민족문화 자치회는 한국어 강좌를 조직했고, 고려인들을 아마추어 예 술 단체로 이끌었다.

// Корейцы в России, радикальная трансформация и пути дальнейшего развития. М., 2007. С.104-119. 러시아연방 법무부 공식 사이트 http://unro.minjust.ru/

고려인 민족문화 자치회는 짧은 기간 존재하면서 지역 고려인들에게 법률적, 경제적, 조직적 지원을 받을 기회를 제공하였고 한국 민족의 문화적 전통을 보호하였다.[24] 현재 이 단체는 러시아 연방 법무부 및 러시아 연방 지역 정책국 등록명부에서 삭제되었다.

3) 전 러시아 고려인협회(러시아 고려인협회) 스타브로폴 지역 협회

스타브로폴 고려인 민족문화 자치회는 2005년 2월 14일에 스타브로폴주 게오르기옙스크시에서 전(全)러시아 공공단체인 '러시아 고려인협회'에 지부 자격으로 편입되었다. 많은 고려인 지역 협회, 지방 협회와 문화센터들이 이와 같은 길을 걸어갔다. 전 러시아 고려인협회 지부의 설립자는 라리사 알렉산드로브나 김(Лариса Александровна Ким), 게오르기 인노켄티에비치 전(Георгий Иннокентьевич Тен), 라이사 니콜라예브나 최(Раиса Николаевна Цой)이고 블라디미르 밀로리예비치 김(Владимир Миллориевич Ким)이 지도를 맡았다. 스타브로폴 지부는 러시아 고려인협회 규약에 맞춰 한국어 강좌 및 아마추어 예술 공연과 창작 활동을 지원하고, 경제 활동 단체에 도움을 제공하며, 스타브로폴주 고려인들의 권리를 보호하는 활동을 전개한다. 스타브로폴주 게오르기옙스크시 시장의 결정에 따라 러시아 고려인협회 스타브로폴 지역 협회의 회장 R.N. 최와 V.M. 김이 게오르기옙스크시 민족 관계 문제 위원회의 위원이 되었고, 이를 통해 고려인 문제를 해결에 도움을 받았다.

---

24) 러시아연방 법무부 공식 사이트 http://unro.minjust.ru

러시아 고려인협회의 지역 분과는 독립적인 단체가 아니라 러시아 고려인협회의 단일한 관리 시스템 산하 협회이다. 따라서 그들은 다른 활동을 전혀 하지 않으면서 러시아 고려인협회에서 모든 지역의 고려인협회로의 송신 고리 역할을 하고 있다. 스타브로폴 지부는 러시아에 있는 전러시아 고려인협회의 일원으로 활동하면서 고려인 디아스포라의 발전과 단결의 임무를 수행한다.[25]

4) 기타 단체

우리는 공개 자료와 문헌을 통해 러시아 남부지역의 기성세대 고려인들의 공공단체에 대해 간략하게나마 살펴보았다. 또한 이 단체들 이외에도 지역 고려인 공동체를 조직적으로 형성하기 위한 몇몇 시도에 대한 언급을 더 찾아볼 수 있다. 북오세티야 알라니야 공화국의 민족문화 단체 '홍길동'[26], 2005년 로스토프나도누시 바빌로프 거리에 등록된 지역 공공단체 '로스토프주 고려인연합'[27], 1992년 7월 29일 스타브로폴에 만들어져서 모가이(А. Д. Могай)가 이끌었던 일명 '러시아 고려인협회'[28], 2007년 1월 25일 민족문화 자치회 산하 특별 구성으로 볼고그라드에 등록된 '고려인 상호원조 센터' 등이 있다. 민족문화 자치회가 해산된 후, 2011년 1월 21일 볼고그라드에 드미트리 알렉산드로비치

25) Ким Моисей. Нужна единая система. http://www.arirang.ru/news/2012/12115.htm. Сим Л.М. Возрождение и развитие культуры российских корейцев на постсоветском пространстве // Корейцы в России, радикальная трансформация и пути дальнейшего развития. М., 2007. С. 104-119

26) Бугай Н.Ф. Корейцы Юга России··· С. 362

27) 러시아연방 법무부 공식 사이트 http://unro.minjust.ru

28) 러시아연방 법무부 공식 사이트 http://unro.minjust.ru

최, 표트르 블라디미로비치 김이 회장을 맡은 볼고그라드 고려인협회가 등록되었다. 이 협회는 2013년 9월 12일 등록부에서 삭제되었다.

이와 같이 고려 사람 기성세대는 러시아 연방 법률이 제안하는 조직 형태를 사용하여 고려인 이민자들을 러시아 사회로 통합하는 일을 실현했다. 강제이주로 인하여 어려운 상황에 처한 중앙아시아 고려인들에게 지역 러시아 고려인들이 조직적, 재정적, 심리적, 정신적 도움을 제공했다. 한국 비즈니스 자금이 유치되었고, 러시아 국가 차원의 프로그램이 만들어졌으며, 대한민국 정부와 시민들의 지원이 제공되었다. 이 과정에서 모순이 발생하기도 했고, 이해관계의 차이로 인한 다툼도 있었다. 이런 현상은 공공단체들의 난립에서도 나타났는데 이런 하루살이 공공단체들은 산발적인 언급만을 남기고 사라져갔다.

러시아 고려인협회 창립과 함께 체계적으로 집중된 구조화 및 지역 고려인 사회의 재건이 시작되었다. 다음 장에서 논의되듯이 점점 더 새로운 젊은 세대가 공공단체들을 이끌고 있다.

제3장

러시아 남부 고려 사람의 개인적 성공

1. 농업 노동자

◎ 김 발레리 블라디미로비치(Ким Валерий Владимирович)

발레리 블라디미로비치 김은 채소 및 박과작물, 양파, 토마토, 고추를 재배한다. 그러나 그의 농장의 주된 업종은 목양과 목축업이다. 가까운 시일에 낙농업 농장과 어린 동물 사육 및 비육 종합 회사를 가동할 계획이다. 해마다 농장 경영은 이익이 증가하는 경향을 보인다. 이것은 생산 과정에 사용된 기술 장비에 덕분이기도 하지만, 가장 중요한 것은 훌륭한 농장 노동자들, 즉 자발적으로 노동에 임하고, 자신의 일을 사랑하며,

사진 출처: http://astrahan. bezformata.ru/

새로운 성취와 성공을 위해 노력하는 사람들이다.[1]

▶ 녹취 :

저는 1980년에 농업 분과에서 일하러 이곳에 왔습니다. 그때부터 제 삶은 농공 복합기업과 견고하게 관련을 맺고 있습니다. 1989년 다게스탄 공화국에서 처음으로 농지를 임대해 제 자신의 농산물을 개발하였고, 1992년 농업회사 '카즈베크'(Казбек)를 만들어 운영하고 있습니다…

90년대 초는 무척 힘든 시기였습니다. 특히 우리 같은 생산자들에게는 말입니다. 그때 농업이 위기를 겪었습니다. 집단농장과 국영농장은 해산되었고 농장에서 생산한 제품들은 수요가 없었습니다. 90년대 말 저는 농장을 닫아야 했습니다. 몇년 동안 저는 지역의 한 농업 기업의 작업반에서 단순 노동자로 일하다 2001년에서야 기업 활동을 다시 시작할 수 있었습니다.

2년 후 저는 농업회사 '드미트리'를 이끌게 되었습니다. 상당한 위험을 감수하면서 제 친척들이 저를 지원했습니다. 농사가 얼마나 힘든 일인지 모두가 알고 있었습니다. 많은 기업가들이 경제적인 어려움, 바로 융자와 대출을 거쳐야 했습니다. 이 밖에도 가뭄, 강풍, 한파 등의 기후적 특성을 고려해야 합니다. 그러나 지금은 다 괜찮습니다. 우리는 버티고, 포기하지 않았습니다. 벌써 11년 동안 우리 농업회사가 강해지고 있는 것입니다. 농업 개발을 위한 학위도 받았고, 농업 박람회에서 여러 번 상도 받았습니다.

◎ 세가이 게오르기 니콜라예비치
(Шегай Георгий Николаевич)

게오르기 니콜라예비치 세가이는 대표적인 모범 농부이다. 그는 우즈베키스탄 소비에트 공화국 나망간(Наманган)시에서 태어났다. 중등교육을 받았고 부모님과 많은 동족들의 본을 받아 농업에 종사하

---

1) 다음 자료에서 인용. Талыков А. Дела и заботы астраханских фермеров.
http://astrahan.bezformata.ru/listnews/prizvanie/24900589/. 08.10.2014.

기로 결정했다. 고려인들은 자연 기후 조건이 양파 재배에 가장 적합한 지역 중에 하나인 아스트라한주를 선택했다. 그들은 농사철이면 아스트라한주로 들어와 기록적인 수치의 수확량으로 지역 주민들에게 자신들의 특별한 성실성을 보여준 후 아스트라한주를 떠나갔다. 그러나 시간이 흐름에 따라 고려인들은 이곳에 영구적으로 거주하러 오기 시작했다. 집을 구매하거나 짓고, 땅을 임대하고, 이제 잘 알려진 양파뿐 아니라 다른

사진 출처: https://www.agro-sputnik.ru

농작물을 재배하기 시작했다. 기술 장비가 없었고 재배한 농작물은 중간상인을 밭으로 직접 불러 판매하였다. 세가이가 처음 임대했던 토지는 30헥타르였다. 오늘날 밭은 세가이 소유의 농장에 있는 128헥타르를 포함해서 700헥타르에 걸쳐 분포되어 있다. 세가이 가족 구성원 이외에 4명이 농장에서 상시적으로 일한다. 시즌에는 지역 주민이나 외국인들 150명이 더 추가된다. 기술 장비도 구비하여 5대의 트랙터와 트랙터에 필요한 부속 장비 전 세트를 갖추고 있다. 채소 저장소도 건설하였다.[2]

◎ 김 드미트리 엔호비치(Ким Дмитрий Енхович)

소비에트 연방의 붕괴 이후 드미트리 엔호비치 김은 우즈베키스탄과 카자흐스탄에 거주하면서 채소를 재배했고, 후에 러시아 모스크바

---

[2] 다음 자료에서 인용. http://www.agro-sputnik.ru/index.php/agrobusiness/1152-georgiy-shegay-selskoe-hozyystvo-professiya-i-zhizn. 11.12. 2014

사진 출처: http://orbita-znamensk.ru

에서 몇 년 동안 사업을 하였다. 2002년 드미트리 엔호비치 김은 다시 새롭게 '땅에 정착'하여 첫해 120헥타르의 토지를 빌렸다. 토지를 49년간 임대할 가능성이 생겼을 때 그는 토지를 빌려 거의 전 면적에 양파를 심었다. 집단농장의 양파 수확성은 일반적으로 헥타르 당 150첸트네르(100키로그람에 해당한 중량단위: 역자 주)를 넘는 경우가 드물었으나 김은 첫해에 헥타르 당 450첸트네르를 수확했다. 2010년에 이르기까지 매년 드미트리 김은 생산면적을 2배로 확장했다. 일부 밭의 수확성은 헥타르당 양파 800첸트네르에 이르기도 했다. 그의 농장에는 친척들과 이 마을로 이주해 온 40가구의 구 중앙아시아 공화국 출신의 고려인들이 일하고 있다.

드미트리 김의 양파 재배지는 러시아에서 가장 크고 세계에서 세 번째로 크다. 농장은 높은 마케팅 효율성을 가지고 있다. 또한 드립 관개 및 양파의 기계화된 파종, 수확 등 첨단 기술을 사용하여 운영된다. 현재 김의 농장에서 1,046헥타르가 채소재배에 사용된다. 묘목을 위한 온실이 1.5헥타르를 차지한다. 온실 농사로 채소와 딸기를 수확한다. 온실에는 특수 케이스에 채소 씨를 파종하는 이탈리아 기술 라인이 설치되었는데 이 기술 라인은 60명의 노동을 대신한다. 채소 저장소는 농산물의 유통 기한을 연장하기 위해 세계 표준에 맞춰 현대적인 기온 제어 시스템을 갖추어 건설되었다. 농장에는 600명 이상이 고용되어 있다.

드미트리 엔호비치 김은 2010년부터 경험을 교환하기 위해 그를 초청하는 미국과 이스라엘의 세미나나 심포지엄에 참가하여 강연을 하고 있다. '아그로셈센터' 볼고그라드 분과가 조직한 전 러시아 세미나가 그의 농장을 기반으로 폴로고에 자이미세(Пологое Займище) 마을에서 진행되었다. 네덜란드, 스타브로폴주, 크라스노다르주, 다른 북캅카스 지역, 사라토프주, 로스토프주, 볼고그라드주, 아스트라한주에서 전문가들이 참여하였다. 네덜란드 전문가들은 뛰어난 경작 문화를 가진 드미트리 김의 농장 채소밭이 세계에서 가장 대규모라고 생각한다.[3]

◎ 최 블라디미르 찬세예비치(Цой Владимир Чансеевич)

은퇴한 육군 중령 블라디미르 찬세예비치 최는 1946년 8월 13일에 카자흐 소비에트 연방의 구리에프(Гурьев)주에서 태어났다.[4] 그는 로스토프 도로 기술학교를 졸업한 후 카스피스크(Каспийск)시 기계 제작 공장으로 발령을 받았다. 1974년 칼미크 자치 공화국에서 자동차 검사관으로 소비에트 군대에 복무하기 시작했다. 그는 이곳에서 25년을 근무하였고 칼미크 내무부 야슈쿨스키

사진 출처: http://halmgynn.ru

(Яшкульский) 지역 국립 자동차 검사소 소장이 되었다. V. 최는 소비에트 연방 내무부, 러시아 내무부, 칼미크 공화국 내무부 지도부로부

---

3) 지역 신문 자료: 'Ахтубинская правда'. 25 сентября 2008, 9 июля 2009, 5 мая 2010; http://orbita-znamensk.ru/2011/10/dmitrii-kim-korol-trudyaga.

4) 다음 자료에서 인용. Эрднеева К. Владимир Цой и его высоты: http://halmgynn.ru/4131-vladimir-coy-i-ego-vysoty.html. 29-08-2016, 11:18; Манжусова В., Калмыкия сегодня: https://vkalmykii.com/ovoshchi-ot-vladimira-tsoya; Гаишник, фермер, борец - мастер во всем: http://halmgynn.ru/338-ovoschi-ot-mastera-sporta.html. 12-09-2014, 16:13; http://yashkulrmo.ru/news/news/1317-ovohi-ot-coa.html

터 범죄 해결에서의 유능한 행위 및 직업 현장 활동에서의 우수한 결과에 대한 수상과 훈장을 받았다. 여기에는 1, 2, 3단계의 '빛나는 근무' 메달, '노동 베타랑' 메달, '내무부에서의 뛰어난 근무' 배지가 포함된다.

블라디미르 찬세예비치는 자유형 레슬링에서 소비에트 연방 스포츠 마스터이며 그레코로만형 레슬링에서 스포츠 마스터 후보이고, 칼미크 공화국 자유형 레슬링 연맹 명예 회원이다. 러시아 내무성에 근무하는 참전용사들의 러시아 자유형 레슬링 대회에서 V. 최는 2001년-2003년 사이에 자신의 나이와 체급에서 3번이나 러시아 연방 챔피언이 되었다. 또한 그는 참전용사들의 자유형 레슬링 2011년 독일 세계대회와 2013년 사라예보 세계대회에서 은메달을 수상했다. 스포츠에서의 업적으로 그는 '칼미크 공화국 신체 발달 및 스포츠 명예 일꾼'의 칭호를 얻었다. 퇴직 후에 V. 최는 칼미크 공화국 청소년들의 애국, 도덕 교육에 참여하고 있다. 그의 자녀들과 6명의 손주들도 칼미크 공화국에서 태어나 성장하고 있다.

그림 출처: http://halmgynn.ru

칼미크 공화국 야슈쿨스키 지역 명예시민이자 은퇴한 육군 중령 블라디미르 최는 2005년에 농장을 열고 오이와 토마토, 고추, 당근, 양파 및 박과작물을 재배하고 있다. 전체 토지 면적은 800헥타르인데, 이 중 드립 관개 면적이 40헥타르 이상, 관개 면적이 120헥타르, 목초지 면적이 640헥타르이다. 농장에서는 해마다 약 30만 톤의 채소가 생산된다. 최의 농장에서 사용되는 비료는 닭의 배설물과 분뇨로 만들어진 친환경 비료이기 때문에 이 채소들은 친환경 농작물이다. 채소재배는 가장 노동집약적인 농업 분야이다. 특히 빈번한 모래 폭풍과 찾아보기 힘든 더위가 발생하는 칼미크 공화국과 같은 건조한 기후에서는 더욱 그러하다.

▶ 녹취 :

> 우리 농장에는 20명에서 40명의 사람들이 있습니다. 그러나 엄청난 수확을 해야 할 때, 들에는 항상 일손이 모자랍니다. 하루에 1천 루블이나 주겠다고 제안했는데도 원하는 사람이 적었습니다. 믿지 못하시겠지만, 들일을 하고 싶어 하는 사람이 없습니다. 유감스럽게도 토마토와 오이를 수확하는 기술 장비는 아직 존재하지 않습니다. 이로 인해 오이와 토마토의 일부를 수확하지 못해 손해를 보았습니다. 양파 수확 장비가 있습니다만 그것조차 사람의 손이 없으면 안 될 일입니다. 전부 손으로 수확합니다. 농사는 카드 게임입니다. 작년에 우리는 수확을 했지만 나라 전체가 농산물로 넘쳐났습니다. 봄에 저는 150톤의 양파를 팔지 못하고 버렸습니다. 300톤의 양파를 거저 넘기다시피 했고… 농부의 주된 고민은 농산물을 어디에 판매해야 이익이 남을까, 어떻게 안정적인 판매 시장을 확보할까 하는 것이지요.

농장에는 총 60명 정도의 노동자가 일하고 있다. 블라디미르 찬세예비치에게는 고려인 블라디미르 림을 포함하여 칼미크 국립대학 농과대의 젊은 졸업생들로 이루어진 보조원들이 있다. 농장에서는 암소와 양을 키우고 사료 생산도 한다. 국가 프로그램 틀에서 V. 최는 스프링클러 관개 시스템 '바우어'를 구입하는 데 필요한 보조금을 포함하여, 모든 단계의 예산에서 생산 발전을 위한 보조금을 받았다. 농장의 수입성은 35%이다. 블라디미르 최는 농장의 주인이지만 다른 모든 사람들과 동등하게 일한다. 어쩌면 그래서인지 70대의 나이에도 불구하고 그는 예전과 같이 활기차고 젊다.

2. 문화 예술인들

◎ 문 미하일 영서노비치(Мун Михаил Енсонович)

사진출처: http://gorodn.ru/

미하일 영서노비치 문은 돈 지역 국립 도서관 부관장이자 러시아의 문화 명예 일꾼이다. 그는 1949년 그의 부모가 강제이주 후 정착하게 된 카자흐스탄의 고려인 마을 국제혁명가 위원회(MOPR)에서 태어났다. 이곳에는 고려인만이 살고 있었기 때문에 폐쇄된 공간에서 고려인들의 전통 생활방식과 사고방식이 재현되었다.[5] 그의 어머니는 올가 자서코브나 김(Ольга Дясековна Ким)이고 아버지는 문영선(Мун Енсон)이다. 학교 교장이었던 그의 외할아버지 김자석(Ким Дясек)은 1937년 '트로츠키주의자'라는 공식적 혐의로 공격받고 체포되어, 1942년 수용소에서 죽었다. 그의 친할아버지는 1947년 헥타르 당 농작물 30센트네르를 수확하여 사회주의 노동 영웅이 되었다.

> ▶ 녹취 :
>
> 카자흐스탄에서 사는 동안 나는 다른 민족 사람에 대한 기억이 없습니다. 1954년 그곳을 떠날 때까지 나는 한국어로만 이야기했고, 한국어로 생각했으며, 젓가락으로 음식을 먹었고 모든 관습을 알고 있었습니다.

---

5) 다음 자료에서 인용. http://gorodn.ru/razdel/obshchestvo_free/klub_n/11820/; http://www.nvgazeta.ru/news/12376/509251/; http://www.arirang.ru/library/lib101.htm и др.

가족의 전설에 의하면 할아버지는 유명한 군 사령관이자 당원 얀 가마르니크(Ян Гамарник)의 사진이 실린 잡지가 그의 트렁크에서 발견되어서 체포되었습니다. 얀 가마르니크는 '투하첩스키(Тухачевский) 사건'을 겪고 이미 인민의 적으로 규정된 상태였습니다. 그렇지만 정말 가마르니크 사진 때문에 체포된 걸까요. 그저 내무부 인민위원회 사람들이 사진을 발견했다고 크게 소리쳤고, 그래서 가족들은 사진 때문에 체포되었다고 생각한 것입니다. 할머니는 남편이 곧 풀려날 것이라 생각했습니다. 아니, 그런 이력을 가진 사람을 어떻게 체포할 수 있단 말입니까? 그에 관해서는 책도 쓸 수 있습니다. 그는 1919년 조선에서 일본 지배에 맞서 항거하다 체포되어 감옥에 갇혔지만, 다른 수감자들과 함께 일반 밥숟가락으로 터널을 파서 탈옥했습니다. 중국을 거쳐 러시아로 이동하였고, 극동에 소비에트 권력을 세우는 일에 참가했고…

미하일 문의 부모님. 문영선과 올가 김. 사진 출처: http://www.nvgazeta.ru/

1950년대 초 러시아 남부에서는 벼농사가 상당히 발달하는 중이었다. 스탈린 사후 많은 고려인들이 러시아로 이주하기 시작했다. 그때 미하일 문의 부모님이 돈 지역의 로마놉스카야(Романовская) 마을로 이주했다. 그리고 1957년 그들은 다게스탄의 수도 마하치칼라(Maxaчкала)로 이사를 갔다. 그 당시 이미 다게스탄의 키질류르톱스키(Кизилюртовский) 지역, 하사뷰르톱스키(Хасавюртовский) 지역, 키즐랴르스키(Кизлярский) 지역, 바바유르톱스키(Бабаюртовский) 지역, 타루몹스키(Тарумовский) 지역에서 많은 고려인들이 벼농사를 짓고 있었다. 활기차고 진취적인 고려인들은 작업반을 만들어 특정 농장과 계약을 맺고, 그 계약에 따라 수확의 일부분을 자기 몫으로 받았다. 집단농장과 국영농장은 고려인을 고용하여 수확량을 늘렸고, 쌀로 일꾼의 노동 품삯을 지불했으며, 지도자들은 훈장과 메달을 받았다. 고려인들은 쌀을 판매하여 일반 노동자들이나 근로자들의 1년 수입을 훨씬 넘기는 금액을 남겼다. 그러나 벼농사 노동은 상당히 어려웠다. 다게스탄은 다른 민족들을 존중하는 풍습을 가진 다민족 국가이다.

> …다게스탄에서의 삶은 제게 아주 큰 영향을 미쳤습니다. 이 지역의 특성이 말입니다. 그곳에서는 엄청난 수의 민족들이 평화롭게 삽니다. 예를 들면 제 친구 중 10명이 서로 다른 민족입니다. 관용을 배우기에 더 좋은 환경을 찾기 어려울 정도입니다. 이러한 점이 세계적으로 어느 민족이나 똑같이 좋은 면과 나쁜 면을 동시에 가지고 있다는 나의 의견에 부분적으로 영향을 미쳤습니다. 다게스탄을 여러 번 여행하면서 나는 이 나라를 더 좋아하게 되었고, 더 나은 인간적 측면에서 사람들을 알게 되었습니다. 도움을 줄 준비, 말에 대한 책임, 연장자에 대한 존경, 손님에 대한 환대, 이런 것이 내가 본 것들입니다…

미하일 문은 1957년부터 1983년까지 마하치칼라에서 살았고 이곳에서 학교를 졸업했다. 그는 이전에 친척들과 함께 살았던 카자흐스탄에서 입대했다. 제대 후 미하일은 모스크바 국립 문화 연구소에 입학했고 졸업 후 마하치칼라로 돌아와 푸시킨 국립 도서관 과학 방법 분과에서 근무했다.

> 고등학교를 졸업하고 저와 저의 동급생들 전부는 상급학교에 진학하지 않고 군대에 입대했습니다. 저는 자바이칼 지역 하라노르(Харанор) 마을의 건설부대에서 복무했습니다. 그 당시 중국과의 관계가 악화되어 동부 전선으로 급하게 병력을 파견했습니다. 그들을 위해서 집이며 막사, 학습관, 식당 등등을 모두 새로 지어야만 했습니다. 저희들은 2년 만에 훌륭한 건설자가 되었습니다. 그렇지만 동시에 우리는 중국의 공격에 반격하기 위해 총을 쏘고, 수류탄을 던지는 법도 배웠습니다. 우리는 자바이칼 국경 역에서 50킬로미터 떨어진 곳에 자리 잡고 있었습니다. 1969년 겨울 다만스키(Даманский) 섬에서 전투가 있었고 우리는 3일 동안 무기를 들고 이웃 연대에서 밤을 지새웠습니다. 처음에는 책이나 다른 읽을거리가 없어서 힘들었습니다. 여름 무렵 모든 것이 정상화되었습니다. 우리는 건설부대원이었고, 돈을 벌었습니다. 그래서 신문이나 잡지를 정기 구독할 수 있었습니다. 정기간행물 선택을 잘했습니다. 우리는 문학 동향을 알고 있었습니다.

미하일 영서노비치 문은 1983년 로스토프나도누시에 정착하여 돈 지역 국립 공공도서관에서 근무하기 시작했다. 그는 로스토프주 고려인들의 사회생활에 적극적으로 참여한다. 2011년 로스토프에서 대대적인 지역 간 학문-실무 회의 '남부 연방관구에서의 민족 관계의 조화. 돈 지역 민족과 문화의 대화 속 러시아 고려인'이 진행되었다. 회의의 발표와 보고에서는 러시아 남부, 돈 지역, 쿠반, 북캅카스 지역 등의 러시아 지역에 고려인이 등장하게 된 역사에 대해 밝히고 있다.

저는 러시아 문화권 사람입니다. 그러나 저는 당연히 한국 관습과 전통도 역시 유지하고 싶습니다. 그래서 저는 한때 로스토프주 고려인협회에서 남한과 문화적 유대관계를 수립하기 위해 활발하게 활동하기도 했었습니다. 협회에서 문학 기금이 형성되었고, 언어를 공부할 기회도 제공되었습니다. 우리의 노력을 대사관에서도 주목했고, 2000년대 초반 로스토프에 공식 한국문화센터가 개설되었습니다.

◎ 전 드미트리(Тен Дмитрий)

사진출처: www.dmitriyten.com

드미트리 전은 그래픽 아티스트이자 러시아 예술가 연맹 회원(2008년부터)이다. 드미트리는 1977년 구리예프에서 태어났다. 아스트라한 블라소프(Власов) 예술학교에서 공부했다(1992년-1997년).

학교를 졸업하고 아스트라한의 어린이 예술학교에서 회화 과목을 가르쳤고(1998년-2003년), 광고 회사에서 근무했으며(2003년 - 2005년), 아스트라한 티비 채널 REN-TV에서 디자이너로(2006년-2007년) 일했다. 2008년부터 그는 아스트라한 국립 역사 건축 통합 보호 박물관의 디자이너이다. 그는 아스트라한 크렘린(민속 박물관 및 포탑)의 박물 전시회와 도시역사 박물관의 박물 전시회 디자인 프로젝트를 수행했다(2007년 - 2008년).

▶ 녹취 :

저는 1977년 3월 22일 카자흐스탄 구리예프에서 태어났습니다. 오래된 도시 아스트라한에서 살고 일하고 있습니다. 제 할아버지는 가족이 많지 않았습니다. 한국까지 가서 친척을 찾았으나 찾을 수 없었습니다. 할아버지의 일시적인 충동이었는데, 무엇 때문에 그러셨는지는 모르겠습니다. 누구도 할아버지와 이야길 나누고 싶어 하지 않았습니다. 소비에트 연방 시대였습니다.

저는 어렸을 때부터 그림을 그렸습니다. 5살 때 전함 '포템킨' 사진을 보고 옮겨 그렸습니다. 할아버지는 나의 어린 시절의 작품들을 보자마자 내가 예술가가 될 것이라고 말씀하셨습니다. 나에게 판타지가 있다고 말씀하셨습니다. 엄마도 제게 그렇게 말씀하셨습니다. 엄마는 어린 시절 그림을 아주 잘 그렸다고 했습니다. 저는 공산소년단원 궁전에 다녔고, 예술학교에서 공부했고, 나중에는 예술대학에 다녔습니다. 엄마는 타타르 민족 출신 아스트라한 사람입니다. 아버지는 구리예프에 살았고, 가족이 카자흐스탄으로 언제 이주했는지는 제가 잘 모릅니다. 엄마는 엔지니어였고 아빠는 발전소에서 일했습니다.

아스트라한시는 다민족으로 구성되어 다양한 민족들이 친밀하게 살아가고 있습니다. 제 아내는 볼고그라드 출신 러시아인입니다. 제 친척들 중에도 다민족 결혼 가정이 있습니다. 저는 다민족 가정에서 자랐는데 항상 편안하게 느꼈습니다. 한국어는 모르고, 기억나지 않고, 배우고 있지도 않습니다. 한국인은 전부 다양하기 때문에 어떻다고 말하기 힘듭니다. 제 고려인 친척들은 거의 전부 다 모스크바로 떠났습니다. 조상의 나라를 방문해서 그 문화와 관습을 알아볼 수 있으면 좋겠습니다.

드미트리 전의 이름은 아스트라한주에서만이 아니라 그 주변 지역에서도 유명하다. 그는 다양한 규모의 전시회에 여러 번 참가했다. 주립 전시회(1999년-2007년), 지역 전시회('캅카스에 평화를', 2003년; '위대한 볼가', 2003년), 전 러시아 전시회(박물관 축제 '볼가 강의 뗏목', 야로슬라블, 2002년; 러시아 예술 아카데미 250주년 행사 '러시아 청년 예술가', 2007년; 스탈린그라드 전투 승리 65주년 행사, 2008년).

드미트리 전은 지역 전시회 '위대한 볼가'(2003년) 및 카자흐스탄

드미트리 전, "티나키 교회", 2006.
드미트리 전 개인 소장품 중.

드미트리 전, "나뭇잎", 2017.
사진출처: www.dmitriyten.com

악타우시에서 개최된 축제 '카스피는 우정의 바다다'의 일환으로 열린 국제 전시회 '열린 카스피'(2006년) 참가를 위한 러시아 예술가 연맹 사무국 운영위원이다. 또한 2013년 제11회 지역 간 예술 전시회 '러시아 남부'에 참가하였다.

드미트리 전은 우즈베키스탄에서 열린 제 3회 국제 타시켄트 비엔날레(2005년) 참가자이다. 이 비엔날레에는 미국, 그리스, 스페인, 한국, 러시아, 폴란드 등 세계 25개국에서 70명의 예술가가 참가했다. 이렇게 권위 있는 예술 포럼에 들어가기가 쉬운 일은 아니었다. 2005년 봄 비엔날레에 참여하기로 자원한 국가들에서 예선대회가 열렸다. 러시아 예선에서는 드미트리 전이 있던 아스트라한 팀이 승리했다. 그들은 자신의 작품이 실린 팜플렛과 설치미술의 컴퓨터 버전을 모스크바의 국제 예술가 연맹 회의에 보냈다. 이 그래픽, 회화, 설치예술 같은 작업은 동료 및 전문가들의 관심을 불러왔다. 특히 추상적 작업이 사람들의 마음을 끌었다. 그의 작품에서는 구성의 철학적 의미와, 우리 존재의 약점이 느껴진다. 이는 친환경 프로젝트 설치 작품 '멍청이가 하늘을 노하게 한다.'에 잘 반영되어 있다. 드미트리 전이 이 작품의 크리에이터 중 하나였다.

아방가르드 그래픽 기술과 스타일을 특징으로 하는 드미트리 전의 첫 번째 개인 전시회는 1999년에서 2006년 동안의 일종의 창작 결산으로, 2006년 아스트라한

드미트리 전. "공기", 2017.
사진출처: www.dmitriyten.com

에서 개최되었다. 그의 독특한 묘사 방식과 주변 세계를 바라보는 고유한 시각은 전문가와 관객들의 취향에 맞았다. 이 전시회에 출품된 그의 주요 작품들은 다음과 같다. '화성의 고원'(2000년), '타락한 영혼', '시저의 삶'(2001년), '얀가 강-율가'(2002년), '토지의 기억', '몰로가 강', '천사들', '화성에서 달걀 쏘기'(2003년), '사진 No. 1', '그림자'(2004년), '영악한 수피, 또는 하즈라트', '외로운 종탑', '낡은 돛'(2006년). 주요 작품 재료는 종이 한 장과 연필이다. 전시회에는 세피 기술 작품과 동판 작품도 일부 전시되었다.

제 작품은 각각 어떤 개인을 대상으로 하여 에너지, 영적, 철학적 구성 요소가 그에게 맞춰집니다. 그림은 특정 시대, 삶의 특정 시기에 태어나고, 자신만의 형상을 가지고 있으며, 이는 작품 창작 순간 형성되었던 이해와 기분을 반영합니다.
제 그림은 판타지 리얼리즘입니다. 이상한 생명체들과 벌레들로

가득 찬 외계인의 세계, 신비한 풍경… 그리고 우리 모두가 어린 시절부터 알고 있는 물건들. 다시 말해, 피사체와 어떤 대상들은 현실 세계에서 가져왔는데 행동의 장소나 영웅은 창조적 판타지인 것이지요. 판타지 리얼리즘은 환상과 현실 사이의 접촉 경계선입니다.

드미트리 전은 유명한 아스트라한 화가 샤밀 탁타세프(Шамиль Такташев) 문하에서 공부했다. 혁신적이고 재능 있는 예술가 드미트리 전은 설치(물체가 있는 공간 지향 작품)와 공연(예술적 변형을 동반한 공연) 같은 현대 조형 미술 분야에서도 활동한다. 드미트리에게는 이 장르 구현 아이디어가 많다. 드미트리는 예술에서 끊임없이 새로운 형태를 찾는다. 2006년 드미트리는 회사 브랜드를 제작하고 웹사이트를 홍보하는 제작자 디자인 스튜디오를 만들었다. 풍부한 작업 경험과 자신의 일에 대한 애정은 인생에서 가장 어려운 과제를 구현할 수 있게 해준다.

저는 예술가이고, 디자이너이자 삽화가입니다. 지금은 어린이 판타지 삽화 일을 하고 있습니다. 저는 어떤 책이든 반드시 질적으로 좋은 제품이어야 한다고 생각합니다. 저는 상업적인 성공을 가져오는 프로젝트를 수행합니다. 제 업적을 설명하기 어렵네요. 제일 중요한 것은 창작 그 자체, 제가 만든 것이라고 생각합니다. 특권과 보상은 저에게는 부수적인 문제입니다. 창작과 디자인에 종사합니다. 이것을 보상이라고 할 수 있을지 모르겠습니다만, 저는 러시아 예술인 연맹 회원이고, 유네스코 산하 국제조형예술협회 회원입니다. 하지만 저는 저의 더 나은 작품은 더 이후에 나올 것이라 생각합니다…

드미트리 전의 작품은 아스트라한의 도가딘(Догадин) 미술관 및 아스트라한 국립 역사 건축 통합 보호 박물관, 우즈베키스탄 타시켄트 현대 예술 박물관, 그리고 러시아와 해외의 개인 컬렉션에 보관되어 있다.[6] 그의 작품은 사이트에서 볼 수 있다.(www.dmitriyten.com)

3. 학자 및 교수

◎ 심 라리사 미하일로브나 (Сим Лариса Михайловна)

라리사 미하일로브나 심은 역사학 박사이자 언어학 박사이고, 모스크바에 있는 러시아 국립사회대학교 동방어학과 학과장이었다.

L. M. 심은 1951년 3월 1일 카라칼팍스탄 소비에트 연방자치공화국 쿤그라트(Кунград) 지역 아반가르드(Авангард) 마을에서 태어났다. 그녀의 부모는 길지 않은 어려운 인생을 살았다. 아버지 심 미하일 세묘노비치(1926년-1959년)는 연해주 슈코톱스키(Шкотовский) 지역 수찬 마을에서 태어나서 레닌그라드 군사 의료 아카데미를 졸업하고 의사로 일했다. 어머니 강영순(Кан Ен Сун)(1928년–1963년)은 슈코톱스키 지역 출신으로 가정주부였다. 그들의 다른 자녀들도(딸 하나에 아들 둘) 역시 고등교육을 받았다.

라리사는 1968년 카라칼팍스탄 소비에트 연방자치공화국 호제일리 (Ходжейли)시에서 중등학교를 마쳤다. 그리고 두샨베에 있는 타지키스탄 공산당 중앙위원회 공화국 신문 출판국에서 공문서 보관 일을 시작했다. 1977년에 두샨베에 있는 타지키스탄 대학교 역사학부를 졸업

---

6) 다음 자료에서 인용. Лаванд И. От контрастов до полутеней // Газета АИФ-Астрахань, 1 ноября; http://karakull.tumblr.com/post/; https://www.livemaster.ru/topic/475875-nemnogo-iz-istorii-nashej-masterskoj-denis-litvinov; www.dmitriyten.com; из личных интервью с Д. Теном, архив авторов, 10 декабря 2017.

했다. 1971년부터 1988년까지 타지키스탄 공산당 중앙위원회 산하 마르크스 레닌주의 연구소와 타지키스탄 장관 협의회(주문서 보관 관리국)에서 공문서 보관인부터 선임 연구원에 이르기까지 다양한 직위로 근무했다. 1985년부터 1989년 사이에 타지키스탄 소비에트 연방 공화국 국립 중앙 문서보관소의 선임 연구원을 지내며 기록보관소 문서의 기밀 해제에 대한 타지크스탄 공화국 장관 협의회 산하 주문서 보관 관리국 위원이었다.

러시아 연방 고려인 디아스포라와 이명박 대통령의 만남. 2008년. 첫 번째 줄 왼쪽에서 두 번째가 라리사 심이다. 사진출처: L. M. 심의 개인 소장 사진 중에서.

1988년 라리사 심은 가족들과 함께 러시아 크라스노다르시에 정착하기 위해 왔다. 1986년 모스크바 역사문서 연구소 문서 업무 학부에서 두 번째 고등교육을 이수했고, 1989년 같은 연구소에서 박사과정을 끝

마쳤다. 그녀는 동시에 처음에는 학교에서, 이후 대학에서 가르치기도 했다.

1998년에서 2008년까지 크라스노다르에 있는 국립 쿠반대학교 동방학부 동양지역학과에서 강사와 조교수를 역임했다. 2006년 '소비에트 연방 및 러시아 그리고 카자흐스탄의 고려인들: 사회문화적 변천 (20세기에서 21세기 초에 걸친 20년 동안)'이라는 주제로 박사학위논문을 통과했다. 같은 해 국립 서울대학교(대한민국, 서울) 국제교육원에서 한국어 강사 능력 개발을 위한 연수를 받았다. 2007년 - 2008년 동안 'Korea Foundation' 국제 장학금 수상자로서 연세대학교(서울) 언어교육원 한국어학당에서 한국어 연수를 받았다. 2008년 연세대 노어노문학과에서 러시아사를 가르쳤다. 2008년-2009년 동안 국립 서울대 국제교육원에서 러시아사를 가르쳤다. 2009년 1월부터 L.M. 심은 러시아 국립 사회대학교(모스크바시) 외국어학부 동양어학과 학과장을 맡았었다. 2011년 연세대학(서울)에서 언어학 박사학위논문을 통과했다.

라리사 심은 1982년부터 역사학자, 역사-기록연구사, 동양사 전공자들의 다양한 국제회의 및 전 러시아 회의, 지역 회의에 참가하고 있다. 또한 러시아와 CIS 국가(알마티, 아슈하바드, 타시켄트, 키에프, 모스크바, 크라스노다르, 에카테린부르크, 블라디보스토크, 우수리스크), 한국(서울, 익산, 대구, 연세대, 고려대, 한국외대, 경북대) 등의 한국어 강사들의 회의에도 참가하고 있다.

라리사 미하일로브나 심은 40여 개 이상의 학술논문을 발표했는데 그중 2개는 단행본이다. '동양 국가들의 역사와 문화'(일반 역사)라는 전공으로 석사학위논문과 박사학위논문을 지도했다. 모국어 러시아어를 비롯하여 한국어와 독일어를 자유롭게 구사하고 터키어와 우즈베키스탄어, 카자흐스탄어, 아디게야어를 조금 할 줄 안다.

L.M. 심은 여러 해 동안 고려인 사회 운동가로 활동했다. 2007년-2009년 동안 한국 평화통일을 위한 국제위원회 자문위원이었다. 2008년 모스크바와 서울에서 열린 평화통일을 위한 국제위원회 회의에 참가했고, 같은 해 위원회 사절단으로 조선민주주의인민공화국을 방문했다. 2004년 그녀는 크라스노다르주 고려인협회를 대표하여 고려인들의 자발적인 러시아 이주 140주년 기념 컨퍼런스에 참석했다. 2008년 모스크바에서 열린 전 러시아 고려인협회 제5차 대회 사절단이었다. 1999년-2008년 동안 라리사 심은 크라스노다르주에서 다양한 고려인 공공단체를 이끌어왔다.

남편 리가이 빌겔림 바실리예비치(Лигай Вильгельм Васильевич)는 1949년 고리키 지역 아타진(Атазин) 마을에서 태어났다. 두샨베 폴리텍 대학을 졸업했고, 엔지니어이다. 아들 리가이 블라디미르 빌겔모비치(Лигай Владимир Вильгельмович)는 1979년 두샨베에서 태어났고, 국립 쿠반대학을 졸업했다. 정보기술 전문가이다. 기혼이고 딸이 하나 있다. 부인 바비치 나탈리야 블라디미로브나(Бабич Наталья Владимировна)는 정보기술 전문가이다.

▶ 녹취 :

저는 일생동안 기록연구 분야 및 인민교육 분야와 관련된 직업을 가져왔습니다. 제 아들은 자기의 길을 선택해서 두 개의 학부를 졸업했습니다. 수학부를 졸업해서 정보전문가가 되었고, 동방학부를 졸업해서 터키 전문가가 되었습니다. (그는 영어와 터키어, 일본어를 자유롭게 구사합니다.) 안타깝게도 한국어는 모릅니다. 제 남편은 고려인이지만 한국말을 조금밖에 알지 못합니다. 저는 한국말을 조금 하고 한국어는 자유롭게 씁니다.

1988년 쿠반에 오기 전까지 저는 타지키스탄에서 20년간 살았습니다. 그곳이 어디였든 어린 시절부터 지금까지의 기억 속에서는 지역 주민들과의 아주 좋은 관계만 생각납니다. 예외적으로 일상적인 수준에서 적대적인 관계가 있기도 했습니다. (앞을 내다보지 못하는, 그냥 무지몽매한 사람들이 그러했습니다.)

쿠반에서 벌써 30년을 살고 있습니다. 크라스노다르주와 아디게야 공화국의 고려인들은 다른 민족들과의 관계에서 친절하고, 평온하며, 침착하고, 긍정적입니다. 지역 주민들이 고려인에 대해 편협하고, 공격적인 행동을 하는 것을 본 적이 한 번도 없습니다. 반대의 경우도 마찬가지입니다.

민족 집단으로서의 고려인에 대한 긍정적인 측면이나 부정적인 측면에 대해 자세하게 아주 오랫동안 말할 수 있겠지만, 어떤 식으로든 고려인과 인연을 맺은 사람이라면 거의 모두가 고려인에 대해 말하는 것이 있습니다. 여러 곳에서 강조되는 고려인의 특성 중 하나인데, '노동중독'에 가까울 정도의 극단적인 근면성, 친절함, 주변 사람들에 대한 평등한 태도, 공격성 부재, 그리고 교육에 대한 엄청난 열의가 그것입니다.

◎ 김 이고리 콘스탄티노비치(Ким Игорь Константинович)

김 이고리 콘스탄티노비치는 역사학 박사이고 볼고그라드 사회사범대학교((ВГСПУ) 일반 역사 및 역사와 사회 교육방법학과 조교수이다. 1958년 2월 11일 스탈린그라드(현재의 볼고그라드)에서 태어났다. 어머니는 러시아인이고 아버지는(1961년 사망) 고려인이다. 어머니 이라이다 미하일로브나 나슬레디셰바(Ираида Михайловна Наследышева)는 국립 볼고그라드 사범대

사진출처: 이고리 김의 개인 소장 사진 중에서. 2015년.

학 자연 지리학부의 콘스탄틴 이오시포비치 김의 학생이었다. 1940년대 말 그들은 결혼을 했고 도시에서 첫 번째 고려인-러시아인 결혼 가족

중 하나가 되었다. 이고리 콘스탄티노비치는 볼고그라드에 상시 거주하면서 1975년 중등학교를 졸업하고 볼고그라드 국립 사범대학(현재의 볼고그라드 국립 사회 사범대학교) 역사학과에 입학하였다. 전쟁 기간의 폴란드사를 전공했다. 1979년 대학을 졸업하고 볼고그라드주 시골 학교에 선생으로 파견되었고, 그곳에서 1982년까지 근무했다.

1982년 볼고그라드 사범대학 과학적 공산주의학과 조교로 선발되었고, 동시에 소비에트 연방 과학 아카데미 슬라브 및 발칸 연구소 박사과정 야간학부에 입학했다. 1984년 I. K. 김은 볼고그라드 사범대학 일반 역사학과로 전과했다. 1987년까지 박사과정을 마치고 학위논문 '1938년-1939년 기간 폴란드 사나치야 운동과 주요 반대집단'의 발표를 준비했다. 그리고 1988년 소비에트 연방 과학 아카데미 슬라브 및 발칸 연구소 산하 위원회에서 논문을 발표했다. 볼고그라드 사범대학에서 그는 일반 역사학과 전임 강사를 걸쳐 조교수가 되었다.

2002년-2006년 동안 I. K. 김은 폴란드 과학 아카데미 철학 및 사회 연구소 산하 사회과학 연구소 사회과학부(바르샤바)에서 대박사 과정을 밟아 '폴란드 사나치야 정권하의 (1926년-1939년) 폴란드 주요 정치 세력들의 상호관계'라는 주제로 대박사학위논문을 준비하기 시작했다. 현재 논문 작업은 거의 완성되어가고 있다. 그는 폴란드어를 구사한다. 그는 폴란드, 벨라루시, 우크라이나에서 발표한 소논문과 단행본까지 포함하여 90편 이상의 학문적 업적, 교과 방법론적 업적을 가지고 있다. 러시아 국내는 물론이고 폴란드, 우크라이나, 벨라루시, 한국과 같은 해외에서 열리는 컨퍼런스에서 정기적으로 발표하고 있다. 그는 '러시아-폴란드 역사 연감'(스타브로폴)의 편집위원이다. 볼고그라드 사회사범대학교에서 근무하는 동안 교습 및 연구 활동에서의 업적에 대한 명예 증서를 여러 번 받았고, 3단계 '공로'를 인정받아 명예 배지를 받았다.

▶ 녹취 :

저는 볼고그라드에서의 삶의 많은 부분을 사실상 고려인이 전혀 없는 환경에서 살았습니다. 한국어도 배우지 않았고 한국문화와 역사에 대해 알지 못합니다. 태생과 관련한 어떤 문제도 없었습니다. 가끔 이런 특이한 성이 어디에서 온 것인지 궁금하기는 했습니다. 저는 아버지 쪽 고려인 친척을 알지 못합니다. 아버지가 그의 인생의 마지막 몇년을 고려인 친척들과 관계를 유지했는지 아닌지 알지 못합니다. 어머니 쪽 친척들은 러시아인입니다(카자흐인도 포함되었습니다.). 그래서 저는 완전히 러시아 환경에 놓여있었고, 고려인 디아스포라 구성원들과는 그 어떤 접촉도 전혀 없었습니다. 아버지에 대해 저는 러시아 남부 고려인 구세대에 대한 우리 책에서 이야기했었습니다.

1986년 저는 결혼을 했습니다. 아내는 타타르인입니다. 1986년과 1987년에 아이들을 낳았고, 그들은 부분적으로 제 뒤를 따랐습니다. 아들 콘스탄틴도, 딸 아델도 사범대를 졸업했습니다. 역사와 미술을 전공했습니다. 아들은 학생 시절 한국전쟁의 역사에 대해 학문적 관심을 가졌고, 지금 그는 3D 모델링 분야의 설계 예술가입니다. 딸은 볼고그라드 고려인 단체 활동에 적극적으로 참여하여 한국어를 배웠고, 또 가르쳤습니다. 그리고 나중에 서울에 가 교육 프로그램 내에서 4년간 석사 과정을 이수했고, 얼마 동안 거기서 일하기도 했습니다.

저는 최근 15년 정도 한국과 한국적인 것에 대해 관심을 가지기 시작했습니다. 이는 볼고그라드주 고려인 민족문화 자치회 창립과 관계가 있습니다. 자치회 활동에 참여했었습니다. 예를 들면, 2014년 '함께 살아요'라는 연속물에서 볼고그라드주 고려인에 관한 TV 프로그램(볼고그라드 ВГТРК)을 준비하고 방영했는데 고려인들의 러시아 이주사에 관한 저의 연설이 포함되었습니다.

한국 문제에 대한 학문적 관심은 볼고그라드시와 주의 영토에 이형근 목사가 등장하여 활동하는 것에서 비롯되었습니다. 그는 먼저 사회학자인 제 아내(일기자 김)를 고려인 볼고그라드주 고려인 디아스포라 연구로 이끌었고, 이후 저도 이끌었습니다. 이형근 목사의 주도와 저의 참가로 사범대학교에 학생들을 위한 한국어 단기 강좌가 개설되었고, 한국학 센터를 조직하려는 시도가 있었습니다.

학문적 활동에서 저는 2011년 볼고그라드에서 국제 한국학 컨퍼런스를 조직하였는데, 이 컨퍼런스를 위해 볼고그라드주 문서보관소 자료를 검토하여 그 기반에서 1920년 - 1930년대 니즈네에포볼지예 지역 고려인들에 관한 발표문을 준비했습니다.

이외에도 저는 바르샤바에 있는 폴란드 외무부 문서보관소에서 1945년 - 1977년 시기의 한국에 대한 엄청난 양의 외교문서를 수집했습니다. 그것들을 기반으로 2013년 - 2017년 사이에 5편의 소논문을 써서 발표했습니다. 논문은 1950년대 한국의 전쟁고아들의 폴란드 체류, 1950년대 한국 민간인의 경제, 문화, 교육 현황과 관련된 내용들입니다. 수집된 아카이브 자료들을 사용하여 러시아(페테르부르그, 크라스노다르, 유즈노사할린스크)와 한국에서 열린 한국학 국제 컨퍼런스에서 발표하였습니다. 최근 몇년 동안 저는 남한의 학술기관으로부터 연구보조비를 받아 아카이브 자료들의 수집과 가공, 학술논문의 집필과 출판, 다른 연구 프로젝트에의 참여와 같은 한국 역사에 대한 연구를 계속했습니다. 현재 러시아 고려인 디아스포라 연구에 관한 남한의 한 프로젝트에 참여하고 있습니다.

◎ 림(리) 베네라 세르게예브나
(Лим (Ли) Венера Сергеевна)

사진출처: V. S. 림(리) 개인 소장 사진 중에서.

1946년생 베네라 세르게예브나 림(리)의 생애는 여러 가지 이유들로 흥미롭다. 이 아름다운 고려인 여성의 이야기는 첫째, 고려인 가정에서 고등교육 이수와 고급 전문직 자격 취득을 전통적으로 얼마나 중요하게 생각하는지를 확인시켜준다. 둘째, 개인적 성공 및 고려인 미래 세대의 성공적 발전을 위한 밑거름이 될 사회적 성공을 향한 고려인들의 모티브와 강한 적응력을 증명해준다.

셋째, 짧은 텍스트에는 여러 세대의 이야기가 포함되어 있고, 인생의 날짜들과 한국 이름들이 보존되어 있어 젊은 세대들에게는 낯설고 어쩌면 이국적으로까지 느껴질 수 있다. 자료를 제공해 준 심 라리사 미하일로브나에게 감사드린다.

저 림(리) 베네라 세르게예브나는 우즈베키스탄의 타시켄트주, 스레드네치르친스키 지역 스탈린 마을 소비에트에서 태어났습니다. 1962년 카자흐스탄의 알마티주 판필로프(Панфилов)시에서 학교를 마쳤습니다. 같은 해에 국립 오데사 대학교 화학부에 입학하여 1967년 졸업했습니다.

대학 졸업 후 저는 타시켄트에 있는 화학 및 면 셀룰로오스 기술 과학 연구소에서 오랫동안 근무했습니다. 1980년 그곳에서 박사학위 논문을 발표했고 화학박사가 되었습니다.

첫 번째 결혼에서 저는 딸 포포바(오가이) 나탈리야 아파나시에브나(1968년 생)와 2명의 손주를 얻었습니다. 제 딸은 가족과 함께 모스크바 지역 세르게예프 파사드(Сергиев-Пасад)시에 살고 있습니다. 그녀는 학교에서 수석 회계사로 일합니다.

남편이 죽고 8년 뒤, 저는 아이가 3명이 딸린 남자에게 시집을 가 아디게야 공화국 타흐타무카이스키 지역 야블로놉스키(Яблоновский) 마을로 이사를 갔습니다.

남편 림 콘스탄틴 학버모비치(Лим Константин Хак-Пемович)는 '화력 발전' 전공으로 타시켄트 폴리테크 대학, 에너지 학부를 졸업했습니다. 대학을 마치고 크라스노다르시에 있는 세딘 공장에서 근무했습니다. 그러다 다른 많은 고려인들과 마찬가지로 농사일을 했고, 또 특수 기술 북부 공업 기업에서 파이프 청소 일을 했습니다.

제 부모님, 아버지 리 세르게이 이바노비치(Ли Сергей Иванович, 리백만, 1911년 – 1975년)와, 엄마 박 아가피야 보리소브나(Пак Агафья Борисовна, 1917년–1992년)는 극동 지역의 포시예트 마을에서 태어나 고려인들이 퇴거되기 이전까지 그들의 부모님, 형제자매들과 함께 살았습니다.

베네라 리의 아버지 세르게이 이바노비치(리 백만). 사진출처: V. S. 림(리)의 개인 소장 사진 중에서.

저의 할아버지 박 보리스 이바노비치(Пак Борис Иванович, 1895년-1956년)와 할머니 김 아가피야 인노켄티예브나(Ким Агафья Иннокентьевна, 1895년-1956년)는 세례를 받았고 5명의 자녀를 뒀습니다. 저의 엄마가 가장 맏이었기 때문에 그녀는 아버지와 함께 배에서 고기를 잡아야만 했습니다. 이것이 그들의 주요 양식이었기 때문에 계속 반복해야 했습니다.

박 보리스의 자녀들은 박 아가피야 보리소브나, 박 조야 보리소브나, 박 이리나 보리소브나, 박 아나톨리 보리소비치(1928년-1991년), 박 리자 보리소브나(1925년-1998년), 박 빅토르 보리소비치(1936년-1992년)입니다.

아가피야의 아이들은 리 브로니슬라프 세르게예비치(1939년), 림(리) 베네라 세르게예브나(1945년), 리 엘자 세르게예브나(1947년)와 리 게라심 세르게예비치(1950년)입니다.

제 오빠 브로니슬라프 세르게예비치는 경제학 대박사이고 한국어와 영어를 자유스럽게 구사합니다. 그는 타시켄트 사범대학교에서 학장으로 일했고 지금도 일하고 있습니다. 그의 아내 에미 알렉세예브나(1944년)는 어문학 박사학위를 가지고 있습니다.

브로니슬라프의 자녀들은 리 이고리 브로니슬라보비치(1962년)와 리 미하일 브로니슬라보비치(1975년)입니다. 이고리에게는 아이가 두 명 있고 모스크바에 살면서 시스템 관리자로 일합니다. 미샤는 딸 두 명과 아들 한 명이 있고, 남한 서울에서 일하고 있습니다.

여동생 엘자는 그녀의 가족과 함께 타시켄트에서 살았고 농업부에서 일했습니다. 지금은 야블로놉스키 마을에서 저와 이웃하여 살고 있습니다. 엘자에게는 딸 엄 알렉산드라 안토노브나(1977년)와 아들 엄 안드레이 안토노비치(1971년)가 있습니다. 알렉산드라는 자기 가족과 함께 모스크바에 살면서 일본 회사에서 사무용품 판매에 대한 비즈니스 전략 부서 책임자로 근무하고 있습니다.

그녀의 딸 손 아나스타시야(1996년)는 러시아 멘델레예프 화학기술대학 3학년에 재학 중입니다. 아들 안드레이는 자기 가족들과 함께 크라스노다르주 마리얀스카야(Марьянская) 마을에서 최근 건설된 집에 살고 있습니다. 그에게는 네 명의 아이들이 있습니다. 남동생 게라심은 모스크바 지역 츄루파(Цюрупа) 마을에서 살고 있습니다.

박 조야 보리소브나는 그녀의 가족과 함께 카라칼파스탄의 호제일리시에 살았습니다. 박 이리나 보리소브나는 가족과 함께 카라칼파스탄의 누쿠스(Нукус)시에 살았습니다.

박 리자 보리소브나(1925-1998년)는 남편과 4명의 자식들과 함께 타시켄트주 굴리스탄(Гулистан)시에서 살았습니다. 그녀의 아이들은 김 바딤(1944년), 김 인나(1947년-1970년), 김 티모페이(1950년-1982년), 김 이리나(1951년)입니다. 아들 김 바딤은 카잔시에 살고, 딸 이리나는 굴리스탄의 부모님 집에서 살고 있습니다.

박 알렉산드르 아나톨리예비치와 박 밀라 아나톨리예브나(1949년), 니쿨리나(박) 스베틀라나 아나톨리예브나(1950년), 박 알렉산드르 아나톨리예비치(1956년)는 모두 울리야놉스크(Ульяновск)시에 살고 있습니다. 알렉산드르의 아이들 중 2명의 딸은 자기 가족들과 독일에서 살고 있습니다. 스베틀라나의 아들 세르게이(1976년)는 모스크바에서 일합니다. 밀라의 아들은 아나톨리(1985년)입니다. 박 빅토르 보리소비치는 원양어선 선장이었습니다. 그에게는 아들 알렉이 있습니다.

제 아버지에게는 형 리백류(Ли Пяк-Нюй, 1894년-1962년)가 있습니다. 그의 아이들은 리 타티야나(1936년), 리 로베르트(1942년-2001년), 리 에스피라(1944년)입니다. 리 타티야나의 아이들은 리타, 볼로댜, 바딤, 그리고 4명의 손주들입니다. 로베르트의 아이들은 알리크, 모니카, 에디크, 안드레이, 안젤라, 그리고 6명의 손주들입니다. 에스피라의 아이들은 백 아르투르, 백 예브게니, 그리고 4명의 손주와 1명의 증손주가 있습니다.

남편의 친척으로는 할아버지 림 동인(Лим Дон-Ин, 1884년-1958년)이 한국의 북쪽에서 태어났고, 할머니 리 알렉산드라(Ли Александра, 1899년 - 1973년) 역시 한국의 북쪽에서 태어났습니다. 할아버지가 제일 먼저 러시아 국경을 넘었고, 얼마의 시간이 지난 뒤 할머니 알렉산드라도 국경을 넘었습니다. 그들은 한국 땅에 2명 또는 3명의 아이들을 삼촌에게 남겼습니다. 그들은 러시아에서 하산 호수 근처 어딘가에서 살기 시작했습니다. 그러다 1937년에서 1938년, 고려인이 극동에서 추방될 때, 그들도 우즈베키스탄 스레드네치르친스키 지역의 현 몰로토프 집단농장 영토로 추방당했습니다. 1951년 고려인이 강제이주된 지역을 떠날 수 있게 되었을 때 할아버지 동인은 할머니와 어린 자식들을 데리고 오세티야의 다르그코흐(Дарг-Кох) 마을로 이사했습니다.

러시아에 살 때 그들에게는 이미 5명의 아이가 있었습니다. 림학범(1913년-1983년), 림 범길(1920년-1990년), 림 에카테리나(1927년-1986년), 림 일범(1929년-1990년), 림 아나톨리(1935년-2015년).

큰 아들 림 학범과 리 소피야(1919년-1994년)가 제 남편 콘스탄틴의 부모입니다.

림 학범의 아이들은 림 콘스탄틴 학버모비치(1946년), 림(세가이) 스베틀라나 학버모브나(1951년), 림 안토니나 학버모브나(1955년), 리 발레리 학버모비치(1957년)입니다.

제 남편 림 콘스탄틴의 아이들은 림 드미트리(1975년), 림 나탈리야(1978년), 림 에카테리나(1983년)와 7명의 손주들입니다.

림 스베틀라나의 아이들은 세가이 안나, 세가이(우가이) 잔나, 세가이 마리나 그리고 6명의 손주들입니다. 림 안토니나의 아이들은 김 세르게이(1982년), 김 알렉산드르(1978년), 그리고 4명의 손주들입니다. 림 발레리의 아이들은 림 비탈리(1980년), 림 데니스(1984년)입니다. 림 학범의 아이들과 손주들은 모두 쿠반에 살고 있습니다.

림 드미트리는 건설회사 부사장으로 일하고 있고, 그의 딸 타티야나는 폴리테크 대학 4학년에서 '독특한 건물과 건축의 구조'를 전공하고 있습니다. 림 콘스탄틴의 딸 나탈리야는 가족과 함께 서울에서 살고 있습니다. 그녀는 남편과 함께 도서출판 '써네스트'에서 일하고 있습니다.

파노바(림) 에카테리나는 개인 사업가입니다. 안토니나의 아들 세르게이는 금속 플라스틱 구조물 생산 회사의 사장입니다.

할아버지 동인의 둘째 아들 봉길(Бон-Гир)에게는 림 타티야나(1950년), 림 아파나시(1955년), 림 에두아르드(1959년) 이렇게 3명의 자녀와 3명의 손주가 있습니다.

동인의 딸 에카테리나는 유명한 고려인 작가 우가이 데국(Дерyк)과 결혼했습니다. 에카테리나에게는 2명의 자녀, 전(우가이) 림마(1950년), 우가이 로만(1956년)이 있습니다. 림마에게는 딸 스베틀라나와 아들 알렉산드르, 그리고 2명의 손주가 있습니다.

할아버지 동인의 셋째 아들 림 일범(Лим Ир-Бем)에게는 2명의 자녀 림 블라디미르(1957년)와 림 갈리나(1960년), 그리고 2명의 손주가 있습니다. 할아버지 동인의 넷째 아들 림 아나톨리에게는 림 마리나(1961년)라는 딸과 2명의 손주가 있습니다.

4. 사회 활동가 및 정치인

◎ 심 타라마 창윤노브나(Сим Тамара Чан-Юновна)

타마리 심(Тамара Сим)은 엘리스타시(칼미크 공화국) No.21 중등학교의 교장이며 엘리시타시 시의회 의원이다. 1957년 9월 20일에 다게스탄에서 태어났다. 1980년 국립 칼미크 대학 인문학부 역사학과를 졸업했다. 타마라 심은 1981년부터 엘리스타시 No.8 중등학교에서 역사와 사회과목을 가르쳤고 1987년 교수-학습 분야 부교장으로 임명되었다. 1990년 4월에 엘리스타에 있는 No.21 신축학교의 교장으로 임명되어 지금까지 근무하고 있다. '교사'와 '교장'직 최고 능력 카테고리에 속한다. 타마라 찬유노브나는 2000년 역사 및 시민학 교사 러시아-미국 대회의 우승자가 되었고 미국(워싱턴주)의 학교에서 6주간 연수를 받았다. 2001년 '러시아 연방 일반교육 명예 일꾼' 훈장을 수상했다. No.21 학교는 타마라 심의 지도 아래서 2001년과 2003년 올해의 러시아 학교로 선정되었다. 2006년에는 혁신적 일반교육기관 선발에서 승자가 되어 러시아 대통령 지원금을 수령하였다. 2013년에는 러시아에서 가장 좋은 학교 100개 중 하나가 되었다.

2006년 타마라 심은 '칼미크 공화국 명예 선생' 칭호를 받았다. 2007년 심은 '교육 리더' 선발에서 승리하여 칼미크 공화국 대통령 상장과 상금을 받았고, 또한 이에 대해 엘리스타시 시장의 상장과 상금도 받았다. 타마라 심은 젊은 세대의 양성에 오랜 세월 성실하고 효율적으로 기여한 바에 대해 '엘리스타시에 대한 봉사'를 기념하는 훈장을 받았다.[7]

---

7) По материалам: http://www.gorod-elista.ru/about/info/news/5219/; https://kalmyk.er.ru/persons/11719/

▶ 녹취 :

　나는 북오세티야 베슬란에서 학교를 졸업했습니다. 일찍 부모님을 여의고 혼자 살았습니다. 저의 부모님은 1946년에 우즈베키스탄에서 베슬란으로 오셨습니다. 그런데 저는 태어나기는 다게스탄에서 태어났습니다. 왜냐하면 부모님들이 그 당시 그곳에서 들일을 하고 계셨기 때문입니다. 엘리스타에는 나의 오빠가 살고 있었습니다. 저는 학교를 마치고 오빠에게 갔습니다. 오빠는 제가 대학 역사학부에 진학해야 한다고 주장했습니다.

　그곳에서 제 미래의 남편을 만났고, 1976년에 우리는 결혼을 했고, 1977년 아들이 태어났습니다. 저는 단 하루도 수업을 빠진 적이 없습니다. 5년 내내 그룹의 장을 맡았습니다. 대학을 졸업하고 학교에서 일하기 시작했습니다.

　1990년 새 학교에서 저를 교장으로 초빙했습니다. 그곳에는 저와 여자 경리부장 딱 2명이 있었습니다. 가구와 설비를 사야 했습니다. 이 모든 것들이 제게 값진 도움을 주었던 제 남편의 손을 걸쳐 이루어졌습니다.

　우리는 멀리 살았기 때문에 아주 일찍 나가서 아주 늦게 돌아오곤 했습니다. 그 당시 저는 지역에서 아무도 몰랐습니다. 근처 학교에서는 저에게 안 좋은 학생들을 보내려고 했습니다. 532명의 학생 중 30명이 나쁜 행동으로 청소년 위원회 법정에 선 적이 있었습니다… 새 학교에서는 첫날부터 학생들이 문에서 손잡이를 모두 떼어내어 다 망가뜨렸습니다. 밤새 학교의 모든 자물쇠와 문의 손잡이를 복구해야만 했습니다. 아이들은 그렇게 다섯 번이나 망가뜨렸고 우리는 다시 고쳤습니다. 모두가 저를 불쌍하게 쳐다보았습니다. 왜냐하면 '그냥 불량배들이 학교를 다니고 있었기' 때문입니다. 지금은 우리 학교가 가장 좋은 학교입니다.

　저는 한국어를 무척 배우고 싶었기 때문에 고려인 반을 만들 생각이 떠올랐고, 그래서 한국어 선생님을 찾았습니다. 이곳에는 많은 고려인 가족이 살고 있습니다만, 부모들도, 아이들도 한국어를 몰랐기 때문에 저에게 한국어를 가르쳐 줄 수 없었습니다. 그때 남한의 이형근 목사가 제게 찾아왔습니다. 그를 보았을 때 저는 그가 정말 마음에 들었습니다. 우리는 학교에 한국문화센터를 만들었습니다. 이형근 목사가 많이 도와줬습니다. 그의 방문은 영감을 주고

2부 | 러시아 남부지역 기성세대 고려인　281

행동을 하도록 자극을 주었습니다.

우리는 한국의 대학과 학생을 교환하는 행운을 가졌습니다. 한국에서 온 대학생들은 1년 넘게 우리 센터에서 일했습니다. 우리는 한국어를 배우기 시작했습니다. 수업은 항상 배우는 사람들로 가득 찼습니다. 이후 학생들은 떠났고 우리는 목사님에게 선생님을 찾아달라고 부탁했습니다. 그는 우리에게 유리 세르게예비치 백을 소개했고 유리는 한국어를 가르치기 위해 볼쇼이 차린 마을에서 우리에게 다녀갔습니다. 지금 저희에겐 이형근 목사가 무척 아쉽습니다. 그는 우리가 단결하는 것을 도왔고, 우리 삶에 참여했습니다. 이곳으로 다양한 사람들을 데려왔습니다. 우리는 그로부터 많은 배려를 받았습니다.

칼미크 사람들과 러시아 사람들은 한국어를 배우기를 원합니다. 그런데 슬프게도 고려인들은 관심이 없습니다. 우리 젊은이들은 그다지 한국에 가고 싶어 하지 않습니다. 그들은 벌써 그곳에서 한국인들이 자기들을 어떻게 대하는지, 외국인 노동자가 무엇인지 들어 알고 있습니다. 우리는 한국에 돈을 벌러가는 것이지 결혼을 하러 가는 것이 아닙니다.

제 손녀에게는 한국 혈통이 25%밖에 없습니다. 그녀는 자신을 칼미크인이라고 생각합니다만 자기 몸속에 한국인의 피가 흐르고 있다는 사실을 절대로 잊지 않습니다. 이곳에서 고려인들은 훨씬 더 편합니다. 칼미크인과 고려인은 겉모습이 닮았습니다. 고려인들은 모두 서로를 압니다. 그래서 큰 기념행사에는 고려인들을 초대하려고 노력합니다. 그러나 고려인들은 사회적이지 않습니다.

고려인들의 좋은 점은 근면함과 노동능력입니다. 고려인 여성들은 아주 좋은 가정주부입니다. 저는 저 자신과 제가 아는 사람들을 통해 이 사실을 알게 되었습니다. 그들의 집은 항상 정리정돈이 되어있고 깨끗합니다. 그리고 남자는 가장입니다. 제가 어렸을 때에는 만약 아내가 남편에게 명령을 내린다면 그것은 창피한 일이었다는 것을 기억합니다. 고려인 여성들은 현명하기 때문에 자기가 가족의 수장이라는 것을 절대 표시내지 않습니다. 이 밖의 장점으로 노인에 대한 공경을 들 수 있습니다. 제 주변에서는 항상 그랬습니다. 친척 관계가 지켜지고 아이들에게 전승됩니다. 그러나 고려인은 여전히 캅카스인 정도로 친절하지는 않고, 거리감이 있습니다.

첫 번째 줄 중간에 타마라 심을 중심으로 왼쪽 유리 백과 보리스 장. 오른쪽 이형근 목사와 대한민국 영사관에서 온 손님. 한국문화센터 개원. 2012년. 저자의 사진.

저는 시의회 의원으로 일하고 있습니다. 이것은 매우 복잡합니다. 저는 학교에서 일하는 게 더 좋습니다. 저와 남편은 그 어떤 인맥도 이용하지 않습니다. 그래서 우리는 모든 것을 스스로 처리합니다.

고진감래는 바로 저에 관한 말입니다.

◎ 최 세르게이 뱌체슬라보비치(Цой Сергей Вячеславович)

세르게이 뱌체슬라보비치 최는 아스트라한주 두마 의원이다. 2016년 9월 18일 아스트라한주 지역 공공단체 고려인 문화센터 '함께 이동'의 대표이며, 러시아 고려인협회 아스트라한 지역 분과 대표이다. 세르게

사진 출처: http://astro
blduma.ru/

이 뱌체슬라보비치 최는 아스트라한주 두마 의원으로 선출되었다.[8]

최 세르게이 뱌체슬라보비치는 1973년 우즈베키스탄 공화국 페르간스카야(Ферганская)주 쿠바사이(Кувасай)시에서 태어났다. 1991년-1993년 사이 투르크메니스탄 공화국의 테젠(Теджен)시에서 긴급 병역 임무를 수행했다. 1997년 알말리크(Алмалык)시에 있는 학교에 체육 교사로 취업했다. 1997년-2005년 사이 그는 알말리크시에 있는 '물공급' 생산 회사에서 수석 엔지니어 겸, 판매 담당 부국장으로 일했다. 2004년 알말리크시 시의회 의원으로 선출되었다.

그는 2005년 러시아로 이주했다. 2014년 6월 아스트라한 지역 공공 단체 고려인 문화센터 '함께 이동'의 회장으로 선출되었고 2016년 2월에 러시아 고려인협회 아스트라한 지역 분과 대표가 되었다. 2015년 국립 아스트라한 대학을 졸업했다. 아스트라한주 주지사 산하 민족종교 위원회 임원이다.

S.V. 최는 2016년 9월에 아스트라한주 두마 제6차 소집 의원으로 선출되었고, 두마의 2개 위원회(산업정책, 기업, 무역, 교통 및 통신 위원회와 교육, 문화, 학문, 청년 정책, 스포츠 및 관광 위원회)의 '러시아 자유민주당(ЛДПР) 아스트라한 지역 분과' 선거 협회 측 위원이 되었다.

---

8) http://astroblduma.ru/dp/S6_111

◎ 손 아파나시 니콜라예비치(Сон Афанасий Николаевич)

아파나시 니콜라예비치 손은 여러 해 동안 로스토프주 고려인 협회(АКРО)와 지역 공공단체 '로스토프주 고려인연합'(ОКРО) 을 성공적으로 이끌어왔다.

러시아 고려인 운동의 저명한 사회 활동가 아파나시 손은 1960년 4월 14일에 우즈베키스탄에서 태어났다. 1979년-1981년 동안 소비에트 군대에서 복무했다. 로 스토프 농업 기계공학 연구소를 졸업했다. 그는 제대 후 산업 분 야에서 훌륭하게 일을 했다. 1987년 6월부터 1991년 10월까 지 로스토프나도누에 위치한 '로

아파나시 손(왼). 사진 출처: https://koryo-saram.ru

스토프 농업 기계(로스셀마시)' 공장에서 엔지니어로 근무했고, 1991년 부터 다양한 무역 기구에서 기업가로 일했다. 2004년부터는 로스토프 가스 충전국 총책임자가 되었고, 2009년에는 주식회사 '가스 충전국' 책임자 위원회 회장이 되었다.

2007년 A.N. 손은 로스토프주 고려인연합 대표 선출을 받아들였 다. 그는 로스토프주 행정부 산하 자문위원회 및 고려인 공공단체 조정 위원회 위원이 되었다. 2009년 A.N. 손은 로스토프나도누 지역의 대한 민국 명예 영사직에 승인되었다. 명예 영사의 자격으로 그는 러시아와

대한민국 상호관계 문제에 대해 남북 캅카스 연방관구 책임자들과 긴밀한 유대관계를 유지했다.

그가 지도하는 동안 로스토프주 고려인협회의 권위가 올라갔고, 로스토프주의 협회 지도자들의 유대가 강화되었다. A.N. 손은 자선활동을 펼쳤고, 무용 예술단 '금강산'을 재정적으로 또 조직적으로 지원했다. 아파나시 니콜라예비치 손이 로스토프 고려인협회를 이끌던 시기에 여러 거주 지역에서 새로운 기초 단체들이 개설되었고 로스토프나도누 지역의 고려인 기초 단체 및 고려인 신문, 청년 위원회가 되살아났다. A.N. 손은 노동 용사들과 전쟁 용사들에게 관심을 보였고 고려인 기초 단체들을 여러 번 방문했다. 여러 해 동안 올긴주 고려인 기초 단체의 지원자였으며 악기를 구입하고 음악과 무용 선생들의 급료를 지불했다.

그의 노력으로 전쟁 용사 남 콘스탄틴 니콜라예비치의 서류가 복원되었고, 그에게 편안한 주택을 구입할 수 있는 지원금이 제공되었다. A.N. 손은 로스토프주에 한국어 교육 네트워크를 구축했다. 그는 캅카스 민족들과 한반도 양 국가 사이의 우호관계 유지를 위한 행사에 계속하여 참석하였고, 종교 교파 지도자들과의 만남을 주선했다. 그는 소논문을 출간했고 2009년과 2011년에 학문-실용 컨퍼런스에 적극적으로 참가하였다. A.N. 손은 잡지 '돈 강의 고려 사람'을 후원했다. 오랜 투병생활 끝에 A.N. 손은 2016년 11월 30일 운명했다.[9]

9) Сон А. Н. Прошлое и настоящее донских корейцев. Феномен Ассоциации корейцев Ростовской области. – Гармонизация межнациональных отношений в Южном федеральном округе. Российские корейцы в диалоге народов и культур Дона. М.-Ростов-на-Дону. 2001. С. 9-18; Бугай Н.Ф. Корейцы Юга России: межэтническое согласие, диалог, доверие. М. 2015. С. 259-260; "Белые пятна" российской и мировой истории' No. 1-2 за 2014 год, http://publishing-vak.ru/archive-2014/history-1-bugai.htm Российские корейцы. – 2011.

5. 군인들

◎ 엄 유리 파블로비치(Эм Юрий Павлович)

유리 파블로비치 엄은 러시아 군대 및 국
가 활동가이자 육군 소장, 러시아 연방의 영
웅이다.[10]

그는 1953년 9월 12일에 페름주 현재 체
르딘스키(Чердынский) 지역인 쿠르간(К
урган) 마을의 정착민 가정에서 태어났다.
그의 아버지 엄준보(Эм Дюн Во)는 군대
비행 조종사로서 적기 훈장 수훈자였다. 그
는 극동에서 태어났고 붉은 빨치산의 아들

사진 출처: http://koredo.ru/

이었으며 1933년부터 공산당 당원이었다. 준보는 남다르고, 용감하며,
필사적이기까지 한 사람이었다. 1930년대 초 발라쇼프(Балашов) 비
행학교(사라토프주)를 마치고 교관으로 일하기 시작했다. 비행기를 구
조한 일로 훈장을 받았다. 1936년 그는 비행기가 도시로 추락하는 것을
막고, 고장으로 말을 듣지 않은 비행기를 공항에서 멀리 떨어진 지면에

– No. 131. http://www.arirang.ru/archive/ksd/KSD.2017.01.pdf. https://
rostov.mid.ru/casto-zadavaemye-voprosy//asset_publisher/ZPNsLt1FS6Qn/
content/o-koncine-a-n-sona?inheritRedirect=false; https://koryo-saram.ru/
nagrady-istoricheskoj-rodiny/

10) Снегина А. В речном порту Ульяновска на воду торжественно
спустили теплоход 'Герой Юрий Эм' // Ульяновская правда. 17 июля
2009; Ильинов И. Подвиг военного комиссара Ставропольского края
Юрия Эма // Ставропольская правда. 15 января 2011; http://koredo.ru/
yuriy-em; https://ru.wikipedia.org/wiki/Эм,_Юрий_Павлович; http://
lib.fedpress.ru/person/em-yurii-pavlovich; http://www.warheroes.ru/
hero/hero.asp?Hero_id=5482 и др.

착륙시킬 수 있었다. 엄 준보는 1937년 숙청되었다가 1960년대 복권되었다. 어머니 아말리야(크리스티나) 표도로브나 게링은 볼가 독일인으로 1941년 숙청되었다. 유리는 3살 때 엄마를 잃었다. 할머니가 그를 돌봤고 나중에는 아빠가 돌봤다.

아버지는 아들을 군인으로만 보았다. 유리는 1971년 학교를 졸업했고 프리스타일 레슬링을 시작했다. 1970년대 중반 유리 엄은 소비에트 연방 스포츠 마스터가 되었다. 그는 카자흐스탄 국가대표이며 소비에트 연방 선수권 대회 수상자 중 하나이다. 유리는 그것이 카펫이든 바닥이든 상관없이, 경기장에서는 성격이 강한 사람, 끝까지 차가운 피를 유지하다 결정적인 순간에 최대한의 긴장 상태 정점에서 근육을 폭발시키는 능력을 가진 사람이 승리한다던 트레이너의 말을 영원히 기억했다.

1975년 유리 엄은 알마티 고등 전군연합 간부학교를 졸업했다. 뛰어난 운동선수로 공수부대에 배정되었다. 키르기스스탄의 오시시에서 복무했다. 처음에는 소대장이었고 이후 대대장이 되었다. 1980년-1982년 동안 유리 엄은 소비에트 군사의 소수 파병군대에 포함되어 아프가니스탄 전투에 참가하여 낙하산 대대 참모부 대장의 의무를 수행하였다. 이로 인해 소비에트 영웅 칭호를 받을 것이라는 기대도 있었으나, 전투에서 보여준 영웅주의에 대한 훈장을 받았다.

아프가니스탄에서의 복무를 마치고 유리 엄은 레닌그라드 군영에서 복무했다. 이후 M.V. 프룬제 군사학교에서 공부하였고 1988년 졸업했다. 돌격부대 부지휘관으로 임명되었고 몇 년이 흐른 뒤 그 부대의 지휘관이 되었다. 나고르니카라바흐(Нагорный Карабах) 및 남오세티야, 압하지야에서 군사 작전에 참여하였고, 1차 체첸 전투(1994년-1996년)를 겪었다. 1998년 군대에 낙하산 연대가 만들어졌고 유리 파블로비치 엄이 이 연대를 지휘했다. 다게스탄 군사 작전에 참여한 공으로 러시아 영웅 칭호를 받을 것으로 또 한 번 예상되었으나 결국 지령은 내려오지 않았다. 1999년 10월부터 2000년 1월까지 그의 연대는 체첸에서 싸웠다. 그는 주민 거주지의 탈환, 전략적 중요 시설 점령, 부대 착륙과 같은 작전을 수행했다. 유리 엄은 모든 작전을 신중하게 준비했다. 무장 세력의 매복을 공습하면서 타박상을 입었지만, 그는 부대를 떠나지 않고 전투가 끝날 때까지 부대원들의 전투를 지휘했다.

이 연대의 대원들 중에는 '개인적인 용기'에 대한 훈장과 '대담함'에 대한 메달을 받은 그의 장남 알렉산드르 엄이 속해 있었다.

육군 대령 유리 파블로비치 엄은 2000년 5월 6일자 러시아 연방 대통령령으로 북캅카스 지역 반테러 작전 중 보여준 용기와 영웅주의에 대해 '동부전선 부대의 주요 전투에서 최소의 손실로 승전한 일련의 군사 작전'에 대한 포상으로 '황금의 별' 메달을 수상하며 러시아 연방 영웅 칭호를 얻었다. Y.P. 엄은 2000년에 체첸 공화국 행정부 차관이 되었고 2002년부터 남부 연방관구 연방 수석 검사관, 2004년에는 칼루시스카야(Калужская)주 군사위원회 부의장, 2005년부터 울리야놉스카야(Ульяновская)주 군사위원이 되었다. 2007년 1월에 육군 소장 엄은 스타브로폴주 군사위원으로 임명되었다. 그때 포볼지예 공무 아카데미(사라토프시)에서 학위를 받았다. 그는 2011년-2012년과 2014년-2016년 동안 러시아 연방 국가두마 의원이었다.

오늘날 그는 징집된 젊은이들에게 애국심을 고취시키는 교육을 담당하고 있다. 2009년 울리야놉스크의 여객선에 그의 이름을 붙여 '영웅 유리 엄'호라 명명했다.

여객선에 자신의 이름 '영웅 유리 엄'이 붙여지는 날의 유리 엄. 사진 출처: A. 스네긴의 사진

▶ 녹취 :

제 안에 영웅의 유전자가 있는 것은 아닙니다. 그저 소비에트 연방 사람들에게는 (남들과) 다른 가치와 지향이 있었고, 저는 그에 맞춰 교육받았을 뿐입니다. 아버지도 마찬가지입니다. 아프가니스탄에서 복무했던 젊은이들도 그렇게 키워졌을 것입니다. 책임 과제를 수행하기 위해 부대원을 구성할 때, 조에 포함되지 못하고 남겨진 병사들 중 젊은 병사 한 명이 제게 다가와 불만 섞인 목소리로 이렇게 말하는 것이 그곳에서는 흔치 않게 벌어지는 일이었습니다. '왜 제가 아니라 이바노프가 출정하는 겁니까? 저를 보내주십시오!' 총탄이 쏟아지는 가운데 앞으로 나아가려는 그런 젊은이들이 체첸에서도 적지 않았습니다. 바로 그들이 진정한 영웅입니다. 먹을 것이나 입을 것을 생각하지 않고, 주저 없이 조국과 동지, 가족을 지키는 사람들이 바로 진정한 영웅입니다. 유감스럽게도 이제 그런 젊은이는, 솔직히 말해 적습니다. 이에 대해 우려하지 않을 수 없습니다.

제 개인의 이름 엄을 여객선 이름으로 남기기 위해 행한 일은 아닙니다. 이것은 우리 조국의 수호자들 모두에게, 그리고 조국을 수

호하기 위해 피를 흘리고 상처를 입으며 자신의 의무를 다한 젊은
이들에게 바치는 선물입니다.

◎ 박 세르게이 막시모비치(Пак Сергей Максимович)

세르게이 막시모비치 박은 거의 반세기
동안 조국을 위해 봉사했다. 내무부 대령 세
르게이 막시모비치 박은 부대 지휘에서의
숙련되고 효율적인 행동 및 북캅카스 지역
불법 무장 단체 소탕에서 보여준 용맹과 용
기에 대해 러시아 대통령령으로 붉은 별 훈
장과 용맹 훈장을 받았고 포상 무기로 마카
로프 권총을 받았다.

세르게이 막시모비치 박은 1946년 우즈
베키스탄 지방 베카바드(Бекабад)시의 노

사진 출처: http://61.фси
н.рф

동자 가정에서 태어났다. 아버지가 중앙아시아의 여러 도시에서 수력
발전소를 건설했기 때문에 가족들은 자주 이사를 다녀야 했다. 타지키
스탄의 레니나바드에서 1학년에 입학했다. 부모님께 물려받은 똑똑한
머리와 성실함 덕분에 공부가 쉬웠다. 많은 소비에트 남자아이들처럼
세르게이는 어렸을 때부터 엄격한 군복을 자랑스럽게 입는 군인이 되
기를 희망했다. 학교를 졸업하고 그는 북오세티야로 가서 내무부 군사
학교에 입학했다. 군사학교를 졸업한 후 S.M. 박은 타시켄트에서 호송
부대 소대장이 되었다. 목적의식적이고 유능하며 젊은 소대장은 1968년에
소송연대의 전연방 레닌주의 청년 공산주의자 동맹 위원회 회장으로
선출되었고, 곧바로 부대의 정치부문 부사령관이 되었다.

1970년대 초 '실험적 개척'이라 불리는 임무를 수행하기 위해 유능

한 전문가인 그가 치르치크시로 파견되었다. 그 당시 그와 같은 특별기관은 연방 전체에 8곳이 있었다. 소비에트 학자들이 연구한 새로운 보안 시스템 '칵투스'(Кактус)와 '에델바이스'(Эдельвейс)를 그곳에서 처음으로 사용하였다. 1979년 세르게이 박은 임무수행을 위해 우즈베키스탄에서 코미 자치공화국으로 파견되었다. 10년 동안 그는 소대장에서 여단 부사령관까지 진급했다. 그 당시에는 수형자들을 통제하는 기술적 능력이 현재와 같이 완전하지 못했다. 내부 병력의 일원들은 끊임없이 조심해야 했고, 죄수들이 탈옥할 수 있는 조금의 틈이라도 막을 방법이 필요했다.

그가 코미 공화국에서 근무한 시절의 이야기를 듣는 것은 흥미롭다. 가끔 신기한 경우도 발생했다. 한 번은 죄수들이 탈옥을 시도했다. 가느다란 부속물로 통나무와 비슷하게 생긴 골조를 만들어 섬유판으로 덮고 표면에 나무껍질을 수지로 붙였다. 입구로 쓸 해치가 붙어있는 커다랗고 뚱뚱한 '통나무'가 만들어진 것이다. 또 다른 '인민 능력자'는 자기가 만든 헬리콥터를 타고 탈옥을 시도하였다. 그는 벤진 체인톱으로 비행물체를 만들고 위로 떠올라 공중에 몇 초가량 매달려서 '자유 한 모금'을 마시고, 땅으로 떨어졌다. 이제 세르게이 막시모비치는 이에 대해 웃으며 말한다. 그때는 그의 적절한 행동 덕분에 대량 탈옥을 막을 수 있었다.

1990년대 말 국내군의 재편이 시작되었다. 육군 대령 박은 로스토프주 소송국에서 부국장으로 계속 근무했다. 3년 후 남부 연방관구 소송국 부국장 – 보호, 소송, 군비 담당부서 부장이 되었다. 세르게이 막시모비치의 일생에서 특별히 다사다난했던 시기는 그가 체첸과 남오세티야 영토에서 근무할 때이다. 1995년 육군대령 박은 구데르메스(Гудермес)시 군대 사령관이었다. 직무상 그는 시민들이나 군인들과의 문제를 해결해야만 했다. '가장 중요한 것은 내 병사들의 가족들 앞에서 내 양심이 깨끗하다는 것입니다. 전쟁터에서 모두 살아서 무사히 돌아왔습니다.'라고 그는 말한다. 그러나 전쟁의 시련은 흔적 없이 지나가지 않았다. 지속적인 스트레스로 인해 그의 건강에 문제가 생겼다.

1995년 12월 14일은 대령의 기억에 가장 추운 날로 영원히 기억되었다. 그는 회상한다.

> 12월 17일 체첸 공화국 대통령 선거가 예정되어 있었는데, 14일에 무장 세력이 도시를 점령했습니다. 점령의 고리에 두 개의 사령부가 있었습니다. 우리와 철도사령부였습니다. 그때 무장 세력과의 싸움은 치열했습니다. 그러나 우리는 버텨냈고, 제일 중요한 것은 단 한 명의 군인이나 병사도 죽지 않았다는 것입니다.

2000년 8월 그는 다시 체첸에 가게 되었다. 박 대령이 지휘하던 부대의 공병들은 그곳의 집들 중 한 곳에서 폭발물을 발견했다. 만약 폭발이 일어났더라면 그 건물은 쓰레기 더미만 남았을 것이다. 그러나 대령의 잘 계획된 행동 덕분에 비극을 피할 수 있었다. 2주 후 다음 폭탄이 수업 중이던 학교에서 발견되었다. 박 대령은 즉시 학생들과 교사들을 폭탄이 설치된 건물에서 대피시키고 폭발장치를 무력화할 것을 명령했다. 무장 세력들은 고의적으로 아이들을 없애려고 하였다. 며칠 뒤 같은 학교에서 더 강력한 폭탄 무더기가 발견되었다. 학교 쉬는 시간에 맞춰 폭발이 발생하도록 계산되어 타이머가 설치되어 있었다. 망설이기엔 시간이 너무 부족했다. 박 대령은 즉시 사람들을 대피시키라고 명령하였다. 폭발 장치는 작전 본부 공병들에 의해 해체되었다.

> 나는 행복한 사람입니다. 아이들이 저의 뒤를 따릅니다. 아들과

딸 모두 내무부 장교입니다. 손주들이 어떤 직업을 선택할지는 저
도 모릅니다. 한 가지 확실한 것은 좋은 사람이 될 것이고 자신의
조국에 어울리는 시민이 될 것이라는 점입니다.

은퇴를 하면 쉴 수도 있을 것 같았다. 그러나 육군 대령 세르게이 박
은 전과 같이 대열에 서있다. 돈 지역 수송국 참전용사 협회의 적극적인
회원 중 한 명인 세르게이 박은 주의 교정 시설을 정기적으로 방문하고
젊은 직원들에게 이론적 실질적 도움을 제공한다. 청년들과의 만남을
갖고 그들에게 자신의 풍부한 전문 경험과 지식을 전수하고 있다.[11]

◎ 안 루돌프 니콜라예비치(Ан Рудольф Николаевич)

사진 출처: http://old.redstar.ru

루돌프 나콜라예비치 안은 1955년 7월
13일에 우즈베키스탄 소비에트 연방 공화국
타시켄트주 니즈네치르치크 지역에 있는 레
닌 집단농장에서 태어났다.

1972년-1978년 동안 그는 톰스크시 의
과대학의 군사의료학부에서 공부했다. 비뇨
기과 의사이자 의학박사인 그의 형 펠릭스
니콜라예비치 안(Феликс Николаевич Ан)
이 그의 직업 선택에 영향을 미쳤다. 형은
케메로프(Кемеров) 의과대학에서 공부했고, 루돌프도 그의 뒤를 이
어 의대에 입학했다. 1976년 톰스크 군사의료학부로 옮겨갔고, 2년 후
중위를 달고 졸업했다.

---

11) 다음 자료에서 인용. Оганесян К. Совесть моя чиста: http://61.фсин.рф/
territory/Rostov/vedomstvennoe-smi/donskoy-gufsin/gufsin_3_2012.pdf;
https://big-rostov.ru/veterany-gufsin-pokazali-svoi-talanty/

1978년 R.N. 안은 투르키스탄 군사 관구 기계화 연대 야전병원에서 주니어 의사직으로 군복무를 시작했다. 같은 해 그는 극동 군사 관구 트로이츠크 마을로 전출되었지만 중국과의 관계가 악화되어 다른 모든 고려인들과 마찬가지로 관구 내부로 이동되었다. 이렇게 안은 투르키스탄 관구 기계화 연대 야전병원에 주니어 의사직으로 오게 된 것이다.

1981년부터 루돌프 니콜라예비치 안은 주니어 의사에서 고로드노(벨라루시)에 위치한 연대의 의료부대 책임자를 걸쳐 이후 독일에 있는 소비에트 병사 그룹의 의료부대 책임자로 임명되었다. 그는 1985년 독일에 주둔했던 기계화 사단에서 별도의 의료 대대를 지휘했다. 1990년 그로즈니로 이송되어 별도의 의료 대대 지휘관을 맡았다. 1992년 사단 재편성과 관련하여 그곳에서 군사의료병원 원장이 되었다.

그는 1995년 12월 23일 크렘린의 게오르기 홀- 러시아 군대의 영광이 있는 홀 -에서 러시아 연방 대통령 옐친으로부터 직접 제1차 체첸 전쟁에서 반테러 행동에 참여한 것에 대해 '전투에서의 업적' 훈장을 받았다. 전쟁 중 그는 예정보다 앞서 군의관 대령 직위에 임명되었다.

R.N. 안은 1996년에 볼고그라드 군사병원 병원장으로 임명되었고, 2000년에 북캅카스 군사 관구(CKBO) 지역 임상 군사병원 원장이 되었다.

북오세티야 알라니야 공화국 명예 의사 루돌프 안은 2000년 '러시아 연방 명예 의사' 호칭을 부여받았다.

그는 CKBO 의료 부대의 책임자가 되었다. 첨예한 곳에서 근무했다. 5개월 동안 그는 부상병들과 환자들을 아프가니스탄에서 우즈베키스탄이나 러시아로 이송했다. 체첸 현장에도 참가하였다. 러시아의 영웅 유리 파블로비치 엄과도 친분이 있었다. CKBO에서 16년 동안 복무하면서 육군 대령 R.N. 안은 의료 교육 대대 지휘관에서 CKBO 의료부대 책임자에 이르는 과정을 걸쳤다. 체첸에서 쌓은 경험을 바탕으로 외과의사로서 박사논문도 발표했다.

루돌프 안은 2006년 9월 11일 블라디캅카스 상공에서 헬리콥터 Mi-8기 추락사고로 인해 비극적으로 사망하였고 로스토프나도누에 묻혔다.

▶ 녹취 (체첸 전쟁에 대한 생전의 인터뷰) :

… 병사와 장교 중 고려인이 많습니다. 유감스럽게도 사망자들 중에도 고려인이 있습니다. 1996년 3월 6일에 병참 지원부대 책임자였던 리 중령이 그로즈니에서 전사했습니다. 그는 군대 복무를 위해 모스크바 군사 관구에서 체첸으로 발령받았었습니다. 죽음의 날에 그는 자신의 동료들을 구하기 위해 나섰습니다. 많은 고려인들이, 지휘관을 포함하여, 전투에 참가했습니다. 예를 들면 공병대대 지휘관 황 중령이 있습니다. 저의 사촌도 체첸에서 복무하며 한칼라(Ханкала)에서 벌어진 제1차 체첸 전투에 참가했었습니다. 지금은 블라디캅카스 군사 관구에서 복무하고 있습니다. 한칼라 군사 병원 책임의사인 육군 소령 림은 블라디캅카스 의료부대 중대장이었습니다. 이와 같이 고려인들은 피하지 않습니다. 우리는 조국에 봉사합니다.

결론

고려인 기성세대는 소비에트 연방의 폐허에서 새로운 현실을 건설해야만 했다. 러시아 남부의 고려인 사회는 해마다 구 중앙아시아지역에서 이주해 오는 수천 명을 받아들여 정착시켰다. 가족 및 친척, 동향관계가 새로운 주거지에서 고려인들이 단결하고 협동할 수 있는 기반이 되었다.

고려 사람 기성세대의 효율적인 적응 전략 중 하나는 그들이 도시에 살든, 시골에 살든, 직업과 관련된 전문분야의 고등교육을 수료하는 것이다. 경제 활동 유형을 선택할 때 유연한 접근 방법을 사용한 것 역시 불안한 사회에 적응하는 데 도움이 되었다.

근면함과 온순함, 그리고 준법성은 그곳에 거주하는 지역 주민들과의 우호적인 관계를 형성할 수 있게 도와줬다. 고려 사람 기성세대는 새롭게 이주해온 고려인들을 러시아 연방법이 제안하는 조직적 형태를 이용하는 방법이나, 고려인 주민들의 이익을 보호해줄 공공단체를 건설하는 방법으로 러시아 사회에 통합시킬 수 있었다.

새로운 조건에서 고려 사람의 새로운 자기 정체성이 형성되었다. 러시아에서의 삶과 연관된 '나는 러시아 고려인이다.'라는 시민 민족 정체성이 첫 번째 자리로 올라왔다. 그러나 러시아 남부지역의 복잡한 경제 상황과 노동 고용의 문제는 고려인 주민 중 적극적이고, 노동능력이 있으며 더 젊은 그룹들을 대한민국으로 이주하게 만들고 있다. 이러한 과정은 '가족 디아스포라'를 약화시키고, 인생의 경험을 통해 노련해진 아직 활동적인 세대들로부터 도덕적 전통과 노동 전통을 전승받는 것을 어렵게 만들고, 생활환경을 구축하는 데 그들의 업적 가치를 떨어트린다.

고려인들의 전기를 살펴보면서, 직업 및 사회적 지위나 사회에서의 위치에 따라 고려인 민족사회 구성원을 나누는 것은 전혀 올바르지 않다고 생각했다. 우리의 관점에서 고려인의 주요 사회적 특징은 남다른 근면함이고, 이로 인해 고려인들은 채소재배에서부터 단체 지도자나 관청의 장에 이르기까지 어떠한 일에서든 인상적인 성공을 거둘 수 있었다. 그리고 고려 사람 기성세대에게 선명하게 보이는 이러한 민족적 특징을 잃지 않는 것이 대단히 중요하다.

모든 일에서 가능한 최대치에 도달하려는 노력은 거주하고 있는 지리적 위치와 관계없이 세대에서 세대로 이어지는 고려인들의 효과적인 집단적, 개인적 적응 전략이다. 러시아어와 몇 개의 다른 언어를 동시에 공부하고 있는 대한민국 출신의 한 한국인과의 개인적 온라인 대화에서 그는 저자에게 문자 그대로 다음과 같이 말했다. '나는 한국인입니다. 즉, 할 수 있습니다!' 이 점에서 고려 사람과 한국 사람은 친형제와 같이 닮아있다.

3부

러시아 남부 고려인 청년층의 정체성

서론

우리는 이전 연구에서 민족 공동체 고려 사람을 3개의 세대로 나누어 구분하는 개념을 채택하였고 본 연구에서도 이를 고수한다. '러시아어를 사용하는 고려인은 다양한 역사적 단면에서 그들의 삶을 살아왔다. 그들은 소비에트 시대에 태어난 구세대, 1990년대를 겪은 중간세대, 그리고 젊은 사람들을 의미하는 신세대로 구분된다.' 다시 말해 가장 오래된 세대가 '고려 사람의 새로운 집'을 위한 기초를 마련하였고, 다음 세대가 이를 건설하여 이제는 고려인 사회를 발전시킬 소명을 지닌 젊은 세대가 이곳에 살고 있다.[1]

고려 사람 공동체가 거주하고 있는 러시아 남부지역들의 특징은 이곳에 정착한 고려인들의 농업적 성격에 있고 이를 통해 우리는 몇몇 특정 그룹을 구분하여 설명할 수 있다. 첫 번째 그룹은 1933년 소비에트 농업에서 벼농사 분과를 개발할 필요성에 의해 등장하여 계속해서 이곳에서 살아온, 벼농사 분야에서 뛰어난 전문가였던 소비에트 고려인(소련 사람)이다. '북부' 벼농사의 영토-지리적 확장은 러시아 남부 고

---

1) Хон Ун Хо. Проблемы и направления изучения современных русскоязычных корейцев. – Сборник конференции. 2016. С. 178-179.

려 사람들의 정착 지역도 크라스노다르 지방, 로스토프주, 스타브로폴 지방에서 칼미크 공화국에 이르기까지 확장시켰다.

고려 사람의 또 다른 그룹은 러시아 남부지역에서 지속적으로 사는 것이 아니라, 노동 이동의 기회 및 자신들만의 독특한 작업팀 계약 방식인 '고본지' 농업의 기회를 이용하여 중부 및 중앙아시아 공화국에서 러시아 남부지역을 계절노동으로 오가며 '반유목민' 생활을 주도했던 사람들이다. 바로 그들의 힘으로 쿠반 및 다른 지역의 대농장에서 양파를 재배할 수 있었다. 고려인 강제이주자들은 소비에트 연방 붕괴 이후에도 지리와 기후에 대한 지식, 과거 지역 내에 형성해 놓았던 유대관계 덕분에 그 지역에서 영구적으로 정착할 수 있었다. 이 두 그룹에 대해서는 이전에 이미 설명한 바가 있다.

우리는 고려 사람의 새로운 세대인 청년층을 독특한 세 번째 그룹으로 명명할 수 있다. 그들은 인생의 대부분, 또는 전체를 러시아에서 보낸 사람들이다. 우리 연구의 세 번째 부분은 바로 그들의 심리 장치 및 사회 장치, 이주 장치에 대한 고찰과 관련이 있다.

구세대 고려 사람에 대해 살펴본 제1부에서 우리는 그들의 생존과 성공적인 사회 적응이 소비에트 이데올로기의 장치, 즉 사적/개인 이익에 대한 국가/공공 이익의 우선권, 그리고 집단주의라는 장치와 고려 사람의 기본적인 유교 규범 사이의 공생에 기반을 두고 있었다는 사실을 밝혔다.

러시아 극동 지역에 정착한 고려인 인구는 지역 민족 풍경을 변화시켰고 지역 러시아인에게는 그때까지 알려지지 않았던 농업 경영의 기술적 토대에 영향을 주었다. 고려인 이민자의 전통, 관습, 및 영적 문화는 일종의 '농촌'문화였다.[2] 이후 고려인 이민자의 사회문화적 적응 과

---

2) Хан В. С. Какие традиции мы возрождаем в поисках своей

정은 통합의 성격을 보여줬고, 사회적 지위 상승은 새로운 사회 민족 공동체인 '소비에트 고려인'의 형성을 계속할 수 있도록 허용했다.[3]

민족에 대해 비인도적인 스탈린주의적 접근과 1937년의 강제이주는 소비에트 고려인들에게 심각한 영향을 미쳐서 급격한 사회적 지위 하락을 가져왔다. 그러나 이와 같은 강제된 부정적 정체성이 카자흐스탄 및 우즈베키스탄의 건조한 땅에서 민족 발전을 결정하는 요인이 되지 못했음에 주목해야 한다. 고려인들의 노동성과와 성실성은 그들이 경제 상황을 빠르게 개선할 수 있도록 도와주었다. 고려인들의 사회적 노동 능력, 전문성 및 정치적 온건성에 대한 국가 당국의 상당히 높은 신뢰 덕분에 고려인들은 중앙아시아의 공화국들과 러시아 공화국 남부 지역에서 '북방 벼농사'라는 사실상 새로운 농업 분과를 창출할 수 있었던 것이다.

제2부는 러시아 남부의 새로운 주거지역으로 대거 이주한 중간세대 고려 사람인 '기성세대'가 새로운 정체성을 형성하는 과정의 성격과 조건에 대해 분석하고 있다. 사회학적 자료들의 통계 분석이 보여주듯이 가족-친척 관계와 동족 관계가 새로운 거주지에서 결속과 연대의 기초가 되었다. 노동에 대한 의지, 직업 선택에서의 유연한 접근방식은 고려인들이 새로운 조건에 안정적으로 적응할 수 있도록 도왔다. 현지에 살고 있던 주민들과 선린관계도 형성되었다. 러시아 연방의 법제에 부합하는 조직 형태를 기반으로 고려인 공공협회들이 창설되었다. 새로

идентификации // Десять лет спустя: (К 10-й годовщине Ассоциации корейских культурных центров Республики Узбекистан). Ташкент-Сеул, 2001. С. 51.

3) Ким И. А. Проблемы этнической идентичности корейского населения Нижнего Поволжья. // Национальная идентичность в проблемном поле интеллектуальной истории. – Ставрополь-Пятигорск-Москва. 2008. С. 458.

운 현실 속에서 '나는 러시아 고려인이다'라는 고려 사람의 시민-민족 정체성이 형성되었다.

그러나 새로운 러시아의 경제적 붕괴와 공간적 분리의 과정은 고려인들에게 자원의 빠른 축적과 질적 도약의 가능성을 누리지 못하게 했고 결국 '농촌지역의 경제적 고립과 도시의 문화적 동화 경향'을 가져왔다.[4]

이와 같이 러시아 남부의 고려 사람 제1세대와 2세대에 대한 연구를 통해 다음과 같은 결론을 얻을 수 있었다. 모든 일에서 최선의 결과를 얻어내려는 의지, 또 민족 특성인 특별한 근면성 덕분에 고려인들은 거주하는 지역과 상관없이 집단적으로, 혹은 개인적으로 상황에 효율적으로 적응할 수 있었고, 이는 고려인들의 세대에서 세대로 이어지는 적응 전략이 되었다.

그러나 어려운 사회 경제적 상황으로 인해 노동 가능한 젊은 세대 고려인이 대한민국으로 노동 이주나 기타 이주를 떠날 가능성이 발생했고, 이는 '내부 디아스포라'의 약화를 가져오거나 풍습과 노동 전통의 세대 계승을 저해할 수 있다. 이와 함께 많은 고려인 젊은이들에게 '고려 사람'에서 '고려인'으로 옮겨가는 새로운 과도기적 '너머' 정체성이 발생한다. 다른 한편으로, 모든 고려인 젊은이들이 자신의 삶의 전망을 역사적 조국으로의 이민과 연관시키지는 않는다.

---

4) Ли Н.Г. Стратегии самоидентификации и способы социокультурной интеграции корейской субобщности на юге России. Автореферат на соискание ученой степени кандидата философских наук. Ростов-на-Дону. 2013. С. 16.

제1장

개요

 고려인 청년층에 대한 개요는 공공단체인 '3월 1일'(남한의 이형근 목사가 이끌고 있다)에서 저자가 직접 참여하여 수행한 여러 설문조사와 사회학적 연구 자료에 기초를 두고 있다. 이 밖에도 우리는 특정 그룹의 고려인 청년들을 설명한 두 건의 사례, 즉 새롭게 도착한 이민자들을 대상으로 2001년에 조사한 자료와 1990년대 말에 도착하여 작은 마을에 밀집하여 살고 있던 구 이민자들을 대상으로 2013년에 조사한 자료를 분석했다. 또한 온라인 대중매체 및 인터넷 포럼의 자료들도 사용하였다. 이와 같이 우리는 청년층에 대한 초기연구의 분석을 기반으로 러시아 남부지역에 살고 있는 고려인 청년의 정체성 변화를 추적해 볼 수 있다.

1) 2002년과 2010년 인구조사 자료에 따른 고려인 청년층의 양적 구성

 사회학적 분석은 통계 편람에 기술된 실제 상황을 반영해야만 한다.

그러나 유감스럽게도 2002년과 2010년의 전 러시아 인구조사 결과에 대한 정보 공개는 여러 가지 매개변수와 러시아 남부 각 지역에 따라 상당히 제한적이다.

인구조사 자료에 대한 분석은 인구통계학적 규칙을 보여준다. (그림 1-6, 부록: 표 1-2) 2002년에는 로스토프주 고려인들에 대한 더 자세한 자료들이 출판되었고, 2010년에는 칼미크 공화국, 카바르디노발카르 공화국, 그리고 아스트라한주의 고려인들에 대한 자료가 출판되었다. 고려인 청년층의 연령 분포 그래프를 살펴보면, 8년 간격으로 실시된 두 번의 인구조사 전부 18세-19세 연령층에서 움푹 패인 곡선이 나타난다. 이렇게 고려인 청년 세대의 '잃어버린' 부분은 아마도 이주하지 않고 공화국에 남은 부모들에 의해 발생했을 것이다.

2002년 로스토프주에는 0세부터 34세까지의 고려인 11,669명이 거주했는데 이들 중 5,985명이 남성(51.3%)이었고 5,684명이 여성(48.7%)이었다. 또한 7,190명이 도시 거주자(61.6%)였는데, 그중 3,649명이 남성, 3,541명이 여성이었다. 4,479명이 농촌거주자(38.4%)였고, 그중 2,336명이 남성, 2,143명이 여성이었다.

2010년 아스트라한주에는 34세 이하의 젊은 고려인이 2,939명 등록되어 있었는데 그들 중 1,559명이 남성(53%), 1,380명이 여성(47%)이었다. 또한 1,133명이 도시 거주자(38.6%)였는데, 그중 565명이 남성, 568명이 여성이었다. 농촌에는 1,806명이 살고 있었고 그중 994명이 남성, 812명이 여성이었다.

칼미크 공화국에는 2010년 인구조사 당시 1,342명의 젊은 고려인들이 거주하고 있었는데 그들 중 642명이 남성(47.8%), 700명이 여성(52.2%)이었다. 또한 330명(24.6%)이 도시에 살고 있었는데, 그중 158명이 남성, 172명이 여성이었다. 대부분에 해당하는 1,012명

(75.4%)이 농촌에 살고 있었는데 그중 484명이 남성, 528명이 여성이었다.

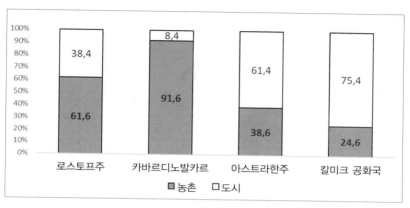

그림 1. 러시아 남부지역 고려인 청년층의 도시와 농촌 인구 비율. 2002년과 2010년. %

카바르디노발카르 공화국에는 4,034명의 고려인 청년들이 등록되어 있는데, 그들 중 1,872명이 남성(46.4%), 2,162명이 여성(53.6%)이다. 사실상 거의 모두가 도시에 살아서 도시 거주자가 3,695명(91.6%)이었고, 그중 1,697명이 남성, 1,998명이 여성이었다. 농촌지역에는 339명이 등록되어 있고, 그중 175명이 남성, 164명이 여성이었다.

이 수치에 의하면, 로스토프주와 아스트라한주에서는 젊은 남성의 비율이 여성의 비율에 비해 높고, 칼미크 공화국과 카바르디노발카르 공화국에서는 반대로 여성의 비율이 남성의 비율보다 높다.

로스토프주와 카바르디노발카르 공화국의 고려인 청년 대부분이 도시에 거주하는데 비해 아스트라한주와 칼미크 공화국의 고려인 청년 대부분은 농촌지역에 거주한다. 따라서 고용 분야 및 주요 소득원에서 차이가 있을 수 밖에 없다.

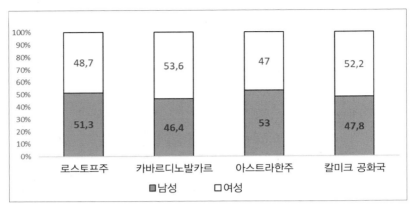

그림 2. 러시아 남부지역 고려인 청년층의 성별 비율, 2002년과 2010년, %

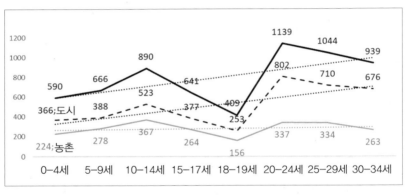

그림 3. 로스토프주 고려인 청년층의 양적 구성, 2002년 인구조사

　로스토프주(2002년)와 아스트라한주(2010년)는 고려인 청년의 수
가 현저히 감소하고 있다. 로스토프주의 경우 25세 이상, 아스트라한주
의 경우 30세 이상에 도달한 청년의 수가 줄어든 특징을 보인다. 이러한
경향은 로스토프주의 경우 도시 청년들에게 더 특징적으로 나타나고
농촌 청년들의 그래프는 완만해진다. 아스트라한주의 경우 변화의 강

도가 도시와 농촌 양쪽에서 거의 동일하게 나타난다.

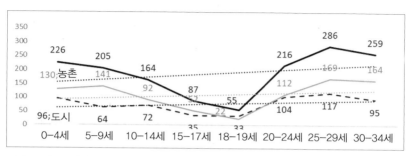

그림 4. 아스트라한주 고려인 청년층의 양적 구성, 2010년 인구조사

고려인 청년층의 인구 역학적 상황 역시 공화국마다 고유한 특성을 가지고 있다. 칼미크 공화국과 카바르디노발카르 공화국에서는 연령대의 양적 곡선이 30세에서 위로 올라가는데 이것은 오로지 도시 청년들 덕분이다. 농촌지역에 거주하는 소수 고려인 청년의 수는 사실상 변하지 않거나 줄어들고 있다.

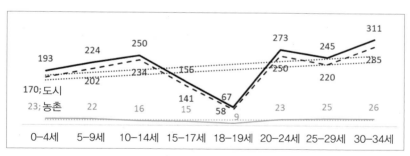

그림 5. 카바르디노발카르 공화국 고려인 청년층의 양적 구성, 2010년 인구조사

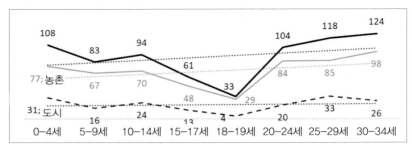

그림 6. 칼미크 공화국 고려인 청년층의 양적 구성. 2010년 인구조사

이와 같이 러시아 남부지역에 거주하는 고려인 청년들 사이에는 이
주 조건과 구세대 고려인들의 생활 특징 때문에 발생한 인구통계학적
차이와 거주 지역 차이가 일부 존재한다.

2) 이주 기원 및 정체성

2001년 공공단체 '3월 1일'은 새로 도착한 이민자들에게 도움을 제
공할 목적으로 중앙아시아에서 온 고려인 가족 대상으로 설문조사 형식
의 대규모 사회적 조사를[1] 실시했다. 이들은 우즈베키스탄(217가구),
타지키스탄(105가구), 카자흐스탄(3가구), 그리고 러시아의 다른 지역
(10가구) 출신이고 2가구가 자신의 출신을 밝히지 않았다. (그림 7-8)

설문조사에 참여한 가족들은 다양한 러시아 남부지역에서 다음과
같이 살고 있었다. 볼고그라드주(볼고그라드에 88가구, 주의 다른 지역
들에 177가구), 아스트라한주(39가구), 사라토프주(7가구), 칼미크 공
화국(2가구), 스타브로폴 변경주(1가구), 그리고 러시아의 다른 지역들

---

1) 조사 이형근, 분석 김 일기자

(3가구). 설문조사 당시 타지키스탄과 우즈베키스탄에 살고 있는 가족 (14가구)도 있었다.

이민 가족들은 모두 동시에 도착한 것이 아니다. 1992년에서 1999년 까지 189가구가 도착했고, 2000년과 2001년에 49가구가 도착했다. 설문조사 당시 이 가족들에는 312명의 미성년자 자녀가 있었고 그들 중 165명이 남자아이(53%), 144명이 여자아이(47%)였다. 11세-15세 연령대의 청소년이 가장 많았고(112명, 36%), 16세-17세 연령대에 속하는 청소년이 가장 수가 적었다(44명, 14%). 부모들은 7세-10세의 초등학생 자녀 71명(23%)과 1세-6세 취학전 자녀 85명(27%)도 데리고 이주해 왔다.

우즈베키스탄에서는 208명, 타지키스탄에서는 99명의 아이들이 태어났다.

타지키스탄 출신 가족의 유입이 1992년에 최대치를 찍고 1996년 이후 점점 감소하기 시작했는데 비해, 우즈베키스탄으로부터의 유입은 현저하게 증가하여 2001년 설문조사 당시 최대치에 도달했다.

전체적으로 유입된 35세 이하의 고려인 청년은 806명(남성 50%, 여성 50%)으로 기록되어 있고, 이들 중 우즈베키스탄 출신은 527명이고 타지키스탄 출신은 349명이다.

도착한 자녀들의 성에는 다음과 같은 것들이 알려져 있다. 김(79명), 박(26명), 최(23명), 이(22명), 헤가이(16명), 코가이(11명), 한, 안(각각 9명), 장(8명), 성, 전(각각 7명), 엔, 랸, 문, 니, 판, 황, 첸, 유가이, 윤(각각 4명), 림, 신, 헨, 채, 조, 신(각각 3명), 뚀, 쥬, 강, 곽, 렘, 하가이, 섹, 찬, 츠하이, 췐 (각각 2명), 돈, 에가이, 리가이, 마가이, 오가이, 뚀, 우가이, 홈, 차이, 엄(각각 1명)

2006년 사회학적 설문조사에는 13세 이상 35세 미만의 고려인 청년

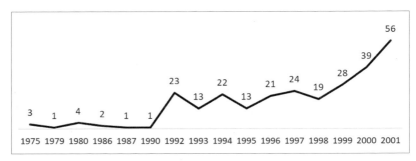

그림 7. 조사대상 가정 자녀들의 러시아 이주 역학, 2001년

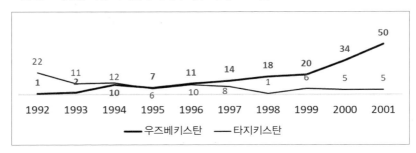

그림 8. 우즈베키스탄과 타지키스탄 출신 자녀들의 러시아 이주 역학, 2001년

139명이 참가했는데, 이들의 평균 나이는 26.8세였고, 그중 여자가 76명 (55%), 남자가 63명(45%)이었다.[2] 우즈베키스탄에서 태어난 사람이 94명(72%)이었는데 그들의 평균 나이는 26.9세였고, 타지키스탄에서 태어난 사람은 26명(20%)이었는데 그들의 평균 나이는 27.2세였다. 러시아나 현재의 거주지에서 계속 살았던 사람은 7명(5%)으로 평균 나이가 26.9세였고, 카자흐스탄과 우크라이나에서 태어난 사람은 3명이었다. 대부분의 이민자들(63%)이 2000년대 초부터 시작하여 그 이

---

2) Ли Хен Кын, Ким Ильгиза. Корейское население Нижнего Поволжья (по результатам социологического опроса 2006 года). Корейцы в России, радикальная трансформация и пути дальнейшего развития. М., 2007. С. 120-148.

후 몇 년 동안 러시아로 들어왔고, 일부 이민자들(37%)이 1990년대 초부터 점차적으로 이주해왔다. (그림 9)

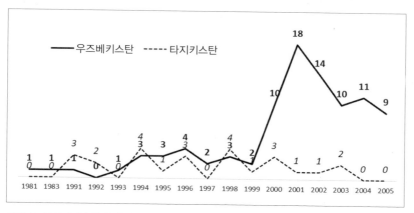

그림 9. 우즈베키스탄과 타지키스탄 출신 고려인 청년 이주 역학. 2006년 설문조사

볼고그라드주 비코프스키 지역의 작은 마을 두 곳에 밀집하여 거주하고 있는 345명으로 구성된 75가구에 대한 설문조사가 2013년에 실시되었다. 프리모르스크 마을에서 69가구 305명, 루고바야 프롤레이카(Луговая Пролейка) 마을에서 8가구 40명이 참가했다.[3] 35세 이하의 청년 수는 177명이었고 그들 중 남성이 94명, 여성이 83명이었다. (그림 10-12)

이들 중 97명의 고려인 청년들이 우즈베키스탄에서 태어났고, 21명이 타지키스탄에서, 58명이 러시아에서 태어났다.

---

3) 이형근 목사가 조사를 실시했고 김 일기자가 분석했다.

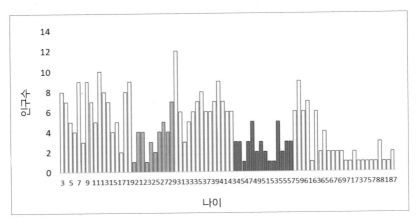

그림 10. 고려인 세대별 인구수. 2013년

　그림 10을 살펴보면, 이 마을들에서 20대 청년들의 수가 정량적으로 감소하고 있다는 것을 알 수 있다. 이는 언뜻 보기에도 그들이 학업이나 직장 때문에 도시로 떠났기 때문으로 보인다. 그러나 3년이 지난 후에는 마을 주민들과의 개인적인 대화를 통해 청년층과 그들의 부모까지 포함된 가족 전체가 대한민국으로 노동 이민을 떠났다는 것을 알 수 있었다. 이것은 40대, 50대 성인들 사이에서도 정량적 감소가 일어났다는 것을 확인시켜 준다.

　응답자의 나이와 떠나온 나라, 또는 태어난 나라 사이에 강한 통계적 관계가 있다. 미성년자들(18세 이하 집단)의 경우, 자신의 부모들은 우즈베키스탄이나 타지키스탄에서 이민을 왔지만 자신들은 처음부터 러시아 영토에서 태어난 사람이 다수(55%)이다. 가장 젊은 세대(18세 미만)의 경우, 대부분이 러시아(55%)나 우즈베키스탄(41%)에서 태어났고, 타지키스탄에서 태어난 미성년자 아이들은 3명(4%)뿐이었다.

　추세에 비추어 볼 때, 우즈베키스탄에서 태어나 이민을 온 아이들이 러시아에서 태어난 아이들보다 일반적으로 나이가 많고, 타지키스탄에

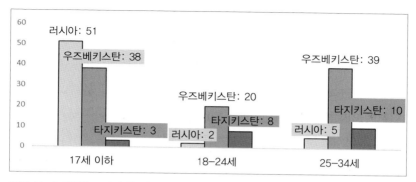

그림 11. 출신국별 고려인 청년층 분포, 2013년

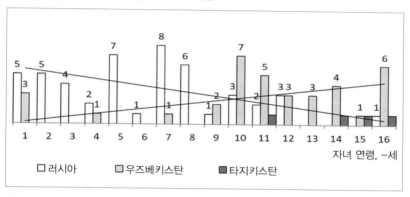

그림 12. 태어난 장소별 고려인 자녀 분포, 2013년, 루고바야 프롤레이카와 프리모르스크, (−명)

서 이민을 온 아이들이 우즈베키스탄에서 온 아이들보다 나이가 많다.

사실 조사 대상 마을들에서 18세 이하 아이들의 평균 연령은 9.99세이다. 타지키스탄에서 이민온 아이들의 평균 연령은 15.33세, 우즈베키스탄 출신 아이들의 평균 연령은 12.41세인데, 러시아에서 태어난 고려인 아이들의 평균 연령은 현저히 어려서 8.07세이다. 볼고그라드주의 비콥스키 지역에 살고 있는 35세 이하의 고려인 청년층 전체의 평균 나이는 18.22세이다. 그들 중 러시아에서 태어난 사람은 10.7세, 우즈베키스탄에서 태어난 사람은 21.73세, 타지키스탄에서 태어난 사람은

23.95세의 나이가 평균이다.

　35세 이하의 고려인 청년 86명이 2014년 연구의 표본으로 선택되었는데, 이들 중 54명은 도시에 거주하고 32명은 농촌지역에 거주했다. (그림 13-15) 그들 중에는 우즈베키스탄 출신이 55명(64%), 타지키스탄 출신이 6명(7%), 투르크메니스탄과 키르기스스탄 출신이 5명(6%), 카자흐스탄 출신이 4명(5%), 우크라이나 출신이 2명(2%), 러시아에서 태어났거나 러시아에서 대부분의 삶을 살아온 사람이 14명(16%)이다. 그림 14에서 볼 수 있듯이, 일부 청년들에게는 현 거주지가 일정하지 않다.

　설문조사 대상 청년들의 평균 연령은 25세이다. 이들 중 러시아 출신의 평균 연령은 23.6세, 우즈베키스탄 출신은 26.3세, 타지키스탄 출신은 28.3세이다.

　조사에 참여한 청년들 중 28%의 응답자가 이전에 러시아 지역에 거주했던 적이 있다고 답했는데, 러시아 남부 다른 지역에 거주했던 사람이 20%이다. 절반이 넘는 고려인 청년들(51%)이 러시아 남부지역에 친척이 있다고 답했다.

　러시아 남부지역 현재의 거주지에 가장 확고부동하게 정착한 모습을 보이는 집단은 타지키스탄 출신의 고려인 청년들이다. 타지키스탄 출신 중에는 단지 17%만이 이곳에 정착하기 전에 러시아 공화국이나 남부 연방지구의 다른 지역에 살았던 경험이 있었고, 83%가 남부 연방지구에 친척이 있는 것으로 나타났다. 이것은 결국 그들이 밀집하여 정착하게 된 기반이 되었다. 우즈베키스탄 출신의 고려인 청년들은 (정확히 말해 그들의 부모들은) 조금 더 유동적으로 판명되었다. 그들 중에는 러시아 공화국의 다른 지역에 거주했던 사람이 29%, 남부 연방지구에 거주했던 사람이 20%이고, 47%가 러시아 남부지역에 친척이 있다.

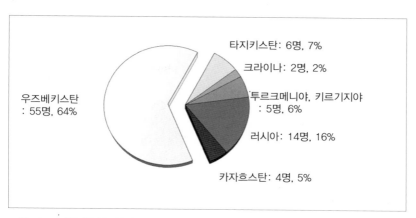

그림 13. 고려인 청년층 출신국, 2014년

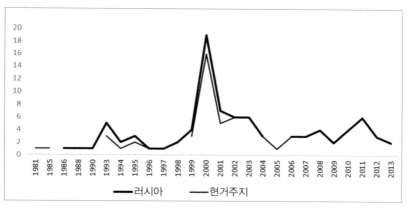

그림 14. 러시아 및 현 주거지 거주 역학, 2014년

러시아 고려인 청년들의 거주지 분산은 훨씬 더 두드러진다. 그들 중 러시아 공화국의 다른 지역이나 남부 연방지구에 살았던 사람은 각각 36%이고, 57%가 러시아 남부지역에 친척이 있다.

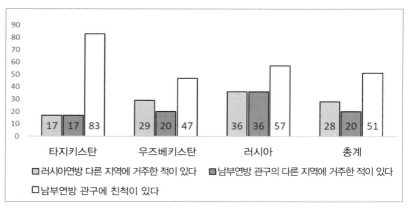

그림 15. 러시아 공화국과 남부연방지구 다른 지역 거주 경험, 남부연방지구 친척 유무 관계, 2014년

이와 같이 언급된 인구통계학적 현상은 자신의 조국은 러시아이지만 부모나 조상의 조국은 중앙아시아의 소비에트 공화국인 신세대 고려인이 러시아 영토 내에 형성되고 있음을 증명해 준다. 고려인 집단의 '아시아' 세대가 새로운 정체성과 새로운 사고방식을 지닌 러시아 출신 세대와 점차적으로 혼합되는 현상이 벌어지고 있다. 쉬운 일은 아니었지만 그래도 '러시아 고려인'이라는 민족명이 자신의 예전 의미로 돌아가고 있다.

고려인 청년층의 이민 이유 및 이민 가능성의 문제는 다음과 같은 전략적인 의미가 있다. 고려인 청년층은 이곳에 영주권자로 정착할 것인가, 아니면 대한민국으로의 이민과 같은 새로운 이주를 계획할 것인가.

2006년 설문조사에서 응답자들은 그들의 러시아 이민에 영향을 미친 요인에 대해 질문을 받았다. 가장 의미가 있는 원인들('강하게 영향을 미쳤다') 중에 다음과 같은 것들이 순위권에 들었다. 이전 거주지에서의 실업(66%), 러시아에 살고 싶다는 단순한 희망(60%), 떠난 나라의 어려운 재정 경제 상황(55%)에서부터 러시아의 친척들과 가까운 곳에 살고 싶은 희망(39%)이나 교육을 받을 필요성(37%) 등이 주요 원인으로 나타났다.

이전 거주지역의 기후 조건, 종교 갈등, 높은 범죄율(각각 71-72%), 나쁜 생태환경(68%), 지역 주민들과의 관계 악화(63%)가 이민의 사소한 원인('영향을 미치지 않았다')에 속한다.

이와 같이 러시아 고려인 청년층은 자신의 사회적 발전과 성장을 가져올 현대화된 자극 가능성에 관심을 가졌다.

청년층과 달리 구세대 고려인들의 경우 러시아에서 친척들과 함께 살고 싶다는 전통적인 욕구가 조금 더 큰 비중을 차지했고(상관계수 = 0.177, 유의성 = 0.008) 교육받을 필요성이 가장 적은 비중을(상관계수 = 0.194, 유의성 = 0.003) 차지했다. 그 외에는 차이가 없었다.

설문조사에 참여한 청년 이민자들 중 많은 사람들이 러시아에서 거주지를 1번(37%), 2번(31%)부터 11번(0.8%)까지 여러 번 변경해야만 했다(평균 2.5회). 현재의 거주지로 이사하게 된 주된 이유로는 '농업에 종사할 기회(39%), 친척에게 합류(31%), 좋은 직장을 찾아서(23%), 주택 문제(22%), 가족 문제 및 비즈니스(각각 11%)가 언급되었다.

설문조사에 참여한 고려인 청년 중 28%가 다른 주거지로의 이주를 고려하고 있고, 33%가 이주 계획이 없으며, 39%가 이주에 대해 생각해 본 적이 없다고 답했다. 2006년 설문조사 당시, 이주 가능한 지역에 대해서는 러시아 내(14%)와 주 내(7%) 이주의 선호도가 높았고 가까운 외지로 돌아가고 싶어하는 사람은 2%, 해외로 이주하고 싶어하는 사람은 5%밖에 되지 않았다. 나머지 사람들은 응답을 하지 않았다. 한편 성인 연령대 (35세보다 많은) 고려인들 중에는 단지 12%만이 다른 곳으로의 이주를 계획하고 있었다. (상관계수 = 0.286, 유의성 = 0.000)

또한 예상하는 이주 방향에 대해서도 청년 세대와 성인 세대 사이에 현저한 차이가 나타나서 성인 세대의 경우 해외 이주의 가능성에 대해 생각한 사람이 2%밖에 되지 않았다. (상관계수 = 0.272, 유의성 = 0.000)

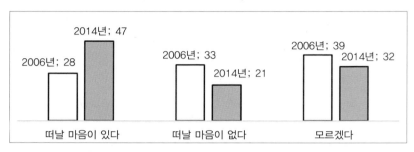

그림 16. 고려인 청년층의 새로운 거주지 탐색 및 이주 계획, 2006년과 2014년, %

2014년 설문조사는 향후 이민에 대한 고려인 청년층의 욕구와 준비도가 높아지고 있음(47%)을 보여주었다. 그와 동시에 이민 계획이 해외 이주, 특히 러시아어 구사 고려인들의 노동 이민을 위해 문호를 개방한 대한민국으로의 이민 방향으로 현저하게 옮겨갔다.

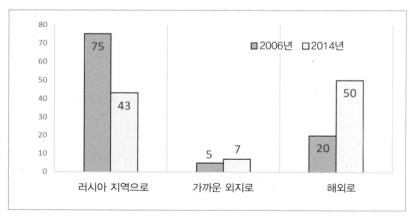

그림 17. 고려인 청년층의 이민 선호도 역학, 2006년과 2014년, %

그러나 해외 이민을 선호하는 고려인 청년층이 늘어나는 현상은 약간의 경계심을 불러온다. 왜냐하면 적극적인 이주가 계속되면 "지역 정체성을 약화시키고, 만약 그것이 해외 이주라면 시민 정체성 역시 약화시키기 때문이다."[4]

고려인 가족들의 이민 추세는 이미 힘을 얻었고 도시 응집 지역에서 그들의 거주 장소가 점점 비워지기 시작했다.

> "예전에는 우리 구역에 고려인들이 많이 살았습니다. 그들은 개인 집을 짓고 서로서로 이웃하여 살았습니다. 나는 개들을 데리고 그들의 초록색 아늑한 거리를 걷는 것을 좋아합니다만, 이제 놀랍고 안타깝게도 일부 '고려인' 집들이 매물로 나와있는 것을 봅니다. 많은 고려인 지인들이 이미 떠났거나 떠날 예정이라고 이웃 사람들이 말합니다. 우리 구역의 고려인들은 중앙아시아 출신의 새로운 주민들로 대체되고 있는 것 같습니다. 우즈베키스탄이나 타지키스탄 출신의 노동자들이 고려인들의 집과 아파트를 구매하고 있습니다."[5]
>
> "청년층이 한국으로 떠나는 동기가 무엇일까요? 부모를 따라서이기도 하지만… 본인들의 욕구도 있습니다. 저의 제자들 중에도 많은 애들이 떠나고 싶어하는데, 그들은 일을 하겠다는 목표가 아니라 공부를 하고 싶다는 목표를 가지고 있습니다. 질적으로 더 나은 삶과 안락함에 대한 욕구, 아주 단순한 생활문제의 해결(예를 들면, 시집을 가거나 부모님과 함께 살려는)이 제 생각에는 중요한 이유 같습니다. 많은 이들이 떠나서 그곳에 완전히 정착할 것을 결정하고 아이를 낳거나 아주 어린 애들을 데려가기도 합니다. 제 생각에 역이민도 생겨나고 한국에서도 전체적으로 사회적으로 분리되어 있지만 점차적으로 동화되는 CIS 출신의 고려인층(만약 그렇게 부를 수 있다면)도 곧 생겨날 것입니다. 그곳에 사는 청년들은 한국

---

4) Ким Хечжин. Особенности идентификации корейской молодежи в современной России. Автореферат диссертации на соискание ученой степени кандидата исторических наук. М. 2008. C. 16.

5) 러시아 민족 지역 주민과의 인터뷰. 볼고그라드, 2019년 1월. 여성, 45세. 저자의 보관자료 중에서.

의 생활 습관과 스타일을 완벽하게 수용할 것입니다. 유일한 문제
는 언어를 모른다는 것과 또, 물론 의식구조도 아직은 러시아적일
테지만, 그래도 그 젊은이들이 10여 년 뒤엔 우리보다 남한사람을
훨씬 더 닮게 될 것입니다. 그곳에서 태어났거나 아주 어린 나이에
그곳으로 데려간 아이들에 대해서는 말할 필요도 없습니다. 연장자
세대들은 여러 가지 이유로 제일 많이 힘들 것이고, 이에 대해서는
따로 책 한 권을 더 쓸 수도 있습니다. 비극, 가족의 역사, 언어를
이해하지 못하는 노동자의 난관, 그리고 중요한 것은, 러시아 고려
인 스스로가 자신을 향한 태도, 모든 것에서 나타나는 위계질서 체
제를 감내하기 어려워한다는 사실입니다. 이 모든 상황에 대한 저
의 입장은 상당히 평온해서, 긍정적이라고 말할 수조차 있습니다.
그러나 저 스스로는, 관광이나 공동 연구가 아니라면 역사적 조국
으로 돌아갈 생각이 없습니다."

3) 인구조사 및 사회학적 설문조사 결과에 나타난 교육 수준 및 직업

2010년 러시아 연방 인구조사에서 젊은 고려인들이 밝힌 자신의 교
육 수준은 사회학적 설문조사를 통해 얻은 자료와 상관관계가 약하게
나타난다. 인구조사 당시 자신의 교육 수준을 표시했던 20세-35세 연
령대의 고려인 청년층(37,841명) 중 33.5%(12,693명)가 고등교육을
이수했다고 밝혔다. 그들 중 12%는 학사, 83%는 전문가, 5%는 석사
학위를 받았다. 전체의 23.1%(8,779명)가 중등직업교육을 이수했고,
29.6%(11,185명)가 일반교육까지만 이수했다. 12%는 고등교육 불완
전과정을 이수했고, 약 1%가 박사과정에 입학했다. 인구조사의 이 연
령대 나머지 참여자들은 전혀 교육을 받지 않았거나 정보를 공개하지
않았다. (부록, 표 3, 그림 18-20)

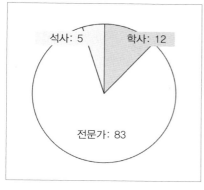

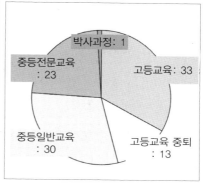

그림 18. 20-34세 고려인 청년층 고등교육 수준 분포. 2010년. %

그림 19. 20-34세 고려인 청년층의 교육 수준 분포. 2010년. %

2006년 사회학적 설문조사에 참여했던 고려인 청년들은 중등직업 교육이나 특수교육을 이수했다고(47%) 밝힌 사람이 더 많았고, 고등교육을 받은 사람은 16%, 중등일반교육 전과정은 22%, 중등교육 불완전 과정은 11%가 이수했다. 설문조사 당시 청년 이민자들의 교육 수준은 전체적으로 현지 러시아 고려인들과 비교해 현저하게 낮은 수준이었는데 이는 그 당시 내부 정치 상황으로 설명된다.

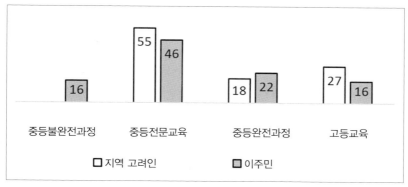

그림 20. 고려인 청년층 사이 교육 수준의 차이. 2006년. %

고등교육을 받은 응답자들은 다음과 같은 직업을 가지고 있었다. 법조계(30%), 교육계(25%), 의료계 및 경제계(각각 15%), 건설, 관리, 공학계(각각 5%). 중등직업교육을 받은 전문가들 중에는 다음과 같은 직업이 있었다. 요리사 및 미용사(각각 13%), 접대원 및 농업 노동자(각각 8%), 상인 및 재봉사, 운전사, 보육사, 기계공, 라디오 텔레마케터, 공정기사(각각 4%), 그리고 다양한 학습 기관의 학생들 및 대학생들(30%).

중등교육 불완전과정을 이수한 고려인 청년들은 절반 이상이 아직 학교(56%)나 직업학교(11%)에 다니고 있었고, 아니면 비숙련직종에서 일했다. 중등교육 전과정을 이수한 청년들은 주로 서비스 부문과 노동 현장에서 근무했다. 2006년 설문조사 당시 그들 중 상당수가 농업(35%)에 종사했고, 가사 노동(13%), 장사(9%), 공공 취사(8%) 분야에서 일하기도 했으며, 학업을 계속하는 사람(6%)도 있었다. 실업자도 5%가 되었다.

같은 시기에 로스토프주와 볼고그라드주에서 실시된 대한민국 출신 박사과정생의 고려인 청년층에 대한 연구에 따르면, 젊은 고려인들은 '이민족 환경에서 생존하는 필수적인 방법'으로 직업을 얻는 것을 가장 중요하게 생각한다. 따라서 양질의 교육은 좋은 직업을 얻기 위한 필수적인 조건으로 간주되었다.[6]

2014년 설문조사에 참여했던 고려인 청년들의 교육 수준의 구조는 고등교육 이수(39%) 방향으로 변환되었고 중등전문교육은 15%, 중등 전과정은 32%, 중등 불완전 과정은 14%가 이수했다. 고등교육을 받은 고려인 청년들은 다음과 같은 직업군에 속했다. 경제학자 및 금융가

6) Ким Хечжин. Указ. соч. С. 23.

(9명), 매니저(6명), 엔지니어(5%), 교수(2%), 프로그래머(2%), 의사, 심리학자, 농부, 건축가(각각 1%) 중등전문교육을 받은 청년들의 직업으로는 간호사, 매니저, 요리사(각각 2명), 운전기사, 기술공, 용접공(각각 1명)이 있었다.

4) 생계 수단에 대한 2010년 러시아 공화국 인구조사 자료 및 고려인 청년층의 소득에 대한 자기평가

2010년 인구조사 과정에서 소득 및 생계 수단의 구조가 밝혀졌다. 유감스럽게도 우리가 가지고 있는 자료는 러시아 공화국 전체의 고려인 인구에 관한 것이다. 경제적 추세가 전국적으로 유사하기 때문에 이 숫자를 러시아 남부지역의 고려인 청년들에게도 적용할 수 있을 것이라 생각한다(부록, 표 4-12).

이와 같이 15세에서 29세까지의 고려인 청년들의 경우, 압도적인 다수(84.5%)가 한 가지 생계 수단을 가지고 있다. 두 가지 생계 수단을 가지고 있는 사람은 14.5%, 세 가지 이상의 생계 수단을 가지고 있는 사람은 1% 이내이다. 도시에 사느냐 농촌에 사느냐에 따라 눈에 띄는 차이를 보인다. 농촌 청년의 20.5%가 두 가지 생계 수단을 가지고 있는데 도시 청년은 13%만이 그러하다. 다른 한편으로 세 가지 이상의 생계 수단을 가지고 있는 경우는 도시 청년이 4.9%로 농촌 청년의 1.2%와 차이를 보인다. (그림 21-22)

주요 생계 수단으로는 다음과 같은 것들이 있다. 1) 아르바이트를 포함한 노동 활동, 2) 개인적인 부업, 3) 학생들의 장학금, 4) 노령 연금(장애 연금 제외), 5) 장애 연금, 6) 사회 보조금 (실업 수당 제외), 7) 실업 수당, 8) 기타 유형의 국가 지원, 9) 저축, 배당금, 이자, 10) 부동산 임대 또는 재산 임대, 특허 수입, 저작권, 11) 더부살이, 다른 사람의 지원, 위자료, 12) 기타 출처. 이와 같이 이 연령 집단에 속한 고려인 청년들의 주요 수입원은 노동활동(43.1%)과, 더부살이(39.5%), 보조금(6.2%), 장학금(6%), 농업(3.8%), 기타(0.9%) 등이다.

2006년 우리의 설문조사에서 볼고그라드 응답자의 2/3(62%)가 자신의 소득 수준을 '평균 이하'라고 표시했고, 32%가 '평균 순준', 6%

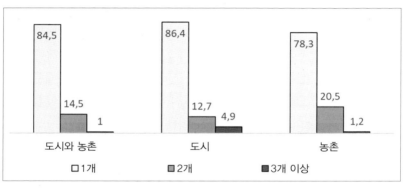

그림 21. 고려인 청년층(15–29세)의 생계수단 수, 러시아 공화국, 2010년, %

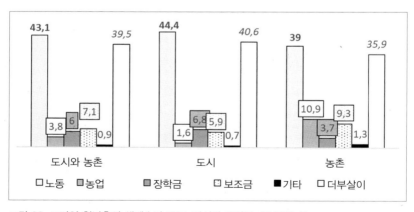

그림 22. 고려인 청년층의 생계수단 구조, 러시아 공화국, 2010년, %

가 '평균 이상'이라고 생각했다. 김혜진이 같은 해 남부지역에서 실시한 조사에 따르면 "설문조사에 참여한 청년 중 볼고그라드 지역 청년층을 제외한 상당수가 자기 가정의 물질적 복지수준을 만족스럽게 평가하고 있다."[7]

2014년 고려인 청년층의 개인 소득에 대한 평가는 훨씬 더 낙관적으로 보인다 '평균 이하'가 30%, '평균 수준'이 60%, '평균 이상'이 10%로 나타났다. (그림 23-24)

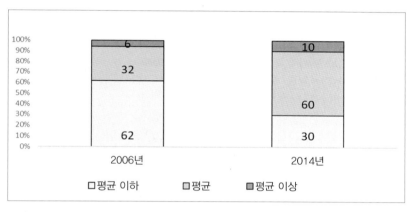

그림 23. 고려인 청년층의 개인 소득에 대한 평가, %

2014년 설문조사 자료에 의하면 청년 이민자들이 주요 소득을 얻는 고용의 구조에 변화가 발생했다. 러시아로 이주하기 전에는 고려인 청년의 14%가 국가기관에서 일하는 것으로 생계를 꾸려나갔는데, 러시아 이주 이후에는 이 비율이 4%로 감소했다. 그에 비해 러시아로 이주 이후에는 사업의 형태로 자기 일에 종사하는 사람이 10%가 되었다.

---

7) Ким Хечжин. Там же. C. 17.

(이주 이전에는 3%였다) 러시아로 이주하기 이전에는 고려인 청년층의 28%가 실업자로 간주되었으나 러시아에서는 이 지표도 7%까지 감소하였다. 청년 학생의 비율이 크게 증가하여 이주 이전의 10%에서 이주 이후 30%로 늘어났다.

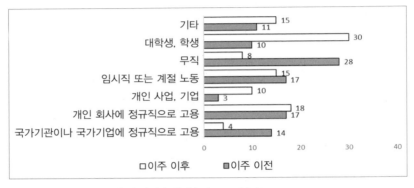

그림 24. 러시아 이주 전후의 직업과 생계수단. 2014년. %

5) 고려인 청년층의 사회문제

고려인 청년들이 지적한 주요 사회문제는 2006년의 현실을 반영했다. 재정 부족, 즉 빈곤(47%), 물가 상승과 기초 생활품의 높은 가격(34.8%), 러시아 시민권이 없음(32.6%) 그리고 이로 인한 실업(21.2%), 의료 서비스 및 교육 혜택 수혜의 어려움(15.2%)이 그것이다. 최근의 이민자들은 주변 사회 상황에 대해 긴장감을 가지는 것으로 보인다. 알코올 중독 및 마약 중독(17.4%), 민족 상호 관계(9.8%), 범죄(8.3%), 테러 위협(8.3%), 정신적 낙후성(6.1%), 기타 등등을 주요 사회문제로 지적한 사람들이 눈에 띈다.

정서적 분위기를 알아보기 위해 '최고 수준의 긍정적', '높은 수준의 긍정적', '중간 수준의 긍정적', '중립적 감정', '중간 수준의 부정적', '높은 수준의 부정적', '최고 수준의 부정적'의 척도를 가지는 '감정 온도계'를 사용했다. 설문조사 당시 청년층의 감정은 상당히 긍정적이었다 (긍정적 감정이 평균 85.7%, 부정적인 감정이 평균 11%, 중립적인 감정이 3.3%였다). '희망'이 가장 긍정적인 평가인 94%를 받았고, '즐거운' 감정이 89.5%, '행복'이 84.6%, '평온'이 81.9%, '확신'이 77.6%로 나타났다. (그림 25)

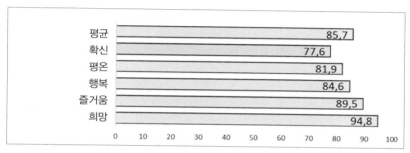

그림 25. 고려인 청년층의 긍정적 감정 온도계, %

2014년 설문조사에 참여한 청년층은 사회문제 순위에서 다음과 같은 몇 가지 요인들을 우선순위에 놓았다. 교육 및 의료 서비스 혜택 수혜의 어려움, 물가 상승, 주변 사회의 문화적 및 정신적 낙후성(각각 35-36%)이 그것이다. 그리고 부패 및 뇌물 수수(28%), 빈곤(25%), 실업(22%)이 그 뒤를 이었다. 또한 러시아 공화국 시민권 문제가 9%, 외국인 혐오가 8%의 청년들에게 문제가 되었다.

2006년 설문조사에 참여했던 고려인 청년들이 살았던 상황은 최근의 이민자들에게도 특징적으로 나타난다. 42%가 임대 주택에서 살고 있고, 11%가 친척 집에서 살고 있다. 단지 47%만이 자기 집이나 아파트를 소유하고 있다. 그들은 평균 3.7명이 함께 살고 있는데 흔히 1-2명의 아이와 부모, 또는 다른 가까운 친척으로 나타난다. 설문조사에 참여한 성인 세대의 경우는 주거 문제에 대해 조금 더 나은 모습을 보여서 67%가 자신의 주택을 가지고 있었다.

2014년에는 고려인 청년들이나 그 가족들의 주거 상황이 약간 개선되었다. 54%가 자신의 주택을 가지고 있었고 12%가 친척 집에 살았으며 34%가 임대 주택 또는 임시 거주지에 기거했다.

제2장

사회 정체성 및 민족 정체성 형성 과정 고려인 청년층의 정체성

1. 가족 정체성. 민족 간 결혼

개인 및 민족 공동체의 사회 정체성은 사회에서 자신의 위치를 어떻게 느끼는지에 대한 총체적 인식을 토대로 형성된다. 동시에 개인은 "사회적으로 의미 있는 문화적 지향 및 공공 분야에서의 역할 수행 기능, 그리고 사회 제도 및 관계와 자신을 연관시켜 사회 정체성을 형성한다. 사회 집단, 교단, 민족, 국가(나라), 문명과 같은 '대규모 공동체'가 사회 정체성의 가장 중요한 대표 집단이다."[1]

민족 공동체가 가지는 사회적 개인-집단 정체성의 특수한 형태로 가족 정체성이 있다. 가족 정체성의 구조적 측면은 민족 전통과 문명 과

---

[1] Семененко И.С., Лапкин В.В., Пантин В.И. Идентичность в системе координат мирового развития / В.В. Лапкин, И.С. Семененко, В.И. Пантин // Полис. Политические исследования. – 2010. – No. 3. – С. 40.

정의 영향을 받는 양적 구성 및 민족적 구성으로 표현된다. 민족 전통은 결혼 적정 연령, 배우자의 민족 구성, 출산 자녀의 수 등을 규정한다. 또한 핵가족이냐, 아니면 대가족이냐의 가족 구조도 중요하다. 핵가족은 배우자와 그들의 자녀만이 함께 사는 것을 의미하고, 대가족은 부모와 자녀뿐 아니라 더 먼 친척들도 함께 사는 것을 의미한다.

우리의 설문조사에 따르면 고려인 가족의 양적 구성은 먼 친척까지 포함하여 (한 가족에 6명까지) 함께 사는 사람이 1명에서 11명까지의 범위에 놓여있다. 우즈베키스탄과 타지키스탄 출신의 이민자 가정의 공동 거주 인원수는 도시, 농촌지역에 차이가 없었다. 고려인 청년층 응답의 역학적 추세에 의하면, 함께 거주하는 인원들의 양적 구성은 점차적으로 축소하고 있다. (그림 26)

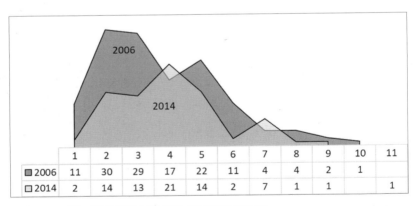

	1	2	3	4	5	6	7	8	9	10	11
■2006	11	30	29	17	22	11	4	4	2	1	
□2014	2	14	13	21	14	2	7	1	1		1

그림 26. 고려인 가족의 양적 구조 역학. 2006년과 2014년

이와 관련하여 우즈베키스탄 출신의 이민자 한 명은 러시아의 가족 생활 조건에 놀라움을 금치 못했고 핵가족화 과정에 점점 적응하는 모습을 보였다.

"할아버지는 지역의 가장 큰 집단농장 ('공산주의') 중 한 곳의 대표인 유명한 사람이었습니다. 그래서 친구들이 그를 방문하기도 했고, 게다가 할아버지와 할머니는 자녀가 8명이나 되었습니다. (저의 아버지는 맏아들이었고 여동생이 7명 있었습니다.) 아줌마, 아저씨, 사촌 형제들, 5촌들, 6촌들, 우리는 자주 엄청나게 많은 사람들이 모였고, 큰 집에서 항상 즐거웠습니다.

저는 정말로 어린 시절이란 누구에게나 친척, 친구, 이웃으로 가득찬 집과 시끄러운 집단 놀이를 즐기던 시절일 것이라고 생각했습니다. 러시아로 이사오고 10명도 정상적으로 수용할 수 없는 이렇게 작은 아파트에서 사람들이 어떻게 살아가는지 정말 놀랐습니다. 생일날 작은 방 하나에 모두 모여 있으면 그게 대체 무슨 생일입니까? 하지만 이제 익숙해졌습니다."[2]

2006년 설문조사에 참여한 고려인 청년 응답자들 중에는 25%가 미혼이었고, 68%가 기혼, 7%가 이혼이나 사별을 한 상태였다. 가정은 대부분 단일 민족 구성이었고(89%가 고려인 배우자와 결혼했다), 러시아 배우자와 함께 살고 있는 다민족 가정이 9%였으며 중국인 배우자와 함께 살고 있는 다민족 가정과 우즈베키스탄 배우자와 함께 살고 있는 다민족 가정이 각각 1%였다. 2014년 고려인 청년들의 가족 구성은 가족 상황에 따라 상당한 차이를 보였다. 47%가 기혼이었고 2%가 이혼을 한 상태였으며 51%가 미혼이었다. 많은 가정이 단일 민족 구성이었고 (84%가 고려인 배우자와 결혼했다.) 4%는 배우자가 혼혈이었으며 12%는 러시아인 배우자와 살고 있었다.

러시아 남부지역의 고려인들은 다민족 결혼 문제에 대한 태도에서 지역적으로 약간의 차이를 보여주고 있다. 북캅카스 지역의 공화국들에서는 부모와 지역 민족 공동체의 '민족적 순결' 준수에 대한 엄격한 태도

---

2) https://koryo-saram.ru/andrej-shegaj-sovremenniki/

를 이유로 다민족 결혼이 거의 불가능하다. 그와 달리 고려인과 칼미크인의 혼혈은 드물지 않은 현상이고 이는 그 두 민족이 비록 지리적으로는 다른 분파이지만 몽골로이드 유형으로 얼굴이 서로 닮은 외형을 가지고 있기 때문에 가능하다. 칼미크인은 인류학적으로 북아시아 몽골로이드 인종의 중앙아시아 유형에 속하고 고려인은 동아시아 유형에 속한다.

고려인 청년들의 의식에서 가족 정체성은 일반적으로 민족 정체성과 깊은 관련이 있지만 다민족 가족의 경우 민족 정체성이 명확하지 않을 수 있다. 특히 부모와 친척이 서로 다른 민족에 속하는 러시아 국민인 경우 이러한 인지적 불일치가 더 심해지고 두드러져 보일 수 있다.

> "저는 러시아 고려인의 일상적인 민족문화 밖에서 성장했습니다. 그래서 제가 스스로 고려인이라고 규정한 것은, 예를 들면 러시아인이나 타타르인으로 생각하고 싶지 않을 때만 그랬던 것 같습니다. 제가 슬라브인 외모가 아니라는 점이 저를 혼란스럽게 한 적은 거의 없었고, 민족적 특징으로 인한 차별은 사실상 경험하지 않았습니다. 고려인의 뿌리를 가지고 있으나 그들에 대한 그 어떤 정보도 없다는 사실은 '동양' 전체나 한국에 대한 이국적이고 낭만적인 느낌을 오랫동안 가질 수 있는 이유가 되었습니다. 이 점에서 저는 완전히 유럽의 사고방식을 가지고 있었다고 생각합니다."[3]

설문조사에 참여한 고려인 청년들은 반드시 고려인 민족 집단 내에서만 미래의 자신의 가정을 꾸려야 한다고 생각하지 않는다. 2006년 설문조사에서 고려인 청년 응답자의 58%가 같은 민족끼리의 결혼에 동의하는 '표를 던졌다.' 그리고 남녀의 차이가 약간 있기는 하지만 응답자의 1/3 이상이 한국 방식대로 반드시 결혼을 해야 하는 혼전 관계를 권했다. 이 부분에서는 여성들이 더 많이 포용적인 모습을 보여줬다. (그림 27)

---

3) 저자의 보관 자료의 인터뷰, 다민족 가정 출신의 젊은 여성.

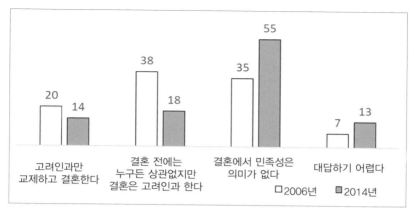

그림 27. 민족 간 결혼을 향한 고려인 청년층의 입장, 2006년과 2014년, %

2014년 설문조사의 경우, 민족 간 결혼에 대해 남성과 여성이 거의 비슷한 모습을 보여줬지만, 남성들 중 강경파 집단은 증가했다. (그림 28)

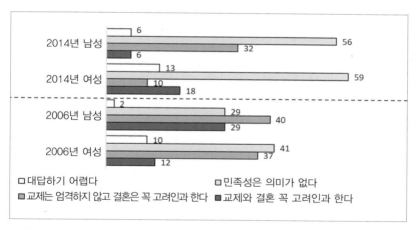

그림 28. 성별에 따른 결혼 선호도, 2006년과 2014년

2014년 설문조사 무렵까지 같은 민족끼리의 결혼을 바라보는 시각이 청년층 사이에서 전반적으로 흔들렸음에도 불구하고 특정한 일부

남성들 사이에서는 같은 민족끼리의 결혼을 지지하는 명백한 경향이 존재했다. (2006년 상관계수 = 0.240, 2014년 상관계수 = 0.308) 이에 대해 남성 응답자들(고려 사람 청년 채팅 참가자들)은 다음과 같이 능숙하게 답변한다.

> "고려인 남자는 고려인 여자와 결혼합니다. 고려인 여자는 고려인 남자와 결혼합니다. 항상 그랬고 앞으로도 그러할 것입니다. 다르게 행동하는 사람은 이미 고려인이 아닙니다. 그가 자신의 실수를 깨달았을 때는 이미 늦었을 것입니다."
>
> "저는 누가, 누구랑, 무엇 때문에, 왜인지 상관없습니다. 하지만 결혼은 고려인 여자와 할 것입니다."
>
> "저 개인적으로는 순수혈통의 고려인 여자가 더 매력적으로 보입니다."
>
> "애국심은 자기가 태어난 곳, 자신의 조국에 대한 사랑에 더 속하는 개념입니다. 민족성은 유전자와 양육에 더 속합니다. 전체적으로 다른 개념입니다. '고려인 여자는 고려인 남자에게, 고려인 남자는 고려인 여자에게'와 같은 유형의 구호는 민족주의 같은 냄새가 납니다."
>
> "뭐, 된장찌개도 먹고 싶고, 또 김치도!"
>
> "일반화할 필요는 없습니다. 민족주의자는 이쪽에도 저쪽에도 있습니다. 우리는 결혼 생활(다민족 결혼 - 저자) 4년째이고 8년을 함께 살았는데, 아마 아무도 곁눈질을 하지 않은 것 같습니다. 또 된장, 김치, 국수 등등을 먹는 것을 금지하는 사람도 없습니다."

젊은 여성들 중에는 이 문제에 대한 자신의 입장에 어려움을 가지고 있는 사람이 상당히 많다. 그들의 결정은 어떠한 기준으로 '자신의 반쪽'을 선택할 것인지에 달려있다.

소셜 네트워크에서 벌어진 젊은 고려 사람들, 특히 여성들의 다민족 결혼에 대한 논의에 따르면, 혼혈은 적어도 현재 거주하는 지역에서는 계속되는 추세를 보인다. 아마 그 기반에는 한국인의 얼굴을 더 많이 유럽화하는 방향으로 인류학적 이미지를 바꾸려는 무의식적 욕망이 놓여 있을지도 모른다. 이는 얼굴 특징의 매력 때문만이 아니라 자기의 후손이 이민족 환경에서 덜 두드러지고 더 안전하게 살게 하기 위해서이다. 유전적 특이성은 불안한 환경에서 인류학적 차이로 인해 자연스럽게 발생할 수 있는 사회적 위험 코드를 가져올 수도 있다.

> "저는 중립적입니다. 물론 아이들은 혼혈이 더 예쁩니다. 그러나 어쨌든 저는 고려 사람 + 고려 사람에 더 끌립니다."
> "중요한 것은 서로 사랑해야 하는 것입니다! 그러면 고려 사람 + 고려 사람이든, 고려 사람 + 러시아인이든, 그 차이가 없습니다."
> "다민족 결혼, 러시아인-고려인 뿐 아니라 모든 다민족 결혼에 긍정적인 입장입니다. 왜냐하면 그런 결혼에서 태어난 아이는 긍정적으로는 비범한 외모를 가지게 됩니다. 부정적으로는 한성격하게 됩니다."
> "모두가 아이들이 예쁘다고 쓰고 있네요. 혼혈은 일반적으로 이쁘기도 하고 안 이쁘기도 합니다. 50 대 50 이죠. 그들이 아름다울 것이라는 말이 완전히 맞는 말은 아닙니다."
> "다민족 결혼에서 태어난 아이들이 예쁘다… 결혼하려는 이유로는 믿음이 가지 않는 사실입니다."
> "제 엄마는 러시아인이고 아빠는 고려인입니다. 두 분 다 한눈팔지 않고, 나쁜 말을 하지 않으며 모든 것이 다 좋다고 말할 수 있습니다."

이 밖에도 민족 간의 결혼에 우호적인 여성들의 논거로 유교적 전통에 근거한 한국 남성들의 자기 아내에 대한 일부 전통적 경직성도 거론된다.

> "다민족 결혼에는 이런 좋은 점도 있습니다. 고려인 여성은 러시아인 남편과 결혼하는 것이 일상생활 면에서나, 뭐 전체적으로 (고려인 남편과 결혼하는 것에 비교하여) 더 쉽고 편합니다. 러시아 청

년들은 (물론 예외가 없는 것은 아니지만) 여자들에게 훨씬 더 정중하게 대합니다. 고려인 남자들은 엄마의 보살핌과 관심으로 지나치게 버릇없이 커서 원하는 것을 당연한 것으로 받아들입니다. 솔직히 말해서, 이것은 엄청 짜증나고 충격적인 일이라… 대부분 그렇습니다. 남편이 아내를 도와 집안일을 하는 고려인 가정을 만나기란 드문 일입니다…

고려인 가정을 방문해보면 남편들이 어린애같이 굴면서 포크도 가져다 놓지 못합니다. 러시아 가정을 보면, 남편이 당황하지 않고 저녁을 준비합니다. 요리, 빨래, 청소, 이 모든 것들이 아내의 의무라는 것에 대해서는 논쟁할 마음이 없습니다만, 그렇다고 남편의 도움이 폐지된 것은 아닙니다. 고려인 남자들은 자신의 아내를 불쌍히 여기지 않고… 고려인 가정 내 가부장적 모습은 아무도 부정할 수 없습니다. 육안으로도 보이는 일이기 때문입니다. 슬프게도 저는 일부 가족을 제외한 모든 고려인 가정에서 이것이 하나의 규범이라는 것을 보고 있습니다.”

“'야생'의 고려인들은 일반적으로 상당히 무정합니다!”

“네, 이해가 없이는 해결될 수 없을 겁니다. 젊은 남자와 젊은 아가씨는 어떤지 모르겠지만… 아내라면, 남편을 존경해야 합니다. 남편의 취미조차 말입니다. 아내는 사실 매우 현명해야 합니다. 어려운 순간에 남편이 그녀의 도움을 필요로 할 수 있기 때문입니다. 항상 온화하고 조심스러워야 하고, 가장 중요한 것은 자기 주장을 하지 말하야 한다는 겁니다.”

“성인 세대는 고려 사람끼리의 결혼을 애국적으로 응원하는데 일반적으로 성인들은 더 현명합니다.”

“새로운 가족 구성원을 받아들이는 일은 논란의 여지가 있는 문제입니다. 고려인 가정에서는 고려인 여자와 결혼하거나 그냥 혼자 살거나 하라는 최후통첩까지 벌어지는 일이 자주 있습니다.”

저자 중 한 명은 남편과 시어머니로부터 오랜 세월 동안 폭압을 받다가 이에서 벗어나 다른 지역의 고려인 남자와 새로운 삶을 찾기 위해 떠났던 50대 고려인 여성의 하소연을 들을 수 있었다. 유감스럽게도 그녀의 새로운 가정의 분위기가 어땠는지는 알지 못한다.

구세대 고려 사람의 경우, 그들이 겪어온 급진적인 사회 변화로 인한 '정체성의 위기'라는 용어를 사용하기에 적합하다. 현대 고려인 청년들에 대해서는 이중, 삼중 정체성인 '하이브리드 정체성' 개념을 논의할 수 있다. 그 결과 다양한 벡터의 정체성을 갖는 '정체성의 혼혈'이 탄생한다. 청년층의 민족 결혼에 대한 최적의 전략적 선택은 러시아 영토에서 한 세기 반 넘게 고유한 민족 정체성을 보존해온 러시아 고려인들이 앞으로 더 긴밀히 결합할 수 있게 할 것이다.

가족 정체성의 지표 중 하나로 전통적 다자녀 가족인가, 아니면 자녀가 적은 가정인가를 들 수 있다. 고려 사람의 현대 가족들은 비록 다자녀 가족이라는 전통의 잔재가 여전히 발견되기는 하지만, 자신들의 조상이나 부모들처럼 자녀를 많이 갖기를 원하지는 않는다.

우리는 이전 연구에서 고려인 가족에서 확인된 규칙성의 존재에 대해 언급했다. 첫 번째 규칙성은 응답자가 젊을수록 그 응답자의 부모의 가족이 한 자녀 가족이었다는 점이다. 또 다른 규칙성은 자녀 수에 대한 부모의 전통이 자손들의 가족에서도 거의 그대로 반복된다는 것이다. 만약 설문조사 참가자의 부모의 가족이 다자녀 가족이었다면 그들 자녀의 가족에서도 자녀가 많을 확률이 증가한다. 또한 자녀가 적은 가족의 자손들은 자녀가 적은 전통을 재현한다.

2006년과 2014년의 설문조사 대상을 청년층(35세 이하), 중간 세대(60세 이하), 구세대(60세가 넘는 사람들)로 3개의 세대 그룹으로 나누어 살펴보았다. 모든 성인 그룹에 대한 분석은 다음과 같은 매개변수를 적용하였다. 1) 응답자 부모의 가족에서 몇 명의 아이가 태어났는가, 2) 응답자의 가족에서 몇 명의 아이가 태어났는가. 고려인 청년 집단에게는 다음과 같은 매개 수도 적용했다. 3,4) 가족 내 미성년자, 남자 및 여자의 수, 5) 향후 출산 계획.

2006년 설문조사에서 청년 응답자들(35세 이하)은 자기 가족 내 아이들의 수에 대해 다음과 같이 대답했다. 1명에서 4명까지 범위 내에서 평균 1.59명, 그중 남자아이는 평균 1.24명(1명에서 2명까지의 범위) 여자아이는 1.17명(1명에서 2명까지의 범위)이다. 그들의 부모들은 평균 2.87명(1명에서 7명까지의 범위)의 자녀를 두고 있다.

중간 세대(36세-60세)는 평균 2.42명의 자녀(1명에서 8명까지의 범위)를 두었고, 그 부모들은 1명에서 11명까지의 범위에서 평균 4.57명의 자녀를 두었다. 구세대(60세가 넘는 사람들)는 평균 3.19명의 자녀(1명에서 6명까지의 범위)를 두었고, 그 부모들은 5.14명의 자녀(1명에서 9명까지의 범위)를 두었다. 설문조사 당시 젊은 고려인들의 가임 연령이 여전히 계속되고 있기 때문에 아이를 더 나을 가능성도 존재하지만, 그래도 고려인들의 다자녀 전통은 과거로 남겨진 것이 확실해 보인다. 2006년 응답자들의 세대별 자녀 수 지표의 통계적 상관관계는 매우 높다. (피어슨 상관계수 = 0.451, 스피어만 상관계수 = 0.497, 유의미성 = 0.000)

2014년 설문조사에서는 자녀 출산의 양적 감소 추세가 계속 유지되었지만 이미 그렇게 '가파른' 형태는 아니었다.

자녀 수에 대한 질문을 향후 출산 전망에 대한 질문으로 보충해 보았다. 35세까지의 청년층은 평균 1.87명의 자녀(1명에서 5명까지의 범위)를 두었고, 이 중 미성년 남자아이가 1.19명(1명에서 2명까지의 범위), 미성년 여자아이가 평균 1.44명(1명에서 3명까지의 범위)이었다. 유감스럽지만, 출생 남자아이의 수적 감소 및 출생 여자아이의 수적 증가에 대해 통계적으로 신뢰할만한 결론을 내리기에 충분한 인구통계학적 자료가 우리에게는 없다.

청년 응답자들은 미래에 평균 2.81명의 자녀(1명에서 5명까지의 범위)를 두고 싶어했다. 고려인 청년들의 부모는 평균 2.6명의 자녀(1명에서 7명까지의 범위)를 두었다. 60세 이하의 응답자들은 평균 2.42명의 자녀(1명에서 7명까지의 범위)를 두었고, 그들의 부모는 3.87명의 자녀(1명에서 9명까지의 범위)를 두었다. 60세가 넘는 응답자들이 밝힌 바에 의하면 그들 부모의 자녀는 평균 4.96명(1명에서 10명까지의 범위)이다. (그림 29)

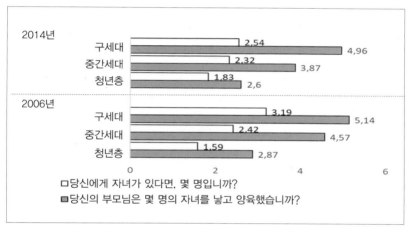

그림 29. 세대별 평균 출산 자녀 수. 2006년과 2014년

세대별 출산 자녀 수 지표의 통계적 상관관계는 감소했다. (피어슨 상관계수 = 0.198, 스피어만 상관계수 = 0.208, 유의미성 = 0.000) 그러나 부모 세대와 그들의 자녀 수 사이의 상관관계는 여전히 매우 높다. (피어슨 상관계수 = 0.481, 스피어만 상관계수 = 0.512, 유의미성 = 0.000) 응답자의 부모에게서 태어난 자녀 수의 평균은 최대 6.5명(11명의 자녀까지), 최소 1.75명이다. 응답자에게서 태어난 자녀 수의 평균은 최대 3.67명, 최소 1.65명이다.

청년 응답자들의 경우, 그들의 부모에게 태어난 평균 자녀 수의 최대치는 2.80이고, 청년 고려 사람에게 태어난 평균 자녀 수의 최대치는 3이다. (그림 30)

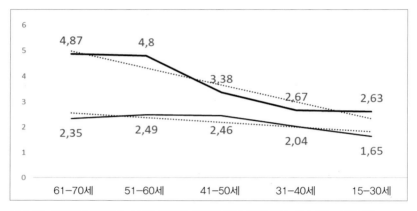

그림 30. 러시아 남부지역 고려인 가족의 세대별 자녀 출생 역학, 2014년, -명(평균)

응답자와 그 부모 세대에게 태어난 평균 자녀 수의 변천을 살펴보면, 다자녀 출산이 줄어드는 경향이 약 50세 정도의 부모들에게 나타나서 40대 부모들에서 정착화된 것을 알 수 있다. 1960년대-1970년대 및 그 이후 기간에 해당하는데, 이는 그 당시 소비에트 연방 유럽 지역에서 나타났던 인구통계학적 변화의 일반적 맥락과 일치한다.

도표에서 보이듯이 자녀 출산율 감소의 양적 추세는 40대와 30대 성인 집단에서 서로 근접한다. 20대 고려 사람에 대해 살펴보면, 자녀 출산율의 양적 성장이 급격히 늘어난 것으로 보이지만 이 경향은 아직까지 통계적으로 고정되지 않았다. (그림 31)

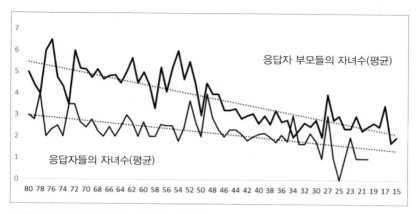

 안에 라벨: 응답자 부모들의 자녀수(평균), 응답자들의 자녀수(평균)

그림 31. 러시아 남부지역 고려 사람 자녀 출생의 양적 역학, 2014년

　　이와 같이 고려인의 전통적인 다자녀 가족 정체성은 청년층에서 자녀를 적게 출산하는 정체성으로 바뀌었는데 이는 물론 그렇게까지 극단적이지는 않지만, 현대 러시아와 유럽의 전통에 부합할 뿐 아니라 대한민국의 추세도 반영하고 있다.

2. 민족 정체성

　　민족 정체성은 일반적인 인구 구성원들과 자신의 민족성(또는 국가 소속성)을 구분하는 것을 의미한다.[4] 민족 정체성은 사람들을 민족 공동체로 결합시키는 유사한 특징에 대한 생각, 그리고 민족 집단을 주변 사회와 분리시키는 차이점에 대한 생각을 포함한다. 이러한 특징들에는 외모, 언어, 전통(관습), 문화적 특성 등이 포함될 수 있다. 따라서

---

4) Сикевич З.В. Социология и психология национальных отношений. Спб, 1999. С. 102.

자기정체성이란 고유한 자아, 문화, 외모, 또는 구성된 이미지나 이상의 매개변수를 연관시키는 과정이다.

유년기에 동화되는 인류학적, 언어적, 문화적 차이가 존재하는 다민족 사회에서 자기정체성의 결과로써의 민족 정체성은 사회 정체성의 일부가 된다. 이어지는 사회화는 그들을 명확하게 만들고, 구체화시키며, 민족 범주의 언어로 옮겨준다. 이와 같이 다른 민족 집단과 차이를 가지는 자신의 민족 집단에 대한 사고가 인간 의식 속에 형성된다.

아래 제시된 예들은 젊은 고려인 남성과 혼합 민족 가정 출신의 젊은 고려인 여성(아르구뱌)의 의견인데 고려인 청년들에게 민족 정체성의 의미가 명백하게 감소하고 있다는 것을 볼 수 있다.

"제 생각에 민족 소속은 이제 더이상 개인을 구성하는 중요 요소가 아닐 뿐 아니라 시간이 흐름에 따라 점점 더 멀어질 개념입니다. 젊은 세대는, 러시아 고려인도 포함하여, 이미 자신이 어디에서 누구로 태어났는가가 아니라, 자신을 누구라고 생각하는지, 정치적 입장이나 신념, 교육, 직업 등이 중요하다는 결론을 내리고 있다고 생각합니다. 한마디로 말해서 상황이 아니라 자각된 결정이 중요하다는 것입니다."[5]

"민족 정체성이라… 그게 뭡니까? 뭐하려요? 누구에게 필요합니까? 어떤 쓸모가 있죠? 고려인이 아니면 나쁜 건가요? 저는 제가 고려인이라고 확신하지 않습니다! 저는 한국과 한국문화에 대해 거의 모릅니다. 저는 유대교 예배당에 다니는 러시아 아가씨와 만나고 있고 그건 그녀가 유대인이라는 것을 암시하는 것이지만 제게는 상관이 없습니다! 아이들이 생긴다고요? 그러라고 하지요!

'고려인을 위한 고려인'은 대체 무슨 개념입니까? 고려인들을 살펴보면, 솔직히 말해서, 그들에게 그렇게 감탄하게 되지는 않습니다! 사실 어떤 민족이든 마찬가지입니다. 단지 개별적으로 가치 있

---

5) 저자의 보관 자료의 인터뷰. 여성, 31세, 아버지 쪽 할아버지는 고려인이었고 할머니는 러시아-코사크 출신이며, 아버지는 혼혈이고, 어머니는 타타르인이다.

고 강인한 개인들이 있을 뿐입니다. 많은 사람들에 대해서는 글쎄요, 아무도 알 수 없습니다.

　고려인이라… 누군가에게는 이 단어가 일정한 가치를 의미합니까? 멋진 완벽한 존재? 여기에는 약자를 모욕하고, 여자에게 손을 대며, 자신의 쓸모없는 삶에서 게으르고 멍청한 한량도 들어갑니다… 저는 맹목적으로 전통을 존중하는 것에 반대합니다. 그것은 보수주의입니다. 그것은 침체입니다. 그것은 결국 마찬가지입니다. 슬프고 지루하고 어리석고… 제가 틀렸을 수도 있습니다…"[6]

민족 정체성 형성 과정은 역사적, 지리적, 기타 조건이나 상황에 따라 다른 특성을 가진다. 다민족 환경에서 성장한 고려인 청년들의 경우 민족적 가치가 다소 희석되어, 민족성을 인간 생활에서 최고의 가치로 인식하는 구세대 성인 집단과 달리 상대적으로 민족성의 의미를 낮게 평가한다.

2006년 설문조사 자료에 의하면, 고려인 청년의 42%만이 (구세대는 60%) 민족성을 최고의 가치로 여기고 있고, 청년들의 14%에게는 (구세대는8%) 민족성의 의미가 축소된 것으로 보인다. 2006년 조사에서 고려인 청년의 80%가 '자신의 민족에 자부심을 느꼈다'면 2014년에는 그 비율이 74%까지 감소하였다. (그림 32)

지배적인 종교의 선택, 또는 종교의식 및 전통 의례의 존재 자체가 민족 형성 및 구분의 특징 중 하나이다. 이 문제에 대한 태도에서 젊은 세대는 구세대와 약간의 차이를 보이지만, 결국 민족 형성의 특징으로써의 종교적 요소는 젊은 세대에게 더 낮은 의미를 가지는 것으로 보인다. (그림 33)

---

6) 브콘탁테의 사회 네트워크 중에서.

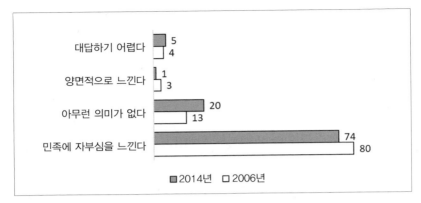

그림 32. 고려인 청년층의 자기 민족에 대한 태도, 2006년, 2004년. %

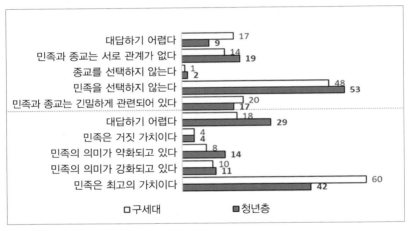

그림 33. 청년층과 구세대 사이의 민족적 장치에 대한 입장 차이, 2006년, %

이민족 환경에 성공적으로 적응하기 위해서는 지역 주민들과의 상호관계가 매우 중요하다. 젊은 고려인들은 거주하는 지역의 민족 상호관계 및 긴장도를 중요하게 여긴다. 그들의 평가에 의하면, 그들은 부정적인 민족적, 종교적 압력을 상당히 자주 받아왔고, 다른 연령 집단과 비교하여 그러한 일을 훨씬 더 자주 겪기조차 했으며, 이것은 특히 남성들에게 특징적으로 발생했던 것으로 보인다. 고려인들이 지역 사회로 성장해 나감에 따라 고려인 청년들의 부정적 예측은 확실하게 줄어들었다. 2006년 설문조사에서는 고려인 청년 응답자의 절반 이상 (53%)이 자신의 거주 지역에서 민족 간 의사소통에 문제가 있다고 대답했다. 이와 관련하여 응답자의 72%가 주변 이민족들의 태도에서 자신을 경시하는 표현을 느꼈다고 대답했는데 '매우 자주'가 20%, '드물게'가 54%였다. 26%의 응답자는 자신을 경시하는 표현을 느끼지 못했다고 응답했다.

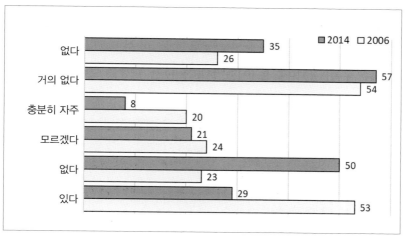

그림 34. 민족 관계 역학에 대한 고려인 청년층의 인식 (문제와 갈등)

2014년 설문조사에서는 거주 지역에 민족 간에 문제가 존재한다고 답한 사람이 단지 29%였고, 문제가 없다고 답한 사람이 50%였다. 2회의 설문조사에서 지역 주민들과의 분쟁이나 공격에 대한 지표가 65%까지 감소하였다(8%, 57%, 35%에 해당한다). (그림 35)

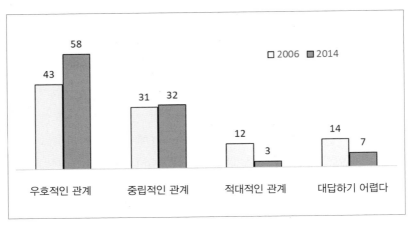

그림 35. 고려인 청년층과 지역 주민들의 상호 적응 역학, 2006년, 2014년, %

이와 같이 고려인들은 전통적으로 높은 포용력과 사회적 적응력 덕분에 지역 주민들로부터 빠르게 존경을 받을 수 있었다.

이와 관련하여 소셜 네트워크에서 고려 사람 청년들의 흥미로운 인터넷 발언이나 메모를 읽어볼 수 있다.

"… 러시아인들 사이에서 고려인으로 태어난 것은 힘든 일입니다. 저 자신을 통해 알 수 있습니다."

"사라토프에서 들어간 학교는 도시 주거 지역에 위치한 가장 평범한 곳이었습니다. 힘들었던 90년대가 막 끝났던 2001년이었습니다. 사람들이 대부분 서로를 늑대로 바라보던 시절이었고, 게다가 고려인들은 완전히 신기한 존재였습니다. 새 학교의 교장 선생님은 이렇게 말했습니다. '다시 생각해 봐야겠구나. 학년을 내리는 것이 어떻겠니?' 이어서 학습 프로그램이 아주 많이 뒤쳐져 있는 CIS 공화국 출신 학생들의 전례가 있다고 말씀하셨습니다. '너는 우즈베키스탄에서 러시아 지리나 역사를 배우지 않았잖니…'

사람들에게 적응하는 것이 더 어려웠습니다. 담임선생님은 엄마에게 우리 학교에서 안드레에-세르게이는 이국적이라고 비밀스럽게 말씀하셨습니다. 사실 그랬습니다. 앉아서 받아쓰기를 하고 있으면, 문이 살짝 열리고 저학년 학생들이 문틈으로 들여다봅니다. 서로 서로 손가락질을 하고 큰 소리로 속삭입니다. 저기 좀 봐, 진짜 고려인이 앉아 있잖아…. 이국적 정취는 물론 좋은 점도 있었습니다. 예를 들면, 가끔 고학년 여학생들이 저에게 관심을 기울였습니다. 그러나 나쁜 점이 더 많아서, 그 여학생들의 남자 친구들도 저에게 관심을 기울였습니다.

또한 악명 높은 '스킨헤드'가 여전히 주기적으로 나타났고, 평범한 남자들 경우에도 지역 클럽에서는 거의 항상 싸움거리가 필요한 법인데, 뭐 생각할 필요도 없이 이렇게 말하면 됩니다. 왜 눈이 그렇게 째진 거야? 차츰 익숙해졌고, 친구들을 사귀었습니다. 이렇게 말합니다. 우리는 물론 러시아인이 아닌 사람을 좋아하지 않지만, 너는 고려인이니 괜찮은 거 같아."[7]

3. 시민 정체성

소비에트 연방의 붕괴 이후 부모가 러시아로 데리고 온 젊은 고려인들은 그가 러시아에서 태어났든, 자랐든에 상관없이 현재 거주하고 있는 나라에 속할 것인지, 아니면 이전에 살았던 나라에 속할 것인지, 그것도 아니면 고유한 민족 집단에 속할 것인지, 자신의 정체성 선택의 문제에 직면한다. 알려진 바와 같이 민족 정체성은 민족 집단에서 사회적 유대를 형성하고, 시민 정체성은 국가나 거주 국가의 시민사회에 대한 개인의 소속성을 반영하는 사회적, 정치적 측면을 포함한다. 민족 시민적 측면은 일반적으로 민족적 측면과 시민적 측면을 결합하는데 민족 집단 내부의 이주 위기나 개인들의 개별적 이주 위기로 인해 발생

---

7) https://koryo-saram.ru/andrej-shegaj-sovremenniki/

하는 민족 분산 거주 상황에서 특히 그러하다.

2014년 연구에서 우리는 러시아 남부지역에 거주하는 고려인 청년
층 사이에 사용되는 용어에 맞춰[8] 민족 정체성 우선인지, 시민 정체성
우선인지에 대한 발전 구조 및 동력을 규정하는 과제를 설정했다.

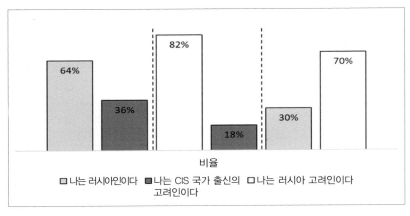

그림 36. 정체성 선택 분포, 2014년, %

설문조사 참여한 청년들 중 시민 정체성과 민족 정체성을 모두 포함
하는 '나는 러시아 고려인이다'라는 자기정체성을 가진 사람의 비중이
가장 높았다(50%). '나는 러시아인이다'라는 시민 정체성이 두 번째를
차지했다(32%). '나는 CIS 출신의 고려인이다'는 세 번째에 위치했는
데(18%), '나는 러시아인이다'(36%)와 '나는 CIS 출신의 고려인이
다'(64%) 중 하나의 정체성을 선택해야 할 경우 그 비중이 가장 높게
나타났다. '나는 CIS 출신의 고려인이다'와 '나는 러시아 고려인이
다'(82%)를 비교하여 선택해야 하는 경우에는 '나는 CIS 출신의 고려

---

8) Сикевич З. Этнические парадоксы и культурные конфликты в
российском обществе. Спб, 2012. С. 23.

인이다'(18%)를 선택한 사람의 비중이 훨씬 낮게 나타난다. 이를 통해 중앙아시아에 거주했던 젊은 고려인들에게 이미 러시아 정체성이 실현된 것을 알 수 있다. (그림 36)

시민 정체성과 민족 정체성은 상호의존적이다. 시민 정체성 '나는 러시아인이다'(시민, 러시아 거주자)는 원칙적으로, '나는 러시아 고려인이다'(78-85%) 및 '나는 CIS 출신 고려인이다'(70-81%)와 비교하여 '민족적 자부심'('자신이 소속된 민족이 자랑스럽다', 53-73%)을 어느 정도 감소시킨다.

고려인 청년 세대의 경우, 성인 세대와 달리 더 오랜 세월 러시아 영토에 거주했다는 사실이 자기 정체성 선택에 영향을 미치지 않았다. 시민 정체성은 지역의 민족 간 갈등 가능성에 대한 체감 수준을 낮춰준다. 'CIS 출신 고려인'에 비해 '러시아인'이나 '러시아 고려인'이라는 정체성을 가진 고려인들이 지역 주민과 고려인의 상호관계에 대해 더 긍정적으로 평가한다. 상대적으로 약하게 표현되기는 했지만 대인관계의 민족적 갈등에 대해서도 유사한 상호관련성이 나타나서 'CIS 출신의 고려인'들에게 조금 더 중요한 의미를 가지는 것으로 보인다. 성별 분포로 살펴보면, 젊은 여성들(9-28%)과 달리 젊은 남성들(30-50%)은 자신을 'CIS 출신의 고려인'으로 생각하는 경우가 제일 많았다. 젊은 여성들은 '나는 러시아 고려인이다'(65-91%)와 '나는 러시아인이다'(35-72%)의 정체성을 더 많이 선택했다. 러시아 조건에 완전히 적응하지 못한 젊은 남성들 대부분이 계속해서 CIS 공화국에 소속감을 느끼는 것으로 보인다. (그림 37)

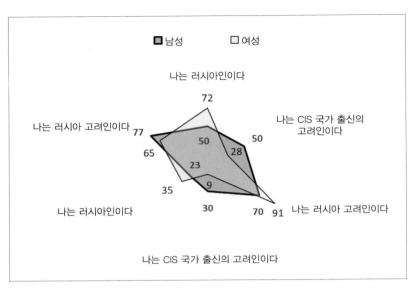

남성　　　　　여성

나는 러시아인이다
72

나는 CIS 국가 출신의
고려인이다

나는 러시아 고려인이다　77
50　　　50
65
28
23
35　　　　9

나는 러시아인이다　　　30　　70　91　나는 러시아 고려인이다

나는 CIS 국가 출신의 고려인이다

그림 37. 성별에 따른 정체성 분포. 2014년. %

고려인 청년들의 의견 중에서.

　"그러니까, 저는 모든 러시아 고려인들이, 어찌 되었든, 러시아
를 자신의 조국이라고 여길 것이라 생각합니다."
　"네, 우리 모두는 이미 러시아인입니다."
　"어디가 자기에게 더 편안한지, 어디에서 자신의 미래와 전망을
볼 수 있는지에 대해 모두 각자 결정합니다. 저는 러시아에 사는 것
이 좋고, 러시아를 사랑합니다. 저는 여기서 교육을 받았고, 이곳에
직업도 있고, 친구도 있고, 같은 생각을 하는 사람들도 있습니다.
저는 어떤 분야에서라도 발전할 수 있고 자유를 제한받지 않습니
다. 물론, 제 생각에 옳지 않아 보이는 것들도 있습니다만, 이런 것
들에 저는 침착하고 '철학적으로' 접근하려 노력합니다. 마음에 안
들면 바꾸면 되고, 바꾸고 싶지 않으면 불평하거나 자신을 불쌍하
다고 생각하지 마십시오. 바꿀 수 없으면 이사를 가서 삶 자체를 본

질적으로 변화시키면 됩니다. 자신을 발전시키고 노동을 할 준비가
된 사람에게 러시아는 아주 좋은 나라라고 생각합니다."

전체적으로 긍정적인 시민 정체성은 러시아 고려인 사회를 '접착시
켜' 주고, 고려 사람의 사회적, 경제적 발전에 새로운 돌파구를 마련해 준
다. 새로운 조건에서 발생하는 혁신적 정체성은 사회 변화의 강력한 자원
이 될 수 있는데, 이는 단지 러시아 영토 내에서만의 일이 아니다. 예를
들어 대한민국의 '러시아어로 말하는 한국인'들의 공공단체는 재외 동포
의 지위에 관한 법률 개정안 초안을 주제로 하는 사회적 토론과 법률적
논의라는 형태로 새로운 사회 현실의 첫 순간을 맞이할 수 있었다.[9]

4. 민족 정체성의 전통적, 정신적 측면

정신적 삶의 일부 요소들(신앙심, 민족과 가족의 역사에 대한 관심,
전통문화와 의식의 기반에 대한 지식, 또한 한국어에 대한 지식) 역시
자신의 민족성과 상호연관되어 있다. 우리는 이 문제에 대해서 깊이 있
게 다루지 않았지만 몇몇 경향들을 조사하여 일반적으로 받아들여지는
민족주의 개념 내에서 고찰해볼 수 있다. 이 경우 용어가 상당히 조건
적으로 사용되었음을 고려해주길 바란다.

민족적 자긍심이 높고 민족이 다른 것들보다 더 높은 가치라고 인식
하는 응답자들('원시론자들'이라 부르자)은 자신의 민족을 특정 종교와

---

9) https://opinion.lawmaking.go.kr/mob/ogLmPp/52527?fbclid=IwAR3RxT-
8kcvfWm3rZ30Vqp8kv9buLU5CI-5rFOmOQf3IBl5MBN_i0vk9ino; https://
www.ytn.co.kr/_pn/0465_201710220228277500?fbclid=IwAR2qM51Uz7TAG
K7ArNc_tHz5cI1RVLUQZ-BeM8Uw32VtDqktF8mSDPKzrbs

연관시키는 경우가 많다. (Contingency Coefficient = 0.442, 피어슨 상관계수 = 0.312, 유의미성 = 0.000) 종교적 요소 이외에도 모국어 요소가 민족 정체성 인식에 매우 중요하다. 자신의 민족에 대해 자부심을 느끼는 응답자들의 경우 거의 절반(45%)이 어느 정도 한국어를 알고 있는데 비해 다른 응답자들은 대부분(75%)이 한국어를 전혀 모른다. 한국어를 배우려는 욕구에 대한 분석에서도 유사한 그림이 그려졌다. 물론 모든 집단의 전체적인 잠재성은 충분히 높았지만(76%, 61%, 83%), 자신의 민족에 아무런 의미를 두지 않는 사람들('민족상징주의자(ethnosymbolist)'라 부르자) 중에는 24%가 한국어에 대한 지식의 필요성을 느끼지 않는다. (그림 38)

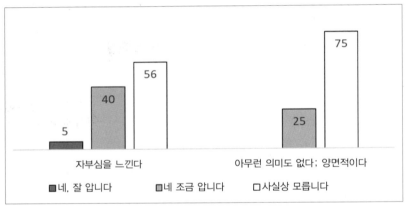

그림 38. 모국어인 한국어에 대한 지식과 민족적 자부심 사이의 상호관계, 2006년, %

민족 자의식은 가정에서 만들어지고 형성된다. 자신의 민족에 대해 자긍심을 가지고 있는 고려인 청년층의 압도적 다수(83%)가 고려인 단일 민족 가정에서 태어나서 살고 있다. 이에 비해 민족이 아무런 의미가 없다고 생각하는 사람들의 경우, 59%가 민족적으로 혼합된 가정 출

신이다. (Contingency Coefficient = 0.368, 유의미성 = 0.002) 따라
서 혼혈 가정의 가능성에 대한 청년층의 입장 역시 이 집단들에서 상반
되게 나타난다. '자부심을 느끼는' 고려인 청년층의 67%가 단일 민족
결혼에 찬성하는데 비해 다른 집단의 경우 78%가 미래 결혼에서 민족
적 요소를 전혀 중요하게 생각하지 않는다. (그림 39) (Contingency
Coefficient = 0.422, 유의미성 = 0.001).

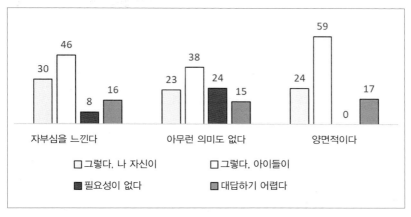

그림 39. 민족적 자부심과 한국어 학습 욕구, 2006년, %

　　민족이 가장 높은 가치라고 생각하는 응답자들('원시론자들')도 유
사하게 사고한다. 그들의 72%는 민족적으로 '순수한' 결혼에 찬성하고,
37%는 이민족 젊은이들의 구애나 만남에 반대한다. (Contingency
Coefficient = 0.430, 유의미성 = 0.003) 이 문제에서 고려인 청년층의
일부('민족상징주의자들')는 혼전 교제에 대해서는 다소 유연한 입장을
취하기도 하지만, 단일 민족 결혼의 전통을 준수할 필요성에 대해서는
단호한 입장(57-58%)을 취하고 있다. (그림 40-41)

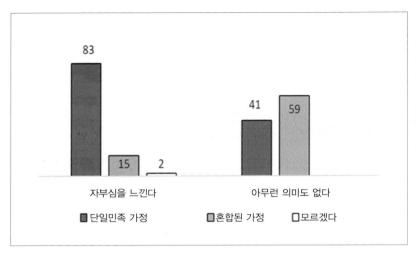

그림 40. 가족 구성 형태와 민족적 자부심의 상호관계, 2006년, %

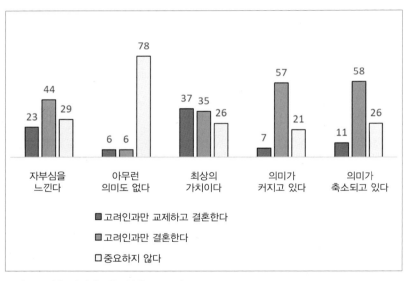

그림 41. 결혼 전략과 민족 인식, 2006년, %

5. 언어 정체성 및 전통 정체성

고려인 청년들은 자신이 한국어를 잘 모르거나 전혀 모르는 것에 대해 문제의식을 느끼고 이를 해결하려 노력한다. 2006년 설문조사에서 한국어를 '잘' 알고 있다고 답한 사람은 고려인 청년층의 5%밖에 되지 않았고, 36%가 '조금' 알고 있다고 답했으며, 59%가 사실상 '모른다'고 답했다. 2014년 설문조사에서는 상황이 다소 개선되었다. 전체적으로 48%가 한국어를 '안다'고 답했고 (13%가 부모 세대의 언어인 고려말을, 18%가 한국어를 알고 있다고 답했으며 17%가 한국어를 배우는 중이라고 말했다) 58%가 한국어를 전혀 '모른다'고 답했다.

모국어를 배우려는 의지는 상당히 높다. 2006년에는 고려인 청년 응답자의 절반 이상(51%)이 한국어를 배울 개인적 욕구가 있다고 밝혔고 그들 중 다수(64%)는 자신의 자녀들에게 언어 수업이 필요하다고 생각했다. 2014년에는 한국으로의 노동 이민이 아직 대중적 성격을 가지지 못했기 때문에 한국어 학습의 동기 중 한 가지로 '한국 방문'을 든 사람은 18%밖에 되지 않았다. 37%가 '조상의 기억'을 보존할 필요성을, 35%가 '일반적인 자기계발'을 한국어 학습 동기로 밝혔다.

한국어 학습 과정 중에 젊은 사람들이 어렸을 때부터 알고 있던 전통적인 고려말과 남한의 새로운 언어인 한국어를 비교한다.

"엄마와 아빠가 집에서 대화하는 한국말과 티비 드라마에서 들은 한국말을 비교하는 것이 재미있었습니다…"
"언어가 말할 것도 없이 변했습니다. 한국 출신의 친척들과의 왕래가 끊겼기 때문에 우리들의 말은, 정확히 말하면 우리의 조상들이 대화했던 함경도 사투리 한국어인데, 그것이 그대로 보존되었습니다. 처음에는 고려인 집단농장의 학교에서 한국어를 가르쳤지만 세월이 흐르면서 이러한 관행이 중단되었고… 사실, 한국어를 배우는 것이 현실적이지 않게 되었던 거죠. (한국인들은 매우 실용적인 사람들입니다.) 러시아어를 완성하는 것이 더 중요했기 때문입니다.

두 세대만에 우리의 디아스포라는 모국어를 사실상 완전히 잃어 버렸습니다. 지금은 60세가 넘은 사람들과 한국어를 외국어로 배우기 시작한 사람만이 한국어로 말합니다. 나머지 사람들은, 저를 포함하여, 할머니 할아버지와 일상적인 대화를 나눌 때 이해하는 정도의 몇 개의 단어만을 ('물을 주세요', '밥을 가져오세요') 알고 있을 뿐입니다. 그러나 이번에도 역시 실용주의 덕분에 한국어를 배울 필요가 생겨나자 (역사적 조국으로 돈을 벌러 떠날 계획인 사람들의 경우) 모국어에 대한 흥미도 되살아났습니다."[10]

모든 어려움에도 불구하고 고려인 가정에서는 조상들에 대한 기억이 소중하게 지켜진다. 2006년 설문조사의 자료에 의하면, 청년 응답자들 중 많은 사람들(63%)이 자기 가족과 자신의 가문의 역사에 다양한 수준으로 관심이 있고, 또 알고 있다. 그들의 조상은 북한(13%), 또는 남한 지역(6%), 중국(1%)에서 온 사람들이다. 2014년 설문조사에서는 고려인 청년 응답자의 26%가 북한 출신이라고 답했고, 4%가 남한 출신이라 답했다.

고려인 청년들의 대다수(81%) 가정에서 한국 전통음식을 요리한다. 국수(69%), 베고자, 피고지(39%), 시럇찬무리(여러 가지 철자법이 존재한다)(33%), 김치(30%), 한국식 샐러드(26%), 북짜이, 북다이(26%), 당연히 쌀로 만든 죽(19%), 마르코프차13%), 차르또기(10%), 순대(11%), 짜이(9%), 김밥(9%), 기타 음식들이 그것이다. 고려인 청년들의 가정 72%에서 전통 민족 명절을 기념하는데 여기에는 가끔 기독교 기념일도 섞여 있다. 설날(74%), 아상지(53%)(아기의 돌; 역자

---

10) https://koryo-saram.ru/andrej-shegaj-sovremenniki/

주), 기념일들(31%), 크리스마스(11%), 결혼식(8%), 추석(5%), 제사
(3%), 기타 등등.

> "음식도 변했습니다….가지고 있는 식재료를 '한국식 스타일'에
> 사용할 수 있도록 적용시키는 과정이 진행되었습니다. 그래서 남한
> 이나 북한에서는 들어보지도 못한 많은 음식들이 생겨났습니다. 예
> 를 들면 러시아의 모든 사람들이 '한국식 당근'인 '마르코프차' 또
> 는 가지로 만든 샐러드 '가지차'('차'는 '샐러드'를 의미하는 접사이
> 다)를 알고 있습니다.
> 고려 사람의 음식은 바로 우리 디아스포라만의 독특한 현상 중
> 하나입니다. 왜냐하면 세계 다른 나라들에 사는 고려인들은 (중국
> 을 제외하면) 그렇게 긴 디아스포라 역사를 가지고 있지 않기 때문
> 에, 그들에게는 고유한 음식과 같은 현상이 없습니다. 또한 음식은
> 민족 정체성의 근본적인 블록 중 하나입니다."

민족적 자긍심과 자신의 역사적 근원에 대한 적극적인 관심의 상호
관계에 주목할 필요가 있다. 한국인들에게 자신의 본(폰, 본, 포이), 즉
혈통(같은 성을 가진 사람들)이 시작된 지역을 아는 것은 상당히 중요
한 일이다. 그래서 많은 고려인 젊은이들이 자신의 부모들로부터 본을
배웠다. 2006년 김혜진이 자신의 연구에서 지적하고 있듯이, "고려인
부모들이 자신의 자녀들에게 반드시 가르치는 중요한 것들 중 하나가
'본'인데, 이것은 혈통이나 사람들의 가족이 어디에서 왔는지 지역의 이
름을 나타낸다. 설문조사 응답자들의 상당수가 자신의 본을 알고 있고,
로스토프주 응답자들의 경우 이 백분율이 가장 높았다. 이는 민족적 양
육이 가정 내에서 일어난다는 것을 증명하는 예시 중 하나이다."[11] 이
는 모르면 '부끄러운' 일인 자신의 '본'을 밝히는 로스토프주 고려인

---

11) Ким Хе Чжин. Там же. С. 9.

젊은이들의 요즘 인터넷 채팅으로도 확실히 알 수 있다.

　　'김해 김가(왕가의 성에 왕가의 본)'
　　'스네텐가(Снетенге) 또는 손텐가, 몇몇 안씨가 우리 친척이라고 말합니다'
　　'밀양 박가'
　　'평강 (채씨는 전부 같은 본이라고 합니다)'
　　'저는 채씨 친척이 있습니다'
　　'평양 강가'
　　'남 평'
　　'오양 반가… 절반으로 해석됩니다'
　　'저희 할머니는 채씨이셨습니다. 또 다른 할머니는 김(김해 김가)씨였습니다.'
　　'창피하게도… 저는 제 본을 모릅니다. 하지만 한씨 성은 모두 본이 같아서 모든 한씨는 서로서로 친척이 된다는 것은 압니다'
　　'반씨도 역시 모두 친척입니다! 사실 서로 잘 모르지요. 로스토프주 출신 반씨만이라도 만나보고 싶습니다.'
　　'한씨는 모두 같은 뿌리에서 나왔습니다. 그런데 반은 3개가 있고 또 각각 몇 개의 본을 가지고 있습니다.'
　　'표 에 의하면 3개의 가지가 있고 가지마다 다른 본이 있습니다. 어쩌면 CIS에서는 오직 하나의 혈통을 볼 수 있는 것 같습니다. 김씨도 하나의 혈통을 가지고 있습니다. 대신 본이 약 50개입니다'
　　'사실 권씨이고 패스포트에 따르면 아바이… 관도 됩니다. 본은 '안동 권가'입니다. 제가 아는 한 모든 권씨는 친척입니다'
　　'밀양 박가'
　　'엄마는 안동, 아빠는 진주입니다'
　　'영보리(Енвори)'
　　'정확히는 기억이 나지 않습니다. 왕가, 제국 같은 본이었던 것으로 기억합니다.'
　　'저는 제 본을 모릅니다. 부끄럽네요'
　　'해주'
　　'개성 김가'

고려인 청년층의 친척들에게서 가장 많이 볼 수 있는 성은 김씨다. 2006년 전체 고려인들의 성에서 21%가 '김'씨였는데 설문조사에 참여한 청년 친척들의 성에서는 58%가 '김'씨였다. 2014년의 경우는 각각 24%와 66%였다. 2006년 성 목록에서 두 번째 자리는 최씨가 차지했고(젊은 응답자의 35%가 최씨 성의 친척을 두고 있다), 박씨와 이씨가 각각 27%였다.

2014년 설문조사의 경우, 친척들 성의 구조에서 박씨가 두 번째 자리를 차지했고(모든 친척들 중 35%가 박씨 성을 가졌다), 이씨(28%)와 최씨(22%)가 그 뒤를 이었다. 양쪽 표 모두 하위 부분은 전체적으로 한 번만 언급된 성들, 다시 말해 가장 희귀한 성들이 놓여있다. 러시아 기록관이 고려인들의 성을 귀로 듣고 기록했기 때문에 동일한 성이 다르게 기록될 수도 있었고, 또한 접미사 '-가이'를 붙여서 기록될 수도 있었다는 문제가 있다(표 1).

표 1

반(Пан), 헤가이(Хегай)	전체 구조	응답자의 친척들 경우
2006년		
김(Ким)	21	58
최(Цой)	13	35
박(Пак)	10	27
리(Ли)	10	27
전(Тен)	5	13
강(Кан)	4	10
한(Хан)	3	9
유가이(Югай), 안(Ан)	6	17
손(Сон), 헤가이(Хегай)	4	12
황(Хван), 장(Тян), 남(Нам)	5	14

고가이(Когай), 신(Шин)	3	78
반(Пан), 오가이(Огай), 윤(Юн)	3	9
노(Но), 천(Чен), 심(Сим), 문(Мун), 엄(Эм)	4	9
주(Тю), 니(Ни), 채(Цай), 홍(Хон), 수(Су), 주(Дю), 현(Хен)	4	11
기가이(Кигай), 동(Дон), 우가이(Угай), 조(Чё), 모가이(Могай), 공(Кон), 석(Сек), 해(Хе), 렴(Рем), 하(Ха), 채(Цхай), 위(Ви), 석(Шек), 주가이(Дюгай), 태(Те)	5	12
전체	**100.0%**	**271%**
2014년		
김(Ким)	24	66
박(Пак)	13	35
리(Ли)	10	28
최(Цой)	8	22
유가이(Югай)	5	13
반(Пан), 헤가이(Хегай)	7	21
손(Сон)	3	9
전(Тен), 한(Хан)	5	15
장(Тян)	2	5
황(Хван), 고가이(Когай)	3	7
채(Цай), 차가이(Чагай), 신(Шин), 문(Мун), 세가이(Шегай), 동(Дон), 려(Ле), 리가이(Лигай), 강(Кан)	8	22
현(Хен), 윤(Юн), 주(Дю), 해(Хе), 퍄가이(Пягай), 문(Мин), 유(Ю), 님(Ним), 홍(Хон), 로가이(Логай), 노(Но), 남(Нам), 양(Ян), 조(Тё), 우가이(Угай), 듀가이(Дюгай), 안(Ан), 천(Чен), 권(Квон), 최(Чхве), 레가이(Легай), 태(Тхай), 심(Сим), 뉴(Ню), 림(Лим), 허(Хо), 노가이(Ногай), 류가이(Люгай), 오가이(Огай), 채(Цхай), 어(Э), 노(Но)	12	37
전체	**100.0%**	**279%**

6. 고려인 청년층의 민족 스테레오타입

민족학에는 내부 이미지, 즉 자신이 속한 민족의 이미지에 대한 생각(자기 묘사)과 외부 이미지, 즉 자기 민족 구성원이 아닌 사람들에 대한 생각(타민족 묘사)이라는 개념이 존재한다. 민족 이미지는 외부적 평가와 내부적 평가로 구성되고[12] 그러한 민족 이미지와 민족 스테레오타입은 감정적인 평가에 기초하고 있기 때문에 객관적인 성격으로 간주될 수 없다.

민족 이미지는 민족 스테레오타입의 집합으로 고정된다. 내부 이미지는 오토스테레오타입으로, 외부 이미지는 헤테로스테레오타입으로 고정된다.[13] 내부 이미지 또는 오토스테레오타입은 플러스 부호와 함께 표시되는 것이 일반적이고, 외부 이미지 또는 감정적인 평가의 헤테로스테레오타입은 마이너스 부호와 함께 표시된다. 그러나 이것이 지배적인 것은 아니다. 오토스테레오타입과 헤테로스테레오타입에서 긍정적 평가와 부정적 평가의 비율에 따라 그 민족 공동체 또는 공동체 내부 집단들의 관용도와 사회적 적응도를 평가할 수 있다.

2006년 설문조사에서 고려인과 러시아인을 긍정적 및 부정적으로 묘사하는 몇몇 특징 유형들을 (내부 이미지 및 외부 이미지) 말해보라고 응답자들에게 요청했다. 고려인 청년들은 내부 이미지에 대한 설명을 훨씬 더 쉽게 제출했고, 약 70개의 답변을 얻었다. 그중 42개(60%)가 긍정적이었고 29개(40%)가 부정적이었다. 내부 이미지에 대해 150개의 긍정적인 답변(75%)과 48개의 부정적인 답변(25%)을 제출한 성인

---

12) Чеснов Я. В. Лекции по исторической этнологии. М., 1998. С. 118.
13) Сикевич З. В. Социология и психология национальных отношений. Спб. 1999. С. 108-115.

응답자 집단과 비교해보면 청년들이 자신의 민족 집단에 더 비판적인 입장인 것으로 보인다.

외부 이미지에 대한 응답수가 제한적이었음에도 불구하고 고려인 청년들은 그들 주변의 러시아 주민에 대해 긍정적으로 평가했다. 64%가 긍정적인 평가를, 36%가 부정적인 평가를 제출했다. 이러한 비율은 사회적 측면에서 '황금분할'이라 불리는데 이는 이민족 환경에서 고려인 청년들의 높은 관용도와 적응력을 보여준다. (표 2, 그림 42)

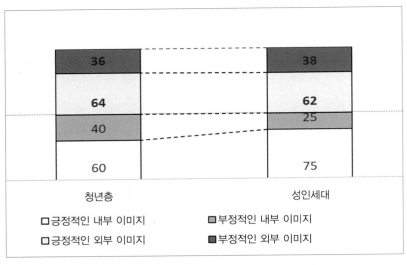

그림 42. 고려인들의 오토스테레오타입과 헤테로스테레오타입, 2006년, %

이와 같이 2006년 설문조사 당시 고려인 청년층은 오토스테레오타입에서 약간의 자기비판적인 경향을 보이며 전체적으로 긍정적인 민족 스테레오타입을 지니고 있었다. 긍정적인 특징의 집합으로 평가해보면 긍정적인 민족 정체성이 '객관적인 민족 특징뿐 아니라 한국 민족에 속하는 것에 대한 긍정적인 감정까지도 포함한다'[14])는 연구진들의 생각이 옳다는 것이 검증된다.

표 2

고려인 청년층의 내부 이미지	수
긍정적 내부 이미지, 답변 42개, 60%	
근면성	14
강인함, 강인한 생활력, 인내력, 지구력	5
우정, 친선, 친절	4
정직성	3
노인공경, 응집력, 자긍심, 상호이해, 사교성, 인정	10 (각각 2)
손님접대를 좋아함, 꼼꼼함, 끈기, 배려	4 (각각 1)
부정적 내부 이미지, 답변 29개 40%	
거만, 오만, 까탈스러움, 질투, 욕심	15
분산적, 비우호적인, 불친절한	7
폐쇄성, 교활함, 무관심, 이기주의	7

14) Хан Валерий. Корейское международное сообщество: утопия или перспектива? Опубликовано на: Сервер 'Заграница'. Корейцы. Корееведение - htpp://world.lib.ru/

제3장

고려 사람 청년층의 민족 정체성과 사회 정체성의 제도화

1. 청년 단체

러시아 고려인들과 같이 현대화 과정에서 민족이 분산되어 살아가는 집단에게 민족성이란 '사라져가는 정체성'을 보존하기 위한 동원 요소이다. 민족 정체성과 문화 정체성은 고려인의 전 러시아적 결속을 형성하는 과정에서 중요한 역할을 한다. 고려인의 정체성을 내면화하고 계속해서 발현되게 하는 방법은 음악, 춤, 시를 통해 표현된 전통적 문화 가치들을 따르는 것이다. 그래서 고려 사람의 청년 단체들은 한국어 학습이나 독서 경연대회와 같은 문화 페스티벌을 주요 활동 분야로 선택한다. 그와 같은 단체들에서 재창조된 '전통 의식과 예식'은 상당히 지역화, 현대화되어 있기 때문에 전체적으로 공동의 고대 역사에 속해 있다는 느낌을 제공한다. K팝에 대한 대중적 관심은 현대 한국 사회와 청년 문화의 이해를 도와주고 한국에 사는 경우 상대적으로 빠르게 한국에 적응할 수 있게 돕는다.

> "우리 공공단체들의 목표 중 하나는 한국의 민족문화를 보존하는 것입니다. 왜냐하면 150년 넘게 러시아에 살면서 상당한 손실이 있었기 때문입니다… 사실 많은 고려인들, 특히 젊은 사람들과 우리 부모님들은 언어를 잃었습니다. 하지만 언어는 문화의 중요한 징후 중 하나입니다. 그래서 러시아 전역의 많은 공공단체를 통해서 고려인들은 자신의 문화와 언어, 전통춤, 전통 예술을 배우고 민족문화의 일부를 이루는 의식과 예식을 보존하려 노력합니다."[1]

민족 정체성은 정적인 것이 아니다. 민족 정체성은 자신을 이민족 환경 및 사회 환경과 연관시킬 필요성에 의존한다. 젊은 고려인, 특히 러시아가 아닌 지역에서 자라난 젊은 고려인들에게 민족 간의 관용은 민족 동원 과정과 러시아적 민족-시민 정체성 형성 사이의 연결고리이다. 매우 편안한 민족적 지위를 가지고 있던 아이들이 새로운 나라에서 새로운 정체성을 부여받았는데, 이때 문화적 충격과 사회적 지위의 하락을 동반하는 경우가 자주 있었다. 앞으로의 과정은 긍정적인 주관적 정체성 및 객관적 정체성의 회복을 목표로 하는 내부 적응 메커니즘에 기인한다. 젊은 고려 사람의 경우 정체성은 전통적인 정체성과 현대화된 정체성 사이의 하이브리드 성격을 갖는다. 하이브리드 정체성은 고려 사람 젊은 세대의 사회적 변화를 위한 자원인 것으로 보인다. 하이브리드 정체성을 가지고 있다고 해서 그것이 확고한 정체성의 부재를 의미하지는 않는다. 하이브리드 정체성은 오히려 전문성과 개인적 성장을 위한 기회를 제공해 준다. 이와 같이 러시아 환경에서 하이브리드, 또는

---

1) https://www.youtube.com/watch?v=TYqZpf4tAQk ГТРК «Волгоград-ТРВ». «Волгоград 24» На стыке культур. Игорь Ким, председатель Волгоградского корейского центра «МИРИНЭ». Интервью (выпуск от 19.02.2016).

이중 정체성이라 지정될 수 있는 새로운 민족 정체성이 형성되고 있다.

> "국가와 민족을 구분하는 것은 매우 중요합니다. 저는 민족으로는 고려인이지만 동시에 러시아 시민입니다. 공공단체는 전통문화를 보존하고 나아가 증대시킬 수 있도록 하기도 하지만, 우리의 임무는 시민으로서 지위를 발전시키고 러시아의 적극적이고 책임감 있는 시민이 되도록 하는 것이라 따로 명시되어 있습니다."[2]

청년 공공단체들은 외형적으로는 문화적 방향성을 추구하고 있음에도 불구하고 결국 단결 및 고유한 대표성 창출을 기반으로 형성되는 고려인 청년들의 정체성의 민족정책적 측면을 결정하는 기능을 수행한다. 이는 세대들 사이의 집단 정체성이 침식되고 있기 때문이다. 예를 들어보면 볼고그라드 공공단체인 '미리내'의 활동 결과가 이를 증명한다. 구세대 대표자들은 저자들에게 고려 사람 청년층과의 관계가 단절되거나 약화된 것에 대해 약간의 불만을 가지거나 나아가 모욕감까지 느낀다고 말했다.

> "우리 민족의 문화, 전통 및 역사를 보존하면서 자아실현과 발전을 향해 노력하고 있습니다. 또한 우리는 볼고그라드 지역의 다양한 민족들 사이의 평화와 협력을 강화하기 위해 힘을 합치고 높은 도덕적 자질과 적극적인 시민의 정신을 스스로에게 교육하고 있습니다. 우리는 누구입니까? 우리는 젊고, 활동적이며 호의적입니다! 우리는 소통을 추구하고 적극적인 감정을 찾고 있습니다. 우리는 꿈을 꾸고, 열심히 활동하고 노력합니다. 우리는 서로 다르지만 많은 것들로 연결되어 있습니다….우리는 독립적인 사회 운동이지 그 누군가의 청년부가 아닙니다. 우리는 평등한 협력관계라는 조건 하에 다른 단체들과 함께 활동합니다."

---

2) Игорь Ким, 'Миринэ', Волгоград; https://vk.com/mirine

2. 볼고그라드 고려인 센터 '미리내' - 지역 공공단체

사진 1. 미리내 등록 증명서

창립 일자(재편): 2012년 5월25일. 다음과 같은 방향의 활동을 하고 있다. 한국어 학교 '미리내'[3] 산하 한국어 강좌, 한국 민속악기 북연주 앙상블 '천둥', 리 마르가리타 한국 전통무용 스튜디오 '화 선'의 전통 무용, 대중문화 행사들, 민속 명절, 교육 및 계몽 행사들, 사회사업 및 자선 기획들이 있다. 5년 동안의 활동 결과: 40개 이상의 축제 및 행사, 기획들(페 스티벌, 설날, 10일 축제, 사회 활동, 자 선활동, 포럼, 경연대회 등이 포함된다), 해마다 1,500명 이상의 손님을 맞이했고 5년 동안 100명 이상의 적극활동가와 자원봉사자를 배출했 으며 매해 언어 및 북, 춤 강좌를 열어 300명 이상의 대학생들이 이수 했다.

볼고그라드주의 보육원 원아들을 위한 미리내의 사회 활동과 자선 사업이 특히 주목할 만하다.

"5년 전 우리는 우리의 사회 문화 활동을 시작하며 정원 벤치에 앉아 미래의 계획을 논의했습니다…. 우리는 그때 십여 명이 조금 넘었는데, 불타는 눈과 청년의 열정을 가진 완전히 젊은 친한 친구 들이었습니다. 우리는 제일 먼저 스스로에게 우리가 올바르게 일을 실천하는 방법을 알고 있다는 것을 증명하려 노력했습니다. 되돌아 보면, 우리는 개개인 모두와 단체가 큰 어려움을 겪고 있습니다. 미

---

3) https://vk.com/mirine, https://vk.com/chondun, https://vk.com/hvason.

사진 2. 미리내가 후원하는 보육원

리내는 모두에게 놀라운 경험과 충실한 친구, 가장 놀랄만한 따뜻
한 기억을 선사했습니다. 설립자, 활동가, 자원봉사자들 중 많은 사
람들이 가장 예상치 못한 측면에서, 그러나 가장 필요한 순간에 등
장했습니다. 누군가는 강력한 지도자와 설립자의 품성을 보였고,
누군가는 북 연주에 소질을 찾았거나, 또는 한국 춤과 K-팝의 놀라
운 세계를 발견했습니다. 누군가는 한국어를 배웠고, 볼고그라드와
볼시스키 전체에서 매년 200명 이상의 학생들을 가르칩니다. 누군
가는 다른 사람을 돕는 일에서 소명을 찾았습니다. 미리내 활동의
결과물은 당연히 우리 조직에서 벌써 오랫동안 함께 활동했고, 활
동하고 있는 설립자들, 활동가들, 자원봉사자들의 공입니다!"[4]

'미리내' 센터는 2009년 5월에 볼고그라드 종교 공공단체의 청년 지
부 '고려인 상호지원 센터'로 등장했지만 상당히 빠르게 독립적인 사회
운동 단체로 변모하여 2014년 가을 러시아 연방 법무부에 비영리 공공
단체로 등록되었다. 창립 동기는 상당히 일반적이지 않았다. 센터의 초

---

4) 브콘탁테

사진 3. 미리내의 적극적 활동가들

기 목표는 이 지역에 온 남한 사람들의 정착을 지원하는 것이었고, 이후 취미 클럽으로 방향을 바꾸었다. 남한 출신의 동년배가 센터의 명칭을 생각해냈다. '미리내'는 '별의 다리'라고 번역되는데 사실상 단체의 기능도 그와 같았다. 지역 활동가들-'별들'의 도움을 얻어 볼고그라드와 서울 사이의 다리 역할을 했다.[5]

　　고려인 센터는 5개의 주요 분야로 구성되어 있다. 한국어, 전통 북 연주 지도, 한국 춤 지도, K-팝 댄스, 자원봉사 활동이 그것이다. 4년 동안 교육, 문화, 공공, 사회, 스포츠 기획, 축제, 마스터-클래스 등 40

5) Акулиничев А. Газета 'Аргументы недели. Нижнее Поволжье'. No.45 (366), четверг 27 ноября 2014 года. На стыке культур. Игорь Ким, председатель Волгоградского корейского центра «МИРИНЭ». Интервью (выпуск от 19.02.2016). ГТРК «Волгоград-ТРВ». «https://www.youtube.com/watch?v=TYqZpf4tAQk.

개 이상의 행사가 개최되어 수천 명의 볼고그라드 시민이 참가하였다. '미리내'의 계획에 의하면 3월에는 K-팝 강좌가 열리고, 4월에는 K-팝 댄스 축제가 개최된다. 여름에는 고려인 민족 예술 단체들의 대규모 지역 경연대회를 개최할 계획이다. 10월에는 매년 대규모 지역 축제로 한국문화 페스티벌이 열리고, 12월에는 볼고그라드주 보육원 원아들을 위한 사회봉사 및 자선활동이 기획된다.

청년 센터 '미리내'가 진행한 고려인 문화 페스티벌 프로그램의 예를 들어보겠다.

> 제5회 고려인 문화 페스티벌! 2012년 5월 19일. 볼고그라드주 고리키 일반과학 도서관(ВОУНБ)
> 1. 페스티벌 개막식. 개요: 개막 영상. 도서관 관장 및 외국문학 분과 과장의 환영 인사.
> 2. 한국어 수업. 개요: 한국어와 한글의 기원 역사에 관한 이야기. 즉흥 활동.
> 3. 한국 민속 북 '사물놀이'. 개요: '사물놀이' 전통 악기에 대한 앙상블 팀원들의 이야기. 악기 연주.
> 4. 전통 스포츠 '태권도'. 개요: 전통 무술 '태권도'에 대한 이야기. 어린 운동 선수들의 시범 공연.
> 5. 현대 한국문화. 개요: '한류'에 대한 이야기. 댄스 그룹 및 보컬 듀엣 공연.
> 6. 폐막식. 개요: 고려인 청년 센터 '미리내'에 대한 정보. 제5회 한국문화 페스티벌의 폐막식.
> 7. 티 타임. 개요: 한국 전통음식 '김밥' 준비의 마스터 클래스. 로비에서 티타임. 전체 소요 시간: 1시간 30분.

> 러시아와 대한민국의 외교관계 수립 25주년을 기념하는 제12회 한국문화 페스티벌. 볼고그라드 음악 극장. 2015년 10월 10일.
> 1) 11시 정각. 한국 음식, 상품 부스 전시회 '14' (한국 화장품) 및 '도시락' 시식.

2) 손님들 모두 페스티벌의 추억을 가지고 돌아갈 수 있도록 스튜디오 'Frame'과 협력한다. 이를 위해서는 해시 태그 #Фестиваль_Миринэ_2015를 사용하여 VK나 인스타그램에 사진을 게시해야 하는데, 20초 만에 사진이 인쇄될 것이다.

3) 자선단체 '아이들의 집'과 함께 '당신의 기쁨을 나누십시오'라는 사회 운동을 조직할 것이다. 원하는 사람들이 볼고그라드주 보육원에 기부를 할 수 있도록 사진을 제공하는 테이블 옆에 저금통을 놓을 것이다.

4) 11시 15분부터 즉흥 콘서트가 (2층 로비에서) 시작된다. 볼고그라드 K-팝 팀인 4 UP, Twinkle, Virus 그리고 Soulmate의 경연이 콘서트의 중심이 될 것이다.

5) 12시 30분에 콘서트 프로그램이 (회의장) 시작될 것이다. 그때 우리는 고려인들의 삶에서 가장 중요한 단계를 축하하는 전통에 대해 이야기할 것이다. 그리고 민족 창작 예술단인 북연주 앙상블 '천둥'과 무용 스튜디오 '화선'이 손님들에게 자신의 멋진 공연을 선보일 것이다.

6) 10월 11일 15시에 볼고그라드 고려인 센터 '미리내'와 외국어 문학부는 주립 고리키 도서관의 회의장에서 열릴 문학 경연대회 '평화의 시(詩)'에 희망자를 모두 초대할 것이다.

7) 10월 17일에 북 연주 앙상블 '천둥'과 무용 스튜디오 '화선'은 16시부터 청년 센터 '21세기'의 근거지(삽킨 도로, 8)에서 개최될 개방의 날에 희망자를 모두 초대할 것이다.

　

'미리내'의 젊고 카리스마 넘치는 지도자 이고리 김은 이미 몇 달 전부터 모스크바에 살고 있고, 많은 활동가들이 나이를 먹고 볼고그라드를 떠났으며, 이제 새로운 세대가 성장하고 있다. 이고리는 국가와 민족을 구분하는 것이 매우 중요하다고 생각한다. "저는 민족으로는 고려인이지만 동시에 러시아 시민입니다. 공공단체는 전통문화를 보존하고 나아가 증대시킬 수 있도록 도와야 합니다. 그러나 우리의 임무는 시민 지위를 발전시키고 러시아의 적극적이고 책임감 있는 시민이 되도록

하는 것이라 따로 명시되어 있습니다". 또한 이고리 김에 따르면 새로운 조건에서 "미리내는 큰 국제 프로젝트를 실현할 것이고 이에 대해 우리는 가을 무렵 대중들에게 이야기할 것입니다. 다양한 방향에서 미리내를 발전시킬 계획이 있습니다. 언어, 역사, 문화, 음악, 댄스, 현대 문화, 사회적 책임감. 이에 대해서도 역시 나중에…"[6] 이와 같이 페스티벌은 대중 문화적 활동의 결과를 보여주었고, 청년층을 자원봉사와 자선활동으로 이끌었으며, 청년 사업을 연대하였다. 또한 한국 요리와 전통을 소개했고, 사람들의 재능을 개발했으며, 고려 사람과 한국에 대한 긍정적인 이미지를 창출했다.

3. 사라토프 고려인 센터 '동막골' - 공공 친목 단체

사라토프주는 볼고그라드주에서 지리적으로 가까운 니즈네예포볼지예 지역이다. 2010년 인구조사 자료에 따르면 이곳에는 고려인이 그렇게 많지 않았기 때문에 적극적으로 활동하는 고려인 청년 연합의 창립이 특히 흥미롭게 보인다. '미리내'가 원래 남한에서 방문한 사람들, 특히 남한 출신의 대학생들에게 도움을 제공하기 위한 목적을 가지고 있었던 것에 비해 '동막골'은 남한과 북한 양쪽의 '친선의 다리'가 되는 것을 지향했다.[7]

    "우리는 사라토프와 사라토프주 지역의 거주자로서 한국문화에
    대한 관심 및 우리의 공동 목표를 달성하기 위한 사회 활동에 참여

---

6) 이고리 김의 개인 인터뷰 중에서, 2019년 1월 11일. 저자 보관자료.
7) https://vk.com/dongmakgol_saratov?_smt=groups%3 A2

할 마음으로 뭉쳤습니다.

　우리의 목표는 한국 민족의 문화와 전통, 역사를 보존하고 선전하는 것, 공공 문화, 사회, 스포츠, 교육 프로젝트 및 프로그램을 조직하는 것, 사라토프주의 다양한 민족 구성원들 사이의 평화 및 우정, 친선을 강화하는 것, 사라토프주 주민들과 대한민국 및 조선 민주주의 인민공화국의 국민들 사이에 사회 문화적 관계와 협력을 발전시키는 것, 단체 구성원들 간의 자발성, 책임감, 문화, 높은 도덕과 윤리, 적극적인 시민 정신을 함양시키는 것입니다.

　우리는 정치, 종교 및 상업적 이익과 무관한 독립적인 공공단체입니다.

　우리는 우리의 목표 달성에 도움이 되는 그 어떤 단체와도 동등한 협력을 하기 위해 문을 개방하고 있습니다. 우리는 서로 다른 사람들이지만 많은 것들이 우리를 결합해줍니다. 관심과 우정, 자기 발전을 향한 열망, 그리고 한국문화에 대한 사랑. 이것들이 당신의 마음에 든다면, 동막골에 오신 것을 환영합니다!"[8]

사진 4. '동막골'. 사라토프

---

8) 소셜 네트워크 브콘탁테

단체가 조직되기 시작했을 때(2015년) 미래의 참가자들은 소셜 네트워크에서 서로 알게 되어 통합을 위한 자신의 의지를 나누었다. 그들 대부분은 소수민족으로서의 외로움 속에서 자신의 정체성을 깨닫고 탐구하려는 희망을 가지고 있었다. 왜냐하면 사라토프의 거의 모든 고려인 청년들이 이주자였고 아직 자신의 중앙아시아 조국을 그리워하고 있었기 때문이다.

"저는 29살이고 2001년부터 사라토프에 살고 있습니다. 5년 아니면 6년 전부터 민족 정체성에 관심을 가지고 다양한 디아스포라가 어떻게 살고 있는지에 대해 모두 읽기 시작했습니다. 또 사라토프에서 고려인의 모임이나 행사를 찾으려 시도했습니다. 3년 전쯤 한국의 역사와 문화 및 고려 사람의 역사에 관심을 가지고 있는 브콘탁테의 고려인 그룹을 이끌기 시작했습니다. 언어까지는 아직 손이 미치지 못했으나 곧 언어를 맡아줄 누군가를 동지로 찾을 수 있기를 희망하고 있습니다."

"제 이름은 나디야입니다. 저는 24살인데 벌써 두 아이의 엄마입니다. 사라토프에서 2년 반 정도를 살았습니다. 제 출생지는 타시켄트입니다. 타시켄트에서는 센터와 세종 학교에서 한국어를 배웠습니다. 북도 조금 칩니다. 그 당시가 정말 그립습니다. 여기에는 친구도 없고, 아는 사람도 없고…"

"저는 2006년부터 리스키(보로네시주)에 살고 있습니다. 이곳에는 고려인이 정말 적어서 말할 사람도 없고, 뿌리에 대해 알고 싶어서 한국어를 공부하기 시작했는데 우연히 여러분의 그룹을 만나서…"

"제 이름은 유라입니다. 저는 30세입니다. 사라토프에 온 지는 얼마 되지 않았습니다. 새로운 친구와 사귀고 만나고 싶습니다. 제 친구 모두가 저의 고향인 타지키스탄에 남았기 때문입니다."

"저는 21살입니다. 저 멀리 햇살이 눈부신 우즈베키스탄에서 태어났습니다. 2013년에 사라토프주로 이사왔고, 2015년부터 사라토프에서 살고 있습니다. 최근 몇년 동안 제가 한국문화에 속한다는 것을 인식하기 시작했고(놀랄 일이 아니지만), 고려 사람의 역사를 공부하기 시작했습니다. 그리고 남한의 문화 역시 흥미롭습니다."

"저는 나탈리야입니다! 새로운 사람을 만나게 되면 정말 기쁠 겁니다! 사라토프에는 벌써 2년째 살고 있고, 태어난 곳은 햇살이 눈부신 레니나바드입니다!"

"제 이름은 게르만이고 최근에 18세가 되었습니다. 우즈베키스탄의 카슈카다리야(Кашкадарьинская)주 마바레크(Мабарек)시에서 태어났고, 타시켄트에서 어린 시절을 보냈습니다. 나중에 가족과 함께 카자흐스탄의 카라간다주 테미라우시로 이주했고, 거기에서 학교를 마쳤습니다. 학창시절에 사라토프로 이주했습니다."

청년 단체 동막골의 창립자이자 지도자인 안드레이-세르게이 김(Андрей-Сергей Ким)은 소셜 네트워크 브콘탁테의 'Russian Koreans – Корейцы СНГ – 고려 사람' 그룹의 관리자이며 사라토프 고려인 센터 '동막골'의 소장이다. 그는 고려 사람의 다른 인터넷 그룹에 대해서도 상당히 자세한 인터뷰를 해줬고[9] 게시된 텍스트를 사용할 수 있도록 친절을 베풀었다.

고려 사람의 초기 공공단체들의 과제는 고려인 이민자들을 러시아 연방 법률에 입각하여 러시아 사회로 통합시키는 것이었다. 그런데 이러한 목표는 전체적으로 이미 달성되었고, 부모 세대는 나이가 들어 과거의 적극성을 잃어버렸다. 새로운 젊은 지도자들이 그들을 대체하였고 인터뷰에서 발췌한 내용은 고려 사람 청년층의 의식과 사회 활동에서 우선순위의 변화에 대한 우리의 연구 결과가 맞았음을 확인시켜 준다. 볼고그라드와 사라토프의 양쪽 지도자들은 모두 사업 초기에 본질적으로 명목상으로만 기능하는 '성인' 단체들과 거리를 유지하려 하였다.

이고리는 다음과 같이 말했다.

---

9) https://koryo-saram.ru/andrej-shegaj-sovremenniki/

"우리는 처음에는 구세대 단체에서 자원봉사를 하던 친구들의 모임이었습니다. 우리는 청년 지부였고 그 일을 하고 싶었습니다. 우리는 다른 방식으로 행사를 개최하고 사업을 구상해야 한다는 것을 보여주고 싶었습니다. 게다가 우리는 친구 사이였기 때문에 모두 즐겁고 재미있었습니다.

저에게는 핵식적인 인물이 없었습니다. 제 친구들은 모두 러시아 사람이었고, 친척들은 전부 가정사를 버리고 한국 북을 연주할 수 있는 그런 나이나 상황이 아니었습니다. 그런데 볼고그라드에서 놀라운 단체를 봤고, 또 커다란 소리로 '문화적 뿌리'라고 불리는 그런 진짜 느낌을 정말 예기치 않게 갖게 해준 공연을 보았습니다.

사라토프에도 그 당시 고려인협회가 있었는데 그 단체는 오랫동안 별다른 활동을 하지 않고 있었습니다. 그래서 그 단체에 의지하는 것은 의미가 없었고 바닥부터 다시 사업을 시작할 필요가 있었습니다.

그 밖에도 저는 고려인협회나 한국 민족에 속하는 사람들의 추상적인 모임이 아니라 무언가 다른 것, 제가 볼고그라드의 '미리내'에서 봤던 것과 같은 그런 모임을 만들고 싶었습니다. 구체적인 활동을 함께 하는, 같은 생각을 가진 사람들의 견고한 팀, 구체적인 사상으로 형성되고, 우리들의 눈으로 직접 모든 것을 볼 수 있는 규칙적인 보고 장치를 가지고 있는 그런 팀 말입니다.

저는 이런 유형의 단체를 '고려인 센터 2.0'이라 명명해서 일종의 정치적, 개인적, 또는 현상적인 판단으로 일에 대해 결정을 내리는 선배들의 고전적인 고려인 지역 단체인 '고려인 센터 1.0'과 대비를 이뤘습니다. 저는 선배들의 단체들에 대해서 이미 들어봤는데, 그들의 활동 방법이 마음에 들지 않았습니다.

저희는 아직까지 공식적으로 등록되지 못했습니다. 그렇지만 당연히 해야 할 시기입니다. 다만 무료로 일할 준비가 된 능력있는 변호사와 회계사가 부족하고, 또 관료주의에 쏟아부을 시간이 부족할 뿐입니다. 솔직히 말하면 지금으로서는 그것이 방해가 되지는 않습니다. 저희에게는 소수의 지원자가 있는데 그들은 말만으로 우리를 믿어줍니다. 우리는 국가의 보조금을 받을 생각이 없고, 당분간은 납세자의 돈을 받을 계획이 없습니다. 저에게는 많은 도덕적 편견이 있는데, 이로 인해 일이 복잡해집니다. 그러나 대신 편히 잠들고 상

대가 누구든 똑바로 쳐다볼 수 있게 해줍니다. 예를 들어, 우리는 원
칙적으로 선거와 관련된 정치적 행동에는 참가하지 않습니다…"10)

사라토프 출신의 고려인 청년 활동가들은 초기에 공공장소나 공원,
타임-카페에 모였고 수업을 위해 장소를 임대했다. 이후 사라토프 고려
인 사업가들 중 후원자가 등장했고, 그들 중 한 명이 비주거용 건물을
제공하여 그곳에서 센터가 자리를 잡고, 언어, 댄스 수업을 개설하고
모임과 행사를 기획했다. 전통 북 연주 수업은 시립 민족 예술 문화의
집에서 실시된다. 센터는 브콘탁테와 인스타그램에 페이지를 가지고
있다.

2년 반 동안 '동막골'은 3차례의 한국문화 콘서트를 개최했는데, 그
중 2회는 지역 세력들이 주로 참가한 가을 페스티벌이었고, 1회는 볼고
그라드와 타시켄트, 모스크바에서 초대한 예술가들과 300명의 손님이
함께 한 행사였다. 식사를 제공하면서 민속놀이와 강의 형식으로 3회의
추석과 2회의 설날 행사를 치뤘다. 전승 기념일을 기념하여 2회에 걸쳐
한국문화 프리젠테이션 및 고려인-참전용사들의 사진 전시를 실시했
다. 한의학에서 고려 사람의 역사에 이르기까지 다양한 문제에 대한
'인지적 동막골' 프로젝트 미팅을 9회 추진했다. 동막골에는 4개의 창
작 분과(사물놀이, 전통 무용, K-Pop 커버 댄스, K-Pop 커버 보컬)가
있고, (한국 선생님과 자원봉사자들의 주도하에) 한국어 학습을 하는 8
개의 그룹이 있다.

"우리는 광범위한 광고를 지향하지 않습니다. 한국 민족은 물론
이고, 진심으로 한국문화에 관심이 있다면 어떤 민족이든 상관없

---

10) https://koryo-saram.ru/andrej-shegaj-sovremenniki

이, 같은 생각을 하고 있는 사람들에게 주로 관심을 가집니다. 우리는 모스크바의 대한민국 대사관과 소통하고 전 세계 해외거주 한국인들과 관계를 유지하고 있는 해외 한인 재단과 접촉하고 있습니다. 작년에는 이 재단이 우리 센터에 사물놀이패를 위한 북을 기증했습니다.

우리 활동가들 중 몇몇은 남한에서 개최된 컨퍼런스 및 학생 프로그램에 참여했고, 또 우리 센터 참가자였던 사람들 중 몇몇은 지금 남한에서 직장을 가지고 있습니다. 센터에서 우리는 한국 영화를 보여주고, 당연히 뉴스도 살핍니다. 저 자신도 가능하다면 역사적 조국에 관광객으로 가보고 싶습니다. 왜냐하면 그곳은 정말 흥미로운 나라이기 때문입니다."[11]

4. 아스트라한. 고려인 문화센터 청년 분과 '함께 이동'

'아스트라한시 시장 산하 청년 협의회의 지위 승인에 관한' 2008년 5월 6일 자 시장의 결정과 이후의 개정이 고려인 문화센터 청년 분과 '함께 이동'의 법률적 기반이 되었다.[12] 2014년 6월 9일에 설립된 아스트라한주 고려인 청년 공공단체는 '함께 이동'의 일부에 속한다. '함께 이동' 청년 분과의 주요 과제는 다음과 같다. 고려인 청년들과 함께 하는 문화 대중 사업, 예술 동호회 공연 준비, 한국문화 페스티벌 조직 및 참여, 소셜 네트워크 및 문화 교육 공동 행사 정보 제공, 한국어 및 전통의 학습, 한반도 동료들과 친선관계 구축. 청년 분과 지도자인 최 엘

---

11) 29 марта 2018, 07:52. Коломийцев Н. Электронное СМИ Версия. Саратов. https://nversia.ru/news/prishlos-uchit-mestnyh-vyraschivat-ris-saratovskiy-koreec-rasskazal-kak-ego-semya-syuda-popala-chem-koreycy-zanimayutsya-v-rossii-i-zhazhdut-li-vernutsya-na-rodinu/

12) 러시아연방 법무부 공식 사이트 // http://unro.minjust.ru/. https://vk.com/public74993361 https://etnokonf.astrobl.ru/press-release/astrahanskie-koreycy-otmetili-sollal.

레나는 이전 지도자 김 로만이나 최 이리나와 마찬가지로 아스트라한 시 행정부 수반 산하 청년 협의회 소속이다. 최 이리나 블라소브나는 현재 아스트라한주 지역 공공단체인 고려인 문화센터 '함께 이동' 협의 회 회원이다. 단체의 활동은 고려인 청년들의 민족적 연대를 돕고 아스 트라한시의 주민들이나 다민족 환경의 아스트라한주 주민들이 고려인 들에 대해 긍정적으로 인식할 수 있도록 돕고 있다.

사진 5. '함께 이동'의 활동가들

2014년 9월 28일에 개최된 청년 분과 '함께 이동'의 첫 번째 회의에 서 다음과 같은 방향이 제안되었다. 한국어 및 한국 현대 문화(K-팝), 한국 전통문화(춤) 강좌를 개설하고 연방의 다른 고려인 청년 단체 및 민족 단체들과 협력한다. 여기에는 소셜 네트워크를 통하거나 다른 도 시의 청년 단체에 상호 방문하는 것이 포함된다. 또한 조상에 대한 역 사 정보, 기록 정보의 수집, 한국 전통 스포츠(합기도 및 태권도)의 발전, 미인대회 참가 등도 제안되었다. 활동 계획은 매년 갱신되고 한국문화 페스티벌에 필수적으로 참가한다는 내용이 들어있다.

사진 6. 아스트라한주 국민 페스티벌

첫 번째 활동 중 하나가 2014년 9월 21일 개최된 도시의 날 축하 행사에 참여하는 것이다. 어린이 놀이터 '함께 놀자'가 조직되었고 그곳에서 아마추어 예술단의 공연이 열렸다. 2015년에는 한국 합기도를 가르치는 스포츠 그룹이 활동하기 시작했다. 2015년 10월 11일 제1회 한국문화 페스티벌에서 한국 전통 무용과 노래가 있는 콘서트가 개최되었고 민속놀이, 전통음식 시식이 이어졌다. '함께 이동'의 청년층은 태권도와 합기도 팀의 시범 공연을 진행했다. 2015년 10월 K-팝 댄스 그룹이 모집되었다. 2016년 10월 27일 아스트라한에서 러시아 고려인들의 문화 및 전통에 대한 제2회 한국문화 페스티벌이 개최되었고, 청년분과 '함께 이동'의 젊은 무용수들이 참가했다.

청년 분과 '함께 이동'의 주요 활동 방향은 아스트라한주에 살고 있는 타타르인, 칼미크인, 러시아인, 노가이인, 다게스탄 민족, 북캅카스 민족 등과 같은 여러 민족들 사이의 친선관계를 수립하는 것이다. 예를 들어, 2017년 6월에는 칼미크인 공공단체와 함께 '고려인과 칼미크인의 문화, 전통의 접촉점'이란 주제로 행사를 개최하여 민족 형성 및 역사 문제, 불교가 칼미크인과 고려인에게 미친 영향에 대해 논의했다. 청년 분과는 5월 1일 노동절 축제에는 근교로 소풍을 갔고, 타타르 명절인 사반투이(Сабантуй)에는 불교 만다라 건축 완성 행사에 참가했다. 또한 5월에는 아스트라한시에서 열린 청년 포럼 '대화, 협력, 성공'에 참가하여 도시와 국가의 발전 및 비즈니스를 위한 창조적 프로젝트에 대해 논의했고 애국심을 배웠으며 부채춤을 공연했고 손님들에게 한국 음식을 대접했다.

이와 같이 '함께 이동' 청년 분과 참가자들은 아스트라한주의 고려인 청년층의 문화, 사회 및 경제 발전을 위한 프로젝트를 개발하고 거기에 참여하고 있다.

5. 한국 전통 무용 앙상블 '금강산', 로스토프나도누

한국 민속무용 앙상블 '금강산'은 1991년 로스토프나도누시 철도 노동자들의 문화와 기술 궁전 산하에 창설되었다. 그들은 로스토프주의 모든 고려인 행사에 참여하고 있다. 앙상블은 국제 페스티벌과 경연대회에서 다양한 수상 실적을 가지고 있고, '인민 아마추어 예술단'의 칭호를 얻었다. 제12회 국제 페스티벌 '열린 러시아'에서 그랑프리를 수상한 것과 '관악기와 타악기' 분야와 '민속무용' 분야에서 1급 수상자가 된 것을 앙상블의 대표 업적 중 하나로 들 수 있다. 앙상블을 높은 예술의 경지로 끌어올린 창립자이자 조직자, 지도자는 2005년 비극적으로 운명을 달리한 리 마르가리타(Ли Маргарита)였다. 이후 그녀의 딸 리 나탈리야(Ли Наталья)가 그녀를 대신하고 있다. 리 마르가리타가 이끌고 있던 앙상블 '금강산'은 2000년 4월 24일에 '인민' 호칭을 부여받았다.

2012년부터 앙상블은 최 알티나이 누라디노브나(Цой Алтынай Нурадиновна)가 이끌고 있다. 앙상블의 설립 목적은 로스토프주 주민들에게 동방의 해가 뜨는 나라의 문화를 소개하고 고려인 청년 세대에게 전통 음악과 무용 문화를 전수하려는 것이었다. 앙상블에는 다양한 연령대와 민족의 아이들이 참가하고 있다. 공연 목록에는 남한과 북한의 전통춤이 포함된다. 앙상블 참가자들은 해마다 한국 예술 센터

사진 7. 앙상블 '금강산'. 로스토프나도누

의 초청으로 서울시와 진도를 방문하여 전문성을 향상을 위한 실습 기간을 갖는다.[13)

잡지 '돈강의 고려 사람'의 자료 중에 앙상블의 쾌거에 대해 다음과 같이 언급한 부분이 있다. "해마다 열리는 국제 페스테벌 경연대회 '세계의 영롱한 중심'에서 민속무용 앙상블 '금강산'의 공연이 새로운 승자로 결정되었다. 경연대회에는 전 러시아 지역에서 약 30여 개의 팀이 참가했다. 그러나 많은 수의 경쟁자들이 재능있는 멋쟁이들을 겁먹게 할 수는 없었다. 그들은 3개의 안무 분야에 후보로 올라서 1급 수상자가 되었고 그랑프리를 수상했다. 공연은 많은 연습이 필요했기 때문에 팀은 한국문화 페스티벌 준비를 위한 집중 연습 기간에 들어갔다. 예술가들은 한계 상황까지 연습을 했고 결국 승리자의 영광을 얻을 수 있었다.

사진 8. 앙상블 지도자 최 알티나이

이 경연대회에는 아나스타시야 전, 이리나 최, 크리스티나 김, 타티야나 리, 타티야나 로마뉴크, 수미 김, 예카테리나 티모쇼바, 알리나 황, 마르가리타 체르카스카야, 발렌티나 엄과 같은 사람들이 참가했다. 이렇게 진지한 경연대회에 처음 참가한 사람도 몇몇 있었다. 금강산 팀의 안무는 최 알티나이 누라디노브나 덕분에 훌륭한 결과를 얻을 수 있었다. 그는 좋아하는 춤과 소중한 앙상블에 자신의 모든것을 받쳤다. 자신을 예로 들어 여자아이들에게 '최선을 다하라'고 격려하고 새로운 고지를

---

13) https://vk.com/wall-3482269322761; https://vk.com/kgs_rostov.

점령하라고 부추긴다. 팀이 성공할 수 있었던 것은 연습에 대한 완벽한 헌신, 올바른 동기부여, 그리고 유능한 스승 덕분이다. 그런 경우 가장 엄한 심판도 막아서지 못할 것이다!"[14]

1991년 마르가리타 알렉산드로브나 리에 의해 창설되어 최고의 러시아 한국 무용단 중의 하나임을 입증하고 로스토프나도누에서 20년 동안 성공적으로 창착 활동을 해온 앙상블 '금강산'은 볼고그라드에서 활동을 이어가고 있다.

6. 한국 무용 스튜디오 '화선', 볼고그라드

2013년 2월 24일 리 마르가리타 한국무용 스튜디오 '화선'(꽃의 요정)[15]이 로스토프 앙상블 '금강산'에서 분리되어 볼고그라드에 설립되었다. 리 나탈리야 유리예브나(리 마르가리타의 딸)가 스튜디오의 소장이자 안무가이다. 청년 센터 '미리내'를 기반으로 형성된 스튜디오는 전통을 소중하게 여기고 이전 참가자들과

사진 9. 스튜디오 '화선'의 로고

2005년 비극적으로 사망한 첫 지도자 리 마르가리타가 쌓아올린 경험을 지속해서 확대하고 있다.

---

14) У девушек из 'Кым Ган Сан' - 'Хрустальное сердце мира'. http://www.arirang.ru/archive/ksd/KSD.201603.pdf
15) Описание творческой деятельности коллектива 'Хва Сон' основано на информации из открытых источников.

새로운 팀은 지난 5년 동안 200여 번의 공연을 개최했고 여러 도시들(모스크바, 로스토프, 크라스노다르, 엘리스타, 기타 등등)을 방문했으며 참가자 중 6명이 대한민국에서 실습을 하기도 했다. 스튜디오 지도자 나탈리야 리의 비유적 표현에 의하면, 천 시간의 연습이 있었고 천 개의 구슬을 꿰었다.

　　그녀의 말에 의하면, 문제는 "훌륭한 무용수를 모집하고, 동기를 부여하고, 성장시키는 것이다. 아이들에게 우리 모국의 예술과 언어를 향한 사랑을 심어줄 만한 문화가 없다. 누군가 이렇게 말했다. '어떤 민족을 말살하고 싶다면 문화를 말살하는 것부터 시작하라!' 옳은 말이다. 민속 예술은 민족 특성의 표현이며 영혼의 거울이다."

사진 10. '화선'의 요정들이 춤을 추고 있다

　　스튜디오에는 고급, 중급, 신입 세 종류의 구성원이 있다. 14세에서 25세 사이의 청년들로 약 40명이 스튜디오에 속해 있다. 무용수는 청년센터 '21세기'를 기반으로 활동하고 있다. 연습은 몸풀기 또는 '기본'부터 시작하고, 이후 새로운 것을 배우거나 이미 배운 것을 반복한다. 스튜디오는 시와 주의 다양한 콘서트에서 공연하고 민족문화 페스티벌에 참가한다. 해마다 공연 안무가 늘어난다. 공연 레파토리에는 약 10개의 춤이 있고 역동성을 잃은 공연 내용은 가끔씩 교체되기도 한다. 명함의 역할을 하는 전통 무용인 부채춤이 가장 다채롭고 화려한 공연이다. 삼고무와 오고무(수직으로 걸려있는 북을 치는 춤)도 레파토리 중 보물에 속한다. 전체 레파토리 목록은 다음과 같다. 부채춤, 삼고무, 오고무, 아박춤(타악기의 일종인 아박을 가지고 추는 춤), 칼춤, 설장구춤, 장구춤, 태평무(국가의 안녕을 기원하는 춤), 조개춤(조개를 모으는 여자아이들의 춤), 소고춤(작은 북인 소고를 사용하는 춤). 오늘날 '화선'의 모든 공연은 각각 별개의 공연으로 참가하는 무용수가 감탄스러운 복장을 착용해야 한다. 공연 전에 그들은 고유한 규칙에 따라 90분 동안 분장을 한다.

> "각각의 전통춤에는 특정 유형의 의상이 정해져 있습니다. 액세서리도 일반적으로 정해져 있지만 변형이 가능합니다. 예를 들면 부채춤에서 무용수는 반드시 밝은색의 긴 상의(저고리)와 붉은색의 하의(치마)를 입어야 합니다. 이것은 궁중 여인의 의복입니다. 머리에는 크지 않은 머리 장식인 화관이나 족두리를 씁니다. 모든 의상에 반드시 하얀색 (밝은색) 느슨한 속바지와 하얀색 양말 또는 버선(한국 양말)을 착용해야 합니다. 의상은 매우 조심스레 접어서 보관됩니다. 심지어 한복을 접는 순서가 정해져 있기까지 합니다. 부드럽게 정리된 머리가 결혼한 여성들의 전통적인 매듭으로 묶여서 비녀(기다란 머리핀)로 고정됩니다. 저고리에 놓인 자수까지 포함하여 모든 상세한 것들이 엄격하게 지켜집니다."[16]

---

16) https://vk.com/koryosaram

앙상블 '화선'의 지도자인 나탈리야 리의 소망은 북한 무용의 심오한 문화를 학습하기 위해 팀원을 북한에 실습보내는 것이다.

> "당신이 눈치챘을지 모르겠지만 전통적인 한국 춤은 매우 다양해서 그것이 무엇에 대한 것인지 말할 수가 없습니다. 구성이 없고 명확한 의미도 없습니다. (저는 지금 남한의 전통춤에 대해 말하고 있습니다.) 관객을 최면에 걸리게 하는 행위들이 서로 얽혀서 눈에 보이지 않는 맥락을 형성하는데 그것을 느끼고 직감적으로 잡아낼 수 있을 뿐입니다. 저는 무엇보다도 겸손하고 모든 것을 자신의 내부에 담아두려는 기질이 춤의 스타일에 영향을 미쳤을 것이라 생각합니다. 우리도 그렇게 춤을 춥니다. '모든 것을 자기 안에' 담고, 집중과, 어떤 의미로는 제어가 춤의 성격에서 확실하게 드러납니다. 물론 전통 무용의 현대적 안무에는 더 이해하기 쉬운 음악과 동작과 같은 단순화된 인식을 위한 적응이 일어납니다. 그러나 동시에 전통적인 원칙은 지켜집니다. 캐릭터의 다른 측면, 근면함과 규율성은 북한 전통춤을 묘사하는 표현입니다. 북한 전문 무용단을 쳐다보면 숨이 멎을 정도입니다. 공연 기술, 얼굴에 나타난 감정, 음악, 모든 것들이, 흔히 하는 말로 엣지가 있습니다!"[17]

7. 고려인 공공 문화 단체의 젊은 지도자들과 활동가들

새로운 세대는 카리스마 넘치는 지도자들을 내세웠는데 그들의 입장에는 모국인 한반도와의 깊은 영혼적 관계뿐 아니라 자신들의 조상들에게 고향이 되어준 거주 국가에 대한 사랑과 존중도 들어있다.

---

17) 상동

◎ 김 이고리(Ким Игорь)

"저는 1991년 두산베에서 태어났습니다. 1년 후에 저희 가족이 키르기스스탄으로 (카라발타시) 이사를 갔고, 거기에서 2000년까지 살았습니다. 저는 2000년부터 볼고그라드에서 할머니와 함께 살았습니다. 중등 일반교육을 이수했고, 2008년에 경제 수학 전공으로 볼고그라드 국립대학교의 '통계학부'에 입학했습니다. 2013년 대학을 졸업했고 같은 해에 '경제학 및 국민경제 관리학' 전공으로 박사과정에 들어갔습니다. 2017년 박사과정을 수료하였고 논문은 아직 발표하지 못했습니다.

저는 2018년에 모스크바로 이사했습니다. 아빠와 엄마는 1971년에 두샨베에서 태어나셨습니다. 아빠는 키르기스스탄과 러시아(볼고그라드주와 아스트라한주)에서 들일을 하셨고, 겨울철에는 엄마와 함께 아스트라한에서 상추를 키우셨습니다. 엄마는 2007년에 돌아가셨습니다. 2011년에 아빠는 들일을 그만두시고 여러 회사들에서 운전기사로 일하기 시작하셨습니다. 여동생은 2001년 볼고그라드에서 태어나서 지금 학교에 다니는데 11학년입니다. 아빠와 여동생은 볼고그라드에 삽니다."[18]

이고리 김은 고려인 센터 '미리내'를 이끌면서 한국 패스트푸드 아이디어에 기반한 사업 활동과 사회 활동을 성공적으로 결합시키고 있다. 뿐만 아니라 이고리는 젊은 학자로서 학술 컨퍼런스에도 참여하고 학술 저널에 논문을 기고한다. 이고리 김의 학문적 업적 중에는 다음과 같은 예들이 있다. '일본 음식의 타켓층: 그 단편들과 소비 문

---

18) 이고리 김의 개인 인터뷰 중에서. 2019년1월 11일. 저자 보관기록.

화', '전략적 마케팅의 맥락에서 살펴본 일본 요리 시장의 SWOT 분석에 대한 반복적이고 전문 기능적인 접근', '러시아 공공 취사 시장의 발전에 대한 마케팅 분석: 환경, 지역, 부분적 측면', '다차원 ABC 분석을 통한 일본 요리 네트워크 회사의 메뉴 구성에 대한 방법론', '일본 요리 시장의 종합적인 경쟁 및 마케팅 분석', '일본 요리 시장 네트워크 회사에서 발생하는 충동구매에 대한 평가', '공공 취사 시장에서 네트워크 기업의 메뉴 가격을 결정하기 위한 여러 단계 모델', '임대 장소 투자 매력을 평가하기 위한 요인의 재정-수학적 모델'

이고리 김은 2015년 과학 및 기술 분야에서 볼고그라드주 상을 수상했다. 이 상은 볼고그라드 국립대학교 경제학자 팀의 '지역의 행정 중심을 지속적으로 발전시키기 위한 전략적 계획에 대한 방법론적, 체계적, 지표적 기반의 현대화' 프로젝트에 참가한 것으로 그에게 수여되었다. 그는 이 프로젝트에서 통계 분석가의 역할을 수행했다. 프로젝트가 완료된 후 그 학술 연구 작업은 볼고그라드시 시의회에서 높은 전문성을 평가받았고 저서 형태로 출판되었다. 볼고그라드주 주요 대학의 부교수, 교수 및 학과장, 그리고 4명의 학술연구팀이 김과 함께 수상자가 되었다.[19]

> "정체성은 사람이 자신의 민족 문화적 소속감, 시민 소속감, 그리고 사회적 소속감에 대해 인지하는 것입니다. 마지막 두 개의 매개변수는 상황에 따라 변화될 수 있습니다. 저는 고려 사람의 정체성은 중요한 민족 전통과 관습에 대한 지식, 조금 다른 사회적 상호관계 및 중요한 가치, 한국 민족의 역사 및 소비에트 (러시아) 고려인들의 역사에 대한 지식이라고 생각합니다. 언어를 아는 것은 물

---

19) Сайт Комитета по делам национальностей и казачества Волгоградской области; http://kdnk.volgograd.ru/current-activity/cooperation/news/95575/

론 좋은 일입니다. 그러나 이것이 정체성의 중요한 요소라고 생각하지는 않습니다. 우리는 러시아에 살고 있고, 러시아어로 말하고 생각합니다. (집에서도 그렇습니다)

저는 주위에서 보는 것만을 말할 수 있습니다. 그래서 지금도 주관적인 생각을 표현하고 있고 또 앞으로도 그럴 것입니다. 고려인 청년들의 가치관은 아마도 러시아 청년들과 전체적으로 같을 것입니다. 어쨌든 우리는 상당히 많이 동화되어 있으니까요. 개별적인 문화적 특성이 고려인들의 가치관에 긍정적인 영향을 남겼다는 것에 대해서는 기쁘게 생각합니다. 어른에 대한 공경이나 근면함, 아이들에 대한 교육열 등이 그것입니다.

열정과 욕구의 측면에서 고려인 청년들은 일반적인 청년들과 다르지 않습니다. 복지와 좋은 직업, 안정성을 원하고, 가족을 구성하여 아이들을 기르고 싶어합니다. 물론 사회나 대중매체, 대중문화에 의해 형성된 다른 종류의 욕구도 존재합니다. 대부분의 경우 큰 문제가 없는 욕구들입니다. 감정을 얻고 싶고, 세계를 배우고 싶고, 관심 있는 일을 하고, 휴식을 취하고, 물질적으로 풍요롭기를 원합니다."[20]

◎ 김 안드레이-세르게이(Ким Андрей-Сергей)

"저의 조상들은 유감스럽게도 그렇게 많은 이야기를 해주지 않았습니다. 의식이 있는 나이가 되어서야 대부분의 정보를 캐어묻고 알아냈습니다. 제 가족은 고려인들의 이민 과정을 아주 잘 보여줍니다. 어머니 쪽으로 증조 할아버지는 이미 러시아식 이름으로 장 아니심(Тян Анисим)이라고 불렸습니다. 그는 러시아 영토에서 태어났고 러시아 이름을 받았지만 강제이주 이전에 돌아가셨습니다. 아버지 쪽으로 증조 할아버지는 이름이 김치부(Ким Чи Бу)였고, 1898년 조선에서 태어났습니다. 그가 언제 러시아에 왔는지 정확한 시기는 알지 못합니다. 혁명 이전까지 그는 농장 노동자로 일했고 교육을 많이 받지 못했지만 대신에 확실한 공산주의자가 되

---

20) 이고리 김과의 개인 인터뷰 중에서. 2019년1월 11일. 저자의 보관 자료.

었습니다. 그는 혁명 이후 프리모리에 있는 고려인 집단농장에서 일했고, 강제이주 이후에도 역시 우즈베키스탄의 집단농장의 감독으로 일했습니다. 두 증조 할아버지 모두 동시대 다른 고려인들과 마찬가지로 일을 많이 했고 자녀들에게 가능한 더 나은 교육을 받게 하려고 노력했습니다. 이것은 우리 민족의 유교 정신의 일부이고 따라서 그들의 자녀들은 모두 고등교육을 이수했습니다.

그들은 부지런히 공부하고 부단히 노력하는 것만이 새로운 땅에서 자신들의 길을 열 방법이라는 것을 정확히 알고 있었습니다. 고려인들의 집요함과 더불어 바로 이 특징이 당시 고려인들이 살아남는 것을 도와줬고, 또한 세계 모든 국가에서 한국 민족이 적응하는 것을 도와주고 있습니다.

거주 조건의 이러한 변화가 의식구조의 변화를 가져왔습니다. 예전에는 일반적으로 '자기들끼리'만 밀집해서 살았던 고려인이 다민족 사회에서 살아가는 법을 배웠습니다. 우즈베키스탄에서는 우즈베키스탄인, 러시아인, 카즈흐인, 타타르인, 및 소비에트 연방의 모든 민족들과 나란히 일해야 했습니다. 많은 우즈베키스탄 전통이 고려인 전통과 잘 공유되었고 우리 민족의 문화적 자산에 추가되었습니다.

2000년에 예전 동료였던 친구들의 초청으로 아버지는 사라토프로 일하러 가셨고, 엄마와 저도 아버지와 함께 이사했습니다. 저는 14살부터 사라토프에 살고 있는데 여기에서 고등학교와 모교인 사라토프 국립대학교를 졸업했습니다. 저의 학교에는 제 생각에는 원칙적으로 단 한 명의 고려인도, 단 한 명의 아시아인도 없었습니다. 저는 급우들에게 제가 우즈베키스탄 출신이라고 해서 그것이 곧 우즈베키스탄인이라는 것을 의미하지는 않는다는 사실을 설명해야만 했습니다. 휴대폰과 핵무기를 만드는 코레야(한국)라는 나라가 있고, 코레예츠(한국인)가 카렐리야인을 의미하는 것이 아니라는 사실도 설명해야만 했습니다. 대학에서도 고려인은 거의 만나기 힘들었습니다. 아마도 이 모든 것들 때문에 제가 자신의 문화와 역사, 의식구조를 연구하기 시작했을 수도 있습니다. 친척들을 제외하면 한국인들과의 대화가 부족했습니다. 이것 때문에 나중에 문화센터를 조직했고, 저와 같은 학생들에게 다음과 같은 질문에 조금 더 쉽게 대답해 줄 수 있도록 사람들을 모으기 시작했습니다. 우리는 누구이며, 어디에서 왔고, 러시아의 도시 사라토프에서 무엇을 하고 있는가.

남한에는 재외 동포들에 관한 법이 있습니다. 이 법안 덕분에 다른 나라 출신의 한국인들은 취업 비자를 받아 역사적 조국에 돈을 벌러 올 수 있습니다. 러시아에서 일자리를 찾는 데 어려움을 겪고 있는 사라토프주 출신들을 포함하여 많은 러시아 고려인들이 이 법을 이용하고 있습니다. 기본적으로 우리 고려인들은 주택 자금을 벌거나 사업을 시작하기 위한 창업 자금을 벌 목적으로 한국에 잠시 머물렀다가 다시 러시아로 돌아가 살 계획입니다. 왜냐하면 우리는 이미 유럽적 사고방식을 가지고 있고 절대적 다수가 사실상 한국어를 구사하지 못합니다. 그리고 한국은 현지인들 사이에서도 매우 높은 경쟁이 존재합니다.

저는 사라토프에 사는 것이 마음에 듭니다(농담은 빼고). 이곳에 제 친구들이 있고, 좋아하는 일과 고려인 센터가 있습니다. 그러나 만약 역사적 조국으로 이주를 해야만 한다면 전 세계 모든 한인들의 꿈인, 통일된 독립적인 한국으로 이주할 수 있기를 희망합니다."[21]

◎ 김 메르겐(**Ким Мерген**)

메르겐 김은 전 러시아 고려인협회의 칼미크 공화국 지역 분과 회장이다. 메르겐 김은 또한 엘리스타시의회 의원이다. 주요 직업은 음악가,

---

21) 29 марта 2018, 07 :52. Коломийцев Н. Электронное СМИ Версия. Саратов. https://nversia.ru/news/prishlos-uchit-mestnyh-vyraschivat-ris-saratovskiy-koreec-rasskazal-kak-ego-semya-syuda-popala-chem-koreycy-zanimayutsya-v-rossii-i-zhazhdut-li-vernutsya-na-rodinu/

사진 11. 메르겐 김과 다나라 살하노바

칼미크 공화국 국립 오케스트라의 솔리스트이자 칼미크 공화국 공훈 예술가이다.

그는 2007년에 모스크바 국립 문화 예술 대학교에서 '성악 예술' 전공으로 학위를 받았다.

메르겐 김은 1999년부터 칼미크 공화국 국립 챔버 합창단의 단원이다. 2002년에는 림스키 코르사코프 러시아 연방 해군 중앙 콘서트 오케스트라의 합창단 팀원으로 일하기 시작했다. 이후 트베르 챔버 어린이 극장에서 오페라 솔리스트로 노래하는 것을 시도했다. 2008년부터 엘리스타에 있는 국립 순회 콘서트 기관인 '칼미크 콘서트'에서 솔리스트로 일하고 있다. 2012년부터 메르겐 김은 '칼미크 공화국 국립 오케스트라'의 솔리스트이다. 메르겐의 창작품은 칼미크 공화국에서 매우 인기가 좋다. 메르겐의 운명은 그가 혼혈 가정 출신이라는 점에서 더 흥미롭다. 그의 할아버지는 고려인이고 할머니는 칼미크인인데, 사실 그의 내부에 고려인의 피보다는 칼미크인의 피가 더 흐른다고 볼 수 있다. 저자들과의 인터뷰에서 메르겐은 자신의 정체성에 관한 생각들을 공유했다. 칼미크 공화국에 살고 있고, 칼미크 민족 친척이 많기 때문에 이 젊은이는 자신을 고려인보다는 칼미크인으로 더 많이 느끼고 있었다. 그래서 고려인-칼미크인 친선 단체의 지도자 김 겔리 콘스탄티노비치가 조직을 맡아줄 것을 부탁했을 때 이 젊은 음악가는 새로운 임무를 맡는 것을 곤란하게 여겼다. 그러나 메르겐은 이를 훌륭하게 처리했다.

고려인-칼미크인 친선 단체는 전 러시아 공공단체인 '전 러시아 고려인 협회'의 칼미크 공화국 지역 분과이다.

메르겐의 부인은 유명한 칼미크 가수인 다나라 샬하노바(Данара Шалханова)이다. 메르겐의 말에 의하면 칼미크에 살고 있는 고려인들은 다른 민족에 속한 사람들과 만날 때 사실상 인류학적 불편함을 느끼지 않는다. 칼미크인들은 다른 민족들의 유용한 전통과 가치를 인정하고 받아들이는 매우 관대하고 친절한 민족이다. 메르겐이 자신의 정체성과 고려 사람의 운명에 대해 어떤 생각을 하는지를 아래에 예로 들어보겠다.

> "저는 1982년 12월 12일에 엘리스타에서 태어났습니다. 아버지는 김 알렉산드르 안드레예비치이고 엄마는 두시노바 타티야나 도르지노브나(Дусинова Татьяна Доржиновна)입니다. 저의 할아버지 김 안드레이(태수)는, 전해 들은 바로는 현재의 남한 지역에서 태어났지만 전쟁 때 무슨 이유에서인지 사할린에 가게 되었고, 그곳에서 저의 할머니, 그러니까 제 아버지의 엄마인 안나를 만났습니다. 할머니는 1943년 스탈린 압제 과정에… 칼미크(현재의 아스트라한주 지역)에서 추방되었습니다. 1957년 칼미크인들이 집으로 돌아가는 것이 허가된 이후 저의 할아버지(고려인)와 할머니(칼미크인)는 집으로 돌아왔습니다. 그들은 아스트라한주의 하라발린스키(Харабалинский) 지역, 자볼지예 마을로 돌아왔고, 거기서 저의 아버지가 태어났습니다. 아버지는 넷째 아들이어서 그에게는 형이 있었고 3명의 여자형제가 있었는데, 그중 한 분은 벌써 돌아가셨고 그해에 아버지도 돌아가셨습니다…"

몇 년 전 유명한 칼미크 민족학인 L.V. 남루예바가 메르겐 김에 대해 다음과 같이 기술했다. "새로운 물결을 일으키는 유명한 고려인 대표자들 중에 칼미크 공화국 국립 심포니 오케스트라의 솔리스트인

사진 12. 메르겐 김의 고려인-칼미크인 가족

김 메르겐의 이름이 있다. 아직 젊은 나이에도 불구하고 그는 벌써 칼
미크 공화국의 공훈 예술가이다. 젊은 예술가는 엘리스타의 촌쿠쇼프
(Чонкушов) 예술학교를 졸업한 후 모스크바 국립 문화 예술 대학교
에 입학했다. 그는 학위를 받은 후 자신의 고향으로 돌아왔다. 성실하
고 재능있는 성악가는 끊임없이 자신을 연구하고 자신의 기량을 향상
시킨다. 그는 자신의 아름다운 목소리, 진심 어린 노래들, 클래식 오페
라에서 아리아의 독창적인 공연으로 사람들에게 기쁨을 선사한다."[22]

22) Намруева Л.В. Корейцы в Калмыкии: общество и трудовая
     деятельность. – Корейцы Юга России и Нижнего Поволжья.
     Волгоград, 2011. Первое марта. С. 43.

◎ 리 나탈리야(Ли Наталья)

나탈리야 리는 전설적인 마
르가리타 리의 딸이다. 마르가
리타 리는 자신 못지않게 전설
적인 전통 무용 앙상블 '금강산'
의 창립자로서 비극적인 죽음을
맞이하기 전까지 앙상블을 이끌
었다. 나탈리야는1991년부터
로스토프 앙상블 '금강산'의 고
급반 학생으로 자신의 어머니로
부터 지도를 받았다. 그는 1999
년부터 앙상블 '금강산'의 안무

가이다. 2007년에서 2012년까지 앙상블 '금강산'의 지도자였고, 2010년
부터 매해 (2012년을 빼고) 대한민국 국립 예술 센터에 실습을 다녀갔
다. 2012년부터 리 마르가리타 스튜디오 '화선'(볼고그라드)의 지도자
이다. 리 마르가리타가 이끌던 시기에 앙상블 '금강산'과 스튜디오 '화
선'은 여러 번의 표창장과 졸업증서, 감사장을 수여 받았다.

나탈리야 리는 매우 겸손한 사람이고 이러한 이유로 그는 고려 사람의
정체성에 관한 자신의 의견을 나누어 달라는 우리의 부탁을 거절했다. 사
실 그녀가 자신의 민족을 어떻게 받아들이는지에 대해서는 그녀의 예술작
품을 통해 가장 잘 느끼고 이해할 수 있다. 따라서 우리는 오픈 소스의 자
료, 특히 안드레이-세르게이 김의 훌륭한 퍼블릭 자료를 인용해 보겠다.

"2015년 10월부터… 우리는 활동가들, 북연주자들, 무용수들로
이루어진 볼고그라드 출신의 떠들석한 대가족과 친분을 맺게 되었

는데, 그들은 공공 행사를 얼마나 들썩거리고 흥미롭게 조직할 수 있는지, 한국 전통문화가 얼마나 매혹적인지를 보여주었다. 그리고 무용, 멋진 한국 무용은 인식의 변화를 가져오게 만든 미적 충격을 구성하는 가장 중요한 요소였다. 그때까지 나는 한국 무용을 가족 행사와 같은 매우 제한된 아마추어 공연의 형태로만 보았었다. 그 날의 주인공인 조카들이나 한복을 입은 신부의 친구들이 전혀 한국 음악이 아닌 곡에 맞춰 갈매기인지 백학인지를 표현하고, 손님들은 음식이 식기 전에 먹는 것에 더 열중하고 있었다. 그런데 이것은 나 와 마찬가지로 마법에 걸린 사람들로 가득찬 진짜 극장이었다. 조 명, 음향, 화려한 의상, 신기한 분장, 그리고 중요한 것은 가볍고 물 흐르듯 우아한 움직임이 이웃집 마당의 평범한 소녀들을 마치 신윤 복의 그림에서 나온 듯한 천상의 미녀로 만들어 버렸다. 너무나 아 름다워서 그날 '화선'에 빠져들지 않을 수가 없었다.

이후에 나는 스튜디오 창립자이자 지도자인 나탈리야 유리예브 나 리와 인사를 나눴다… 사람이 그렇게 열정적으로 자신의 일에 전념하고, 끊임없이 새로운 도전과 지식을 추구할 때, 또 각각의 세 세한 부분까지 그렇게 사랑과 정성을 들여 작업할 때, 해마다 계속 발전을 위해 노력하며 학생 한 명 한 명에게 접근할 때, 과연 다른 결과가 나올 수 있겠는가?"

"한국 민속무용에 대한 당신의 길이 어떻게 시작되었습니까? 처 음으로 수업을 듣게 된 동기는 무엇입니까?

- 아직 완전히 사라지지 않고 있던 저의 한국인으로서의 뿌리의 돌풍이었다고 말하면 좋겠지만, 사실은 그렇지 않습니다. 그냥 그 렇게 되었다고 말할 수 있습니다. 간단하게 다시 말해, 저는 이 일 을 '해야만' 했습니다. 첫째, 제 엄마가 앙상블 지도자였고, 둘째, 연 습 시간이 우리들에게는 친구들과 다시 한 번 만날 수 있는 구실이 되어 줬습니다. 셋째, '우리의 춤'이 어떤지, 무엇을 보여주는지 단 순히 궁금했습니다. 그래서 저는 두 번째 이유 때문에 저에게 온 학 생들에게 참을성 있게 대하고, 원칙적으로 탈락시키지 않습니다. 저는 아무도 (춤을 잘 못 추든, 외모가 어울리지 않든, 기타 등등의 이유로) 쫓아내지 않습니다. 저에게 그럴 권리가 없다고 생각합니 다. '도태'는 자연스럽게 발생합니다. 시간이 흐름에 따라 사람은 스

스로 '이것'이 그의 것인지 아닌지를 이해하게 됩니다. 많은 전문가들이 저를 비판할 수 있지만 이것은 러시아의 한국 전통 무용 수업의 특성입니다. '있는 그대로에서 좋은 무용수를 키워내야 합니다.'

아마도 다른 모든 무용과 마찬가지로 한국 무용도 음악을 듣는 기술을 전하고, 리듬감 있는 동작과 움직임의 성격 및 방식에 대한 지식을 발전시킵니다. 제 개인적 관찰에 의하면 한국 무용수의 고유한 특징은 겸손함과 의상을 대하는 특별히 경건한 태도, 그리고 행동의 절제인 것 같습니다. 우리는 유감스럽게도 스튜디오에서의 수업이 학생들의 연습실 밖의 행동에까지 영향을 미치는 수준에 도달하지는 못했습니다. 그러나 저는 그와 같은 방향에서 일하고 있고, 우리 스튜디오의 전체적인 평가도 무용 기술의 수준뿐 아니라 학생들의 행동 및 교육에 의해 이루어집니다.

우리 스튜디오의 주요 구성 팀에서 춤을 추기 위해서 가장 중요한 것은 욕구입니다. 물론 신체적인 재능과, 음악성, 감수성, 안무 암기를 위한 좋은 기억력이 있다면 그것은 훌륭한 일입니다. 그러나 큰 욕구를 가진 사람들이, 그렇게 빨리는 아닐 수 있지만, 그래도 결과적으로는 그런 사람들이 제가 만족할만한 수준에 도달합니다. 제 가르침에는 그 어떤 비결도 없습니다. 저의 주요 임무는 학생들에게 춤에 대한 사랑을 불어넣는 것입니다. 만약 성공한다면 그것을 제 일에서의 성공으로 보아도 됩니다.

춤을 다 배워서 끝낼 수 있는 그런 기간은 없다고 생각합니다. 이 과정은 끝이 없습니다. 한국에서 나이든 무용수를 보는 것은 드문 일이 아니고, 오랜 연구와 동작 연습을 통해 신체와 영혼을 완벽하게 조화시킬 수 있기 때문에 어떤 춤의 경우 나이가 있는 무용수가 춤을 추기도 합니다. 특정 유형의 춤에는 뛰어난 스승, 춤의 '전승자'가 있어서 이 칭호를 자신의 가장 뛰어난 제자에게 전해줍니다. 예를 들어, 한국 무용의 장인 한성준(1875-1941)은 태평무를 무대에 올려 대중적으로 만들었습니다. 직접적인 후계자(전승자)는 그의 손녀인 한영숙과 제자 강선영입니다. 이 춤의 우리 선생님은 변아름인데 그는 한영숙의 제자였던 전승자에게 직접 춤을 사사받았습니다. 한국에서 그런 장인 밑에서 수업을 받는 것은 대단히 영광으로 여겨지고 특별한 자부심을 느끼는 일이 됩니다."[23]

---

23) https://koryo-saram.ru/o-poezdke-v-volgograd-yubilee-studii-hvason-i-

◎ 김 아델(Ким Адель)과 김 콘스탄틴(Ким Константин)

아델과 콘스탄틴은 구세대 고려인들에 대한 첫 번째 책에서 언급했던 볼고그라드의 김 콘스탄틴 이오시포비치의 손자들이자, 고려 사람 기성세대에 관한 두 번째 책에서 언급했었고 우리 연구의 저자 중 한 명인 김 이고리 콘스탄티노비치의 자녀들이다. 이와 같이 아델 김과 콘스탄틴 김은 그들의 할아버지가 운명의 물결을 타고 들어와 정착했던 러시아 남부지역의 대도시 한곳에 정착하여 통합되고 현실적으로 동화된 고려인 가족의 젊은 세대이다. 그들의 생각은 민족 정체성의 상실과 비록 전부는 아닐지라도 그 회복의 과정을 겪어온 고려 사람의 자손이라는 전형적인 모습이라는 점에서 흥미롭다. 아델과 그의 동생 콘스탄틴은 다른 고려 사람이나 대한민국에서 온 한국인들과 만난 후 한국 민족으로서의 자기정체성과 친밀감을 느낄 수 있었다.

김 아델은 볼고그라드 국립 사회교육대학교를 졸업하고 홍익대학교에서 '예술 연구 및 박물관학'을 전공으로 석사과정을 마쳤다. 이후 대한민국의 '국립현대미술관' 및 '사)한국판화사진진흥협회'에서 인턴으로 일했다. 또한 블라디보스토크의 'ZARYA Center for Contemporary Art'에서 AiR Program Manager로 일했다. 콘스탄틴은 볼고그라드 대학교 역사학부를 졸업했고 전문 3D 모델링(precise3 dmodeling, wargaming.net, Eagle Dynamics)에 종사하고 있다.

---

kontserte-traditsionnogo-korejskogo-iskusstva-hanmadan/

그들이 한국인으로서의 뿌리에 대해 인식하게 되는 과정에는 남한의 이형근 목사와의 만남과 협력이 특별한 역할을 했다. 이형근 목사는 볼고그라드에서 헌신적인 활동을 수행하며 고려인 이주민들의 적응을 도왔다. 아델은 빠르게 한국어를 배웠고 자원봉사활동을 하며 볼고그라드시 공공도서관에서 한국어를 가르쳤다.

"저는 1987년에 볼고그라드에서 태어났습니다. 부모님은 김 이고리 콘스탄티노비치(1958년생, 반쪽 고려인)와 김 일기자 안바로브나(1958년생, 원래 성은 자키로바, 타타르인)입니다.

저는 저의 할아버지들에 대해 잘 모르고, 현재 살아있는 한국 쪽 친척들에 대해서는 전혀 모릅니다. 나의 할아버지 김 콘스탄틴 이오시포비치는 우수리스크 근처의 시넬니코보 마을에서 태어났고 모스크바에서 예술 교육을 받았으며 우스리스크의 고려인 기술학교에서 학생들을 가르쳤습니다. 그는 1937년 이후 가족들과 함께 카자흐스탄으로 강제이주되었습니다. 사라토프에서 전공을 바꾼 후 그는 스탈린그라드 대학교 생물학과에 배정되었고 그곳에 남았습니다. 제가 알고 있기로는 무슨 이유에서인지 친척들과 연락이 끊어졌습니다. 그래서 그가 죽은 후 우리는 우리의 가족이나 조상들에 대해 더 많이 알아볼 수 있는 기회를 얻지 못했습니다.

사실 제가 '고려 사람' 공동체에 대해 알게 된 것은 (주로 새로운 직업을 찾기 위해) 언어를 배우게 된 것보다 훨씬 더 나중의 일입니다. 공동체 사람들과 함께 상당히 많은 일을 했고 페스티벌 조직이나 언어 강좌 등등을 도왔음에도 불구하고 처음에는 제가 그 공동체에 속한다고 느끼지 못했습니다. 물론 그 당시 저의 활동은 학생 활동에 가까웠지만 말입니다. 하지만 그렇다고 이 공동체에서 완전히 '타인'도 아니었다고 생각합니다. 어쨌든 성이나 역사에 영향을 받았을테니까요.

　제가 관찰한 바에 의하면, 고려인 청년들은 자신의 정체성 형성에서 꽤 큰 어려움을 겪고 있습니다. 그것은 그들이 남한의 현실이 그들의 삶에 실현되는 순간 나타납니다. 그냥 아는 사람이든, 아니면 전적인 이주이든 상관없이 '고려 사람'과 '한국인'의 사이에 확연한 차이가 존재한다는 것이 모든 사람들에게 드러납니다. 그리고 난 후, 사람들은 각자 자신을 독립적으로 정의하려 합니다.

　고려인 청년들의 전망은 나머지 러시아 청년들과 마찬가지로 불분명하고 그렇게 밝지 않습니다. 하지만 그들은 (남한의 정책이 변화하지 않는다면) 민족 서류를 기반으로 간단히 한국행 취업 비자를 받을 수 있는 마지막 세대입니다. 대다수의 사람들에게 이것은 전혀 다른 기반 위에서 삶을 건설해 볼 기회이기 때문에 이용해볼 가치가 있습니다."

　콘스탄틴 김은(1986년생) 민족 소속감과 태어난 국가 소속감에 대한 자신의 생각을 우리와 공유했다. 그의 생각은 조금 더 정치화되어서 독특하게 보인다.

　"러시아의 일상생활은 우리가 자신의 고려인 정체성을 느낄 수 있는 원인을 조금 밖에 제공하지 않습니다. 무엇보다 현대 세계에서 민족성은 부차적이고 중요한 것은 국적입니다. 국적은 자기의식에 의해, 또 가치의 통합 및 공동 결정에 참여할 수 있는 포괄적 메커니즘을 통해 국가 공동체의 삶에 현실적으로 귀속되는 것에 의해 정의되는 정치적 상황입니다.

　러시아에 살면서 그 어느 쪽 한국의 시민권도 가지지 않고(게다가 양쪽 한국 중 한 곳에는 그 어떤 정치적 수단이 전혀 없다는 것을 알면서), 자신의 일상생활과는 상관없는 머나먼 그곳의 소식을 살피면서 그것에 대해 반응을 할 수 있는 기회를 전혀 가지지 못한 상태에서 자신을 한국 국적을 가진 시민이라고 생각하는 것은 문제가 있습니다. 러시아에 살면 그 지역 시민의 일부가 되는 것이 (그 것이 '러시아 국가'이든 '러시아인'이든 관계없이) 더 합리적입니다. 그러나 이것은 '국적' 양식이 '공민권' 양식의 승인으로 인해 제한되는 지역적 장애물의 방해를 받고 있습니다.

그와 같은 조건에서 국가가 아니라 자신의 기원으로, 민족성으로의 회귀는 내부 이주, 현실 도피의 형태로 느껴집니다. 포함의 메커니즘에 의한 공공 생활과 연관되지 않은 피상적인 소속감은 어쩌면 흥미로울 수도 있고, 시간을 때우는 재미있는 방법일 수도 있고, 어느 정도 국가에 의해 장려가 되기도 합니다. ('우리는 다민족 국가입니다', 즉, 민족이 다양하기 때문에 시민 국가의 수준으로 올라가기에는 이미 장애를 가지고 있을 수도 있어 보입니다.) 그러나 이것은 실제 삶의 문제에 접근하려는 시도조차 될 수가 없습니다. 어쩌면 이것은 한국문화나 언어를 경력과 연관시키려는 의도를 가진 사람에게는 좋은 선택일 수 있겠지만 나머지 사람들에게는 그렇지 않습니다."

◎ 박 세르게이(Пак Сергей)

세르게이 박은 음악가이자 한국 북 연주 앙상블 '천둥'[24](볼고그라드)의 지도자이고 '미리내'의 활동가인데, 우리와 길지 않은 인터뷰에 응해주었다. 그의 생각은 러시아를 자신의 진정한 조국으로 생각하는 많은 고려인 청년들의 생각을 확인시켜 준다. 그러나 한국으로 이민을 떠난 사람들과 마찬가지로 러시아를 떠날 생각이 없는 사람들의 머릿속에도 정체성의 과도기, 역사적 조국, 즉 한반도 양국과의 관계를 강화하는 과도기(너머)가 존재한다.

---

24) https://vk.com/chondun

" 저는 1992년 우즈베키스탄의 타시켄트에서 태어났습니다. 부모님이 일 때문에 볼고그라드에 와야했기 때문에 저도 부모님과 함께 2000년에 볼고그라드로 이주했습니다. 그곳에서 초중고등학교와 대학에 들어갔고, 볼고그라드 공과 대학에서 물류 엔지니어를 전공했습니다.

살면서 몇 가지 취미를 가지고 있습니다. 1번이 록음악인데 Dis|Cor라는 그룹에서 기타를 연주합니다. 2번은 한국의 전통 북 연주와 한국문화인데 한국 북 연주 앙상블 천둥의 리더입니다.

고려인 센터 '미리내'에서 우리는 한국문화를 홍보하고 지역 고려인들이 전통을 기억하도록 도와주고, 또 현대 한국의 생활 모습을 보여주고, 언어, 댄스, 북을 원하는 모든 사람들에게 가르치고 있습니다. 저는 '미리내'에서 처음 창립 때부터 활동했는데 벌써 7년이 흘렀습니다. 저에게는 미리내가 삶의 일부이고 거기서 친구나 새로운 취미가 생겼습니다. 우리는 많은 시간을 함께 보냈고, 이제 각자 자기 일이 생겨서 함께 하는 시간이 줄어들기는 했지만 그래도 여전히 즐겁게 소통합니다. 북 연주를 우리에게 가르친 사람은 남한 출신의 자원봉사자였는데 제 기억으로 그의 이름은 지선이었고 서울에서 왔습니다. 이후 부산시에서 온 대학생들이 10년의 기간 동안 우리에게 한국문화 수업을 해줬습니다. 우리들 스스로도 인터넷에서 자료를 찾았고 그때부터 저는 한국 전통북을 연주하고 있습니다.

저는 스스로 한국인이라고 느끼기는 하지만 러시아식 고려인입니다. 우리는 현대 한국과 문화가 다르고, 사고방식에서도 차이가 납니다. 그들은 전혀 달라서 저에게는 어찌되었든 러시아가 더 가깝게 느껴집니다. 그리고 고려인들이 돈을 벌기 위해 한국으로 떠나는 것에 대해서는 나쁘다, 좋다의 느낌이 없습니다. 돈이 필요한 사람들에게는 돈을 벌 수 있는 좋은 기회이고, 그런 측면에서 남한이 그런 가능성을 제공하고 있으니 그 사람들에 대해서는 저도 기쁘게 생각합니다. 저도 가볼 수 있겠지만, 그 경우 관광이거나 아니면 북 연주 수준을 높이기 위한 실습일 것입니다.'

결론

러시아 남부지역에 거주하고 있는 고려인 청년층의 정체성에 대한 연구 결과를 몇 가지로 요약할 수 있다. 청년층 사이에는 이주 조건과 구세대 고려인들의 거주 특징으로 인한 몇 가지 차이가 존재한다. 인구통계학적 현상은 중앙아시아 소비에트 공화국에서 태어난 부모를 둔 새로운 세대의 고려인이 러시아에 형성되고 있음을 증명해준다. 고려인 민족 집단의 '아시아' 세대와 새로운 정체성 및 새로운 사고방식을 가진 러시아 출신 세대의 혼합이 계속해서 이어지고 있다.

고려인 청년층의 교육 구조는 고등교육의 방향으로 전환되었다. 절대적 다수가 한 개의 생계 수단을 가지고 있고, 주요 생계 수단 목록에는 노동 활동, 더부살이, 보조금 또는 장학금이 있다.

함께 사는 가족의 양적 구성이 감소했다. 한국의 전통적인 다자녀 문화도 역시 과거로 남겨졌다. 고려인 청년들이 태어나서 자라온 가족은 대부분 단일 민족 가정이었다. 고려인 청년들의 의식 속에서 가족 정체성은 민족 정체성과 깊이 관련되어 있지만, 혼혈 가정에서는 민족 규정이 불분명하게 나타나는 것이 관찰되기도 한다. 러시아 남부 고려인들 사이에 이민족 간의 결혼에 대한 문제는 일부 지역적 차이를 보여준다. 북캅카스 공화국들과 칼미크 공화국에 살고 있는 고려인들 사이에서 특히 그러하다. 이러한 인지적 왜곡은 부모와 친척들이 러시아 국적을 가지는 2개 이상의 다른 민족에 속하는 가족의 경우에 특징적으로 나타난다. 설문조사에 참여한 고려인 청년들 사이에 미래의 가정을 반드시 같은 민족 집단 내에서 형성해야 할 필요성에 대한 합의는 없다. 그러나 남성들의 경우 확고한 단일 민족적 접근을 지지하는 집단이 더 강화되었다는 점에 주목할 필요가 있다.

고려인 청년들의 해외 이주를 향한 열망의 초점은 지역 정체성 및 시민 정체성을 약화시킨다는 점에서 약간의 경각심을 불러온다. 고려 사람의 유능한 청년 집단이 대한민국으로의 노동 및 기타 이주를 할 수 있는 열린 기회는 어려운 사회 경제적 상황에 맞물려 '국내 디아스포라'를 약화시키고 도덕적 전통 및 노동 전통의 세대 간 계승을 끊어버릴 수 있다. 고려인 가정의 이민 추세는 이미 강하게 나타난다. 비록 모든 고려인 청년들이 자신의 인생 전망을 역사적 조국으로의 이민과 연관시키는 것은 절대로 아니지만, 많은 고려인 청년들에게 새로운 과도기 정체성, 즉 '너머' 정체성이 나타나고 있는 것은 사실이다.

다민족 환경에서 성장한 젊은 고려인들의 경우 민족적 가치가 다소 희미해졌다. 그들은 구세대 집단에 비해 민족적 가치를 낮게 평가하고 인간 생활에서 국적을 높은 가치로 인정한다. 긍정적인 시민 정체성은 전체적으로 러시아 고려인 사회를 견고하게 '접합시켜' 주고, 고려 사람이 사회 경제적 개발에서 새로운 도약을 할 수 있도록 도와준다. 새로운 조건에서 발생한 현대화된 정체성은 그 자체로 사회적 변화를 위한 강력한 자원이다.

포스트 소비에트 시기에 이주했던 러시아 고려인과 같이 민족이 분산되었던 집단에게 민족성이란 '사라져가는 정체성'을 보존하기 위한 동원 요소이다. 중앙아시아 공화국들에서 성장한 고려인 청년들에게 민족 정체성은 자신을 외국의 사회 환경에 연계시킬 필요성과 관련이 있다. 초기에 전적으로 편안한 민족 지위를 가졌기 때문에 아이들은 새로운 나라에서 새로운 정체성을 얻을 때 종종 사회적 지위의 저하를 동반하는 문화적 충격을 경험한다. 고려인으로서의 정체성을 내재화하는 방법은 음악, 춤, 시로 표현된 전통문화의 가치를 따르는 것이다.

청년 단체는 주요 활동 분야로 한국 춤이나 언어 학습, 독서 경연대회를 벌이는 문화 페스티벌을 자주 선택한다. 그러한 조직에서 재창조된 '전통 의례와 예식'은 흔히 지역화되고 현대화된 모습을 보이는데 전체적으로 공동의 고대사를 함께 하고 있다는 느낌을 부여한다. K-pop에 대한 대중들의 관심은 현대 한국 사회와 청년 문화를 이해할 수 있도록 도와주고, 한국에 사는 경우 상대적으로 빨리 적응할 기회를 제공한다. 러시아 조건에서 청년 민족문화 단체를 통해 '하이브리드' 정체성 또는 '이중' 정체성으로 표현될 수 있는 새로운 민족 정체성이 구축되고 있다. 청년 공공단체가 외형적으로 문화적 성향을 추구하고 있음에도 불구하고 결국 그들의 기능은 단결 및 고유한 대표성 창출을 기반으로 형성되는 고려인 청년들의 정체성에서 민족정책적 측면을 규정하고 있다. '미리내'(볼고그라드) 및 '동막골'(사라토프), '함께 이동'(아스트라한), 앙상블 '금강산'(로스토프나도누), 앙상블 '화선'(볼고그라드)이 그러한 단체이다.

고려인 단체의 젊은 리더들과 오피니언 리더들은 다음과 같은 주요 생각을 전달한다. 우리는 고려인이지만, 러시아 고려인이다. 우리의 조국은 러시아이다. 한반도에서 완전한 한국인이 되기 위해서는 그곳에서 적지 않은 세월을 살아야 한다. 이는 현재의 젊은 이민자들 자신 세대보다는 그들의 자녀들이나 손주들에게 해당하는 일이다.

부록

2002년 로스토프주 0세부터 35세까지의 도시 및 농촌 고려인 주민들의 성별 연령 분포도								
	도시 및 농촌 주민			도시 주민			농촌 주민		
	전체	남성	여성	전체	남성	여성	합계	남성	여성
로스토프주								
전체	6,318	3,335	2,983	4,095	2,146	1,949	2,223	1,189	1,034
%	100	52.8	47.2	64.8	52.4	47.6	35.2	53.5	46.5
연령대, -세								
0 - 4	590	309	281	366	192	174	224	117	107
5 - 9	666	359	307	388	207	181	278	152	126
10 - 14	890	475	415	523	268	255	367	207	160
15 - 17	641	328	313	377	201	176	264	127	137
18 - 19	409	226	183	253	139	114	156	87	69
20 - 24	1,139	592	547	802	412	390	337	180	157
25 - 29	1,044	544	500	710	362	348	334	182	152
30 - 34	939	502	437	676	365	311	263	137	126

표 2

<table>
<tr><th colspan="10">2010년 남부 연방관구 및 북캅카스 연방관구 개별 지역 0세에서 35세까지의 도시 및 농촌 고려인 주민들의 성별 연령 분포도</th></tr>
<tr><th></th><th colspan="3">도시 및 농촌 주민</th><th colspan="3">도시 주민</th><th colspan="3">농촌 주민</th></tr>
<tr><th></th><th>전체</th><th>남성</th><th>여성</th><th>전체</th><th>남성</th><th>여성</th><th>합계</th><th>남성</th><th>여성</th></tr>
<tr><td colspan="10">칼미크 공화국</td></tr>
<tr><td>전체</td><td>725</td><td>341</td><td>384</td><td>167</td><td>87</td><td>80</td><td>558</td><td>254</td><td>304</td></tr>
<tr><td>%</td><td>100</td><td>47.8</td><td>52.2</td><td>24.6</td><td>47.9</td><td>52.1</td><td>75.4</td><td>47.8</td><td>52.2</td></tr>
<tr><td colspan="10">연령대, -세</td></tr>
<tr><td>0 - 4</td><td>108</td><td>51</td><td>57</td><td>31</td><td>16</td><td>15</td><td>77</td><td>35</td><td>42</td></tr>
<tr><td>5 - 9</td><td>83</td><td>40</td><td>43</td><td>16</td><td>9</td><td>7</td><td>67</td><td>31</td><td>36</td></tr>
<tr><td>10 - 14</td><td>94</td><td>48</td><td>46</td><td>24</td><td>13</td><td>11</td><td>70</td><td>35</td><td>35</td></tr>
<tr><td>15 - 17</td><td>61</td><td>27</td><td>34</td><td>13</td><td>6</td><td>7</td><td>48</td><td>21</td><td>27</td></tr>
<tr><td>18 - 19</td><td>33</td><td>10</td><td>23</td><td>4</td><td>2</td><td>2</td><td>29</td><td>8</td><td>21</td></tr>
<tr><td>20 - 24</td><td>104</td><td>53</td><td>51</td><td>20</td><td>9</td><td>11</td><td>84</td><td>44</td><td>40</td></tr>
<tr><td>25 - 29</td><td>118</td><td>59</td><td>59</td><td>33</td><td>20</td><td>13</td><td>85</td><td>39</td><td>46</td></tr>
<tr><td>30 - 34</td><td>124</td><td>53</td><td>71</td><td>26</td><td>12</td><td>14</td><td>98</td><td>41</td><td>57</td></tr>
<tr><td colspan="10">아스트라한주</td></tr>
<tr><td>전체</td><td>1,498</td><td>797</td><td>701</td><td>616</td><td>315</td><td>301</td><td>882</td><td>482</td><td>400</td></tr>
<tr><td>%</td><td>100</td><td>53</td><td>47</td><td>38.6</td><td>49.9</td><td>50.1</td><td>61.4</td><td>55</td><td>45</td></tr>
<tr><td colspan="10">연령대, -세</td></tr>
<tr><td>0 - 4</td><td>226</td><td>114</td><td>112</td><td>96</td><td>44</td><td>52</td><td>130</td><td>70</td><td>60</td></tr>
<tr><td>5 - 9</td><td>205</td><td>103</td><td>102</td><td>64</td><td>31</td><td>33</td><td>141</td><td>72</td><td>69</td></tr>
<tr><td>10 - 14</td><td>164</td><td>81</td><td>83</td><td>72</td><td>35</td><td>37</td><td>92</td><td>46</td><td>46</td></tr>
<tr><td>15 - 17</td><td>87</td><td>49</td><td>38</td><td>35</td><td>20</td><td>15</td><td>52</td><td>29</td><td>23</td></tr>
<tr><td>18 - 19</td><td>55</td><td>38</td><td>17</td><td>33</td><td>24</td><td>9</td><td>22</td><td>14</td><td>8</td></tr>
<tr><td>20 - 24</td><td>216</td><td>119</td><td>97</td><td>104</td><td>54</td><td>50</td><td>112</td><td>65</td><td>47</td></tr>
<tr><td>25 - 29</td><td>286</td><td>147</td><td>139</td><td>117</td><td>55</td><td>62</td><td>169</td><td>92</td><td>77</td></tr>
<tr><td>30 - 34</td><td>259</td><td>146</td><td>113</td><td>95</td><td>52</td><td>43</td><td>164</td><td>94</td><td>70</td></tr>
</table>

2010년 남부 연방관구 및 북캅카스 연방관구 개별 지역 0세에서 35세까지의 도시 및 농촌 고려인 주민들의 성별 연령 분포도

	도시 및 농촌 주민			도시 주민			농촌 주민		
	전체	남성	여성	전체	남성	여성	합계	남성	여성
카바르디노발카르 공화국									
전체	1719	884	835	1560	802	758	159	82	77
%	100	46.4	53.6	91.6	45.9	54.1	8.4	51.6	48.4
연령대, -세									
0 - 4	193	107	86	170	97	73	23	10	13
5 - 9	224	123	101	202	114	88	22	9	13
10 - 14	250	138	112	234	129	105	16	9	7
15 - 17	156	75	81	141	66	75	15	9	6
18 - 19	67	37	30	58	33	25	9	4	5
20 - 24	273	129	144	250	117	133	23	12	11
25 - 29	245	124	121	220	112	108	25	12	13
30 - 34	311	151	160	285	134	151	26	17	9

표 3

교육 유형별 고려인 청년 분포. 2010년 인구조사

연령대, -세	교육 수준	전문교육 수료자								일반교육 이수자		
		박사 과정	고등 교육	학위			고등 교육 불완전 과정	중등 교육	기초 교육	중등 교육 (완전)	기본 교육	기초 교육
				학사	전문가	석사						
15 - 17	4,831	–	–	–	–	–	–	12	11	1,133	2,943	721
18 - 19	3,724	–	–	–	–	–	931	441	206	1,796	317	21
20 - 24	11,593	49	2,678	427	2,152	99	3,137	2,014	385	2,537	688	72
25 - 29	12,643	160	5,230	580	4,358	292	972	2,397	362	2,617	784	83
30 - 34	13,605	151	4,785	458	4,068	259	617	3,186	435	3,301	995	108

표 4

러시아 연방 고려인 청년층. 전체 중 생계수단 개수를 표시한 수. 2010년 인구조사				
	생계 수단을 표시했다.	1개	2개	3개 이상
도시 및 농촌주민	153,118*	123,805	27,780	1,533
%	100	80.9	18.1	1
15 - 29세	32,818	27,739	4,753	326
%	100	84.5	14.5	1
도시 주민	114,918	96,478	17,471	969
%	100	84	15.2	0.8
15 - 29세	25,313	21,863	3,214	1,205
%	100	86.4	12.7	4.9
농촌 주민	38,200	27,327	10,309	564
%	100	71.5	27	1.5
15 - 29세	7,505	5,876	1,539	90
%	100	78.3	20.5	1.2

표 5

도시 및 농촌 주민	2010년 러시아 연방 고려인 청년층의 생계수단 개수			
	1개	2개	3개	4개 이상
남성 및 여성	123,805	27,780	1,483	50
연령대, −세				
15세 미만	16,813	4,746	69	2
15 - 19	6,667	1,774	112	5
20 - 29	21,072	2,979	201	8
남성	65,675	12,823	634	25
연령대, −세				
15세 미만	8,753	2,522	44	1
15 - 19	3,577	924	57	4

도시 및 농촌 주민	2010년 러시아 연방 고려인 청년층의 생계수단 개수			
	1개	2개	3개	4개 이상
20 – 29	11,327	1,242	55	2
여성	58,130	14,957	849	25
연령대, –세				
15세 미만	8,060	2,224	25	1
15 – 19	3,090	850	55	1
20 – 29	9,745	1,737	146	6

표 6

도시 주민	2010년 러시아 연방 고려인들의 생계수단 개수			
	1개	2개	3개	4개 이상
남성 및 여성	96,478	17,471	935	34
연령대, –세				
15세 미만	13,348	2,297	26	–
15 – 19	5,227	1,204	77	4
20 – 29	16,636	2,010	148	7
남성	50,800	7,677	387	16
연령대, –세				
15세 미만	6,954	1,208	20	–
15 – 19	2,792	615	37	3
20 – 29	8,810	803	38	2
여성	45,678	9,794	548	18
연령대, –세				
15세 미만	6,394	1,089	6	–
15 – 19	2,435	589	40	1
20 – 29	7,826	1,207	110	5

표 7

농촌 주민	2010년 청년층의 생계수단 개수			
	1개	2개	3개	4개 이상
남성 및 여성	27,327	10,309	548	16
연령대, −세				
15세 미만	3,465	2,449	43	2
15 – 19	1,440	570	35	1
20 – 29	4,436	969	53	1
남성	14,875	5,146	247	9
연령대, −세				
15세 미만	1,799	1,314	24	1
15 – 19	785	309	20	1
20 – 29	2,517	439	17	–
여성	12,452	5,163	301	7
연령대, −세				
15세 미만	1,666	1,135	19	1
15 – 19	655	261	15	–
20 – 29	1,919	530	36	1

표 8

러시아 연방 고려인 청년층의 생계수단 유형. 2010년, 15−29세								
	답변*	노동	농업	장학금	연금	보조금	기타	더부살이
도시 및 농촌	38,238	16,476	1,458	2,299	180	2,389	336	15,100
%	100	43.1	3.8	6	0.5	6.2	0.9	39.5
도시	29,012	12,879	453	1,960	134	1,579	216	11,791
%	100	44.4	1.6	6.8	0.5	5.4	0.7	40.6
농촌	9,226	3,597	1,005	339	46	810	120	3,309
%	100	39	10.9	3.7	0.5	8.8	1.3	35.9

*합계는 여러 개의 출처로 구성된다.

표 9

러시아 연방 도시 및 농촌의 고려인 청년. 2010년	생계수단 개수			
	총 답변	1개	2개	3개 이상
남성 및 여성	54,448	44,552	9,499	397
15세 미만	21,630	16,813	4,746	1
15 – 19세	8,558	6,667	1,774	117
20 – 29세	24,260	21,072	2,979	209
%	100	81.8	17.4	0.8
남성	28,508	23,657	4,688	163
15세 미만	11,320	8,753	2,522	45
15 – 19세	4,562	3,577	924	61
20 – 29세	12,626	11,327	1,242	57
%	100	83	16.4	0.6
여성	25,934	20,895	4,811	228
15세 미만	1,031	8,060	2,224	26
15 – 19세	3,996	3,090	850	56
20 – 29세	11,634	9,745	1,737	152
%	100	80.6	18.6	0.8

표 10

고려인 청년층, 남성 및 여성. 러시아 공화국. 2010년	생계수단의 양적 구조			
	총 답변	1개	2개	3개 이상
도시 및 농촌	54,448	44,552	9,499	397
%	100	81.8	17.4	0.8
도시	40,984	35,211	5,511	262
%	100	859	134	0.6
농촌	13,464	9,341	3,988	135
%	100	69.4	29.6	1.0

표 11

도시 인구	청년층의 생계수단 개수. 2010년			
	1개	2개	3개	4개 이상
남성 및 여성	96,478	17,471	935	34
연령대, −세				
15세 미만	13,348	2,297	26	−
15 − 19	5,227	1,204	81	4
20 − 29	16,636	2,010	155	7
합계	35,211	5,511	262	
남성	50,800	7,677	387	16
연령대, −세				
15세 미만	6,954	1,208	20	−
15 − 19	2,792	615	37	3
20 − 29	8,810	803	38	2
여성	45,678	9,794	548	18
연령대, −세				
15세 미만	6,394	1,089	6	−
15 − 19	2,435	589	40	1
20 − 29	7,826	1,207	110	5

표 12

농촌 인구	청년층의 생계 수단 개수, 2010년			
	1개	2개	3개	4개 이상
남성 및 여성	27,327	10,309	548	16
연령대, −세				
15세 미만	3,465	2,449	45	2
15 − 19	1,440	570	36	1
20 − 29	4,436	969	54	1
합계	9,341	3,988	135	

농촌 인구	청년층의 생계 수단 개수, 2010년			
	1개	2개	3개	4개 이상
남성	14,875	5,146	247	9
연령대, −세				
15세 미만	1,799	1,314	24	1
15 – 19	· 785	309	20	1
20 – 29	2,517	439	17	−
여성	12,452	5,163	301	7
연령대, −세				
15세 미만	1,666	1,135	19	1
15 – 19	655	261	15	−
20 – 29	1,919	530	36	1